Johann Nepomuk Sepp

Meerfahrt nach Tyrus zur Ausgrabung der Kathedrale mit Barbarossas Grab

DOGMA

Johann Nepomuk Sepp

Meerfahrt nach Tyrus zur Ausgrabung der Kathedrale mit Barbarossas Grab

ISBN/EAN: 9783955802790

Auflage: 1

Erscheinungsjahr: 2013

Erscheinungsort: Bremen, Deutschland

MEERFAHRT NACH TYRUS

ZUR AUSGRABUNG

DER KATHEDRALE MIT BARBAROSSA'S GRAB.

IM AUFTRAG DES FÜRSTEN REICHSKANZLER

UNTERNOMMEN

VON

Professor Dr. Sepp

RITTER DES HEIL. GRABES.

MIT HOLZSCHNITTEN, DREI LICHTDRUCKEN UND EINER KARTE.

LEIPZIG,
VERLAG VON E. A. SEEMANN.
1879.

Druck von Hundertstund & Pries in Leipzig.

FREDERIC ROM. IMPR. AUGUST.

CONIUX BEATRIX COMITISSA BURGHUNDIÆ A'MCLXI

Friedrich I. Barbaroſſa und Kaiſerin Beatrix.
Steinbilder am Portal des Domes zu Freiſing.

Durchlauchtefter Fürft!

Die geographifchen Forfchungen erweitern fich, die Zahl der Martyrer der Wiffenfchaft nimmt zu: ihre Entdeckungen kommen dem Völkerleben zu Gute. Aber der gröfste Triumph ift es, dafs, wenn auch nicht in den Ländern der Wilden oder in Afrika, dem Welttheile der Schwarzen, fondern in Europa endlich das grofse Reich neu entdeckt ift, das lange abhanden gekommen, fo dafs der Dichter fingt:

Deutfchland aber, wo liegt es, ich weifs das Land nicht zu finden,
Wo das gelehrte beginnt, hört das politifche auf.

Deutfchland hat fich glücklich wiedergefunden, es befteht in alter Macht und Herrlichkeit und bildet das fchlagende Herz inmitten Europa's. Diefe Entdeckung verdanken wir nicht den Trägern der Wiffenfchaft, fondern unferen grofsen Staatslenkern und Kriegshelden, den Männern von Eifen und Blut, die auch den geraden Weg nach der eiferfüchtigen Hauptftadt des Weftens ge-

funden, und nun Werkzeuge zur geiſtigen Eroberung ferner Länder entſenden.

Quantae molis erat Germanam condere gentem!
Welch gewaltiges Werk war der Bau des germaniſchen Volksſtaats!

Nun iſt diefs grofse Werk vollbracht, das deutſche Volk, von
äufserem Drang und Zwang erlöſt, athmet freier auf. Euer Durchlaucht kehren den weiteren Satz zum Heile teutoniſcher Enkel um:

Tu regere ingenio populos Germane memento
Sichere, Deutſcher, durch Geiſt dir den erſten Nationalrang.«

Zufrieden, Herr im eigenen Hauſe zu ſeyn, ſtrebt der neue
Kaiſer und Reichsgründer keine Kriegsherrſchaft nach aufsen an,
und eben in dieſem Augenblick ſchliefsen Eure Durchlaucht als
Pacificator in der Reichshauptſtadt mit den grofsen Mächten
Europa's für eine lange Zukunft den Frieden ab.

Der Heldengreis iſt über allen Lobpreis erhaben: nur können
wir denſelben nicht denken ohne ſeine beiden grofsen Apoſtel,
die wie Boas und Jachin am Salamoniſchen und die Weltſäulen
am ſolaren Melkarttempel zu Tyrus die Pforten des Reichs und
den Thron ſtützen.

Der Eine iſt Petrus der Felſenmann, welcher die Lehre vom
Fels zum Meere erfafste und, der noch ſo hohen Aufgabe ge-
wachſen, die Predigt von der Auferſtehung unſeres Reichs in alter
Kraft und Stärke verkündet: Alle Völker hören die Botſchaft er-
ſtaunt, alle Kabinete huldigen dieſem rechten Glauben, und die
Diplomaten, ſich in Ehrfurcht beugend, nehmen das neue Dogma
in ihren politiſchen Katechismus auf.

Der andere iſt unſer Paulus mit dem Schwerte:

Jeder Zeit zum Kampf bereit,
Für des Reiches Herrlichkeit!

So fprach er und ift im Stande dafür Rede zu ftehen: »Deutfchland ift mächtig genug, anderen das Kampffpiel zu wehren und
es zu keinem europäifchen Kriege kommen zu laffen.« Die Miffion des Friedens befürwortet unfer Dioskurenpaar, dergleichen
im Jahrtaufend nur einmal auf die Weltbühne tritt. Hörten wir
doch aus dem Munde des gröfsten Heerführers, der vielleicht feit
Hannibal erfchienen, im Reichstag (April 1877) die Rede: »Glücklich werden die Zeiten feyn, wo die Staaten nicht mehr den gröfsten Theil ihrer Einnahmen zu verwenden brauchen, blofs auf die
Sicherung ihrer Exiftenz, wo die Regierungen nicht nur, fondern
auch die Völker und Parteien fich überzeugt haben werden, dafs
felbft ein glücklich geführter Feldzug mehr koftet, als er einbringt;
denn materielle Güter mit Menfchenleben zu kaufen, kann kein
Gewinn feyn.« Goldene Worte und Weisheitsregeln!

Wir gehören wieder uns felbft an und fogar die Geographie
im Innern des Landes ergänzt fich. Auf der Specialkarte des
fchwäbifchen Kreifes von Schreiber (Lpzg.) vor 100 Jahren
fucht man vergebens die Namen Hohenftaufen und Hohenzollern. So wenig beftand ein Nationalbewufstfeyn, obwohl 1685
der grofse Kurfürft den Titel Graf von Hohenzollern angenommen
hatte. Erft Friedrich Wilhelm der Kronprinz hob die Burg aus
den Ruinen, nachdem er fie am 16. Juli 1819 gefehen. Beide
ftehen als ruhmreiche Ausgangspunkte von Dynaftien an der
Heerftrafse der Weltgefchichte. Plinius III., 2. der den Mons solorius
in Iberien nennt, hat nur den gleichen Namen für »Sonnen-
berg« im fpäteren Schwaben nicht verzeichnet, worauf die Burg
fich erhob, von deren Söller die erften Zollern ins deutfche Land
hinausfchauten.

Wie einft das Wort: Civis Romanus sum! dem Inhaber den
Pafs durch alle Länder öffnete und ihn ficher ftellte, fo hat jetzt
der deutfche Name wieder einen guten Klang durch alle Welt.
Wer, wie ich, früher als Inglefe oder Francefe gereift war, um
Anfehen zu haben, fühlt den ungeheuren Abftand zwifchen einft

und jetzt, wo der Name Bismarck Pascha im weiten Morgenlande wiederhallt. Während wir bestrebt waren, der Nation, welcher wir anzugehören die Ehre haben, auch in der Fremde Ehre zu machen, öffnete uns das Gerücht, dass wir im Auftrage des siegreichen Kaisers und seines grossen Vezirs die Sendung erfüllten, Thür und Thor. Ich habe auf der im Auftrag Euer Durchlaucht nach Phönizien unternommenen, und begleitet von meinem Sohne noch weiter erstreckten Orientreise die Wirkung des Wortes erfahren: wir sind Alamàni und gehören zum grossen Reiche des Sultan Prussian.

»Komm herüber und hilf uns« spricht zu Paulus in Troas im Traumgesicht ein macedonischer Mann (Apstlg. XVI, 9) — es war für Europa ein bedeutsamer Moment. So ruft heute umgekehrt der Asiate nach dem Abendlande: »Kommt herüber, wir können uns nicht mehr helfen.« Besonders Phönizien, das zuerst die Ostseeländer kultivirte, wo es den Bernstein holte, zeigt sich europäischer Cultur empfänglich. Bereits sind Tausende von Deutschen in den Küstenstädten angesiedelt. Der Natur- und Geschichtsforscher, Sprach- und Alterthumskenner bereitet allenthalben dem Kolonisten den Weg.

Wie liegen die einst weltberühmten Städte heute in Schutt und Trümmern! Grabesstille herrscht in den Mauern von Cäsarea, nur das Geheul des Schakals wiederhallt in den halbgeborstenen Gewölben der römischen Hauptstadt Palästina's, und wo die Templer mit den Rittern des deutschen Hauses die Riesenmauern von Athlit, dem Pilgerkastell aufgerichtet, jener südlichen Felsstadt Sora oder Tyrus, huscht die schwarze Schlange durch das heisse Gestein. Aber auch für diese Seevesten, die mit dem Blute abendländischer Kriegshelden getränkt sind, wird ein Tag der Auferstehung aus langer Grabesruhe kommen, sobald Europa die eiserne Hand nach Indien hinüberreicht.

Von Byzanz, dem wohlgeschürzten Knoten zweier Welttheile, wird eine Bahn das Innere von Vorderasien erschliessen, eine andere vom Mittelmeere aus über Kuradſchi nach Bombay führen. Wer iſt reich genug, dieſe neue Weltaufgabe zu löſen? Wahrſcheinlich nicht die hohe Pforte, wohl aber England, das die Inſel Cypern nicht umſonſt an ſich genommen hat. Es iſt nicht blofs im Stande, ſondern gewillt zu bauen, und ſcheint noch vor Ablauf des Jahrhunderts damit fertig werden zu wollen.

Die Bahn vom Mittelmeer zum Euphrat liefe des kürzeſten Wegs von Skanderun bei Antiochia, wo Barbaroſſa ſeinen grofsen Geiſt aushauchte, über Emeſa (Colonia Alagabali) nach Tadmor, an Ruinen Babylons vorüber nach Hira. Wo einſt Weltreiche geſtanden, werden, da die Erde doch einer Lebensverſicherung auf Millionen Jahre ſich erfreut, friſche Staaten das Wiederaufleben des Orients befördern. Diefs hängt von der unerläfslichen Herſtellung der Dämme des Euphrat und Tigris und neuen Baumpflanzungen ab. Der unermeſsliche Aufſchwung wird ganz Anatolien und die phöniziſche Küſtenſtrecke ergreifen.

Dafs die heutigen Gebieter der Bernſteinküſte, wo die Phönizier einſt das Elektron gegen aſiatiſche Handelsartikel umtauſchten, durch ein paar Männer der Wiſſenſchaft und des Kunſtſtudiums den alten Tyriern einen Gegenbeſuch abſtatten laſſen wollten, war zwar ſpät, aber wir wurden als Vorläufer einer deutſchen Colonie am Fuſse des Libanon angeſehen.

Wie iſt uns die wunderbare arabiſche Welt nahe gerückt, mit der im Kampfe Europa in den Kreuzzügen zwanzig Millionen ſtreitbarer Männer opferte, ſo dafs die ganze ſociale Ordnung ſich umkehrte! Die arabiſche Halbinſel, dreimal ſo grofs als Deutſchland, hat auch ihre Völkerwanderung geſehen, nur mit dem Unterſchied, dafs ſeine jugendlich begeiſterten Stämme ihre Religion und Sprache den Nationen vom Indus bis zum atlantiſchen Meere aufzwangen, während der Deutſche den Glauben und die Zunge der Romanen annahm und ſein Volksthum mit der Zeit ganz opferte.

Als Deutfche haben wir von den Arabern manches zu
lernen. Jeder trägt dort einen Namen aus feiner Mutterfprache,
heifse er nun Abdallah oder Abdelkadr, Ali, Achmed oder Mehmet,
Ibrahim oder wie immer. Wir Deutfche verleugnen die Heimat
und nennen uns wälfch. Ein jeglicher Vater wird künftig feinen
Stolz darin fehen, jede Mutter ihre Befriedigung darin finden, ihrem
Kinde einen vaterländifchen Namen zu fchöpfen, damit wir wieder als Deutfche erfcheinen, was wir feit vier Jahrhunderten faft
verlernt haben.

Er bedarf feines Ortes nur Eines Wortes von Eurer Durchlaucht, dafs jeder Reichsgenoffe auch einen deutfchen Namens-
patron führe, und die Dominikus, Egidius und Eligius oder Se-
baftian, Antonia und Apollonia werden alsbald einem Armin und
Erwin, Suanhilde oder Irmengarda und anderen Namen voll Sanges
und Wohlklanges weichen.

So erging an uns der Auftrag:

> Auf und bringet ihn getragen,
> Der die Schlacht mit feinen Rittern
> Bei Ikonium gefchlagen
> Und das Morgenland macht zittern!

An geheimnifsvoller Stätte in den Kathedralruinen von Tyrus
follten wir die Gebeine Friedrich I. Barbaroffa's erheben, der
von feinem zweiten Kreuzzuge nicht wiederkehrte, aber im Herzen der Nation fortlebt. Wie der Morgenländer die Erfcheinung
des Mehdi am Ende der Zeiten erwartet und fchon das Schlacht-
und Triumphrofs für ihn bereit ftellt, fo blieben in der Nachwirkung uralter Religionsgedanken wir Deutfche der Wiederkunft
des Rothbarts zur neuen Reichsgründung gewärtig. Wiffenfchaftlich habe ich noch keine Schlacht verloren und diefs gab mir
den Muth, der bewufsten Ausgrabung mich anzunehmen, und er-
muthigt mich auch, diefes Buch mit den Ergebniffen der Expedition, Euer Durchlaucht, meinem hohen Gönner, zur Widmung

zu unterbreiten; die Ausbeute an Kunftwerken und Skulpturen ift bereits an die k. Mufeen abgeliefert. Es ift billig und recht, dafs unfere grofsen politifchen Denker auch als Gönner und Förderer der Wiffenfchaften von der Nachwelt nicht unterfchätzt werden.

Wir haben die Reliquien des alten Kaifers nicht zurückgebracht; fein Herz modert im Sarkophag vor dem Petersaltar in Antiochia, feine vom Fleifch gelöften, im hölzernen Schrein bewahrten Gebeine liegen im Schutt und Staub der einft weltberühmten Kathedrale zu Tyrus. Wie Ifrael den Leichnam des ägyptifchen Jofeph in der Bundeslade durch die Wüfte nach Kanaan in fein Stammeserbe zurückbrachte, fo führten die Kinder unferes Volkes das Knochengerüfte des majeftätifchen Hohenftaufen zu Land und See auf ihrem Heereszuge mit fich, bis fie nach Tyrus gelangten. Den Maafsen des Schrankes entfprechend haben wir wohl einen Mauerkaften im linken Seitenfchiff der Kathedrale entdeckt, der für einen Sarkophag zu klein, eben grofs genug war, das wie gefchildert zufammengelegte Haupt und Gebein einzufchliefsen, und mit Eingang und Schlufsdeckel auch ganz als Grab behandelt war. Nicht von Alter find Kopf und Knochen in Staub zerfallen, wahrfcheinlich aber bei der Stadtzerftörung durch Sultan Melek el Afchraf 1291, d. i. 101 Jahr nach der Beifetzung des Kaifers ohne Vorwiffen der Aegyptier mit zu Grunde gegangen.

Mein Anfinnen erging gleich nach der Heimkehr dahin, nachdem bereits die ganze Colonie im Innern des mächtigen Kirchenbaues hinausgefchafft ift, und von 33 auf Reichskoften angekauften Steinhütten alle bis auf eine von uns demolirt wurden; die ganze Manara innerhalb der Mauern als geweihtes Terrain zum Denkmal des grofsen Hohenftaufen zu erwerben. Vielleicht bietet der gegenwärtige Friedenscongrefs in Berlin der hohen Pforte Anlafs zu verfahren, wie es mit den Ruinen des Johanniterfpitals in Jerufalem zu Gunften des Haufes Hohenzollern gethan. Wozu die Klage! Genug, dafs wir den neuerwarteten glorreichen Reichsftifter im Leben haben:

Mich dünkt als ob er auferſtand
Der Rothbart im Kyffhäuſer,
Mit Fürſt und Völkern Hand in Hand
Siegreich die Rabenſchlacht beſtand:
Hoch lebe Deutſchlands Kaiſer!

Möge es unſerer Nation in der entſcheidenden Stunden nie
an einem Manne fehlen, der, wie Karl der Groſe bei der erſten
Reichsſtiftung, um Haupteslänge an Geiſt wie Körper alle überragt, und durch Klugheit und Charakter die germaniſchen Stamm-
lande feſter zu einigen und gegen wälſche Gelüſte ſicher zu ſtellen
wuſste.

O daſs Gott, der die Häupter der Monarchie ſchützt, und die
Herzen der Könige wie Waſſerbäche lenkt, auch Euer Durchlaucht
die Lebensjahre voller Thatkraft verlängern und alle Deutſche,
insbeſondere meine Landsleute mit gleicher Begeiſterung Ihren
Schritten folgen, wie in tiefſter Ehrerbietung

Euer fürſtlichen Durchlaucht

ehrfurchtsvoll ergebenſter Verfaſſer.

VORWORT.

iermal fieben Jahre find verflofTen, feit ich zum erftenmal über das mittelländifche Meer gefchwommen, und
zwar von Malta aus mit dem Tankred, bald Franzmann
bald Britte, um mit Ehren zu reifen. Wie hat feitdem die Welt
zum Vortheil der Deutfchen fich verändert! Damals bildeten beide
deutfchen Grofsmächte noch nicht Eine Weltmacht, und die Gegenwart rechnet nur mit folchen. Jetzt hat Richelieu, der die Grande
Nation an die Spitze zweier Jahrhunderte ftellte, den Mann gefunden, welcher die Gefchicke wieder in die Hand der fünfzig Millionen fpielt, die als Stammvolk im Herzen Europa's fefshaft find.

Die erfte Orientreife von neunmonatlicher Dauer (8. Aug.
1845—9. Mai 1846) trat ich auf Anlafs des Bayerkönigs Ludwig I.
an, um nach der Stiftung des evangelifchen Bisthums auf Sion
durch den edelgefinnten Friedrich Wilhelm IV. zu erforfchen,
was dem kathol. Süden zu thun bleibe? aber mein Vorfchlag zur
Erwerbung des Johanniterfpitals wurde vom Fürften Metternich
auf die lange Bahn gefchoben — bis zum Glück 1869 das Stift

wie im Fluge durch den Kronprinzen Friedrich Wilhelm
von Preufsen für Deutfchland gewonnen ward.

Im Auftrag der öfterr. Regierung haben die Prof. Conze,
Haufer und Niemann im Sommer 1873 Ausgrabungen in Samo-
thrake unternommen und den erften vollftändigen Grundrifs des
Myfterientempels im dorifchen Styl dargelegt, eine dreifchiffige
Zelle mit 12 fäuliger Vorhalle und dem eine Stufe erhöhten Sanktua-
rium in Apfisform. Die Ausgrabung Olympias wurde am 13/25.
April 1874 im Staatsvertrag von Deutfchland und Hellas feftgefetzt.
Die Erdbeben der Jahre 522 und 551 haben den altgriechifchen
Nationaltempel erfchüttert, wie im Kampf gefallene Krieger in
Reihe und Glied liegen die Säulen. Welch koloffale Kolonnen
von zwei Meter Durchmeffer, fo dafs fünf Mann fich bequem ihre
Lagerftätte darauf bereiten können: riefigen Mühlfteinen ähnlich
find fie gleich wohl geftürzt wie Thalerrollen. Zur felben Zeit
wurden auch die Phönizifchen Küftenftädte erfchüttert. In der genannten Woche begann unfere Abreife nach Tyrus. Der Befuch
follte den Ländern der Muhammedaner, nicht der Griechen gelten; da aber der Moslem alle antiken Statuen als Götzenbilder
zerftört, konnte die Ausbeute nach aller Vorausficht mit der in
hellenifchem Boden nicht entfernt wetteifern, wenn auch die Olympifchen Feftfpiele von den tyrifchen fich herfchreiben.

Der Gedanke, welchen 1840 Thiers, der Gefchichtsfchreiber des franzöfifchen Kaiferreichs, als Staatsmann verwirk-
lichte, die Leiche Napoleons I. von der Infel Helena heimzu-
holen, war ein politifcher Fehler. Er erweckte damit die Napo-
leonifchen Ideen und half wefentlich dem Bonapartismus zu Throne,
welcher Frankreich abermals ins Verderben ftürzte, ja deffen He-
gemonie in Europa den Todesftofs gab. Dagegen mufste die Zu-

rückführung der Ueberrefte des alten Barbaroffa, wenn fie gelang,
die deutfche Nation in heilige Begeifterung verfetzen. Welch ein
Triumphzug, unferen gröfsten Kaifer in den Kölner Dom zu
übertragen, der als Sinnbild des längft in's Stocken gerathenen
alten Reiches beim Aufbau des neuen fich vollendet!

Kaifer Friedrich IV. liefs 1488 in Worms das Grab eines
Riefen, genannt der hörnene Siegfried, nachgraben, man
fand aber nichts vom Nibelungenhelden. Sogar das weltberühmte
Sema in Alexandria, Alexanders des Gr. Grabmal, das fo
tief in die hiftorifche Zeit fällt, ift bis heute nicht aufzufinden.
Cäfars Leichnam wurde hinter den Roftra Julia am Forum
verbrannt, unweit der Regia oder oberpriefterlichen Wohnung,
worauf hier Auguftus feinem vergötterten Vorfahr Divus Julius
einen Votivtempel errichtete. Cäfars Bildfäule ftand in der Mitte
(über der Büfte?). Der Unterbau ift durch die Ausgrabungen
Rofa's feit 1872 aufgedeckt neben der Via sacra, wo alle Triumph-
züge gehalten wurden. Zunächft den Veftaheiligthum, der Regia
und dem Kaftortempel aufserhalb des eigentlichen Forum gründete Auguftus ihn nach der Schlacht bei Aktium. Auf mein
Bedenken, der Fund von Barbaroffas Gebeinen fei nicht fo
ausgemacht, mahnte der umfichtige Präfident des Reichskanzler-
amtes, Herr Staatsminifter von Delbrück: »Gehen Sie immerhin,
Sie werden fchon etwas finden«! Vorausfichtlich mufste fich allerdings fchon die Ausgrabung der Kathedrale von Tyrus, der älteften der Chriftenheit lohnen, und was wir aufgefunden, hoffentlich
des Intereffanten genug, lege ich hier in Bild und Schrift vor.

Die deutfche Reichsregierung griff die Förderung wiffenfchaft-
licher Unternehmen auf. So übernahm Hirfchfeld die Miffion
nach Ephefus, wie nebft Curtius und Baurath Adler die erfolg-

reichen Ausgrabungen in Olympia. Wie hochherzig, einen Süddeutfchen, der das Wohlwollen des deutfchen Staatsmannes fchon
vom Zollparlamente her genofs, nach Tyrus zu entfenden!

Sollte die Miffion ihr nächftes Ziel auch nicht erreichen, fo
war fchon das autorifirte Auftreten von Deutfchen neben Franzofen, Britten und Nordamerikanern in Syrien eine Begebenheit. Um
in den Ländern des Oftens mehr und mehr Anfehen zu gewinnen,
mufs man fich anfehen laffen. Was ein Renan in Phönizien,
Robinfon in Paläftina gefucht und verfucht, die Wiffenfchaft zu
mehren, war für uns keine zu verachtende Aufgabe.

Herr von Abeken, Bunfen's Freund und theologifcher Nachfolger, hatte vor dreifsig Jahren mit mir unerkannt, weil vom Turban bis zu den rothen Schuhen, wie ein Molla, ganz im arabifchen
Coftüme reifend, in Lepfius Begleitung auf der Rückkehr von der
berühmten Expedition ins Land der Pharaonen, Anfangs December
1845 zu Beirut im Haufe des Confuls Laurella die erfte Zufammenkunft. Bald nach feiner Heimfahrt hatte er fich der diploma-
tifchen Laufbahn zugewandt, um 24 Jahr im Minifterium des
Aeufsern mit einer feltenen politifchen Beweglichkeit thätig zu
bleiben. Eingedenk der Reifebegegnung und wie wir darauf in
Nazaret uns wiedergefunden, nahm er, der feitdem als die gefchäfts-
kundige Feder in den äufsern Angelegenheiten an der Seite des
Reichskanzlers eine fo bedeutende Rolle fpielen follte, meinen
Plan mit Begeifterung auf, welche der mit ebenfo fchöpferifcher
Phantafie begabte Reichslenker theilte. Der Fürft überfchickte
meinen Antrag in Abfchrift an den eben in Berlin anwefenden
Generalconful von Syrophönizien, Herrn Weber, meinen
vorzüglichen Freund, welcher vor Jahren auf einer fröhlichen Ad-
lerjagd an der Nordfeite Jerufalems zufällig mich beinahe todtge-

fchoffen hätte, und begehrte mit eigenhändiger Unterfchrift fein Urtheil. Diefs Gutachten fiel günftig aus, und der Zufall wollte — es war Abekens letzte Ausfertigung! Damit legte er die Feder nieder, um zu fterben.

Der Gedanke hatte mich viele Jahre begleitet. Schon mein gröfseres Paläftina-Werk enthält 1863 (Bd. II, 467) wörtlich: »Empfange meine Huldigung, ftreitbarfter Held der Chriftenheit, grofser Barbaroffa. Ich, ein Sohn Germaniens, kniee hier auf dem alten Tempelpflafter und fpanne meine Arme verlangend über den Boden eines der älteften und ftattlichften Dome der Chriftenheit aus, der dir zur Grabftätte dienen follte. O, dafs ich deine Afche unter den Steinplatten erheben und dem fernen Vaterlande zurückgeben könnte! O, dafs ich von deinem Grabe, grofser König, doch die Hoffnung auf die Wiedererhöhung unferes Volkes zur alten Macht und Herrlichkeit mit mir nehmen könnte«!

> Er hat hinweggenommen
> Des Reiches Herrlichkeit,
> Und wird einft wiederkommen
> Mit ihr zu feiner Zeit.
>
> Erfüllt ift jetzt die Sage,
> Gekommen ift zugleich —
> Gott fegne diefe Tage!
> Der Kaifer und das Reich.

In der Vorausfetzung, dafs ich dem architektonifchen Theile genügend gewachfen fei, wurde mir kein Ingenieur beigegeben. Aus Berlin follte erftlich Dr. Reinhold Röhricht, der fich wacker mit arabifchen Studien zur Gefchichte der Kreuzzüge befafst, aus Göttingen Prof. Waitz, ebenfo gewiegter Gefchichtsforfcher und mein Parlamentscollege zu Frankfurt 1848, und als diefer Plan ins Waffer fiel, der Berliner Dr. Prutz, jüngfter Hiftoriograph des gewaltigen Hohenftaufen mein erwünfchter Gefährte feyn.

Es währte lange, bis der deutfche Botfchafter zu Conftantinopel, Herr von Eichmann, den Ferman mit der Signatur des Sultans erwirkte, und vom Grofsvezir die Ordre an den Vali von Damaskus erging: »Es kommen Deutfche, ehret fie!«

INHALTSVERZEICHNISS.

VERZEICHNISS DER ILLUSTRATIONEN.

I. Nach Aegypten.

Von Brindifi nach Kreta.

s ift lange her, feit Cäfar vom Hafenplatz Brundifium fein Heer, darunter die ausfchlaggebenden deutfchen Reiter, nach Dyrrhachium überführte, um bei Pharfalus die Herr-fchaft über das Römerreich zu erftreiten. Den Port belebt noch die Ueberfuhr nach Griechenland wie zur Zeit, als Vergil auf der Heimreife hier ftarb. Seit Eröffnung des Suezcanals 1869 ift der Meridian des Verkehrs von Pol zu Pol zwifchen England und Indien bis nach Neufeeland über Brindifi gezogen und die Südwelt Europa näher gerückt. Am Decke des Ceylon trafen wir Morgens den 27. April 1874 zur fröhlichen Fahrt nach dem Nillande und Phönizien zufammen. Ungewifs, ob der Himmel fich im Meere, das Meer fich im Himmel fpiegle, fteuerten wir durch die lichte Fläche. Das Meer trennt nicht, fondern verbindet die Länder. Unfer hochbordiges Schiff, nur ein Blutkügelchen in der hochfchlagenden Pulsader des Welthandels, ein Dampfer der oftindifchen Compagnie, der die befcheidene Länge von 310 Fufs hatte und nur 100,000 Pfund koftete, trug eine Anzahl Eng-länder mit ihren Frauen nach Bombay. Ich glaube gern, dafs die Poft allein an Briefen und Packeten alle 14 Tage 10,000 Centner beträgt, man begreift fonft nicht, wie die Compagnie zu ihren Zinfen gelangt, denn fchon nach 30 oder 40 Jahren wird der Steamer als Handelsfahrzeug losgefchlagen. Der Perfonentrans-port mit Verpflegung ift in erfter Klaffe nur auf 100 Franken für den Tag berechnet, wobei man noch das fürftliche Vergnügen frei hat, in blanken Marmorwannen ein Meerbad zu nehmen. Glück-lich, wer für die auferlegten Strapazen zu Land und See einer

Soldatennatur fich erfreut; ich könnte mich rühmen, wie Burck-
hardt von Bafel, nie an Fieber noch Seekrankheit gelitten zu
haben. Es reift fich herrlich, wenn man nicht den Aequinoktial-
ftürmen verfällt. Die Bäckerei lieferte der fchwimmenden Bevölkerung täglich dreimal frifches Brod, eine preiswürdige Melkkuh
den Rahm; die Heerde von Hämmeln, Gänfen und Hühnern ver-
fchwand allmälig in der Fleifchbank. Aber verändertes Klima
erheifcht einen Wechfel in der Nahrung; erhöhte Hautwärme
mindert die Efsluft, und wer hat bei fpärlichem Stoffwechfel den
Matrofenmagen, vom frühen Morgen an all das Hammelfleifch und
Roftbeaf der fich immer gleichbleibenden englifchen Küche zu
vertragen? Welche Reife ift angenehmer als die zur See, feitdem der
Menfch fich zum Herrn der Elemente gemacht hat, und fo ein
Riefenfchiff mittels der Schraube durch Sturm und Wetter geraden
Laufes dahin treibt! Er fpannt den Wind in die Segel, Waffer
und Feuer find ihm in Dampfform dienftbar. Im gemächlichen
Raum fammeln fich Reifende aus allen Welttheilen. Freilich
wufste ein Mitfahrender uns von den Erlebniffen zu melden, wie
er einft Tag und Nacht an Bord im Gewäffer geftanden; aber die
Mafchine that ihre Schuldigkeit — kein Mann ging verloren. Bald
war das in allen Rippen krachende, feitwärts gelegte Boot manns-
tief im atlantifchen Ocean untergetaucht; doch an der Strickleiter
hängen geblieben, mufste der Mann im Nu wieder das Commando-
wort dem Hintermanne zurufen. Es ift, als ob man zu allen
Sternen emporgehoben würde, erzählte er von fich und feinem
Jungen, nachdem fie bereits von der Sturzfluth fortgetragen aus
der grofsen Schaale zu trinken begannen, aber beim Unterfinken
noch aufgefifcht wurden. Von derlei Fährlichkeiten bei böfer
Jahreszeit macht fich eine Landratte keinen Begriff. Damit prahlt
jedoch niemand, der Schiffsdienft bringt es mit fich, und der Seemann ift dazu geboren. Das Meer hat eine erziehende Kraft, ja
man könnte fagen: der Menfch fängt beim Kapitän zur See und
beim Offizier in der Schlacht an! Wir find an Kephalonia und Zante von ferne vorbeige-
fegelt, die Nacht bricht an, der auslugende Matrofe hat noch
fchnell ein entgegenkommendes Fahrzeug entdeckt. Sofort läfst
der Kapitän eine Rakete fteigen: dem Dampfer mufs das Segel-

boot ausweichen. Das Rollen des Meeres lullt uns in den Schlaf
und die Lunge athmet bei offenen Fenftern die Seeluft in vollen
Zügen. Erwacht man Nachts zufällig von etwas Weihbrunn, den
Pofeidon durch die Lucken fpritzt, fo ift der erfte Gedanke, wo
bin ich? — nicht ungern fchaukelt man in der Wiege fort. Wir
drangen fo rafch füdwärts, dafs fich aus dem vier bis fünfmal
täglich ausgelegten Log am Abend des zweiten Tages fchon 350
Seemeilen Fahrweite berechneten. Flugmüde Schwalben liefsen
auf den Segelftangen fich nieder. Im Frühroth erfchien Kap
Matapan, die Südfpitze Europas; nach Tifch kam noch Kreta,
die Kreideinfel (creta), halbmondförmig mit dem fchneeigen Ida
in Sicht. Dort, mit dem Fernrohr fichtbar, liegt jenes Gaudos
oder Gozzo, wo Paulus nebft dem Evangeliften Lukas Schiffbruch litt, nachdem fie an Bord eines alexandrinifchen Mittelmeer-
fahrzeuges den kretifchen Hafen an der Südweftfeite kaum verlaffen hatten. Das Fifcherdorf führt noch heute obigen Namen,
wie ihn Plinius IV, 20 kennt. Klauda oder Kauda nennt ihn die
Apoftelgefchichte XXVII, 16, die Araber Iclauda. Wurzelhaft ift das
phönizifche gol, rund, wie auch Gozzo bei Malta eigentlich Gaulos
hiefs, und nach Feftus diefe Benennung dem punifchen Rundfchiff,
der Goletta, zukam. Goletta heifst noch der Hafen von Tunis.
Uebrigens geht der Wechfel der Liquida und Dentale auch in Lakone, Dakone und Zakone, Madagaskar und Malagafsen vor fich.
Typhonifch, alfo Taifun, nennt Lukas den Sturm, der den Apoftel
mit 276 Gefährten vierzig Tage umhertrieb, bis fie an den mal-
tefifchen Strand gefchleudert wurden und einzig das Leben
retteten. Auch Jofephus Flavius lernte auf feiner erften Reife
nach Rom im adriatifchen Meere fchwimmen, von 600 Perfonen
hielten fich nur 80 auf Schiffstrümmern die ganze Nacht über
Waffer, bis fie von einem Cyrenefahrer aufgenommen wurden.
Am dritten Tage hatten wir endlich die unabfehbare See
unter, und nur das Luftmeer über uns. Ein paar hochbeflaggte
Schiffe fteuerten mit vollen Segeln gen Marfeille oder Trieft vorüber. Plötzlich tönte die Schiffsglocke, und der Schreckensruf des
Kapitäns: »Feuer im Schiff! alle Mann an Bord!« Wie fprangen
wir aus den Kajüten die erzbefchlagenen Treppen hinan! Schlägt
der Brand aus dem Mafchinenraum in all die theergetränkten, vom
Winde gefchwellten Tücher? Ergreift die Flamme fchon das

Bramfegel und den Fockmaſt? Das mag eine Feuerlohe geben,
und wir braten! Der Hauptmaſt iſt zum Glück von Kupfer. Schnell
find alle Pumpen in Bewegung, und welch eine Menge Waſſer-
fchläuche kriechen über das Vorder- und Hinterdeck — fie werden
das Meer nicht erfchöpfen. Die Bemannung, bei achzig Köpfe
ſtark, reicht ſich die Hände, Jeder hat ſeine Nummer, Ort und
Ordre. Die Jungen klettern wie die Katzen die Strickleitern hinan,
die Flafchenzüge rollen, an Zugräder gefpannte Seile reffen die
Segel ein, die Seitenboote werden losgemacht und in die Wogen
niedergelaffen; es iſt das Werk von fünf Minuten, ein paar Augenblicke und die Frauen und männlichen Paſſagiere ſtürzen ſich
hinein.

Doch nein! es war nur blinder Lärm, und wir freuten uns im
Grunde, daſs wir nicht mehr erfchrocken waren. In der weiten
Welt verlernt man fchon ſich zu fürchten. Wem bei jedem Schreck
der Puls höher fchlägt und Graufen anwandelt, der ſoll daheim
bei Muttern bleiben. Der Kapitän ſtellte die Disciplin der Mannfchaft auf die Probe, und das lobe ich mir! Alle Oceanfahrer
ſollten das Gleiche thun, um die Ueberwanderer an Kaltblütigkeit
zu gewöhnen und jeden Moment auf die wirkliche Gefahr gefaſst
zu machen. So ein mächtiges Schiff geht wie ein Uhrwerk, Alles
bewegt ſich wie im lebendigen Organismus fcheinbar von felbſt:
man könnte ſich am Lande glauben. Der Stundenruf erfchallt am
Hinterdeck und wird regelmäſsig am Vorderdeck beantwortet.
Auf all den grofsen Meerfchiffen gibt es drei Tages- und drei
Nachtzeiten, jede zu vier Stunden. Morgens um 4 Uhr klingt
der Glockenfchlag eins, alle weiteren halben und ganzen Stunden
kommt ein Schlag dazu; man braucht im höchſten Falle acht zu
zählen, dann beginnt Schlag eins für die zweite, ſei es dritte
Tages- oder Nachtzeit. Der Kamin macht ſeine Athemzüge; die
Mafchinen wirken ohne ſehr merklichen Stoſs auf die Schraube,
die Wirbelfäule des Dampfers. Keine Unruhe unter den Boots-
leuten, kein Laut des Kapitäns und der Schiffslieutenante ſtört,
ein Wink der Hand genügt. Solche Selbſtbeherrfchung weckt
Vertrauen, der Franzmann iſt mehr erregt — der deutfche Seemann ſteht hinter keinem zurück. Wer wollte nicht gerne vor
der Zeit die Augen fchlieſsen, ginge es nur, am Ende jeden Jahrhunderts kurz wieder aufzuleben, um den Gefammtfortfchritt der

Menſchheit auf friſchen Reiſen durch die Welt inne zu werden, die Wunder der Mechanik und Chemie, die Entdeckungen in allen Ländergebieten, das Neue im Gebiete der Wiſſenſchaften kennen zu lernen. Welche Rieſenſchritte hat die Induſtrie allein von der Londoner Exhibition bis zur Pariſer Expoſition und Wiener Welt-ausſtellung gemacht! Man ſieht überall den Umſchwung der Zeit mit eigenen Augen, und in Jahrzehnten vollendet, was früher in einem Jahrtauſend nicht geſchah: die Grabung des Suezkanals, des Mont Cenis- und Gotthard-Tunnels, die Anlage der Pacifik-bahn — als ob ſich das von ſelbſt verſtände! Wer möchte in einer anderen Periode geboren ſein? Wenn Leiſtungen für Zeiträume hingehen, ſo erleben wir ja hundertfach mehr, als frühere Ge-ſchlechter, und die Menſchheit iſt ihrem Ende gewiſs in Myriaden-jahren noch nicht nahe.

Glück auf, der Anfang iſt herrlich! Acht Tage ſeit der Ab-fahrt aus München (21. April), und wir haben mit Umſchau Italien in ſeiner ganzen Länge von Verona, Bologna, Ravenna, Ankona bis Brunduſium, und das Mittelmeer in ſeiner Breite bis Aegypten durchreiſt. Noch eine Nacht! am frühen Morgen wird der Polar-ſtern für die Schiffer in der Nähe der Küſte, die Pompejusſäule, ſichtbar, ein Kanonenſchuſs ruft den Lootſen herbei, und Donnerſtag 30. April ſteigen wir bei zunehmender Hitze in Alexandria ans Land.

Alexandria mit der Pompejusfäule.

II. Alexandria.

Reiterftandbild Mehemet Ali's.

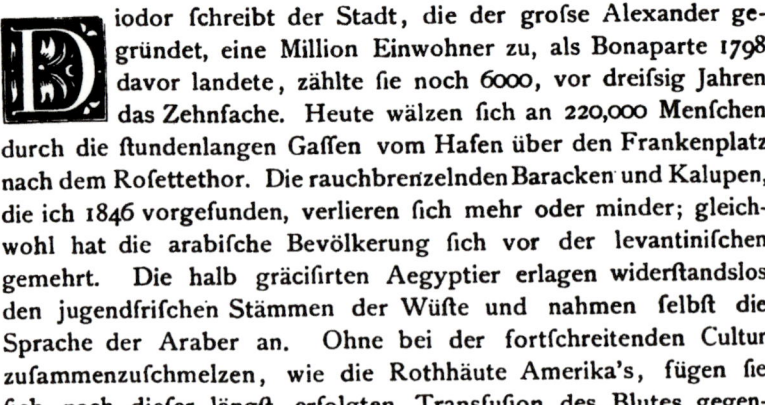

iodor fchreibt der Stadt, die der grofse Alexander gegründet, eine Million Einwohner zu, als Bonaparte 1798
davor landete, zählte fie noch 6000, vor dreifsig Jahren
das Zehnfache. Heute wälzen fich an 220,000 Menfchen
durch die ftundenlangen Gaffen vom Hafen über den Frankenplatz
nach dem Rofettethor. Die rauchbrenzelnden Baracken und Kalupen,
die ich 1846 vorgefunden, verlieren fich mehr oder minder; gleichwohl hat die arabifche Bevölkerung fich vor der levantinifchen
gemehrt. Die halb gräcifirten Aegyptier erlagen widerftandslos
den jugendfrifchen Stämmen der Wüfte und nahmen felbft die
Sprache der Araber an. Ohne bei der fortfchreitenden Cultur
zufammenzufchmelzen, wie die Rothhäute Amerika's, fügen fie
fich nach diefer längft erfolgten Transfufion des Blutes gegen-

wärtig einem neuen Umbildungsproceffe unter Aufnahme der un-
widerftehlichen abendländifchen Bildung, fo gut wie die Hindu.

Der Schöpfer der neuen Zuftände, Mehemet Ali, that fich
etwas darauf zu Gute, wie der auf die Pharaonen gefolgte Reichsgründer Ptolemäus Lagi, aus der Heimat Philipp des Macedoniers und des welteroberndten Iskander zu ftammen. Ich fah
ihn anfangs März 1846 an der Quarantaine vorüberfteuern, als er
den Nil herabgekommen, um fich von dem Verfall feiner Flotte
zu überzeugen, die mit ihren eifernen Riefenböllern zur Eroberung
Conftantinopels auszulaufen beftimmt gewefen. Der gewaltige
Albanefe war allein im Stande', dem Türkenftaate wieder aufzu-
helfen, wie er Aegypten umgeftaltete. Ein fo despotifches Ver-
waltungs- und Organifationstalent erfteht nicht wieder, und als
Grofsvezir der Pforte hätte er Wunder geleiftet wie ein Major
Domus den letzten Merowingern. Ein ganzer Mann wirkt mehr
als alle Verträge und Conftitutionen; eine Diktatur konnte allein
helfen. Wäre ihm die Erneuerung des Reiches gelungen und fein
kriegerifcher Sohn Ibrahim nicht der Intervention der Mächte in
der Schlacht bei Nifib erlegen, wie würde es heute ftehen?

Die gefammte Monarchie, wie fie einft Alexander
von Babylon aus beherrfchte, ift jetzt in der Türken
Hand. Das illyrifche Dreieck mit Karthago und Aegypten, das
Reich des Antiochus und Mithridates von Pontus oder Vorderafien, Armenien, ganz Syrien, dazu Arabien und die Euphratländer:
alles ift den Osmanen unterthan. Dabei wächft das Reich der
Ptolemäer unter unferen Augen fich zum afrikanifchen Kaifer-
thum aus, und follte Conftantinopel in chriftliche Hände fallen,
fo wird Kairo neben Damaskus emporkommen. Kaum find
die Nilquellen entdeckt, fo greift die Eroberung bis über die
Binnenmeere am Aequator um fich. Kaum hatte Dr. Nachtigal
von Wadai im Weften her Darfur durchzogen, als ihm an der
Oftgrenze die Truppen des Chedive die Hand reichten und der
dortige Sultan fich unterwarf — im Januar 1875. Von Tripolis
aus bemächtigt der Türke im Lande der Berbern fich eines Mudi-
rates um das andere — möglich, dafs die ganze Cyrenaika ihm
nächftens unterworfen ift, indefs von der Kairiner Hochfchule
el Azhar aus bald Südafrika mit Leichtigkeit zum Islam fich
bekehren läfst. Eben find auch die Tuareg bis zum Tfchadfee

beigetreten. Schon in den erften Zeiten des Islam drangen die
Araber im Süden ein. Ein Culturintereffe gab dem Vicekönige
den Vorwand zur Einverleibung des Südens: die Abftellung des
Sklavenhandels, wobei der Reifende Baker als Heerführer und
Pafcha fich ausnahm und Gondokoro in Ifmailia umtaufte, wie die
Könige des Alterthums die Städte nach fich Ptolemais, Antiochia,
Seleucia nannten. Kaum hat je eine biblifche Weiffagung fich fo
glänzend erfüllt, als die An- und Ausfprüche der Moslimen; denn
nach der Vifion Muhammeds foll fein Kameel von Mekka einen
Fufs nach Damaskus, die andern nach Kairo und dem Sinai vorgefetzt haben, wo noch der Tritt im Fels zu fehen ift. Der Reichsftifter Osman fieht im Traume die Pflöcke feines Zeltes erhoben
und den einen tief in Afien, den andern in Europa, den dritten
in Afrika in den Boden gerammelt.

Ein Siegeslauf, wie der des Islam, ift in der Gefchichte der
Religionen unerhört. Das Chriftenthum hat in den erften drei
Jahrhunderten nur die niederen Klaffen erobert und bis Conftantin
kaum über drei Millionen gleichzeitiger Bekenner gezählt. Binnen
zwölf Jahren war ganz Arabien dem Propheten zugethan. Kaum
vierzig Jahre nach Muhammeds Tod trieb der wilde Feldherr Okba
ben Nafi im Hafen von Asfi an der Weftküfte Afrika's fein Rofs in
die Meeresbrandung, dafs die fchäumenden Wellen über feinen
Sattel zufammenfchlugen, und rief Allah zum Zeugen an, dafs er
die Kunde feines heiligen Namens nach den unbekannten Reichen
des Weftens weiter tragen und mit dem Schwerte die Völker anderen Glaubens vertilgen wollte, wenn nicht die allverfchlingenden
Wogen ihn aufhielten. Bald wehte die Fahne des Propheten von
den Säulen des Herakles und den Pyrenäen bis zum Götterberg
Alburs und dem chinefifchen Himmelsgebirge. Wie dann Dfchafer
al Manfur über das Land der fünf Ströme hinausdrang und der
Halbmond auf die Pagoden der Inder bis zum Ganges gepflanzt
war: fo etwas hat die Welt nicht von den Römern noch von den
Mongolen erlebt, und kein Reich gewann je folche Ausbreitung,
wie das der Chalifen fchon im erften Jahrhunderte.

Unter dem Halbmond leben noch dreizehn Millionen orientalifcher Chriften neben 900,000 römifchen Katholiken, fie fpielen
aber keine Rolle. Ich glaube überhaupt nicht an den Untergang
des Muhammedanismus, gefchweige an feine baldige Auflöfung.

Es iſt die Religion der weitverzweigten Abrahamiten, die wie eine Naturkraft wirkt, die Völker aſſimilirt und ihren Charakter ſtärkt. Was ſoll ſie erſetzen? Das Chriſtenthum mit ſeinen Dogmen iſt dem Morgenlande nicht ſympathiſch, die von ihm geforderte Lebensordnung nicht klimatiſch, nur wirthſchaftliche Reformen ſind am Platze.

Dieſmal habe ich den modernen Pharao abermals geſchaut, aber erzgegoſſen auf gewaltigem Sockel im Stadtviertel der Franken, el Muſki — hoch zu Roſs, das mächtig dahinſchreitend den ſtaatlichen Fortſchritt des Nillandes anzudeuten ſcheint. Der Vicekönig ſitzt voll Selbſtvertrauen, den rechten Arm in die Seite geſtemmt, zum Reiterſtandbild meiſterhaft modellirt — das iſt im Reiche des Islam noch nicht dageweſen. Denn der Moslem betrachtet ſolch eine Kunſtfigur als ein Götzenbild, und nun erhebt ſich ſein bedeutendſter Herrſcher in der Neuzeit in Metall — zu tauſendjährigem Beſtande. Das Monument iſt aus der Werkſtatt von Marſeille hervorgegangen und vom regierenden Enkel Ismail dem groſsen Ahnherrn geſtiftet, zum Dank, daſs er ihm in der Herrſchaft über ein Land folgen durfte, welches ihm jährlich 150 Millionen Franken abwerfen ſollte, mehr als die Civilliſte aller europäiſchen Kaiſerhöfe beträgt. Freilich ſtand das Denkmal ein Jahr lang verſchaalt, damit das Volk ſich an den äuſseren Anblick gewöhnte; erſt 1873 ging die Enthüllung vor ſich. Bedeutſam erſcheint, daſs Mehemet Ali ſein Antlitz Europa und ſein Pferd den Schweif Mekka zukehrt. Dieſe potenzirte Sünde bedurfte einer Entſchuldigung, als gelte es, der Richtung gegen den Thron des Padiſcha Ausdruck zu geben; aber daſs die Statue der Kaaba den Rücken wendet, iſt das charakteriſtiſche Symbol für den heutigen Pharaonenſtaat. Mit der Wendung nach der Wiege der Religion Muhammeds, deren Fatalismus einzig zum Stillſtand in der Entwickelung der Völker führt, iſt nicht fortzukommen. Stürzt das Haus ein, ſo verkauft der Moslem eher die Steine, als daſs er es neu baut; darum ſind alle muhammedaniſchen Staaten im Verfalle — auſser dem Nillande. Hier nimmt trotz der ſchlechten Verwaltung der Werth der Dinge zu, dort ab; möge auch die ägyptiſche Menſchheit an Werth immer höher ſteigen.

Ich darf nicht unerwähnt laſſen, daſs der verlebte Sultan Abdul Aziz bei unſerem hochberühmten Erzgieſser Ritter von Miller in München ſeine Statue beſtellte und ſie in aller Stille in ſeinem

Palaſte unterbringen lieſs, wo ſie noch verborgen liegt. Einen
anderen Kopf aufgeſetzt — und ſie paſst für einen ſpäteren Groſs-
herrn. Nächſtens wird das Bildniſs des Padiſcha, wie des Chedive
wohl auch auf den Münzen des Reiches figuriren. Indem der Be-
herrſcher von Kaſchgar, Jakub Chan, auf ſeinem Gelde bloſs Sultan Abdul Aziz nennt und ſeinen eigenen Namen wegließs, erklärte
er ſich öffentlich zum Vaſallen und ſein Land für eine Provinz
des Türkenreiches, wie denn auch auf den Wällen von Kaſchgar
und Jarkand die Türkenfahne weht. Mehemet Ali oder ſein Enkel
hat allerdings Vorgänger, welche dem Koran Sure V. zuwider-
handelten, die da lautet: »O ihr Gläubigen! Fürwahr Wein, Spiel,
Bildſäulen und Looswerfen ſind verabſcheuenswerth.« In Erz nicht,
aber als Bildſäule in Holz mit prächtigen Farben und goldenen
Kronen auf dem Haupte lieſs der Tulunide Chomaruja ſich
in ſeinem mit Gold und Azur ausgeſchmückten Saale in Kairo
neben ſeinen Gemahlinen und Sängerinen aufſtellen. Moawia
und Abdel Melik prägten ihr Bildniſs in ganzer Geſtalt und
ſchwertumgürtet auf Münzen; ebenſo iſt Saladins Kopf in Gold
ausgemünzt.

Alexandria hat im Islam nie ſonderliche Fortſchritte gemacht,
ſondern mehr den helleniſchen Charakterzug bewahrt. Rachma-
nije, die Gnadenmoſchee, wo Amru die flüchtigen Griechen ver-
ſchonte, iſt unbedeutend und nicht Einen Muezzin hörte ich zufällig den Minaretruf in ſüſser Melodie anſtimmen, um die Gläubigen
zum Gebete zu mahnen. Vom Beiſpiel der Franken verführt,
betet der Korangläubige hier weniger, geht auch nicht langſam
und feierlich einher, wie man weiter im Orient gewohnt iſt, ſondern regt und rührt ſich beſſer. Architektoniſch hat die Stadt
einen mehr amerikaniſchen Anſtrich, und wie hier bedient man
ſich in Amerika der Thierhäute zu Weinſchläuchen. In Alexandria
gibt es keinen Sonntag. Daran iſt der Moslem nicht ſchuld; der
Freitag iſt für ihn überhaupt kein Ruhetag. Wie iſt aber bei dem
hieſigen Weltverkehr, wo das Treiben Tag und Nacht fortgeht,
noch von Sabbatruhe zu reden?

Ich habe in zwei Moſcheen Einblick genommen, namentlich
an der Ecke der Hafenſtraſse. Etwa ein paar Dutzend Beter fanden ſich zur Abendandacht ein; aber welch ein ſtupides Geheul!
Hundemäſsig bellte der Vorbeter ſein Hu! Hu! bis im geſteigerten

Tempo alle in gleiche Tonart verfielen. Ibn Hazmun fpottet bereits diefer Derwifche:

> Wenn fie des Nachts Gebete ftöhnen,
> Bis ihnen heifer wird die Kehle,
> Sagt, taumeln fie nicht bei den Tönen
> Wie ausgelaffene Kameele?

Nach den höchften Stofsfeufzern und Schufsgebetlein fetzten fie fich wie erfchöpft auf die Binfenmatte, neigten gegen einander das Haupt und eröffneten nach kurzer Paufe ihr thierifches Gebrumme wieder. Die Andacht fteigert fich zur Raferei im religiöfen Tanz Zikr, wobei der Gottesname gerufen wird, gleich dem Jahu der Baalspfaffen und Cybelemönche — bis das Hüpfen zum tollen Kreifeln, das Stöhnen zum Gebrüll wird, und diefe Diener Allah's mit Schaum auf den Lippen erfchöpft niederftürzen. Der Franke kann diefem Taumel auch in Stambul, in der Vorftadt Pera, zufehen. Gott ift wunderbar in feinen Heiligen. In chriftlichen Kirchen ift der Tanz durch Concilien mehrfach fchon vor taufend Jahren abgefchafft worden; dagegen find die Mormonen auf beftem Wege, zum Baalsdienft zurückzukehren. · Das Gebet wird eine Leiftung des Sprachvermögens an der Betfchnur. Die Buddhiften drehen eine Trommel mit fliegenden Gebetftreifen, die Sinefen verbrennen mit Gebet bedrucktes Papier, dafs der Rauch zum Himmel fteigt, und es gilt wie gefprochen.

Dafs der Kopf beim Beten fich perpendikelmäfsig bewegt, wie der indifche Elephant und die dadurch komifche Polarente thut, hat der Moslem mit dem Juden gemein. Ebenfo geben die Brahmanen bei der fangweifen Recitation der Vedas mit dem Kopfe den Takt. Diefs Gnappen nach vorne verftärkt die Gebetskraft und wiederholt fich in der Schule; die Jungen fchreien zufammen, als ob Lefen und Singen oder aus dem Koran Auffagen ihr Leben ausmachte. Hiezu kommt die fabelhafte Verläugnung der Naturgefetze. Die Nachfolger der ägyptifchen Magier, die heutigen Derwifche, zumal vom Saadije-Orden, gehen ungeftraft mit Schlangen und Scorpionen um, wie in Mofes Tagen fich das Volk durch folche Gaukler bethören liefs. Aegypten ift das Land der Wunder. Das Buch Exodus gibt davon überflüffig Zeugnifs, und die bibelbelefene Menfchheit leidet noch an den mofaifchen

Mirakelvorftellungen, die förmlich in den chriftlichen Religions-
unterricht übergegangen. Sichtlich finkt fo der Islam zum Paga-
nismus herab; die Wechabiten haben eine puritanifche Reaktion
befonders gegen den Heiligendienft eingeleitet.

Ich wüfste in der Gefchichte keinen Herrfcher, mit welchem
Mehemet Ali mehr Aehnlichkeit hätte, als — Herodes den
Grofsen! Auch diefer erbaute Städte, Häfen und felbft Theater
und Cirkus. Er drängte dem kunftfeindlichen Volke fogar Tempel
und Paläfte mit hellenifchen Bildwerken auf, feiner neuen Königsburg auf Sion mit ihren Figuren und fpringenden Waffern gleicht das
Schlofs Schubra bei Kairo. Wiederholt empörten fich die Hebräer
wider jedes Bildnifs, felbft das des römifchen Kaifers auf den Le-
gionsftandarten; auch fie fagten: »wir können weder mit dir,
noch ohne dich leben!«

Die jüdifchen Hierarchen haben die Ausbildung eines freieren
Staates unmöglich gemacht und das politifche Gemeinwefen zerftört. Der Pharifäer liefs fich vom Fluche des mofaifchen Gefetzes
durch Chriftus nicht erlöfen. Mehemet Ali und feine Nachfolger
haben es mit keinem fo hartnäckigen Volke zu thun, der Nilbe-
wohner ift froh, wenn man ihn nur leben läfst, ob die Einrichtungen der Abendländer auch noch fo tief ins Religionswefen ein-
fchneiden. Der Staat ift hier Meifter und hat die Reform im Rechts-
leben und auf focialem Gebiete in Angriff genommen; wohlan!
wenn er für die Einbufse an Kirchengefetzen Erfatz bietet und
auf allgemein menfchlicher Grundlage fich erbaut. Wenn
der hegemonifche Geift der Britten Aegypten vom Pharaonenjoche
erlöft, dem Fellah Grundeigenthum gewährt, wird der Culturfortfchritt auch hier fich geltend machen. Unmöglich kann der Grundfatz fortdauern, der die Maxime für den ägyptifchen Jofeph ausmachte, Genef. XLI, 44:

> Ohne deinen Willen foll weder Fufs noch Hand
> Sich regen im Aegypterland.

Indien lebt unter europäifcher Erziehung auf, es bedarf keiner
Zuchtmeifter. Nur unter Vermittelung der Franken wird der ge-
duldige Nilländer im kommenden Jahrhundert freier
Eigenthümer auf feinem Stück Grund und Boden werden.
Dafs der Islam mit feinen unzähligen Wakuf oder Mofchee-

gütern ihm diefe Freiheit nicht in Ausficht ftellte, ift ebenfo gewifs, wie unfere Klöfter wo möglich alle Güter und Bauernhöfe
einfchlachteten und niemals an die Freigebung ihrer Unterthanen
dachten. Die Theokratie lehrt grundfätzlich, der Menfch dürfe
nicht als Eigenthümer hienieden fich betrachten, der Kirchenftaat
duldete keinen freien Bürger und liefs den Landmann nicht auf-
kommen. Mehemet Ali hob alle Stiftungen zur todten Hand
auf und befoldete die Religionsdiener und Schechs oder Profefforen.
Eben ergeht auch in Stambul ein Gefetz, wonach Stiftungsgüter
felbft von Chriften erfteigert werden dürfen.

Unfere ftatiftifche Zeit fragt zur Erweiterung des Culturftudiums
vor allem: wie lebt heute das Volk im Delta, wie lebte es früher?
»Wer nicht Namen und Ältern, weder Vaterftadt noch
Eigenthum hat, mufs man den nicht zu den Sklaven
rechnen?« fragt der in Aegypten vielbewanderte Apollonius von
Tyana (Philoftr. VIII. 6, 12); und diefs gilt bis auf Weiteres. Da
fitzt ein Bettler am Weg in der trockenen Goffe; fchon vorher
hörten wir ihn die Vorübergehenden anrufen: »Ich bin bis zur
Stunde nüchtern. Gebt mir den Werth eines Brodes um Gottes-
willen, o Mildthätige! Ich bin der Gaft Gottes und des Propheten.
Preis deinem Vater, Freude deiner Mutter! Ich fuche von meinem
Herrn einen Biffen Brod!« Damit will er das Herz der Weiter-
wandelnden rühren und fchreit fich faft heifer. Endlich fchläft er
vor Ermattung ein, der Nachtthau benetzt fein Augenlid, und der
Umftand, dafs er fchon halb erblindet, beweift, wie lang er bereits
an diefes Nachtlager gewöhnt ift. So liegen Taufende an den
begangenften Strafsen und, wo es angeht, im Frankenquartier auf
den Steinbänken umher. Des andern Morgens wird er fich wohl
erheben, bei einem Sebil oder geftifteten Brunnen einen Trunk
Waffer einnehmen; fich zu wafchen denkt er nicht. Vom Markte
hebt er eine weggeworfene Orangenfchale, fei es Peterfilie oder
irgend ein geniefsbares Pflanzenfragment auf. Er ift alt, fein
Auge blöde, feine Dienfte fucht Niemand; gegen Abend wird
er zur Gebetsftunde wieder in der Gaffenrinne fitzen und den
Jammer bis tief in die Nacht hinein erheben. Aber warum geht
er nicht lieber heim? Einfach weil der füfse Name »Heimat« nie
an fein Ohr gefchlagen hat. Warum nimmt fich feiner niemand
von feinen Angehörigen an? Der Arme weifs nicht, wo er auf die

Welt gekommen, vielleicht hat er feine Mutter gekannt, der Muhammedaner kümmert fich als Vater wenig um feine Kinder. Diefer
da hat keine Familie und wufste niemals, wem er angehöre. Ver-
forgt ihn alljährlich mit einem frifchen Gewand, feine Bloufe auf
blofsem Leib ift feit Jahren nicht gefäubert und verfault am
Körper. Verfchafft ihm nur weniges Eigenthum, damit er fich
als Perfönlichkeit fühlen lernt und durch das Mein von feinem
auf irgend etwas Anfpruch habenden Ich einen Begriff erhält.
Macht ihn durch die Wohlthat der Erziehung von Jugend auf zu
einem Menfchen.

Wer foll diefen Leuten die Hand bieten? Die Religion!
Wohlan! Der Islam läfst ihn fitzen, und feine letzte Hoffnung ift,
dafs es nach dem Tode ihm beffer fein werde. Wollt ihr
ihm mit dem Katechismus helfen? Diefs hiefse denjenigen, der
nicht fünf zählen kann, in Vega's Logarithmen einweihen. Der
von der ägyptifchen Regierung eingefchlagene Weg, dem Volk
Arbeit und Verdienft zu gewähren, ift weitaus der befte. Auf
einer zweiftündigen Rundfahrt nach dem Mahmudieh-Kanal und
See Melacha oder der Mareotis gelangten wir auch zu den neuen
Schlofsbauten und Gartenanlagen der Familie Mehemet Ali's. Ein
paar hellweifs gekleidete Jünglinge fprangen mit Stäben des Weges
daher; wer nur Pflanzenkoft geniefst, kann gut laufen, feine Lunge
füllt nicht überflüffiges Blut. Eine Kutfche (das Wort ift türkifch)
folgt ihnen mit einer Haremsdame. Als wir aber den Rückweg
von den herrlichen Pflanzungen einfchlugen, holten wir 30 bis 40
Gefpanne (vor 30 Jahren gab es noch nicht eines) mit von der
Tagesmühe heimkehrenden Arbeitern ein; bei 20 Perfonen fafsen
auf jedem Wagen, und männliche wie weibliche Jugend fang
feelenvergnügt ein arabifches Lied und klatfchte zum Takt in die
Hände. Sie freuten fich auf ihr Abendeffen, fie hatten unter einem
Dache zu fchlafen, es ging ihnen auch bei magerem Verdienfte
nach ihren Begriffen gut.

Allerdings ift das erfte Wort, welches man beim Betreten der
afrikanifchen wie der afiatifchen Küfte zu hören bekommt: Bakfchifch. Der Ruf des indifchen Bikfchu oder Bettlers um eine
Gabe erfüllt das Morgenland bis an die äufserften Grenzen Marokko's. Auch in den fynoptifchen Evangelien ift bald mehr von
Beten und Betteln als von Arbeiten die Rede, es ift in den Süd-

ländern doch gar ſo heiſs. Um die älteſte Volksſprache inne zu
werden, erzählt Herodot, habe man einmal unmündige Kinder zu-
ſammengeſperrt und auf das erſte Wort von ihren Lippen ge-
lauſcht. Es war Bekos, phrygiſch Brod, alſo die Phrygier das
älteſte Volk! Dieſe Auslegung ſcheint mir verfehlt; vielmehr
kömmt das Wort Bakſchiſch mit dem Indoarabern auf die Welt.
Gerade dieſer Bettelruf, den ich dieſsmal ſchon weniger zu hören
glaubte, muſs möglichſt verbannt werden. Die Arbeit hat eine
erziehende und die Völker aſſimilirende Kraft, wenn ſie nicht auf
dem Princip der altägyptiſchen Knechtſchaft beruht. Der Tag der
Emancipation ſcheint auch für dieſes Land angebrochen zu ſein.
Zu Schiff iſt mein Nebenmann im Bette, mein Nachbar bei Tiſch
ein anſtändiger Mohammedaner, er trinkt Wein und läſst ſich durch
Speiſegeſetze nicht abhalten, Weltbürger, d. h. den Chriſten ähnlich zu werden, nach Paulus Wort, Römer XIV.

Reiterſtatue Mehemed Ali's in Alexandria.

III. Byzantinisches Christenthum.

Katharina am Sinai oder Kithäron.

ie Religion der Erlöfung wurde den Aegyptiern leider fo
eigenthümlich beigebracht, dafs das Volk fich fehnte, das
byzantinifche Chriftenthum los zu werden, und an
Einem Tage Hunderttaufende zum Islam abfielen. So
lange die erften Lehrer, an die Neuplatoniker und Philo anknüpfend,
die chriftliche Spekulation entwickelten, war Alexandria der Brenn-
punkt neuer geiftiger Bildung. Pantänus, Clemens und Origenes
find wahre Kirchenlichter, aber das Mönchthum, welches die
Tollheit und den Aberglauben der Maffen entzügelt, triumphirt
leicht über die Philofophie, und der Rückfall ift dann entfetzlich.
Den geiftreichen, aber bis zum Tode verfolgten Origenes haben
wir in der Kathedrale von Tyrus zu fuchen; hier in Alexandria
weifs man nichts von einem Grabe der Kirchenlehrer Clemens und
Cyrill. Wo aber ift das weltbekannte Sema oder Alexandersgrab
zu finden? Wo ftand das Serapion, nach dem Kapitol der berühmtefte Tempel der römifchen Welt? Er wurde vom Erzbifchof
Theophilos 389 zur ewigen Schmach für die Chriften dem Erdboden gleichgemacht, dafs man die Stelle nicht mehr weifs. Entfprechend den zehn ägyptifchen Plagen ftatuirt die Kirchengefchichte
zehn Chriftenverfolgungen. Hilarius von Poitiers und Martin von
Tours eiferten, nachdem der Spanier Priscillian und feine Anhänger
auf Antrag von Bifchöfen hingerichtet worden, wider folche Ver-
wandlung der Bekehrungsweife Chrifti in die eines Nero, und noch
waren die Wunden der diokletianifchen Verfolgung kaum vernarbt.
Aber die Heiden hatten bei weitem keine fo graufame Verfolgung
der Chriften eingeleitet, wie diefe Fanatiker gegen Hellenen und

bald auch gegen Hæretiker, bis der Einbruch der Islamiten ihre Wuth dämpfte. Mit dem ganzen Eifer des Neubekehrten und dem angebornen Fanatismus eines Spaniers begann Theodofius die Heidenverfolgung im grofsen Style. Schon Conftantin fann auf die gewaltfame Unterdrückung des Hellenismus und zerftörte vor andern den Aefculaptempel zu Aegä in Cilicien, fo dafs Eufebius III, 56 bemerkt: »So konnte der Gott, welcher andere von Heim-fuchung und Uebeln zu befreien verfprach, zur eigenen Vertheidi-gung keine Mittel finden.« Theodofius fchränkte 383 im ganzen Reiche den alten Cult auf Tempelgang und Räuchern ein. Umfonft legte Rhetor Libanius, Studienfreund des Bafilius und Chryfofto-mus, dem Kaifer die Bitte vor, der Verwüftung der alten Heilig-thümer durch Mönche und räuberifche Rotten Einhalt zu thun, 390 n. Chr., da diefer fchon 391 den alten Dienft als Verbrechen wider den Staat abfchaffte und 392 felbft die Privatopfer verbot. Jetzt konnten die geiftigen wie leiblichen Asceten in Aegypten, Arabien, Paläftina und Phönizien fich austoben. 394 feierte man zum letzten-mal die Olympifchen Spiele. Unfere deutfchen Volksfefte ftammen noch meift aus der Heidenzeit und beftehen gut fort!

Vopiscus theilt im Leben des Saturnin ein Schreiben Hadri-ans an feinen Schweftermann Conful Servian mit, des Inhalts: »Aegypten habe ich von Grund aus ftudirt, die den Serapis verehren, find Chriften, und die fich Bifchöfe Chrifti nennen, find thatfächlich Verehrer des Serapis. Da findet fich kein jüdifcher Synagogenvorftand, kein Samarit, noch chriftlicher Presbyter, der nicht Stern- und Zeichendeuter oder Quackfalber wäre. Selbft der Patriarch, wenn er nach Aegypten kommt, mufs der einen Partei zu lieb den Serapis, der andern zu Gefallen Chriftus Ehrerbietung zollen.« Der Brief kommt in den Schriften Phlegon's, des kaiferlichen Freigelaffenen, vor. Wenn dem gebil-deten Kaifer auch eine leichte Verwechslung begegnete, fo er-kannte er gleichwohl, dafs hier ein edlerer Cult mit dem Glau-ben an den Seelenrichter und Herrn über Leben und Tod, Ofiris Serapis, fich verband, und als die rafenden Mönche mit roher Hand Stein für Stein demolirt hatten, waren fie felbft er-ftaunt, im Schutte die Kreuzfigur vorzufinden, welche die heid-nifchen Priefter als Symbol des Uebergangs von diefer in jene Welt, für das Bild des Kreuzweges der Seelen erklärten.

Bei der Wühlerei diefer Zeloten glich die Einführung des Chriftenthums dem Hereinbruch einer neuen Barbarei. Ging doch zugleich die koftbare Bibliothek im Serapeion dabei zu Grunde, nachdem jene im Brucheion bereits 48 v. Chr. beim Flotten- und Stadtbrand unter Cæfar durch böfen Zufall in Rauch aufgewirbelt war. 300,000 Bücher vergingen beim Sturm des Serapeion, 400,000 im Brucheion. Der Chalif Omar konnte fpäter mit den 200,000 Bänden der pergamenifchen Bibliothek nicht ungebildeter verfahren. Freilich verbrannte auch Zumaragua, der erfte Bifchof von Mexiko, ganze Haufen aztekifcher Bilderfchriften, und was gleicht dem Vandalismus, dafs im Zeitalter des Wiederauflebens der Wiffenfchaft ein Erzbifchof und Staatsminifter Ximenes die aus dem eroberten Cordova, Sevilla und anderen Hauptftädten in Granada angefammelten Bibliotheken, die Manufkripte achthundertjähriger Geiftesbildung, ohne Rückficht auf den Inhalt, die wunderbare Schönfchrift und die Koftbarkeit des Einbandes auf dem Hauptplatze zufammenhäufen und verbrennen liefs! Das Menfchengefchlecht felber hat durch diefe Rohheit die Errungenfchaft der Gelehrten und Dichter eines ganzen Volkes mit Einem Schlage eingebüfst und der fpanifche Name ein Brandmal davongetragen. Statt auf 80,000 fchätzen die Verehrer diefes geiftlichen Eiferers die unter offenem Vertragsbruche verbrannten Werke auf eine Million und fünftaufend. — Man fchlachtete nach wie vor Thiere, betete aber nicht mehr zu den Göttern. Theodofius' Söhne erliefsen direkte Edikte zur Devaftation der Tempel des alten Dienftes aus Ungeduld, das Volk nicht fofort von der Verehrung abbringen zu können. Der Abbruch des Marneion zu Gaza, einer Rotunde mit doppeltem Säulenumgang, welchen unter Kaifer Arkadius wieder fanatifche Mönche, geleitet von Bifchof Porphyrius, mit Beihilfe gelandeter Truppen vollführten, brachte die Welt um ein architektonifch gleich wichtiges Denkmal.

Jüngft machte die koptifche Tradition Auffehen, als ob der Apoftel Petrus hier ruhe. Weifs denn niemand, dafs die Griechen die Ehre feines Grabes für Argos anfprechen? Zuverläffig bleibt unter Babylon*), von wo fein Paftoralfchreiben ergeht, die Stadt

---

*) Babylon heifst ägyptifch χerχer, die Höhle amhu. In der Nähe des Sonnentempels zu Heliopolis beftand ein befonderes Becken zur Aufnahme der Nilfluth. Als

gegenüber von Memphis auf der Seite von Heliopolis zu ver-
ſtehen, wo die Familie von Nazareth auf der Flucht in Aegypten
gewohnt. In Alexandria ſetzte Petrus ſeinen »Sohn Markus« als
Biſchof ein. Von ſeinem Uebergang nach der Tiberſtadt und der
dortigen Abfaſſung des petriniſchen Evangeliums überzeugt mich
die prägnante Nachricht bei Euſebius, cap. V. und VI, 14, daſs
die erſten Gläubigen zu R o m in den Evangeliſten drangen, die
Vorträge über die Thaten und Lehren Jeſu ihnen aufzuzeichnen,
ſo weit er ſie aus Petrus' Vorträgen kannte, worauf dieſer das
Urtheil abgab, es ſei zwar alles Aufgeſchriebene wahr, aber nicht
richtig — d. h. keineswegs in der Ordnung erzählt! Alle noch
ſo umfangreichen theologiſchen Einleitungen in die Synoptiker,
die ſich an Markus als erſten Evangeliſten anſchlieſsen, bieten
keine richtigere und gewichtigere Cenſur. Die Koptenkirche zu
Foſtat oder Altkairo mit der unterirdiſchen Kapelle iſt gewiſs eine
der älteſten der Chriſtenheit. So heiſst es im Hymnus an Ammon
aus dem VI. Jahrh. v. Chr.:

»Dein Tempel liegt verſteckt
In verborgener Krypte
An Babylons Stätte.
Es that ſich dir auf
Die Krypte gen Süden
Wo Gott Sep verweilet.«

Wahrſcheinlich iſt jene Höhle zur Grotte Jeſu in der heutigen
Vorſtadt geheiliget worden, während der Tempel des Anubis-Neb
Sap zu Rofu oder Torofu, griechiſch Troja ſtand. Die im Delta einzige Quelle Phiala neben der hl. Sykomore zu Matarea konnte
dem altägyptiſchen Cult nicht entgehen und war wirklich der Netp
geweiht*). Ihre Stelle vertrat fortan Maria stella maris.

Die Vorſtadt M a r i u t ׀hat ſich neu erbaut und erreicht den
See Mareotis, welchen einſt Taufende von eſſeniſchen Einſiedlern,
die Therapeuten, umwohnten, in deren Mitte das Buch der Weisheit entſtand; ſelbſt Philo glaubt man ihnen verwandt. Ihre Nach-

---

König Pianchi dahin kam, reinigte er ſich im Becken »Kühlwaſſer«, indem er ſein
Angeſicht wuſch mit dem Ausfluſs der Ueberſchwemmung, mit welchem der Sonnengott Ra ſein Angeſicht wäſcht. Brugſch Bey, Reiſe nach der groſsen Oaſe el Khargeh 31. 42. 46.

folger waren chriftliche Eremiten, Beter und Fafter. Von der
Pompejus-, vielmehr Diokletiansfäule aus, deren Poftament
wackelig zu werden droht, befuchten wir die Katakombenkirche
der hl. Katharina. Ihre Legende ift vielleicht die Umfchreibung
eines nachweisbaren hiftorifchen Vorfalls. Nehmlich Hypatia,
Tochter des Mathematikers Theon, wurde in Alexandria unter den
Augen des Bifchofs Cyrillus, deffen Oheim der obige Theophilus,
als Philofophin vom Lektor Petrus in die Kirche gefchleppt und mit
einem Knüttel erfchlagen. Sie hatte in Athen ihre philofophifchen
Studien vollendet, hielt in der Vaterftadt öffentliche Vorlefungen
über Plato und Ariftoteles, wie über die Geometrie des Apollonios
und Diophantos, und gewann den Synefios von Cyrene zum be-
geifterten Schüler; der Neuplatoniker und nachmalige Bifchof
Suidas gibt die Eiferfucht des Cyrillus auf ihre Beredfamkeit als
Anlafs zu ihrer Ermordung durch den Chriftenpöbel an. (?) Ihr Martyrium fteht gefchichtlich feft, an ihre Stelle tritt die chriftliche Philofophin und die Sage von der Uebertragung der hl. Katharina durch
Engelshände nach dem Mondgebirge Sinai. Dort erhob fich, wie
noch bei Kathra in Paläftina, auf höchfter Bergfpitze ein Wely
Kathrawani, der zur Höhe entfchwebten Mondgottheit, die bald
männlich, bald weiblich gedacht ward und hiftorifchen Perfönlich-
keiten diefen Namen läfst. Atreus ift kretifch Kadreus (der fchwarze
lebensfeindliche Saturn), auch Minyerkönig, für welchen Agamedes
und Trophonius das Schatzhaus und Todtengewölbe mit ver-
borgenem Eingang zu Trözene erbauten. Wohlan! der arab. el
Kadr, ein Beiname des verhimmelten Donnergottes und Schlangen-
treters Elias, der am Sinai wie Karmel fein Heiligthum befafs.
    Sagen will ich lieber gleich, um die Entdeckung zu vervoll-
ftändigen, die mich wirklich überrafchte: die höchfte Höhe des
Sinaitifchen Urgebirges, der Dfchebl Katharin, führt den Namen
Kithäron, wie auch der hellenifche Zauberberg, das Vorgebirge
Katharon in Lybien, der Kytoron in Paphlagonien von den Phö-
niziern benannt wurden. Er bezeichnet Montenegro, und die femi-
tifche Wurzel Kadar, Kathar, »dunkel« ift ebenfo auf Flüffe, wie
Kidron, Kydara und Kydarus, angewandt. Von der dalmatifchen
Bergftadt Kattara heifsen die Bewohner Kattarini. Perfönlich aber
hiefs die über alle Berge fchwebende, nachtwandelnde Göttin
Kethura, wie auf Kreta die präcifirte Demeter Hekate: Kidaria und

Aphrodite *νυκτεῖα* oder *σκοτία* — Kythere. Das Attribut der Katharina gleicht dem Schickſalsrade der Nemeſis Adraſteia. Die Hieroglyphen weiſen eine Schlangengöttin Kethuri nach, gleich Demeter, die auf dem Drachenwagen durch die Lüfte fährt. Die hl. Katharina erfuhr im Mittelalter am meiſten Verehrung auf Höhen. Die Griechen ſchreiben mit ägyptiſchem Artikel Ai Katerina, die Ruſſen Ekaterina*). Etymologie und Mythologie ſpielen hier in einander.

---

*) Nach griechiſcher Wurzel *καθαίρω* müſste uns Kapharina überliefert ſein, wie ϑ in Maffei, Feodor, ſtatt Matthei, Theodor ſich ſpricht.

Hafen der Welthandelsſtadt.

IV. Hafenbauten in Alexandria und
Port Said.

on den Nadeln der Cleopatra wurden wir der ſeit andert-
halb Jahrtauſend zu Boden liegenden vor Schutt nicht
mehr anſichtig.   Zwei Menſchenalter ſind dahin, ſeit
Mehemet Ali dieſe den Britten geſchenkt hat.   Endlich
iſt die Maſchinerie zum Transport erfunden, und der Obeliſk Thot-
mes' III. am 6. Juni 1877 vollends von der Erdmaſſe befreit und
am Sockel einer der vier unterlegten, einzig erhaltenen Metallfiguren
die Inſchrift zu leſen: »Im Jahre VIII. des Caeſar Auguſtus wurde
dieſer Obeliſk unter Barbarus, dem Präfekten Aegyptens, vom
Architekten Pontius aufgerichtet.«   Die beiden Ingenieure, Brüder
Dickſon dachten den Monolith nicht, wie mit jenem von Luxor
geſchah, in ein rieſiges Schiff zu verladen, ſondern im Innern einer
Eiſenhülle durch hydrauliſche Preſſen ins Meer zu ſchaffen, und

fo fchwamm der über 3000 Centner wiegende Steinkolofs bei neun
Fufs Tiefgang, ein Cylinder von 95 Fufs Länge bei 10 Fufs Umfang (von der Spitze fehlen nur anderthalb Fufs), »wie ein Kind
in der Wiege«, mit Maft und Steuerruder und eigenem Anker, auch
gehörigem Ballaft zu beiden Seiten verfehen, von einem Dampfer ins
Schlepptau genommen, von einem andern begleitet, um, an der
fernen Themfeftadt gelandet, dort im Nebelreich in der Nord-
humberland Avenue oder am Themfe-Damm zwifchen Charing-
Crofs und Weftminfter Bridge fich zu erheben, wie er in vergangenen Jahrtaufenden in der Sonnenftadt im älteften Culturland
der Erde aufrecht geftanden. Oder foll diefe Nadel dienen, die
Befetzung Aegyptens einzufädeln? Indefs war Pofeidon dem Trans-
porte fo wenig günftig, wie der Ueberfahrt des Sarkophags Menkera's. Das Eifenfchiffchen Cleopatra wurde vom Schlepper Olga
in der Sturmnacht des 14. Okt. 1877 losgeriffen, der zweite Steuer-
mann mit fünf Matrofen beim Rettungsverfuch vom Ozean verfchlungen, der Obelifk in feinem Gehäufe aber als guter Schwimmer
gleich wohl 90 Meilen nördlich von Ferrol über See wieder aufgefunden und in Sicherheit gebracht.

Der Chedive hat 1869 die Sykomore zu Matarieh, worunter
die hl. Familie an der für das Nilland einzigen Quelle geruht, der
Kaiferin Eugenie gefchenkt. Der jetzige Stamm ift vielleicht
100 Jahre alt, aber im Todtenbüch c. 17, das fchon 2500 v. Chr.
auf Sarkophagen erfcheint, ift zu Anu oder On ein Teich und
Baum Afchet (Terebinthe?) erwähnt, an welchem der Kater als
Bild des Sonnengottes geftanden. Die Judenftadt Oniu brachte
On in frifche Erinnerung.

Im Frühjahr 1846 wohnte ich auf der preufsifchen Brigg Frederik der Verladung all der von Lepfius erworbenen ägyptifchen
Alterthümer bei. In Kairo konnte ich unter Zuthun des Leib-
arztes von Abbas Pafcha, Dr. Pruner Bey, von Dr. Abbot ein
ganzes Mufeum von Anticaglien, Metallfiguren und Sarkophagen,
die Ausbeute der Pyramiden und Felfengräber, darunter die ältefte
Antike der Menfchheit, den Siegelring des Menes um den Preis
von 30,000 fl. für den Bayerkönig Ludwig I. erwerben; die Affaire
mit Lola Montez machte Alles rückgängig und führte fogar zu
meinem erften Sturze vom Lehrftuhl. Später kam die Sammlung
für 80,000 Dollar nach Philadelphia, foll aber nun zerftreut fein.

Diefs gehört auch zur Gefchichte der verfäumten Gelegenheiten, woran Bayern fo reich ift. Prof. Lauth ging es mit feinem Credit-verlangen für eventuelle Ankäufe nicht beffer.

Alexandria befitzt jetzt ein Operntheater Licinia, und ein kleines Bühnenhaus Alfieri. Es liegt nahe, mittels der Ferrovia nach der Weltftadt Kairo hinaufzufahren, und nachdem man deffen Herrlichkeit und die Pyramiden befchaut, diefelbe Eilfahrt nach Ifmailia am Krokodilfee zu machen, von wo ein kleiner Dampfer nach Port Said abgeht. »Ihr Franken könnt Alles, nur nicht den Tod überwinden«, fprechen die heutigen Aegyptier. War fchon der Leuchtthurm des Softratos mit fieben Stockwerken für ein Weltwunder angefehen, — die Alten bauten keine Thürme in unferem Sinne! — fo ift es gewifs der jetzige Molo von Alexandria, welcher bis auf vierthalb englifche Meilen Länge in die See hin-auslangt und mit dem von Weften her zwei Riefenarme bildet, um den Wogenfchwall zu brechen, andrerfeits dèn grofsen Schiffen eine unmittelbare Landung ohne die gefährliche Einfahrt in den klippenvollen alten Hafen zu ermöglichen. Er befteht aus lauter Gufsfteinen, die im Waffer noch mehr erhärten, Stücken von 12 Fufs Länge bei 7 Breite und 5 Dicke aus Cement und mufchelreichem Meerfand unter ungeheurem Mafchinendruck hergeftellt. Die Molo-bauten find auf 50 Millionen Franken veranfchlagt; die Ausführung übernimmt das Haus Greenfield u. Comp. Nicht weniger als 200,000 Blöcke find erforderlich, jeder zu 10 Kubikmeter Gröfse und 20 Tonnen Gewicht. Seit 1870 erfährt der antike Hafen diefe Umbil-dung, und bis 1876 befitzt Alexandria ein äufseres Hafenbecken von 350 Hektaren Oberfläche bei 10 Meter Tiefe. Diefer Vor-hafen wird durch einen Wellenbrecher von 2340 Meter Länge und 8 Meter Höhe gefchützt, der zwifchen dem Nordende und Ras et Tin zwei Durchläffe von 600 Meter Breite für kleinere Schiffe, und am Südende 800 Meter Breite für grofse Fahrzeuge hat. Der innere Hafen hält 78 Hektare und 8$\frac{1}{2}$ Meter Tiefe. Jährlich fahren 3000 Fahrzeuge ein und ebenfoviel mit anderthalb Millionen Tonnen Gehalt aus.

Es ift und bleibt ein Staunen erregendes Werk, wodurch der Erdenfohn fich Land und Meer unterthänig macht. Aber fo grofsartig find die Schöpfungen unferer materiellen Zeit, dafs man von diefer Leiftung kaum fpricht, als wären diefe

Maſſen von der Natur hingelegt und nicht Gebilde von Menſchenhand. Wäre der Sultan doch ſo reich, wie der Chedive ſein könnte,
die ſyriſche Küſte, welche ſicherer Häfen entbehrt, würde neuerdings
Leben gewinnen, und Jaffa, wo die Anfuhr und Herausfahrt mitunter lebensgefährlich, ja die Ausſchiffung unmöglich wird, Tyrus
und Sidon, auf deren Ruin Alexandria gebaut iſt, wären
nie ſo herabgekommen. Durch Henry Smith, Kerhallet
und Maury, nach deren Forſchungen jetzt die Seeleute im Mittelmeere ihren Cours beſtimmen, erfahren wir, daſs, unabhängig von
den Winden, zwei Strömungen darin herrſchen: die Riviera di
Levante und di Ponente. Letztere windet ſich an Nordafrika vor-
bei zum flachen Uferrande (ταινία) Aegyptens, hat unter anderen
den peluſiſchen Nilarm verſchlammt und die Bucht zum Feſtlande gemacht, aber auf ihrem weiteren Wege auch noch die berühmten Häfen von Aſkalon, Sur und Saida verdämmt.
Dorthin ging unſer Kurs.

Am Lloyddampfer Venus, den wir Freitag 31. April vor
Mittag beſtiegen, erweiterte ich meine kulturgeſchichtlichen Studien
bei Begegnung mit einem Oeſterreicher. Siegte im Alterthum
Dionyſos über den thraziſchen Bierkönig Lykurg, ſo ſehen wir
jetzt Gambrinus über Oſiris Meiſter werden. Dieſer iſt Bierer-
finder; aber die ägyptiſche Buza glich und gleicht dem Eſſig, indem man Gerſtenbrod in Waſſer gähren läſst und ſo ein ſäuerliches
Getränk erzielt. Nun hat ein Bayer, Ehinger in Alexandria, ſeine
Braupfanne geheizt und rührt die Maiſchbottiche, um zwar keinen
Märzentrunk, doch Schenkbier verleit zu geben. Nebſt dem ver-
mittelt unſer Lieferant an Bord wöchentlich den Transport von
500 Eimern Doppelbier aus Wien und Graz nach Kairo, Port
Said und Suez bis Bombay. Vor dreiſig Jahren bezog Dumreicher
aus ſeiner Vaterſtadt Kempten Bier für die Pharmacien Aegyptens
und bis Arabien. Jetzt kann man unter Palmen Türken und Araber,
welchen Wein verſagt iſt, Griechen und Levantiner unſer Getränk
wie eine kühlende Arznei mit Begier ſchlürfen ſehen, die Flaſche
für anderthalb Franken! Braumeiſter aus München ſind bis China
und Japan, wie nach Moskau und Kaſan verſchrieben, als Pioniere
deutſcher Cultur, mit Gerſtenſaft die Völker zu beſeligen: iſt dieſs
nicht ein umgekehrter Dionyſoszug?

Aehnlich haben freilich die Araber das Abendland ſich unter-

than gemacht mit dem Kaffee. Preis und Dank dir, frommer
Schech Schädeli, der du zuerft vom afrikanifchen Kaffa die
wildwachfende Bohnenftaude nach Mokka verpflanzteft, weil der
Abfud der Hülfen dein Herz ftärkte und zur Andacht wach erhielt. Du bift ein anderer Ofiris Evergetes, Wohlthäter der armen
Menfchheit geworden. Die Weltftadt Kairo hält dich mit Recht
in Ehren; auch unfere Kaffee's follten deinen Schild aushängen.
Du haft durch deine Entdeckung der Welt mehr genützt, als mit
taufendfältigem Auffagen von Koranverfen! — Wir fuchen feit Eröffnung des Kanals nach dem Kaufmann, dem es gelingen foll,
München zu einem Hauptdepot des Kaffeehandels zu erheben, da
der Bezug aus Java und Südafrika, — denn früher oder fpäter müffen
grofsartige Kaffeepflanzungen die Folge der neuen Entdeckungen
fein, — durch den Suezkanal uns Süddeutfchen doch näher liegt
als von Norden her.

Wir fteuern durch die Gewäffer, wo die Seefchlacht von
Abukir tobte, und landen nach angenehmer Nachtruhe in Port
Said. Ausgelegte Tonnen dienen zum Anlegen hochbordiger
Indienfahrer. Die Baggerfchiffe daneben werden wohl, fo lange
die Welt fteht, Arbeit haben, um der Verfandung zu fteuern.
Diefer neue Wunderbau wird gleich allen Dämmen freilich nie-
mals fertig, wie Deutfche und Engländer mir klagten, da der
Riefenkampf mit den Elementen fortwährt. Die gewaltigften Çe-
mentkoloffe find hier ins Meer gefenkt, ein Unternehmen der Brüder Duffaud in Marfeille; aber weiterhin ift beiderfeits der Damm
nicht mit Steinen ausgefüttert, rechts und links bezeichnen Stangen
die Breite des Fahrwaffers von 100 Metern bei. 8 Meter Tiefe.
Alfo hinauf, wo der engere Seeweg beginnt! Der Mahmudieh-
Kanal, der vom weftlichen Nilarm nach Alexandria abzweigt,
immerhin ein Pharaonenwerk, ift ein Kinderfpiel neben dem von
Suez, welcher Afrika zuerft zu einer Infel machte, der Entdeckung
des Kap zur Fahrt nach Indien an Wichtigkeit gleich kommt und
den Namen Leffeps einem Bartolomeo Diaz und Vafco de
Gama ruhmreich an die Seite ftellt. Mehemet Ali hat bei feinem
Nilkanal 20,000 Fellah's geopfert; faft ohne Werkzeuge zur Arbeit
getrieben, in Baftkörben die Erde fortfchleppend, elend gekleidet
und genährt, ftarben fie dahin wie die Fliegen. Amphion baute
zu den Klängen der Lyra die Mauern von Theben, die Meffener

Port Said am Eingange des Kanals nach Suez.

unter den Melodien des Sakadas und Pronomos ihre neue Vaterftadt (Pauf. II, 27) — wohlan! auch ich fah, wie man dem Arbeiter-
volk mit Trommeln und Pfeifen am Mahmudieh auffpielte, der
Auffeher mit der Peitfche von Rhinoceroshaut es zum Frohndienft
ermunterte, und die Leute fröhlich fchafften.

Im Wüftenfchloffe Benha bei Kairo wurde der verhafste Sohn
des Gründers der neuen Dynaftie, Abbas Pafcha, im Juli 1854 er-
droffelt, von ein paar Griehen, wie es heifst, die er zu Eunuchen
beftimmte. Sein Nachfolger Said († 1863), deffen Namen die neue
Hafenftadt trägt, trieb 20,000 Fellah's zum Schaarwerk, bis die
Stimme Europas und Amerikas fie als freie Arbeiter zu halten
zwang. Erft aber mufsten Riefenkräfte zum Werke gewonnen fein.
Von der Expanfivkraft comprimirter Dämpfe und Gafe machte
bereits das Alterthum Gebrauch. Philo von Byzanz erfand das
nun Pipette geheifsene Inftrument, und Hero's Lehrer, der Mecha-
niker Ktefibios, eine ganze Anzahl hydraulifcher und aërodyna-
mifcher Apparate. An den Namen des Mathematikers Hero
knüpft fich die Erfindung des Hebers, der Feuerfpritze, einer fich
felbft regulirenden Lampe, wie einer Reaktionsturbine. Anthe-
mius von Tralles, der Erbauer der Sophienkirche in der Stadt
Conftantins, kannte bereits die expanfive Gewalt der Dampfkraft
und erfchütterte mit feinem Apparat das Haus eines feindfeligen
Nachbars, dafs diefer aus Furcht vor Erdbeben floh. Ja mehr als
100 Jahre v. Chr. ftand im Mufeum zu Alexandria eine von ihm
erfundene Mafchine, die fich durch Dampfkraft drehte. Endlich
nach der Mitte des XIX. Jahrhunderts konnte man mit folchen
Kräften den Kanal zum rothen Meer eröffnen. Die ungeheuren
Mafchinen liegen gegenwärtig invalid wie zu Barrikaden zwifchen
beiden Welttheilen hinter dem Sandwalle aufgefchichtet. Nur fort-
fchreitende Entdeckungen in der Mechanik ermöglichten es, folch
ein Riefenwerk zur Ausführung zu bringen. Gepriefen feien die Erlöfer der Menfchheit von der fchwerften, früher unmöglich zu be-
wältigenden Laft der Arbeit, die Befreier vom thierifchen Joch
und barbarifcher Hudelung.

V. Neue Stadtgründung am Suezkanal.

ort Said eröffnet feinen Eintritt in die Weltgefchichte fo unfcheinbar, wie Neu-Amfterdam — nun New-York, Chicago und wie die Grofsftädte Nordamerika's ihren Auffchwung genommen. Vor zehn Jahren ftand hier noch kein Haus, und in 50 Jahren find vielleicht 50,000 Einwohner da fefshaft. Erft wurde als Lebensader Nilwaffer zwölf Stunden weit von Ifmailia, das der jetzige Chedive am Timfa oder Krokodilfee anlegte, herbeigeführt in doppelter eiferner Röhrenleitung mit amerikanifcher Einfachheit, deren eine die Araberftadt im Hintergrunde, die andere die Frankenftadt fpeift, fonft könnte hier kein Menfch leben. Aber durch die Anpflanzungen den ganzen, auch zur Römerzeit angebauten Ifthmus entlang fängt felbft das Klima Unterägyptens an fich zu beffern; in Alexandria regnet es nun mehrfach, nicht zu rechnen, dafs die Baumwollftaude den Einheimifchen bald zu einem doppelten Gewande verhilft. Diefer Kulturverfuch begann in Aegypten erft 1861, und fchon betheiligt fich das Land an der Weltausftellung zu Philadelphia 1876 mit mehr als 2500 Cotonproben von den Aernten der letzten neun Jahre.

Wunderlich genug geht es vorerft durch einander, und Unternehmer aus allen Ländern erproben ihr Glück und Gefchick. Gleich am Quai ftofsen wir auf eine Strafse der Kaiferin Eugenie, dann des Kaifers Franz Jofeph zum Andenken ihrer Anwefenheit bei Eröffnung des Kanals 1869. Den Mittelpunkt der Europäerftadt bildet der Platz Leffeps, eine Blumenvafe, wozu noch ein paar Villen mit füdlichen Gewächsgärten aufblühen, wie wenn die junge Stadt mit botanifchen Sträufsen fich bräutlich fchmücken

möchte, fo deckt das Kind der arabifchen Mutter und des europäifchen Vaters feine natürliche Blöfse.   Erft das füfse Waffer hat
diefen Pflanzenwuchs und Blumenflor ermöglicht.   Als die Fran
zofen in Algerien die erften artefifchen Brunnen in der Wüfte
gruben, tauchten kabyliche Mütter vor Entzücken ihre Kinder in
die auffprudelnde Fluth.   So fchwelgt hier der Weifse wie der
Schwarze mit Kinderfinn in der Voraugenftellung der erften Er-
zeugniffe der Pflanzenwelt. Da bietet ein Fleurifte feine Bouquets,
dort ein Jardinier fich an; fogar Tivoli fteht auf einer Tafel.
Speife und Trank kommen zum Theil aus Europa. Unfer Lloyddampfer hatte den ganzen Tag Arbeit, um die reiche Bretterladung
von Trieft auszuladen.   Der Holzhandel hieher ift beträchtlich,
das gemeine Brett von zwölf Fufs Länge gilt anderthalb Franken
und darüber, doppelt fo viel wie bei uns.   Brennholz wird nach
dem Gewichte verkauft und geht übrigens nach Kairo, wo fie es
benutzen, um Ziegel zu brennen, die man wieder hierherfchafft, um
Häufer zu bauen.   Der Taglohn ift jetzt fieben Franken.   Poco!
poco! klagte der befragte Maurer und Zimmerhandwerker, der hier
wie in Europa nie genug bekommt, und früher täglich einen halben
Napoleon verdiente. ᾽Αϱτοπωλεῖον, Brodverkauf, fteht an einer
Bude, die fomit ein Grieche hält; andere verrathen fich durch ihre
Tracht und Spielwuth als »Kinder« der Hellenen.   Eine Firma
Schwarz gibt den Deutfchen kund, und fo geht es im gefchriebe-
nen und gefprochenen Sprachwirrfal fort.   Seitlich erhebt fich eine
Kirche mit gemauerten Wänden und einer Dachung aus Raen
und Schiffsbalken fchnell aufgerichtet, wie für eine vorübergehende
Ausftellung; der Priefter lieft eben Meffe, die Anwefenden fingen.

   Die Frankenftadt würde ohne fortwährende Nachwanderung
vorausfichtlich in diefem Klima ausfterben, der Araber aber ift in
feinem Element, und auch die ägyptifchen Sitten werden in der
neuen Pflanzftadt fich feft einbürgern.   Wir fchreiten aus diefem
vornehmen Stadtquartier über die künftigen Boulevards oder den
breiten Sandgürtel, welcher die füdliche Vorftadt abfondert, nach
dem Araberneft, welches aus lauter Packkiften oder Bretter-
ftücken zu Boutiquen zufammengezimmert fich präfentirt. Es fieht
wirklich komödienhaft aus; viel anziehender, als wenn wir ein
Kleinparis befuchten; dem Genremaler müfste bei dem Anblick
das Herz im Leibe lachen.   Siehe da! eine Mofchee, auch in

Eile von Steinwerk aufgeführt, dazu ein hölzernes Minaret ohne
Treppe. Ein Schwarzer steigt durch den Wüstensand herbei, die
drei zum Morgengebet Versammelten um einen Mann zu ver-
stärken. »La ilahu ill' Allah!« — wir kennen das. In Oftindien tragen selbst die Klosterfrauen wegen zu grosser Hitze weisse Kleider,
ebenso alles Volk in Japan. Darum, und nicht um die schwarze Farbe
zu verläugnen, trägt auch der Mohr und der Franke auf Reisen
und Jagden ein weisses Hemd von aussen.   Ein schwarzer Tuch-
vorhang mit Augenluken erspart uns den Anblick arabischer
Frauen, die nicht zu beten brauchen.   Ein paar kauern am »Spring-
brunnen im Vorhof«, aus dem vernehmlichen »Katib« entnehme
ich, dass sie mich für einen Schriftverständigen, d. h. unbegreif-
lichen Inglese oder Francese halten, die mit »trockener Tinte«
(Bleistift) Alles aufzeichnen.   Hier säugt eine Halberwachsene von
etwa 12 Jahren ihr erstes Kind.   »Ruch! ruch!« bleibt mir vom
Leibe! Eine Schwarze war auf unserem Schiff von einer Familie
nach Bombay mitgeholt; die Ubertät prägt sich in der Milchkuh
nicht kräftiger aus: Säuglinge werden dadurch nicht farbig!
    Daneben werden rothgefärbte Eier verkauft; im Nilland
bietet man sie Jahr aus Jahr ein feil, übrigens hängt unser Gebrauch
der Ostereier im Frühroth des Jahres religionsgeschichtlich damit
zusammen.   Der Connetable von Joinville glaubte irrig, das
Färben geschehe seinem gefangenen König Ludwig dem Heiligen
zu Ehren.   Französische Eitelkeit verläugnet sich nie, auch nicht
nachdem unser Reichskanzler mit ihnen gespitzelt, wie
wir Süddeutschen sagen, oder ihrem Ei mit zwei Dottern die
Spitze eingeschlagen und es ihnen so abgewonnen hat.   Derselbe
Marquis, welcher Ludwig IX. im Scherze vorausfagte, seine Gebeine würden einst auf den Altären zur Verehrung ausgestellt werden, unterdrückt gleichwohl nicht das peinliche Gefühl, dass der
König durch sein ungestümes Vordringen in den Marschen von
Damiette das schönste abendländische Ritterheer, welches je das
Morgenland gesehen, an einem Tage zu Grunde gerichtet und
mehr als 30,000 Mann aus dem drohenden Ersäufungstod in die
barmherzige Gefangenschaft der Mamluken gebracht; er folgte
ihm nicht zum zweitenmal in den unglücklichen Kreuzzug nach
Tunis.
    Dort hackt ein Fleischer mit dem Yatagan aus, der ebenso

zu Kampf und Schlacht pafste. Die Schafe laufen fchwarz und
weifs durcheinander, wie auch der Beduine die fchwarzgeftreifte
Manteldecke trägt. Barbarei und Civilifation verbinden fich hier.
Wir glauben uns in einem Zigeunerviertel. Das Fleifch der
Fettfchwänzigen gilt für beffer als unfer europäifches. Dabei fchwär-
men allerorten unzählige Fliegen, die Plage Aegyptens; die un-
glafirten Wafferkrüge haben defshalb einen vom Töpfer vorge-
fehenen Verfchlufs. Selbft ein Antiquitätenhändler thut feinen
Laden auf und läfst indifche Armaturftücke und arabifche Hand-
waffen fehen. Der Geldwechsler bietet im tragbaren Glaskaften
zugleich antike Münzen feil. Am zahlreichften find die Photo-
graphiegefchäfte, und niemand verläfst wohl den Ort, ohne fich
mit Aufnahmen von Kairo und mehrfachen Kanalanfichten von
Port Said bis Suez verfehen zu haben.

Wir wandern den Kanal hinauf, durch welchen die Grenze
von Afien und Afrika verrückt, ja diefer Welttheil infularifch geworden ift. Bisher galten die beiden Säulen zu Rhinocolura oder
el Arifch für die herkulifchen Grenzmarken. Von der Fufspartie
bei der Tageshitze ermüdet, fuhr jeder zu Schiff nach dem Hafen
zurück, und hier erhob fich rafch vor unferen Augen ein Zelt-
dorf, indem eine Anzahl Braungefichter mit Steinen die Pflöcke
im Sande feftklopften und die Leinwand anfpannten. Hinaus zum
Leuchtthurm, zum kühlenden Meerbad, um durch den anprallen-
den Wogenfchwall fich immer wieder in den Uferfand zurück-
werfen zu laffen und wie in den Jahren der Jugend zu fchwelgen.
Dort wirft einer das Netz ohne Stange ins Meer, foweit er waten
kann; dann trägt er den zappelnden Fifch am Haken zu Markte,
oder fchleudert den ganzen Fang in den Sand, wo die Thierchen
fich todtzappeln; wo die Menfchen ein Leben voll Qual führen,
fchreckt natürlich niemand vor Thierquälerei zurück.

Ich weifs nicht, ob nur der Ausfpruch des Scherif in Mekka
oder auch der des Scheich ül Islam in Stambul gegen die Vampuri
und Eifenbahnen ausfiel, genug, dafs die in Rechtgläubigkeit
Gealterten fich dagegen fträubten, die jährliche Wallfahrt nach
den heiligen Stätten anzutreten. Die angeerbte Religionspflicht
brachte es mit fich, dafs die Hadfchi durch die Wüfte zogen, ob
auch der zehnte Theil den Pilgerweg mit feinen Gebeinen bezeichnete,
ftatt mit dem höllifchen Rauchbooten der Giauren lebend hin- und

zurückzukehren. Unter dem Stiche der glühenden Sonne und unfäglichen Entbehrungen, wobei der Fromme nicht einmal das Ungeziefer fich vom Leibe zu fuchen wagt, zwei rechts, zwei links in Körben auf Kameele gepackt, langt der Hadfch nach langer Wüftenreife an, baarhaupt und blofs den Ihram oder das Pilgerhemd umwerfend, trinkt er aus dem eiskalten Brunnen Zemzen: ift das Hinfterben ein Wunder?

Allein auch hier hat zuletzt der gefunde Menfchenverftand über die religiöfe Unnatur gefiegt. Jetzt läfst die Schaar der Pilger fich gleichwohl durch das rothe und arabifche Meer nach Dfchedda, der Hafenanfuhr der heiligen Städte, hinüberdampfen, freilich mit dem Nachtheile, dafs weniger Heilige in Folge des Todes auf der Pilgerftrecke die Himmelsleiter erfteigen; umfomehr können an der heiligen Stätte ihr Labik! Labik! »meine Zuflucht!« das muflimifche Kyrie eleïfon, zu Allah rufen. Von Hindoftan aus haben die dortigen Träger des Islam, die Sayad, Abkommen Ali's von der Prophetentochter Fatime, in Singapur eine Dampffchiffahrtsgefellfchaft gebildet, welche 1875 von da und Malakka 2000, aus den holländifchen Befitzungen bereits 5500 Mekkapilger beförderte, ja durch Rückfracht von Fanatikern aus Arabien dem Landesfrieden gefährlich wirkt.

Die Civilifation verlängert das menfchliche Leben und wirkt fogar der Peft erfolgreich entgegen, während eine gewiffe Religiofität ihr eher in die Hand arbeitet. Im gelobten Lande des Islam werden am Korban-Beiram auf dem Berge Arafat jährlich Hunderttaufende von Schafen geopfert, und zur Verfcharrung der Eingeweide verwendet die türkifche Regierung 40,000 Piafter. Diefe Jahresrente wird von den Pächtern freilich meift ungefchehener Dinge eingefteckt, und fo entwickelte fich 1865 bei der tropifchen Hitze eine furchtbar verheerende Epidemie, welche wohl die Hälfte der Pilger dahinraffte und bis Aegypten fich ausbreitete.

Mekka und Medina erweifen fich als Brutftätten der Cholera; darum ftellt es fich als internationale Pflicht der Weltmächte heraus', die Umgebung diefer heiligen Städte bei all den Opfern, deren Blut und Gerippe noch unbegraben bleiben, nicht länger zum Peftherde für die Menfchheit dienen zu laffen. Allzu religiös ift ungefund und wirkt oft mörderifch. Wo die Religion arg ftörend eingreift, wird der Staat durch das Culturgefetz

dem Cultusgebote fteuern. Gegenwärtig müffen die Leichen von
Menfchen und Vieh, wie die Knochen der Opferthiere mit Kalk
übergoffen werden, auch befteht für die Rückkehrenden bei den
Mofesquellen (Ain Mufa) eine Quarantäne von zehn Tagen, in
el Wedfche zu zwanzig, wobei freilich aus den 3—400 Zelten
mancher fpäter Angekommene zu den früheren entfchlüpft. Die
gelbe Flagge am Maft fteuern dann die Schiffe durch den Suezkanal bis zur Erlangung der Pratika oder freien Paffes. Herrfcht
keine Peft, fo geht es in fünf Tagen von el Wedfche ab. Befteht
gegen die von Dfchedda nach Tor auf der Sinai-Halbinfel gelan-
genden Schiffe Verdacht der Anfteckung, fo unterliegen die Hadfchi hier der Contumaz. Am 11. Januar 1878 gingen fieben Schiffe
mit 3700 Mekkapilgern von Dfchedda aus zu Tor auf der Sinai-
Halbinfel in Quarantäne, wo fich bei 5000 Menfchen angefammelt
hatten und Cholerafälle vorkamen.

Auffallenderweife hat Suez durch die Oeffnung des Kanals
zwei Drittel feiner Bewohner eingebüfst, und Dfchedda ift von
35,000 auf 22,000 gefunken. Gewonnen hat nur Hodeida auf Koften
von Aden, das den Ruin von Mekka verfchuldet. Ein englifcher
Dampfer macht die Runde zwifchen Suez, Suakin, Maffaua, Hodeida
und Dfchedda in 33 Tagen. Dfchedda liefert nur Cifternenwaffer,
das, wie immer zufammengefpült, zum Typhoidfieber beiträgt;
aber die geiftlichen Behörden widerfetzten fich hier und in Mekka
dem Graben von Brunnen als einer Neuerung, da der Befitz der
Cifternen ihnen reiches Einkommen bietet.

Alexander d. Gr. wollte feine Flotte gleich Necho ausfenden
und durch Nearch Afrika umfchiffen laffen, er hielt zudem das
fchwarze und kafpifche Meer nur für Meerbufen. Strabo gibt an,
dafs jährlich an 120 Schiffe aus dem rothen Meere (mittels des
Nilkanals) nach Rom fteuerten. Der irifche Mönch Fidelis befuhr im VIII. Jahrhundert, einer der letzten, den Nilkanal zum
rothen Meer, ehe der Chalif Almanfur ihn 767 verfchütten liefs,
um den Empörern in Mekka und Medina die Zufuhr abzufchneiden.
Ein türkifches Kriegsfchiff wagte zum erftenmal 1869 zu den Säulen
des Herakles fich hinaus, lief unter Führung eines griechifchen
Seemannes fogar Rio Janeiro um Kohlen an, umfegelte das Kap
der guten Hoffnung, hochverwundert über die Umkehr der Jahreszeiten auf der füdlichen Hemifphäre, wie die Expedition des Pharao

Necho und die erften Entdecker des Seeweges nach Indien im XV. Jahrhundert, und kehrte von Basra im perfifchen Golf durch den eben eröffneten Suezkanal zurück. Inzwifchen ift der Sklaven-handel aus Innerafrika über die Küfte Abeffiniens feit der An-lage des Suezkanals erft recht blühend geworden, und während Baker im Namen des Vicekönigs im Lande der Gallas ihn an der Wurzel anzugreifen gedachte, find es Grofshändler in Kairo, welche die Menfchenjagd noch mehr fördern; die Regierung drückt darüber ein Auge zu.

England ift die zweite herrfchende Macht über Muhamme-daner; als aber 1874 der erfte türkifche Dampfer nicht blofs das gehorfame Arabien und den perfifchen Meerbufen heimfuchte, fondern bis Calkutta und Bombay fuhr, gerieth halb Indien in Aufregung, und im St. Jamespalaft erfuhr man, dafs die dortigen Moflimen nicht länger zuverläffige brittifche Unterthanen feien. Ueber Benutzung des Kanals durch Kriegsfchiffe befteht kein inter-nationaler Vertrag. Im Dezember 1875 kam unter Contre-Ad-miral Lambert ein ganzes Kriegsgefchwader aus den oftindifchen Gewäffern nach dem Mittelmeere. Aus Bombay werden jetzt allein jährlich bei 30 Millionen Mark in Werth verfrachtet. Brittifch-Indien zählt aber nach der erften Volksaufnahme 1871—72: Hindu $140\frac{1}{2}$ Millionen, Muhammedaner $40\frac{3}{4}$ Millionen (gegenwärtig 43), dazu $9\frac{1}{4}$ Millionen Chriften, Juden, Parfi, Buddhiften. Die Chriften find weniger als 900,000, davon $\frac{1}{4}$ Million europäifcher Abkunft. Die Verlegung des Sultanates von Stambul nach Bagdad würde die indifchen Muhammedaner in Aufruhr bringen und die Türken zu Verbündeten der Ruffen gegen die Engländer in Hindoftan machen.

Die internationale Conferenz vereinbarte die Taxen für die Durchfahrt des Suezkanals; die Einnahmen betrugen 1874 fchon 1,056,000 Pfund, die Ausgaben 248,000. Der Ueberfchufs kam mit 15 Procent an den Chedive, mit 70 an die Aktionäre, mit 14 an die Gründer zur Vertheilung; 1 Procent dient zur Amortifation. Die Durchfahrtsgebühr beträgt für die Tonne 10 Franken. Man hörte, der Zoll fei bereits fo hoch, dafs manches grofse Schiff taufend Pfund zu entrichten habe und die brittifchen Kaufleute die Fahrt um das Kap der guten Hoffnung vorziehen müfsten. Leere Vorfpiegelung, oder foll hier eine internationale Ablöfung,

wie beim Sundzoll, Platz greifen? Aber gerade 1874 fchrieb der
wie ein Souverain in Ifmailia refidirende Baron Leffeps, bei dem
Anfehen, womit er auf die Schechs der Umgegend fich zu ftützen
vermag, Extragebühren für die Inftandhaltung des Kanals und
das Lootfenwefen aus, wogegen zuerft England proteftirte. Wir
waren eben recht gekommen, als es galt, die Durchfahrt zwifchen
beiden Meeren zu fperren.   Der Kanal brachte 1874 gleichwohl
acht Millionen Franken zur Dividende, ja 1875 ftieg die Rente
ohne Vermehrung der Ausgaben um 17 Procent. Monatlich paffirten 1877 den Suezkanal 120 bis 130 Schiffe, fogar im Winter; der
Ertrag war immer über dritthalb Millionen Franken.   Vergleichs-
weife langten 1875 in Conftantinòpel 20,674 Schiffe an, und 1494
paffirten den Kanal, jene mit 4,606,300 Tonnen Gehalt, diefe mit
2,940,704.

Die Modification des Tarifs erwies fich ebenfo überflüffig, wie
früher die Furcht vor Verfandung; denn die Wüfte deckt eine
Krufte kriftallinifchen Salzes, das nur geringe Sandwehen zuläfst.
Eitel war ebenfo die Sorge um das Verfickern des Waffers;
die Bodenunterlage bildet überall Thon, Gyps und hartes Geftein.
Nicht minder glücklich gehoben ift die Beforgnifs vor Störungen
durch Ebbe und Fluth, indem die grofsen Bitterfeen und das
Timfabecken den Niveau-Unterfchied vermittelnd ausgleichen.   Für
Aegypten aber ift der Zuwachs eines neuen Gofen genug Entfchädigung für Kapitalsopfer beim Kanalbau und für Verlufte, die
feine Hauptftadt abfeits der heutigen Wafferftrafse von Suez im
Handel und Wandel erleiden könnte.   Die Schienenbahn, welche
nächftens bis el Arifch bei Gaza fortgefetzt wird und nilaufwärts
bis Mina fährt, um fpäter die Katarrakte zu erreichen, bietet hinreichend Entfchädigung, Alexandria aber wird nothwendig zur
neuen Welthandelsftadt fich auffchwingen.

Die Eröffnung des Suezkanals hat nicht nur die türkifche Regierung in die Lage gefetzt, die reichen und fruchtbaren Provinzen
Affyr und Jemen wieder zu erobern, auch die ägyptifche hat aus
der gröfseren Leichtigkeit, Truppen und Material zu transportiren,
Nutzen gezogen, um ihre Herrfchaft weiter auszudehnen; fie ift
gegenwärtig bereits im Befitze der ganzen Seeküfte auf der weftlichen Seite des Rothen Meeres. Maffaua ift jetzt eine regelmäfsige
Station für die Dampfer des Chedive und die Bafis der Opera-

tionen geworden, welche in Ausführung begriffen find, um die
reichen Länder an den Quellen des Nils unter ägyptifche Herrfchaft zu bringen. Dort wird jetzt eine Wafferleitung gebaut, um
frifches Waffer aus dem Gebirge in die Hafenftadt zu leiten. Der
letzte Ort an der afrikanifchen Küfte, von welchem die Aegyptier
Befitz genommen haben, ift Berberiyeh, welches in directer Linie
füdlich von Aden liegt. Berberiyeh befitzt einen herrlichen Hafen,
und es ift der Wunfch der Regierung des Chedive, denfelben zu
einer Handelsftation für diefen Landestheil zu machen. Sie hat
die Abficht, dafelbft ein Fort und regelmäfsige Landungsplätze zu
bauen und eine Wafferleitung auszuführen, um frifches Waffer,
woran in der Nachbarfchaft Mangel herrfcht, in den Hafen zu
leiten. In dem Platze liegt gegenwärtig eine Garnifon von etwa
300 Mann, die unter dem Befehle Redwan Pafcha's ftehen. Der
Handel von Aden hat feit der Eröffnung des Suez-Canals aufserordentlich zugenommen, obwohl nur ein Zehntel der Schiffe, die
durch denfelben gehen, hier anlaufen. — Oberhalb den Kanal entlang hatte der Chedive Truppen angehäuft und ein türkifches Kriegsfchiff von 30 Kanonen legte fich wegen erwähnter Differenzen
vor die Mündung des Kanals. Ich fand keine Veranlaffung, dem
Kapudan Pafcha einen Befuch am Bord abzuftatten. Wie da beim
Spiel der Mufik die Delphine, als klaffifche Freunde der Tonkunft
herbeigezogen, den Kiel umtanzten und fich luftig über die Meeres-
fläche emporfchnellten, war ergötzlich zu fehen und erinnerte an
Arion, nur dafs kein Sänger über Bord fiel. Um Mitte Januar
1876 verirrte ein Hay, vermuthlich aus dem Rothen Meer durch
den Suezkanal ins Mittelmeer gerathen, fich in den thrazifchen
Bosporus, wo er, von der fkythifchen Kälte des aus dem Pontus
Euxinus fliefenden Stromes betäubt, an das Ufer von Bujukdere
geworfen wurde und man ihn fogleich in Empfang nahm. Nicht
weniger als 12 Laftträger transportirten ihn nach Pera hinunter;
fein Gewicht betrug gegen 3000 Pfund. Eine von den Behörden
von Melbourne feftgefetzte Prämie für den Hayfifchfang hatte 1877
die Vernichtung von nahezu 1000 diefer Ungethüme binnen weniger
Tage zur Folge.

Seitdem ich diefes zu Papier gebracht, hat das brittifche Kabinet unter Lord Derby durch rafches Zugreifen mit 100 Millionen
Franken dem gröfsten Theil der Kanalaktien aus der Hand des

Chedive an fich gebracht und fich zum Herrn der Lage gemacht.
Das gefammte Kapital beträgt 8 Millionen Pfund Sterling in 400,000
Aktien.   England kaufte davon 176,602 al pari um 4 Millionen
Pfund, die 5 Procent rentiren, während der Vicekönig zu 88½
fubfcribirte, und die orientalifche Frage trat mit dem 26. November 1875 in ein frifches Stadium. Frankreich hat die von ihm um
437 Millionen Franken gebaute Welthandelsftrafse an feinen Nachbar und Rivalen verloren, der dadurch fteten Einflufs auf Aegypten
und den kürzeften Weg nach Indien fich gefichert, die Verwand-
lung des Mittelmeeres in einen franzöfifchen See verhindert hat.

Die ägyptifche Gerichtsreform, welche Fürft Bismarck 30. März
1874 mit einleitete, hat keinen anderen Sinn, als die Emancipation
des Chedive von Frankreich, das Aegypten durch feine Confuln
regierte. Der Grofskadi, das Haupt der Rechtspflege in Aegypten,
wurde bisher von Konftantinopel aus ernannt, d. h. er kaufte feine
Stelle vom Scheich-ül-Islam, und that dann fein Beftes, um während
feines Amtsjahres durch Begünftigung der Befitzenden unter den
Parteien auf die Koften zu kommen und ein gutes Gefchäft zu
machen.   Die einzige Anforderung war, dafs er ein ächter Os-
manli, Mitglied der orthodoxen Secte der Hanafiden fei und den
Koran auswendig wiffe.   Ob er des Arabifchen, der Landes- und
Amtsfprache in Aegypten, mächtig war, that nichts zur Sache.
Diefem Unwefen ift nun ein Ende gemacht. Der letzte Grofskadi
der alten Schule ift nach Stambul heimgekehrt, und der Chedive
hat fich dort fo weit verftändigt, dafs er in Zukunft dem Scheich-
ül-Islam jährlich 3000 Pfund Sterling zahlt und feinen Oberrichter
felbft ernennt.   Der erfte ägyptifche Grofskadi erhält eben Befol-
dung und ift ein gelehrter Mann, der fo lange im Amte bleiben
foll, als er fich gut führt und dem Verfahren in den Affifen, geiftlichen und Ehefcheidungsgerichten beftens vorfteht.   Der Chedive
foll auch gewillt fein, den Gregorianifchen Sonnenkalender einzuführen.

Aegypten, auf welches Ludwig IX. und Bonaparte Anfpruch
gemacht, ift mit feinem Handel und den Finanzen in Abhängigkeit
von Britannien gebracht; aber gleichzeitig handelt es fich um die
Strafse der Dardanellen und die Integrität der Türkei, damit ja nie
die Ruffen aus dem fchwarzen Meere ins ägäifche herüberfteuern.
Deutfchland hat dahin zu wirken, dafs ein internationales Syndikat

den Suezkanal neutralifire. Nach dem Erlafs des ruffifchen Kriegs-
manifeftes an die Pforte (24. April 1877) erklärte das Kabinet von
St. James bereits, in Aegypten ein Lager für 30,000 Mann errichten zu wollen, dem ein Theil der Flotte fekundiren werde.
Alles läfst fich darauf an, dafs die Nordküfte Afrika's, wie einft
durch Tyrofidonier, Griechen und Römer, fo nun durch Frankreich in Algerien, durch Italien in Tunis, durch Britannien am
Suezkanal in Befitz genommen werde.

Das Nildelta ift im fortwährenden Sinken begriffen, und Soan
oder Tanis, die Pharaonenftadt in Abrahams Tagen, hatte offenbar eine weit anfehnlichere Lage. Das Riefenwerk von Men-
fchenhand, der Suezkanal, ift nur ein künftlicher Vorgriff des
Durchbruches, den die Erdentwicklung felber zur Verbindung
des mittelländifchen Meeres und indifchen Ozeans in kommenden
Jahrtaufenden nach Behauptung der Geologen mit fich bringen
follte — find doch auch die Meerenge von Gibraltar, der Bosporus
und der Kanal von England mit der Zeit durchgebrochen. Dagegen
heben fich die Küften des rothen Meeres, wie auch Syriens und der
kleinafiatifche Strand bis Smyrna, dazu Kreta und Morea, Malta
und die Südküfte Siziliens, wogegen die Infeln Venedigs feit dem
XVI. Jahrhundert über einen Meter gefunken find, nicht minder
Holland und Helgoland.

Grenzfäulen zwifchen Afien und Afrika zu el Arifch.

VI. Auf der Rhede von Joppe oder Jaffa.

ir fteigen wieder an Bord, und fehen wie der Türke nach dem Alkoran betet, und der Hebräer nickend und halblaut fingend feine Andacht nach der Thora verrichtet: aber das bürde man uns ja nicht zu glauben auf, dafs die Gebete und Gnadenfpenden der Imame und Rabbinen den Lauf der Weltgefchichte ändern. Auch heute noch gefchehen Wunder, nur werden fie unter Bewältigung der Naturkräfte, alfo im Anfchlufs an Weltgefetze bewerkftelligt. Wer hielte es für möglich, und ich mufste es erleben, im wunderfchönen Monat Mai, wo längft die Blüthen fprangen, fiel auf unfer Schiff vor Port Said leichter Regen. Aegypten gehört der regenlofen Zone an, wie alle Länder, wo die Dattelbäume ihre Früchte zur Reife bringen.

Solchen Einflufs übt der Menfchengeift felbft auf die Elemente, und diefs gefchieht, zum Troft aller Rechtgläubigen fei es gefagt, kraft des Segens, den die Erfüllung des göttlichen Gebotes im Anfang der Gefchichte mit fich bringt, den Acker zu bebauen und den Fluch der Unwirthbarkeit von der Erde wegzunehmen. Der Orientale, welcher etwa nach Trieft kömmt, wundert fich, hier die Erde mit Gras bekleidet zu finden, und fucht den Grund darin, weil da auch im Sommer Regen falle. Die falzige Lagune Mellaha mit ihrem hölzernen Leuchtthurm, um den Dahabien von Zagazig, Manfura und Damiette Nachts den Ort der Landung zu weifen, fowie der Binnenfee Menzale tragen durch ihre ausgedehnte Wafferfläche nichts bei, der Gegend ihre Troftlofigkeit zu nehmen. Wären Friefen oder Holländer hier anfäffig, wie fchnell würden fie ein Kanalfyftem durchgeführt und das anftofsende Gebiet in fruchtbares Land verwandelt haben.

Kepheus-, jetzt Petersfelfen im Meer von Joppe.

Das weftarabifche Ufer ift durch den Kanal die verlängerte fyrifche Küfte, das Mittelmeer ein nördliches Seitenbecken des

indifchen Ozeans geworden; wir Deutfche find Seenachbarn.
Der öfterreichifche Lloyd hat mit der türkifchen Regierung den
Vertrag, am 14. jedes Monats einen Dampfer von Stambul nach
Suez, Dfchedda bis Hodeida abgehen zu laffen und an den Halte-
plätzen felbft fechs bis acht Tage den Behörden zu Dienften zu
ftellen, auch einen Arzt mitzuführen. Dafür verpflichtet fich die
Pforte, das Fehlende an der vollen Fracht nach einem beftimmten
Transportfatze zu ergänzen. Auf diefem Wege fetzte der Apis
öder die Arethufa oft bei 700 Soldaten in Yemen ab, andrerfeits
fteht Hodeida zugleich mit Aden in Dampfverkehre. Die Iftrier
und Dalmatiner find geborene Seemänner, fie ergreifen diefen
Stand aus Neigung und Beruf. Die Nordpolexpedition von Payer
und Weyprecht ift ein Beweis dafür, fie wählten vorzüglich Iftrianer
zur Schiffsmannfchaft; diefe werden dadurch auch beffere Deutfche.
Der Verkehr der Offiziere mit den Matrofen ift äufserft human.

Die Nacht breitete ihre Schatten über Land und Meer und fo
zahlreiche Infaffen des Dampfers aus, dafs am Deck vor Juden
und Türken, Mohren und Arabern kaum durchzukommen war,
und Männer, Weiber und Kinder mit ihrem Bettzeug jeden Fufs-
breit verfperrten. Doch waren die moslimifchen Frauen mit ihrer
Nachkommenfchaft im Seitenraum neben dem Hinterdeck wie in
einem Harem abgefchloffen. Die türkifchen Officiere an Bord, die
ihre Orden felbft bei Nacht tragen, erftritten fich mit Heldenmuth
einen Raum am — dritten Platz. Welch ein Wechfel der Szene!
Wie laut und wie mannigfach ift die Unterhaltung! Der Schiffsarzt
Fernando Amarfin, ein Oeftreicher, erzählt uns von feinen Fahrten
und füllt feine freie Zeit mit philofophifchen Studien aus; fein Mo-
natsgehalt ift 80 Kaifergulden bei freier Verpflegung, er will fort.
Ein Graf Arco Valley kehrt von der Wüftenjagd am rothen Meere
zurück, feine Neuvermählte begleitete ihn zu Waffer und zu Land,
auch durch die Wüfte am rothen Meere, wo die Jagdbeute wohl
den Waffertransport auf Kameelen und die arabifchen Roffe und
Führer nicht lohnte. Aber reifen ift leben! Die afiatifche Küfte
kommt uns im Schlafe näher. «Gottes ift der Orient und Gottes
ift der Occident», fpricht der Prophet von Mekka, Sure 2, «er leitet,
wen er will, den rechten Weg».

Wohlan Joppe! welch denkwürdige Stadt, und wir hatten
Zeit, uns diefelbe 30 Stunden lang bis Montag Mittags vom Deck

aus zu betrachten. Koptifch heifst εмρω noch portus, navale, was das phönizifche Hippo, Hafen, Schifflände. Im heutigen Jaffa über- wiegt die hebräifche Wortfaffung «Die Schöne». Hier liegen die Felfen des Kepheus im Meere, an die er feine Tochter Andro- meda gefeffelt; die Kettenringe find nicht mehr am Orte. In der chriftlichen Zeit hiefs man fie Felfen des Kephas und entftand die Legende vom hiefigen Fifchfang Petri. Ebenfo wies man dem reifenden Griechen und Römer in Ilion den Uferftein, an den He- fione gekettet war. Dort ift Herakles, hier Perfeus der Erretter. Hier fafs die Jungfrau auf dem Stein, als ihr der Retter Hilfe ge- lobt. Keine Mythe ift allgemeiner und felbft im Feftfpiel erhalten. Jonas entflieht, als ob die Gegenwart Gottes an einen Ort gebunden wäre. Dagegen fpricht der Pfalmift: «Nehme ich der Morgenröthe Flügel, fo bift du da». Man denke an Iphigenie in Aulis, deren Opferung durch den Vater Agamemnon den Meergott begütigen foll, wie hier der Prophet dem Tode geweiht wird.

Dafs die Küfte Paläftinas fich hebt, follen die Mufchelbänke am Strande beweifen. Jedenfalls geht die Veränderung der palä- ftinifch-phönizifchen Ufer mit weit gröfserer Langfamkeit vor fich, als das Auffteigen von Skandinavien*) und das Sinken von Grön- land. Vor ungezählten Jahrtaufenden mufs demnach das Meer bis an die Berge von Juda gefluthet haben. Ein grauer Streifen im Hintergrunde bezeichnet das Gebirge Ephraim, welches wie eine Hochmauer das Tiefland am Meer abfchliefst.

Die Ausfchiffung all des Volkes bot eine graufame Unter- haltung. Die Brandung ging hoch. Als gelte es unfer Fahrzeug im Sturme zu nehmen, kamen die wilden Philifter heraus, welchen keine Spur von Cultur anhaftet, ein Dutzend Köpfe in der Barke mit taktmäfsigem Gebrüll auf den Wogen gewiegt, und riffen fich um Effekten und Menfchen. Hier ward ein Ifraelite kopfüber hinab- gefchleudert und mit den Händen aufgefangen, feine fieben Sachen ihm nach. Mit den Weibern ift es kein geringer Jammer; es geht nicht anders, als an Stricken und an den Ketten der Schiffs-

---

*) Während bei der inneren Thätigkeit der Erde und der zunehmenden Cryftalli- fation nach beftimmten Gefetzen am Nordkap die Landerhöhung im Jahrhundert fünf Fufs, bei Stockholm fchon weniger als fo viel Zoll beträgt, nimmt diefelbe gegen Süden immer mehr ab, wie wenn das Land feftftände. *Lyell*: Das Alter des Menfchen- gefchlechts S. 262.

treppe durch die Luft zu balanciren; o waih! das Waſſer hat
keine Balken. Im Herbſte 1873 ſind dieſe Wildlinge im Boot ab-
ſichtlich auf den Grund gefahren und bei ſechs Perſonen ertrunken;
es war auf die vollen Geldſäcke der Handelsjuden abgeſehen,
darnach holten ſie den Schatz zehn Fuſs tief wieder herauf. Ein
paar Tage Haft auf Antrag der Conſuln und die Strafe war ab-
gebüſst. So werden die Pilger aller Religionen im gelobten Lande
empfangen. Leute, die herausgerudert wurden, ſahen wir auf hohem
Waſſer angegriffen und ausgeſäckelt, wobei der Seeräuber noch
das Fünffrankenſtück emporhob, zu zeigen, wie viel er ſich angeeignet. Ich unterhielt mich mit S c h a p i r a, der wegen ſeiner Ge-
ſchäfte mit den moabitiſchen Alterthümern europäiſchen Ruf erworben und hier nach Jeruſalem ſich ausſchiffte. Dieſe Landung
iſt mehr gefürchtet, als die ganze Seefahrt.

  Sie verlangen nach Jeruſalem hinauf, der Wiege der monotheiſti-
ſchen Religionen. Millionen Pilger ſind ſo im Laufe der Jahrhunderte
hier an die Küſte gerudert, um im Lande der Bibel ihr Seelenheil
zu finden. Und doch iſt der Wechſel der r e l i g i ö ſ e n W e l t a n -
ſ c h a u u n g, die Rückwirkung und der Sieg europäiſcher Geiſtes-
anſtrengung über aſiatiſchen Fatalismus nirgend ſichtbarer als hier.
Daſs alle Heimſuchungen in dieſer Welt Strafen Gottes ſeien, ent-
ſpricht dem Glaubensſtandpunkt, der noch kein Jenſeits kannte.
Gott, welcher die P e ſ t ſendet, darf man nicht widerſtreben, höch-
ſtens ein Uebel durch freiwillige Uebernahme eines andern oder
durch ein Selbſtopfer zu beſchwichtigen hoffen. In d i e ſ e m S i n n e
iſt das alte Teſtament vorwiegend geſchrieben. Die alten
Griechen waren ſo furchtgläubig wie die Hebräer; wenn z. B. eine
Seuche ausbrach, erklärte das Orakel die Urſache der Gottesſtrafe,
und wenn Schiffe zu Grunde gingen oder das Heer Hungersnoth
litt, dachte man an Mordſchuld u. dgl. Pauſanias führt derlei
Fälle zur Genüge auf (IX, 25. 33 u. ſ. w.; Apollod. II, 8, 3.) Im
Widerſpruche damit erklärt Chriſtus Matth. V, 45, daſs der Vater
im Himmel ſeine Sonne aufgehen laſſe über Gute und Böſe und
Regen ſchicke über Gerechte und Ungerechte. Er macht ebenſo
wenig die Eltern des Blindgeborenen für das Unglück ihres Sohnes
verantwortlich (Joh. IX, 3).

  Welch eine Ketzerei! wir haben im Süden von Joppe das
Quarantäne-Gebäude vor Augen! Die Mollah's von Bagdad

erklärten noch 1831, eine Abfperre gegen die Peft fei gegen Wort und Inhalt des Koran, und bald ftarben täglich an 2000 Bewohner, fo dafs felbft der Ruf des Mueddin verftummte. Osman Chodfcha, der Grofsvater des ebenfalls als Autor hervortretenden Ali Riza Pafcha, († 1876 in Stambul), lieferte in einer eigenen Denkfchrift den Beweis, dafs die unter Sultan Mahmud II. eingeführte Quarantäne mit den Vorfchriften der Religion und Gefetzen des Islam nicht im Widerfpruch ftehe. Seitdem wird die vermeintliche Sündenftrafe mit Erfolg durch Cordons bekämpft.

Wer an das unabänderliche Schickfal glaubt, hat kein Streben, keinen Trieb nach vorwärts mehr. Glück und Unglück, Lebensftellung, Alles fei vorher beftimmt, ift mohammedanifcher Grundfatz, der weiteres Streben verhindert und den Islam tief unter das Chriftenthum herabfetzt. Bei Bêt Gibrin verfumpft »das verfluchte Waffer«, das nicht in jedem Frühjahr austrocknet und dann Fieberluft aushaucht. Man erzählt, dafs 1874 die Hälfte Einwohner vom Fieber weggerafft wurde, aber auf den Rath, das Waffer abzugraben, erfolgte die Erwiderung: »Das ift Gottes Werk.« Der Moslem weift aus Religion alle Vorkehr gegen Krankheiten, alle Arznei zurück, denn Allah's Wille gefchehe. Aber fein Sträuben wird durch die wachfende Bildung überwunden werden, wie das ähnliche frühere Vorurtheil in Nonnenklöftern mit dem Spruche: »Was Gott will, wie Gott will, wie lang Gott will.« Der Religionslehrer darf nicht zum blinden Führer der Blinden werden, in all den Leiden nur Verhängnifs und heilfame Prüfungen zu fehen. Die Methodiften fürchten bei Anwendung des Blitzableiters dem Allmächtigen in den Arm zu fallen. Solch ein Aberglaube pafst für die Wilden Innerafrikas, wovon Dr. Kerften (bald unfer eigener Reifegefährte!) in von der Deckens Reifen I, 332 fchreibt: »Bei der Gleichgiltigkeit der muhammedanifchen Bevölkerung 'gegen Leben und Sterben und bei ihrer Abneigung paffende Schutzmittel zu benutzen, richtet faft jede Seuche grofse Verheerungen an.« Ift es nicht ein Triumph der Civilifation, dafs der Ausfatz mit den Leprofenhäufern im weiten Abendlande verfchwunden und die Bubonenpeft überwältigt ift!

In Joppe, gleichfalls auf der Südfeite, wo noch daffelbe Handwerk befteht, erhielt Petrus auf dem Hausdache des Gerbers Simon die höhere Eingebung, dem Glauben an eine unreine

Schöpfung zu widerfagen, und allerlei Vierfüfser, wilde und krie-
chende Landthiere und Vögel des Himmels, die bisher für verboten galten, zu fchlachten. Mit Recht klagte der Herr über den
harten Verftand feiner Apoftel, dafs fie nicht begriffen, was es
heifse, wenn er mit Publikanen und Heiden (fogenannten Sündern)
oder mit verketzerten Samaritern fich zur Tafel fetzte. Auch bei
den Heiligen in Lydda fprach Petrus zu, und die Bewohner der
Sarona begannen fich zu bekehren. Dort hat St. Georg fein
Heiligthum, der in der Dichtung Reinbots von Durne Markgraf
von Paläftina heifst und wie ein Wolkenbruch dahinftürmte. Der
Patriarch Valerga errichtete in dem vier Stunden von Jaffa entlege-
nen Lud zwar den Poften eines lateinifchen Kuraten nebft Schule;
aber die reicheren Ruffen gewannen die Oberhand und machten
die Räume der Georgskirche der Kreuzritter durch koftfpieligen
Neubau fich zu eigen, fo dafs wir nur noch im Bilde das frühere
Ausfehen beurkunden.

Das Dogma vom taufendjährigen Reiche verträgt fich
zwar fchlecht mit dem Copernikanifchen Syftem, wonach das
Weltall fich ganz und gar nicht nach dem Stundenfchlag und
Jahrestag auf dem Planeten Tellus richtet. Gleichwohl fehen wir
hier in der Hafenftadt Jerufalems die Gläubigen des jüngften Tages
angefiedelt, wie im Thale Jofaphat die weit hergereiften alten Juden
fich begraben laffen, um ja die Auferftehung nicht zu verfchlafen,
obwohl der alleinige Erdengott längft abgewürdigt und dem Fatum
erlegen ift, wie der olympifche Zeus. Indefs treffen die Frommen,
welche hier am Ufer des gelobten Landes demnächft einen neuen
Himmel und eine neue Erde erwarten, ob amerikanifche Pietiften,
Mennoniten, Wupperthaler oder Basler Bibelchriften, wenigftens
Vorbereitungen, die menfchlichen Zuftände zu beffern. Soweit fie
jedoch die Chriftenrelegion ins Judenthum zurückreformiren und
das Heil abermals von Israel erwarten, wehrt fich diefes immerhin gegen fie. Kaum hatte der Würtemberger Metzler 1865 die
erfte Kunftmühle mit Dampf eingeführt, fo proteftirten die
Mofaifchen wider diefen flagranten Eingriff in die göttliche
Weltordnung, und wider ihre Dummheit zu kämpfen, rief der
Deutfche umfonft alle Götter an. Wo nicht die Kirche eingreift,
mufs der Staat dem Pharifäismus wehren. Als die Britten in
Calkutta mittels Wafferwerken gefunden Trunk dem Volk ver-

fchafften, verboten die geiftlichen Behörden den Hindu die Benützung unter Ausftofsung von der Kafte. Aber die Menge

Ruinen der Kreuzritterkirche St. Georg in Lydda.

liefs es fich nicht wehren, auch unter Gefährdung ihres Seelenheiles davon zu trinken. Diefer Fortfchritt allein ift chriftlich.

So find diefe Religiofen, darum mufs man über Abraham
hinaufgehen, und Bruder Jonathan traf es 1866 glücklich mit der
neuen Anfiedlung Adam City im Norden von Jaffa. Leider zog
der Yankee mit feiner Gefellfchaft aus diefem felbgefchaffenen
Eden fchon im nächften Jahre ab. Nebenbei hatte der Judenchrift
Mefchullam, im Befitz der Salomonifchen Gärten bei Bethlehem,
die Ueberzeugung vorzüglich der amerikanifchen Pietiften für die
Erneuerung der Erde von diefem Herzpunkte in Paläftina gewonnen, leider aber abgehauft. Sofort traten die Tempelchriften an die Stelle, die mir befondere Freundfchaft entgegen-
tragen. Ihr moralifches Haupt, Chr. Hoffmann von Ludwigs-
burg, nun »Aeltefter des Tempels«, war mein College in der
Paulskirche und ftattete mir bei der Durchreife nach Paläftina im
Auguft 1868 in München natürlich einen Befuch ab. Er und der
greife Hardegg machten mir die geheimnifsvolle Mittheilung,
es beftehe eine Weiffagung in ihrer Heimath, von Schwaben
aus folle die Eroberung des gelobten Landes vor fich
gehen und die Zeit fei gekommen, diefe Miffion zu erfüllen. Es
find gute Menfchen, diefe Ehre mufs man ihnen laffen und noch
mehr: ich prophezeie ihrem kulturfreundlichen Unternehmen eine
glänzende Zukunft.

Der Lehrer Dreher von der deutfchen Gemeinde ftieg zu uns
an Bord, um die Fahrt nach Odeffa und der Krim *) fortzufetzen,
wo feine Landsleute früher grofse Befitzungen gepachtet, dann
gekauft hatten und reiche Eigenthümer geworden waren. Denn
diefe Würtenberger verftehen fich trefflich auf das Gefchäft. Der
Wein, den er uns zur Probe ihres Culturfortfchrittes vorfetzte,
hatte alle Tugend, vom gefunden Alter und der kräftigen Jugend.
Ihr Judenchriftenthum werden fie wohl mit der Zeit abftreifen. Jaffa
zählt 230, Saron mit Jerufalem 180 Coloniften, am Fufse des Karmel haufen fogar 400 Mitglieder. Nur der religiöfe Verband fcheint

---

*) Die kimmerifche Halbinfel, das alte Gothien, fcheint wieder deutfche Bewohner
anzuziehen. »Seit drei Jahren ift in Folge der Auswanderung der Tataren das dortige
Land ganz entvölkert und der fruchtbare, für Wein- und Weizenbau und Viehzucht
vorzüglich geeignete Boden enorm im Preife gefunken. Auf Anregung einiger in Odeffa
anfäffigen fchweizerifchen Bankiers hat fich nun in der Schweiz ein Confortium gebildet und dort grofse Territorien angekauft; bereits treffen ländliche Arbeiter, Winzer,
Gärtner und Käfemacher ein; dem Unternehmen, das durch grofse Geldmittel gefichert
ift, kann nur ein günftiges Prognoftikon geftellt werden.« A. Allg. Z. 9. Aug. 1876.

folche Niederlaffungen in Aufnahme zu bringen, und durch Unterordnung vieler unter Ein Gefetz des Gehorfams haben auch die Klöfter in unferen Landen einft Cultur und Cultus verbreitet. Sie vollbringen eine civilifatorifche Aufgabe; darum wünfchen wir diefen Colonien als deutfchen Vorpoften den Schutz des Reiches und ein fröhliches Gedeihen.

Leider haben die Deutfchen die Untugend, fich gerne da anzufiedeln, wo fie vom Klima und von feindlichen Einflüffen leicht aufgerieben werden. Die Niederlaffung koftete im erften Jahre fechzig Erwachfenen, ungeachtet die Kleinen, das Leben. Warum mufsten diefe Schwaben gerade in der Nähe des fumpfigen Audfchethales fich und ihren Kindern Hütten bauen, ohne aus den Erfahrungen der Nordamerikaner Nutzen zu ziehen? Der Jordan mit feinen hundert Katarakten vom galiläifchen bis todten Meere erlaubt keine Schiffahrt, fo lange die Welt fteht. Auch Griechenland hat keinen fchiffbaren Flufs, und feine meiften Bäche trocknen nach dem Hochfommer aus, wie hier die Wady's. Die Audfche-Mündung allein bildet ein grofses Baffin, um eine Flotte zu beherbergen und gleichmäfsig mit der Davidftadt und mit Samaria zu verkehren. Trotzdem erhob fich hier nie eine Handelsftation, auch die Tempelchriften werden es nicht dazu bringen. Der billige Ankauf der erften 500 Morgen Landes war freilich verlockend. Unfere Landsleute geben den Achten oder Zehnten von der Ärnte und zahlen ebenfo für Vieh, Weinftöcke und Fruchtbäume an den Steuerpächter. Metzler trat Mühle und Schule an Hofmann ab und der Morgen Grund und Boden gilt nur 4 bis 10 Napoleons. Das Holz, nämlich Eichengeftrüpp, wird von den Fellah's oder arabifchen Bauern in Bündeln zu 4 bis 5 Rottel (à 6 Pfund) mit einem, der Kantar oder 300 Kilogramm mit 21—25 Piaftern bezahlt. Neuerdings follen 200 Morgen je zu einem oder anderthalb Napoleon in der kulturfähigen Sandfläche erworben werden. Der Preis erinnert faft an die Fünfviertel Dollars, womit die erften Befitzergreifer in den nordamerikanifchen Hinterwäldern Onkel Sams Land eingethan, und bis von jenfeits des Ozean find einige diefer rührigen Schwaben, denen die eigene Heimath längft keinen Wohnfitz mehr bot, nach Jaffa übergefiedelt, um je jünger defto leichter den Kampf mit dem Fieber durchzumachen und fich zu akklimatifiren oder zu fterben. Ach ja! eine Sterblichkeit von 10 Procent

decimirte 1873 buchſtäblich die Bevölkerung und ſtellte den Fort-
beſtand der Anſiedlung in Frage. Die bleiche Geſichtsfarbe ſtatt
der friſchrothen Wangen bei Burſchen und Mädchen macht einen
ſchmerzlichen Eindruck. Auch Herr Dreher fühlte ſich fieberkrank
und iſt ſeitdem geſtorben. Beſſer iſt die Niederlaſſung am Fuſse
des Karmel von Krankheiten verſchont.

Am Jahrestage der Leipziger Schlacht, 18. Oktober 1871, legten
unſere Coloniſten, zu ausdauerndem Kampfe mit der Natur ent-
ſchloſſen, in der faſt menſchenleeren Gegend am Südende der
einſt wegen ihrer Fruchtbarkeit hochberühmten Ebene Saron den
Grundſtein zu dem freundlichen Heimſitz Sarona, und von der auf
36 Häuſer berechneten Anlage ſtanden im Frühjahr 1875 ſechzehn
fertig, mit Schöpfbrunnen bis zu 70 Fuſs Tiefe. Ein Wäldchen
von 1200 junggepflanzten Akazien, Maulbeer und Eukalyptus ſoll
die Einwohner vor Fieber ſchützen. In Jeruſalem beſitzen ſie bereits ſechs Häuſer und treiben als Müller und Sattler ihre Hand-
tirung zunächſt an der Straſse nach Bethlehem. Sie bereiten ihren
Wein im Preis von einem halben Franken meiſt aus erkauften
Trauben und ſenden ihn ſchon bis Dresden. Ich rieth ihnen, denſelben unter den Namen Saronawein in den Handel zu bringen.
Spätere Topographen machen wir aufmerkſam, daſs der Ort als
ſolcher kein Alterthum für ſich hat. Das Audſchethal mit ſeinen
an's Meer auslaufenden Wieſen bietet Heu für das Vieh;
die Eingebornen verüben nur nebenbei eine Raubärnte, ohne für
den Winter zu ſorgen, wie Leute thun, die nicht geſäet haben.

Man ſollte meinen, das Meer mit ſeiner Kühle biete den An-
ſiedlern Vortheile; jedenfalls beſteht durch Lloydſchiffe und durch
franzöſiſche und ruſſiſche Dampfer ein ununterbrochener Verkehr
mit Europa. Seltſam, der Hay verſchlang 1872 einen Knaben
beim Baden, wie mir der reiſige Präceptor der Sarona mittheilte.
Dieſer Raubfiſch zeigte ſich 1875 im Hafen von Jaffa, wie der Kapitän und die Offiziere des Lloyddampfers Apollo beſtätigten, und
wie ſehr ganze Züge früher das Mittelmeer unſicher machten, erweiſt der Fund zahlreicher Hayfiſchknochen bei Schliemans Ausgrabung von Ilion. Joppe bewahrte vom Fiſchungethüm der An-
dromeda oder des Jonas am Stadtthor die 40 Fuſs lange, anderthalb
dicke Rippe oder den Rückgrat einer hier geſtrandeten Orka, wie
ſo ein Pottwal noch 1524 zu Corneto landete, wo ſeine ungeheuren

Knochen in der Kirche aufgehangen wurden. In Worms zeigte man die Gebeine des Drachen, welchen Sigfrit erschlagen, wie der Geschichtsschreiber Quade von Kinkelbach herkommen läfst. Als Wahrzeichen weist noch Prenzlau eine Riesenrippe im Gotteshaus. Wie die Legende ihren Haltpunkt findet, bietet ihn die Geschichte. Auf den Infeln der Südfee findet fich noch gebräuchlich, dafs der neue Herrfcher eine Jungfrau dem Kaiman vermählt, d. h. am Ufer feftbindet und dem Ungeheuer zum Frafse ausfetzt. Die Sandwichinfel Wahu befafs noch im vorigen Jahrhundert einen Teich mit einem heiligen Hay, dem man Kinder zu freffen gab (Ifis 1863, II, 5.) Bei den Aegyptern war diefs Opfer in ältefter Zeit Krokodilen gebracht.

Auf einem Spaziergange im Süden von Joppe verliefen fich die deutfchen Schüler um diefelbe Zeit feitwärts eine Stunde und entdeckten in den Sandwellen auf einer Fläche von anderhalb Morgen eine folche Menge Schädel und Knochen von Menfchen und Thieren, dafs fie, bibelbelefen wie fie find, nur an eine Philifterfchlacht denken konnten. Der Sand confervirt das Gebein merkwürdig, wie fchon Herodot III, 12 erfuhr, da er an der pelufifchen Mündung auf die bleichenden Köpfe und Gerippe der Perfer und Aegyptier aus der Schlacht unter Cambyfes ftiefs. Wir rathen, aus welchem Treffen hier die Gebeine ftammen? Am 8. Oktober 1107 überfielen die Sidonier einen Pilgerzug zwifchen Arfuf und Ramle und ftreckten über 500 Chriften in den Sand, wobei fie Joppe anrannten (Wilken II, 214 ff.) Auch gegen die Aegyptier mafsen fich die Kreuzkämpfer von den Tagen Gottfried's von Bouillon, bis Bibars der Mamluk die Stadt wegnahm. Wahrfcheinlich rühren die Skeletrefte vom Kreuzzug der Deutfchen 1191 her, da diefe fich Saladins Sohn, Malek el Adel, von Joppe aus entgegenwarfen, aber von Britten und Italienern im Stiche gelaffen, welche rafch die Thore verfchloffen, aufserhalb umkamen.

Cl. Ganneau entdeckte jüngft den alten Kirchhof von Joppe. Dazu berichtet mir der jüngere Hardegg, Inhaber des Jerufalem-Hôtels in Jaffa brieflich den Fund einer Steinplatte beim Graben eines Brunnens mit dem eingemeifselten fiebenarmigen Leuchter und der Infchrift:

ΔΑΖΑΡΟΥ ΚΑΙ ΣΑΛΑΜΩΝΟΣ ΚΑΙ ΣΙΜΩΝΟΣ

Die Paläographie dürfte auf das V. Jahrhundert n. Chr. deuten.

4*

Einer ähnlichen Grabplatte, 40 Centimeter im Quadrat, gedenkt
Renan, Miſſion de Phénicie, p. 348, mit demſelben Leuchter, von

Frühgothiſcher Thurm des Tempelhofes zu Ramle, genannt die weiße Moſchee.

einem Seidenhändler Samuel, Samuels Sohn, geſtiftet durch einen
Enkel Kandedas und der Debora. Hardegg erwarb obige Tafel

von einem Gräber und liefs fich auch an die Fundftätte führen. Der Leuchter deutet auf eine Synagoge, die Grabgewölbe dienen jetzt zu Kellern u. f. w.

Wir werfen nun einen Ueberblick auf das Umland, ohne es fofort zu betreten. Wunder häufen fich, indem wir das Morgenland betreten, man kann fie auch alle deuten. Im heiligen Lande werden die Pilger aus allen Nationen mit immer frifchen Legenden abgefunden, damit jeder etwas Befonderes ge-fehen hat und Neues nach Haufe bringt, von den durch die Kreuz-fahrer eroberten Reliquien nicht zu reden. Das Mittelalter nahm Alles auf Treu und Glauben hin, während die kritifche Neuzeit fich beffer unterrichtet. Gleichwohl paffirt gegenwärtig die Erfin-dung der Papas vom Grabe Davids in den Gärten von Joppe, und die Andächtigen find nicht wenig davon erbaut. Der Gefchichts-forfcher kann und der Gottesgelehrte und Geiftliche follte wiffen, dafs Arimathea, gleich Ramathaim, in Bêt Rima beim alten Thimna oder den fechs Stunden direkt oftwärts von Joppe gele-genen Ruinen von Tibne gefunden ift. Indefs nimmt die römifche Pilgerkarawane noch immer Ramle, die erft 716 vom Chalifen Soliman I. erbaute »Sandftadt« in der neuen Sultansftrafse dafür, wo der frühgothifche Thurm des mächtigen Templer-ftiftes mahnt, dafs auch hier etwas zu erbauen und womöglich durch rafche Befitzergreifung den Nachkommen der Kreuzritter zu erhalten ift. In der türkifchen Parlaments-Sitzung vom 6. Fe-bruar 1878 erhob Juffuff Zia, Abgeordneter für Jerufalem, die Frage, warum das fchon im Jahre 1288 (1871) eingebrachte Gefuch um den Hafenbau in Jaffa und die Schienenbahn nach el Kods noch nicht erledigt fei, obwohl felbft der Sultan Nemtfche (Kaifer Franz Jofeph 1869) bei der Einfchiffung faft ertrunken fei?

Cäsarea.

VII. Küstenfahrt nach Kaipha und den Seestädten Phöniziens.

oppe ift ein kleines Paradies und verdoppelte feit 25 Jahren feine 300 Gärten, die durch Naura oder Brunnen mit von Ochfen getriebenen Wafferrädern (Sackieh) reich-lich erquickt werden. Die blühendfte Zeit der Araber bot keine herrlichere Erfcheinung, auch gaben ägyptifche Colo-niften den Anftofs. Gleich der Huerta Valencias, der Vega von Granada fchmückten fich die Gefilde des alten Syrakus, die ruinen-reichen Hügel von Agrigent und vor allen die goldene Mufchel Palermo's mit der Vegetation Afiens und Afrikas, indem Schöpf-räder ihre Wafferfülle durch die Thäler ergoffen und fie befruch-teten, fo dafs Baumwollftaude und Zuckerrohr, Safran und Banane, Myrrhenftrauch und Dattelpalme neben Weinrebe und Orange ge-diehen. In Jaffa wiederholt fich das köftliche Schaufpiel. Gleich am erften Morgen kam Barke an Barke mit Kiften voll Orangen

heraus, die bis nach Odeffa verladen werden und den Weg nach allen Küftenftädten der Levante, felbft bis Dfchedda in Arabien nehmen. Ich erinnere mich noch der Zeit, wo man für einen Piafter, d. h. für zwanzig Pfennig, vierzig Stück Orangen kaufte und die Kinder fich damit bewarfen. Diefe Ueppigkeit wurde erft feit den letzten paar Menfchenaltern erzielt, nachdem ägyptifche Familien vor den Eingriffen Mehemet Ali's ins Privateigenthum hieher geflüchtet find, und diefe Gartencultur breitet fich in Folge des gefteigerten Productenabfatzes von Jahr zu Jahr mehr aus. Ich habe in meinem Leben nie unter folcher Fülle von Früchten aller Art gefchwelgt wie — 1846 in den Gärten des damals preufsifchen, nun deutfchen Confularagenten Murad, deffen Familie fich zuerft auf die deutfche Sprache verlegte. Hier ift der Beweis geliefert, dafs, wie vordem, das gelobte Land hoffentlich einft wieder von Milch und Honig fliefsen kann. Wohin der Türke feinen Fufstritt fetzt, da wächft kein Grashalm mehr; aber wo der Europäer Fufs fafst, fpendet die Erde bei gehöriger Pflege ihren alten Segen.

In erfreulicher Weife ift im ganzen Umkreis des Mittelmeeres das deutfche Volkselement in Zunahme begriffen. Ich weifs, wie ich, als der einzige Deutfche, auf einem Marfeillerfchiffe herüberfteuerte; nun trifft man in allen Städten Vorläufer, ja fogar Einheimifche, die unfere Sprache lernen. Nicht allein deutfches Volksthum, fondern auch die Gefammtkultur nimmt in und vor Joppe zu. Die Stadt, deren enge Gaffen treppenartig anfteigen, fucht fich ebenfalls auszubreiten, und die Stadtmauern auf der Südfeite, welche einft gegen namhafte Belagerungen Stand gehalten, werden darum niedergelegt, die Gräben ausgefüllt — wie in Europa gefchieht. Von der Seefeite fieht fich die Hochftadt nicht übel an, und der arabifche Schullehrer bot uns Photographien von ihr, wie von Lud und Ramle, an, mit denen er, ebenfo wie mit künftlich gedrechfelten Cocusnufsfchalen und bethlehemitifchen Perlmutter-Gegenftänden, ein Nebengefchäft betrieb.

Erft Nachmittags lichteten wir die Anker und rückten rafch vom Flecke. Dort liegt das Wely von Arfuf, einft Apollonias. Cäfarea mit den gewaltigen Ruinen feiner Tempel und der Burg der Landpfleger, wo Paulus im Kerker lag, taucht ganz in der Nähe auf. Es ift eine völlig ausgeftorbene, unheimlich todte Stadt, vergleichbar dem von den Türken verlaffenen Negroponte auf Euböa. In Cäfarea, erklärte man Wilbrand von Oldenburg 1212, fei Matthäus am Zollftand berufen worden. Es ift die traditionelle Erinnerung an »Philippus den Evangeliften«, Apftlg. XXI, 8, der hier Bifchof, auch den Zunamen Matthäus führte. Ferner fchrieb da Eufebius feine Kirchengefchichte, auch beftand hier einft eine Peterskirche in Erinnerung an Petrus' erfte Heidentaufe im Haufe des Centurio Cornelius. Wann wird die politifche Hauptftadt des römifchen Paläftina wieder Bewohner erhalten? Ich wünfchte bei nächfter Gelegenheit die Trümmer der Herodesburg, des fpäteren Prätoriums zu unterfuchen, wo Pilatus gleich im Beginne feiner Herrlichkeit wie ein Pafcha gehauft. Freilich ift man nicht ficher, in den völlig öden Gaffen einigen im Hintergrunde lauernden Räubern in die Hand zu fallen.

Bald folgte Athlit, nach fyrifcher Benennung die Feftung, welche Raimund, der Sohn des Grafen von Touloufe, an der Stelle des alten Magdiel erbaute. Staunenswerth ift die Marmorfäule am Strande von dreifsig Fufs Länge und fünf bis fechs Fufs Durchmeffer, fo dafs kaum drei Mann fie umfpannen. Sie gleicht dem an Ort und Stelle aus dem Felfen gehauenen Monolith von 36 Fufs Länge, welchen Arbeiter in der Ruffenvorftadt zu Jerufalem aufgedeckt. Man begreift leicht, dafs die Einwohner der nun gleichfalls todtleeren Stadt auch mit fremder Hilfe den Colofs nicht fortzufchaffen vermochten. Die Franzofen von Beirut meinten die Riefenfäule zu erheben, es fehlte aber nicht blofs an Hebeln und Rollen, fondern auch die Anfahrt der Schiffe ift erfchwert.

Mit Eichengeftrüpp bewachfene Vorhöhen nehmen auf eine Tagreife die Küftenebene ein und fteigen zum Karmel an, wo der Leuchtthurm am Vorfprung des Kap bei finkender Nacht fichtbar wurde. Ein Strahl von der Höhe verkündet die Lage des gaftfreundlichen Convents, der feit einer langen Reihe von Jahrhunderten bis heute feine Hofpizien bis in Perfien behauptet. Solch ein Licht im Dunkel hat fchon den Seefahrern der alten Zeit Troft geboten, nur kam es von Perfien herüber, denn auf dem Höhenzuge ftand Ekbatana mit einem Altar des Himmelsgottes, wo Cambyfes durch fein eigenes Schwert den Tod fand. Wir überzeugten uns, dafs anderthalb Okka, d. i. drei Pfund, Rapföl für die Beleuchtung die ganze Nacht hinreichen.

Auf der Rhede von Kaipha ift es immer windig wo nicht

ftürmifch. Die Orangenfchifflein von Jaffa werden pfeilfchnell in
die Bucht von Akko gejagt und warten dann den Oftwind ab, um
wieder herauszukommen. Die Bay ift eine wahre Mausfalle für
die Küftenfahrer, fo dafs nicht felten Mann und Maus verloren
gehen. Vom Morgen bis Abend wird der Kifon durch den Widerftand der Meerfluth oft um fechs Fufs geftaut, fo dafs Kameele
auf der Rückkehr in Gefahr kommen und Beduinen ertrinken, da
fie nicht fchwimmen können. Das Badehaus zu Kaipha führt auf
eine untiefe Sandinfel hinaus, wo jüngft ein durchkreuzender Delphin graufamen Jammer unter den tauchenden Nymphen oder
Frauen anrichtete, die fchon von Hayen fich ergriffen glaubten.

Von anderen Betrachtungen bringt uns der Tumult der Aus-
und Einfchiffung zurück. Wiederholt trompetete der Vapore das
Signal feiner Ankunft ins Städtchen hinein, aber lange Zeit verlief,
bis die Barken und Blendlaternen eine Lichtfpur auf der Wafferfläche zogen und uns näher kamen. Kaipha ift der hebräifche
Name für Capftadt, da fie am Promontorium Carmeli liegt. Das
Fremdwort Karmel ift noch nicht erklärt; in neuerer Zeit hat man
an eine linguiftifche Abart des italienifchen und indifchen Vorge-
birgs Cumara oder Cap Komorin gedacht. Beim Wechfel der
Liquida wäre die Deutung Berg der »Jungfrau« nicht unmöglich.
Die Madonna vom Karmel behauptet demnach ihr uraltes Heiligthum.

Kaipha hat eigentlich im Evangelium einen böfen Ruf als die
Vaterftadt des Jofeph, zugenannt Kaiphas, der als Schwieger-
fohn des reichen Annas fich zum Hohenpriefterftuhl auffchwang
und von Chriftus als der reiche Praffer in der Parabel in die Hölle
verfetzt wird; die fünf Brüder in feinem Haufe, welchen er von
feinem Zuftande Mittheilung machen möchte, find eben die fünf
uns mit Namen bekannten, ihm geiftesverwandten Söhne des Annas.
Auch den Einheimifchen klang der Gleichlaut auffallend ins Ohr,
nur erklärten fie mir, der Hohepriefter habe ihrem Städtchen den
Namen verliehen. Wenigftens ift mein Paläftinawerk bei diefen
Deutfchen in Kaipha als geographifches Lehrbuch eingeführt.
Akko zählt 8400, Kaipha 4500 Einwohner. Von den Mönchen
des heiligen Berges ftieg der Superior P. Celeftino mit Fra Antonio
zu uns an Bord, um dem neuernannten, von Cypern her kommenden Patriarchen für Jerufalem entgegenzufahren.

Ohne die deutfche Colonie wäre die Landung nicht lohnend;
lebhaft ift wenigftens der Perfonenverkehr. Die Fabrik für Oliven-
feife in Kaipha fetzt jährlich für 10,000 Mark, meift nach Amerika,
die Dreherei von Gegenftänden aus Oelbaumholz für 6000 ab,
die Weinproduktion bezieht allein für 10,000 Mark Trauben von
den Gebirgen Galiläas. Nachts fchifft der Lloyd in jüngfter Zeit
nicht mehr aus, auch ift bei Kaipha felbft ein Molo zum Landen
kleiner Schiffe erbaut. Eine Klippe im Meere veranlafst die
Dampfer, einen weiten Bogen in der Richtung von Ras el Abiad
zu befchreiben, um in die Bucht einzulaufen. Im Jahre 1875 find
nicht weniger als fünfzehn Kauffahrteifchiffe geftrandet, darunter
ein Oelfchiff mit 8000 Kehle (16,000 Liter). Die deutfchen Coloniften erhalten nicht felten ein Wrack angeboten. Inzwifchen hatte
die deutfche Regierung zum Schutz der Coloniften die Gazelle, ein
kaiferliches Kriegsfchiff, in der Bucht von Akko vor Anker liegen,
bis der Krieg zwifchen Ruffen und Türken 1878 beigelegt ift. In
Akko und Kaipha graffirten im Sommer und Herbft 1877 die
Pocken fo furchtbar, dafs dort bei einer Bevölkerung von 8600
Seelen nicht weniger als 1260 der Seuche zum Opfer fielen. Die
deutfche Colonie beklagt fieben Perfonen in Folge der Anfteckung,
von Impfung weifs der Türke und Araber ja noch nichts. Bei
anhaltendem Scirocco erreichte das Thermometer im Schatten 32⁰,
und Fieber und Kinderfterblichkeit hauften arg. Ueberall fehen
die Fellahin nach förmlichen Schlachten ihre Tennen von Beduinen aus dem Hauran geplündert, wo die Ärnte mifsrathen ift.
    Wir fteuern gegen Mitternacht am alten Ptolemäis vorüber,
mit hellem Tage begrüfsen wir am 5. Mai den Libanon. Solch
ein plötzlicher Sonnenaufgang wirkt wie ein Schöpfungsmoment,
da es hiefs: »es werde Licht, und es ward Licht! Bei diefer Geburt des Tagesgeftirns ift Alles Licht und Farbe, Ton und Mufik.
Welch ein heiliger Morgen! Ein Beethoven verftände diefe Sprache
der Natur, liehe der Sphärenmufik fein Ohr und laufchte den
Klängen und Gefängen einer höheren Welt feine Tondichtungen
ab. Welche feierliche Stunde und heilige Frühe im Angefichte des
Hochgebirges! Wir find in Syrien, dem Sonnenlande, angelangt.

Beirut.

VIII. Beirut und die antiken Siegesmale am Lykos.

eryth, die Tochter des Adonis, oder die Fichte, welche ihr heilig war (βρέτας), hat dieser Stadt den Namen gelaſſen, und bei der Identität der göttlichen Weſen in den Tagen der Vorzeit iſt nicht zu zweifeln, daſs ſie zur deutſchen Bertha im Himmel Odins ſtimmt, der gleich Adonis als Jäger vom Schweinszahn auf den Tod verwundet worden. Der Vergleich der deutſchen Mythologie mit der morgenländiſchen iſt noch wenig gezogen, und wer möchte ſo glauben, daſs der hebräiſche Logos Memra im weiſen Mimir ſich wieder findet, der am Schöpfungsbrunnen an der Wurzel des Weltbaumes Yggdraſil ſitzt, und da er aller Dinge von Anfang eingedenk (memor) iſt, Odin, dem Vater der Lieder, ſelber mit Weisheit aushilft, aber dafür deſſen eines Auge zum Pfande nimmt. Ich weiſs, daſs die Schwanjungfrau

Leda unfere Hilde, Latona gleich Hludana ift; wir finden aber
auch die babylonifche Mylitta in der Fifchgöttin Melufine wieder,
und in Amalthea, der Schwefter Meliffas, erkennen wir mit Vergnügen die deutfche Menfchenmutter Embla und kuhgehörnte
Audhumbla. Der tyrifche Midakrit ift geradezu der König des
Rofengartens Mitgart. In welches Alter reicht diefe Berührung
der Phönizier mit dem Volke des Teut hinauf, der dem erften
Sprach- und Schrifterfinder Thaut gleich kömmt?

Doch zur Gegenwart. Unfer Kanzler Harzbruch kömmt mit
dem Confulatfchiffe herausgefahren, uns in Empfang zu nehmen;
ein fürftlicher Wagen, für den die Strafsen Beiruts kaum weit genug
find, bringt uns zum Hôtel Oriental. Auch ein deutfcher Lefe-
cirkel ift hier, den wir bald befuchen. Generalconful Weber,
welcher 1845 als Neffe dem verdienftvollen Conful Schulz in Jerufalem attachirt wurde, war unferer Expedition nach Tyrus voraus-
geeilt, um die nöthigen Vorbereitungen zu treffen. Ein wachfamer
Schildpoften der deutfchen Diplomatie, ift Herr Weber feitdem als
Minifterrefident am Marokkanifchen Hofe accreditirt und mit den
freundlichen Schweftern nach Tanger übergefiedelt.

Beirut ift eine halbeuropäifche Stadt geworden, bereitet fich
aber erft noch auf feine Gröfse vor. Bietet es doch einen mehr
geficherten Hafen, als die Bucht von Akko oder Kaipha, fowie
Sidon und Tyrus. Als Station aller Dampfer, die von Aegypten
nach Conftantinopel, fowie von Griechenland, Trieft, Brindifi, Mef-
fina und Marfeille hin und zurückkehren, fieht das alte Berytos
einer grofsen Zukunft entgegen. War es zur Römerzeit durch
feine Rechtsfchule und Männer wie Ulpian berühmt, fo blühen
heute hier Lehrfchulen, Erziehungsanftalten und Miffions-
häufer oder Ordensinftitute der ganzen gebildeten Welt.
Nordamerika wie England, Frankreich und Deutfchland ftrengen
fich an, den Arabern, Drufen und Maroniten ihre Sprache und
Gefinnung beizubringen. «Alfo fprache fi wol fprach Latin,
Heidenfch, Franzoys» heifst es im Parcival 312, 20 von Kundrie
la Sorcière, der des Wiffens Schrein aufgefchloffen war. Heidnifch
bezeichnet im Sinne der Kreuzzüge das Arabifche. Dies reicht
heute nicht mehr, traf ich doch (1845) in Smyrna eine barmherzige
deutfche Schwefter, der fieben Sprachen geläufig waren. Die
Kaiferswerther Diakoniffen vom Johanniterfpital, die englifche Mif-

fionsfchule, die medicinifche Schule der Amerikaner haben hervor-
ragende Palaftbauten inne. Schon befitzt Beirut mit]der Nationalen Schule des Syrers Biftani (einem ordentlichen Gymnafium)
und dem 1865 errichteten Syrian proteftant College, dann dem Haufe
der franzöfifchen Damen von Nazaret, bei 37 Schulen mit 2700

Amanus. Veften der Homonadenfer.

Kindern und 117 Lehrern und Lehrerinnen. Deutfchland fteht im
Import hinter England und Frankreich zurück, und die Einfuhr
zunächft von Oefterreich in ganz Syrien beträgt nicht über fechs
oder fieben Millionen Mark, in Wollftoffen, Seide u. f. w.   In Eifen-
waaren und bald auch in Glas beherrfcht Amerika den Markt, fo
zwar, dafs bald jedes Grabfcheit aus Cypern, jeder Pokal in Beirut
dortiges Fabrikat ift.

Die Zeit ift koftbar! Bald war der Dragoman beftellt, arabifche Schimmelpferde mit prächtigen Schabraken ftanden gefattelt zum Aufbruch nach dem Nahr el Kelb. Nach der langen Seefahrt macht fo ein kräftiger Ritt am Meeresftrande den Körper wieder munterer. Wir erreichten den Platz des Drachenkampfes, wo nach Strabo (XVI, 2) ein 100 Fufs langes Schlangenungethüm erlegt war, und paffirten die für Menfchen und Pferde nicht mehr fufsbrecherifche Brücke über den Magoras oder bei Nonnus Chaldos. Das Kirchlein St. Georg, das an die Stelle getreten, gab der Bay den Namen. Aelian (de nat. anim. XV, 21) erwähnt eines indifchen Drachen von 70 Ellen Länge, welcher Alexanders Heer in Schrecken fetzte, und Philoftratus (Apoll. III, 68) meldet: ganz Indien fei mit Drachen von unermefslicher Länge umgürtet, voll die Marfchen, Gebirge und Hügel, Apollonius von Tyana habe eine Drachenjagd mit angefehen, Homer Jl. II, 308 fpreche von dem an der Quelle zu Aulis. — Kein Wunder, wenn uns der Glaube an Daniels Drachenkampf zugemuthet wird.

Der Magoras heifst in feinem oberen Laufe Wady Hamana vom Gebirge, wie an Ciliciens Grenze das von dem Confular Quirinus überwundene Bergvolk der Homonader (Tacit. Ann. III, 48), das in feinen Burgen fich lange unabhängig hielt. Da die beftimmte Grenzangabe fehlt, und wie Plinius (V, 23) bemerkt, ihr Gebiet im Innern von den meiften Autoren übergangen ift, auch ihr Ueberwinder Statthalter in Syrien ward, der nach Lucas II, 2 auch die Schätzung in Judäa vornahm, hatten fie am Ende gar ihre 44 Vesten hier im Hintergrunde um Hammana und find die Vorgänger der Drufen*). Genug, dafs auch im Norden des Libanon die Verbindungskette mit dem Taurus das Gebirge Amanus heifst, man möchte fagen, der fyrifche Hämus. Beim Anblick des Caftells am Chan Karamont wird die Unbezwinglichkeit ihrer Bergfchlöffer klar.

In einer Ferula verborgen brachten zwei maronitifche Mönche unter Lebensgefahr den Seidenwurm aus dem Lande der Serer oder Effedonen an Heraklius' oder Juftinians Hof, wie es heifst; aber

---

*) Strabo (XII, 6, 3, 5, 7, 3) verfetzt fie auf den Taurus, wo kein Namenslaut anklingt, nach Cilicien oder Ifaurien oder doch an die Grenze Pifidiens. Welch verlorene Mühe das Suchen nach ihren Sitzen felbft einem Mommfen macht, fiehe Zumpt, Geburtsjahr Chrifti S. 43—63, 82.

nach Prokopius concentrirte fich damals bereits der Seidenhandel in Berytus. Die heutigen Seidenfabriken an unferem Wege, wo taufende von Spindeln fchnurrten, find in den Händen der Franzofen. Von hier aus, wo der Maulbeerbaum alle Berghänge bedeckt, ging unter den Arabern die Anpflanzung in Sizilien, wo fie auch ihre Bewäfferung mittels Schöpfrädern (Sakkieh) einführten, und weiter in Italien und Südfrankreich vor fich. Nun erfährt man, dafs die Raupe des Seidenfpinners auch die Blätter des jungen Lattich, zarten Kopffalat, der fonft zum Küchenabfall gehört, ohne Feuchte gierig verzehrt. Wenn fich dies beftätigt, wäre die Zucht nicht allein vom Maulbeerbaum abhängig.

Der Libanon machte mit feiner Fülle von Schnee zu folcher Jahreszeit einen eigenthümlichen Eindruck. Sechzehn Pik oder Ellen hoch waren die Bergfchrunden, durch welche der Reitweg nach Baalbek und Damaskus zieht, den Winter über verfchneit, und auch die Vorhöhen des Dfchebel Sannin fo bedeckt, wie wir es kaum in den Tyroler und Veronefer Alpen gefehen. Tagelang war fufshoher Schnee in den Gaffen Jerufalems gelegen, was unerhört ift, und fechs Monate lang hatte es von Zeit zu Zeit geregnet. Ift es nicht auch bei uns, als gingen wir einer neuen Eisperiode entgegen?

Beirut ftellt an fich bereits die Anforderungen einer Grofsftadt, indem es frifches Waffer in künftlicher Leitung zum überflüffigen Bedürfniffe feiner Bewohner Stunden weit herbeileitet. Zwar erklärt fich der Stadtname fcheinbar aus Beroth, „Brunnen", mich mahnt aber das alte Berothai vielmehr an die Naturgöttin Beruth, Eljons Gattin, welcher die Fichte heilig war, und ein Bret, nach phönizifchem Namen βρέτας, ftellte das Bild der argivifchen Here vor. Noch heute fetzt der Wald von Pinien, wie ihn Edrifi kennt (fomit berothim), an der Südfeite der Stadt dem Flugfande der Dünen Schranken. Waffer herbeizufchaffen, hielt das Gebirge in nächfter Nähe einen reichen Schlauch verborgen, indem bei Eröffnung eines Höhlenganges bei Mahar el Dfchaita mit einem Mal eine reiche Ader mit einem förmlichen Kanal zu Tage trat, die im letzten Winter fo mächtig anfchwoll, dafs der Befuch der Berggrotten unmöglich war. Alle rinnenden Quellen des Hochgebirges fcheinen fich in diefer Wafferftube zu fammeln.

Der lange nicht mehr gehörte fyrifch-maronitifche Grufs Mar-

haba, »der Herr mit dir«, klang mir, wie aus patriarchalifcher
Zeit, wieder zu Ohren.   Dagegen weigerte uns Grufs und Dank
eine franzöfifche Gefellfchaft, die von den Denkmälern am Lykos
hereinkam und unferen Weg kreuzte.   Man fah es jedem Mitglied
an der Miene an: die durch ihre Artigkeit und fonft berühmte
Nation kann es nicht verfchmerzen, dafs fie einen tonangebenden
Nebenbuhler gefunden, und diefe Allemands es mit ihnen aufgenommen, ja fortan in Frage ftellen, ob nicht vielmehr die Deutfchen an der Spitze der Civilifation marfchiren und darum die
europäifche Ordnung garantiren.

Die ohne Lärm und Auffehen von der deutfchen Reichsregierung getroffene Ausrüftung einer Gelehrten-Expedition, um
Ausgrabungen in Phönizien vorzunehmen, war in Beirut vor unferer
Ankunft ruchbar geworden.   Der Levant Herald kündigte uns
an, und der Zweck der Miffion ward befonders von den geiftreichen
Damen befprochen.   Von Stambul war an den Vali, d. h. Statthalter von Damaskus, und durch diefen an die Pafchas in
Vorderfyrien der Befehl ergangen: »Es kommen Deutfche, ehret
fie!«   Das kam uns wohl zu ftatten; aber das franzöfifche Element
ift in diefen Küftenftädten noch vorwiegend und Frankreichs Sprache
unter den Gebildeten eingebürgert, wie fehr der Türke jetzt auch
den Kopf fchüttelt und Augen und Ohren verfchliefst, fo oft von
den vorläufig gedemüthigten Protektoren im Weften die Rede
ift.   Es frägt fich nur, wer in Zukunft die Araber auf feine Seite
ziehen wird.   Mit Eclat hatte das Napoleonifche Gubernium 1860
gelegentlich des Feldzuges am Libanon das Unternehmen Renan's
in Szene gefetzt und ihm hundert Legionäre für feine Ausgrabungen
zur Verfügung geftellt.   Colla furia francese, fagte uns ein Araber,
war zu Werke gefchritten, Geld in Ueberflufs hinausgeworfen, auch
der Kurbatfch in Bewegung gefetzt.   Und noch follte es ein dank-
bares Feld geben, wo der gelehrte Akademiker nicht gefchürft?
Genug! das Rivalifiren der Deutfchen auf allen Gebieten ift dem
verwöhnten Franzmann auch in der Ferne fichtlich unwillkommen.
Wir erfuhren es an den unwirfch Vorüberreitenden; fie blickten
uns, die nun den Kopf auch etwas höher tragen, lieber über die
Achfeln an.

Die in grofsem Kaliber gegoffenen eifernen Röhren zum
Aquädukt lagen das ganze Ufer entlang, bis wir das im amerika-

nifchén Styl aufgezimmerte Blockhaus erreichten, wo Mr. Maxwell, der Unternehmer, nach Abgabe unferes Empfehlungsfchreibens uns willkommen hiefs und zu Tifche lud, eine hochgewachfene, jugendlich einnehmende Geftalt, jeder Zoll eines Britten Sohn, der fein Talent praktifch zu verwerthen weifs. Wir befichtigten den Tunnel, und die vorgelegten Pläne überzeugten, wie klar und einfach das Ganze gedacht, wie gefichert die Ausführung eines Werkes war, das zum Flore Beiruts nicht wenig beitragen und ficher fortbeftehen wird, fo lange als diefe reizende Stadt am Fufse des Libanon fteht. Für Tafelmufik forgten die, ich glaube fchon von den Alten erwähnten Wafferorgeln, indem die Wogenbrandung auf die vom ewigen Anfchlag durchlöcherten fchlackenharten Felfen wie ein Schmiedebalg wirkt und der Luftdruck Töne wie aus einem Dudelfack prefst. Die Wafferleitung läuft wie in Port Said über der Erde, der Abflufs aus den Brunnftuben des Libanon wird dadurch an Frifche viel einbüfsen; nach fünfjährigem Bau wurde fie Ende Mai 1875 eröffnet.

Wir ritten nach dankbarem Händedruck zum Abfchied der engen Felfenftrafse zu, wo das Vorgebirge den Pafs fperrt und nur ein künftlicher Aushau am Meeresrande den Weg zur Lykos-brücke ermöglicht. Alle Kriegsheere des Alterthums, die von Aegypten oder Lydien her erobernd vordrangen, find diefen Engpafs gezogen. Sefoftris, Alexander und Gottfried von Bouillon waren hier zu kurzer Raft genöthigt, um den Durchzug zu überwachen; Perfer, Araber und Türken haben ihre Roffe gefpornt, um den gefährlichen Satz von Felsplatte zu Platte zu thun. Oberhalb zieht noch eine knappere ältefte Seeftrafse, und dort ift es, wo Ramfes II. feine fchon von Herodot betrachteten und gefchil-derten Steinbilder zum Denkmal feines Siegeszuges bis Vorderafien in die Wand hauen liefs. Hier ift Ramfes II. mit der Schlachtkeule dargeftellt in herkulifcher Stellung, daher die hoch gegen das Meer aufragende Klippe im Papyrus Anaftafi I. aus Mofis Tagen Zar en Sefuftre, der Fels des Sefoftris, heifst. Die drei Tafeln find der Göttertrias Ra, Amun und Phta gewidmet und zeigen den ge-flügelten Diskus des Ofiris. Deutlich erkennt man noch den riefen-haften Welteroberer mit der Hieroglyphe »Ramass, Sohn der Sonne, Herr von Misraim«, als Kämpfer, wie er den knienden Feind am Schopf zum Altar fchleppt, dazu den Nilfchlüffel. Die

beweglichen Steinthüren zum Verfchlufs find längst herabgefallen
und nur die Zapfen übrig.

Da erfchienen nach einem halben Jahrtaufend die Affyrer
und brachen den Widerftand aller Völker bis ans Mittelmeer, das
fie gleich dem Libanon und galiläifchen Meer anfpruchsvoll genug
mit ihrem Namen belegten. Als Antwort auf die ägyptifche
Herausforderung fetzte Sardanapal während der Belagerung
von Tyrus höhnifch feine lanzenfchwingende Figur mit Keil-
infchrift in anderen drei Stelen daneben, die ftatt des geraden den
halbrunden Abfchlufs zeigen. Welch ein Uebermuth gibt fich
feitens der Affyrer bei Ifaias XXXVII, 12 kund! »Haben die Götter
der Heiden die Länder errettet, welche meine Väter verderbt
haben? Wo ift der König zu Hamath, zu Arpad und Sepharvaim?«
Die Kaifer von Affur bezogen auch die Cederbalken für ihre
Reichspaläfte und neben Ninive (Neve) im Hauran gibt mehr als
Ein Kasr und Kefr Nimrud um den Libanon her von ihrer Herrfchaft Zeugnifs. Ob Sanherib, ob Bel Adania Schah mit figuriren,
läft fich bei der Verwitterung nicht mehr begründen. Der Sieger
unterfcheidet fich durch die fpitze Mitra, wie fie noch die Perfer
tragen. Seitwärts folgen drei weitere Relieffe, welche man auf
Cambyfes, den Eroberer des Nillandes, bezieht. Ezechiel (XXIII, 14)
fchildert die gemalten Männer an der Wand in rother Farbe, die
Bilder der Chaldäer mit Kugeln auf den Köpfen, und wie Ifrael
in fie verliebt war. Für die eifernden Propheten ift der
Hafs wider jede Kunftvorftellung charakteriftifch. Die
Bilderfcheu der wegen erfinnlichen Götzendienftes börnirten Juden
verläugnet fich auch bei den Beften nicht. Das hier gegebene
Beifpiel ahmte der Schahinfchah Darius nach. Die zum Denkmal
feiner Thaten erwählte Felswand von Bifutun, die fenkrecht 1700 F.
hoch anfteigt, trägt über 1000 Zeilen Keilfchrift in den gewohnten
drei Sprachftämmen des Reiches, arifch, turanifch, femitifch. In
der grofsen Nifche, 300 F. über dem Boden, ift die Gefchichte
aller Empörungen eingemeifselt. Die Keilfchriften kennen den
Namen Phönizier nicht, fondern nur Chet.

Vom Erhabenen bis zum Lächerlichen ift nur ein Schritt, und
diefen haben die ehrgeizigen Feldherrn des jüngften frankogallifchen
Kaiferreichs gethan, indem fie nach der flüchtigen Expedition gegen
Türken und Drufen am Libanon fich obigen Weltftürmern an die

Seite fetzten und ihre Namen mit Angabe der profaifchen Charge
und commandirten Regimenter der verwitterten Felstafel aufge-
nöthigt haben: Hautpoul, und der famofe Ducrot, jener Un-
fterbliche, der vom Kampf am Mont Avron vor Paris 1870 nicht
mehr lebend zurückkehren wollte, es fei denn als Befieger der
Deutfchen. Wenn das Blut zu fehr zu Kopfe fteigt, ift ein
Braufepulver angezeigt. Von welchem Hochgefühle dürften dann
unfere Heerführer befeelt fein, welche den neuen Sefoftris fort
und fort geklopft und heimgefchickt haben?

Der Hund, welcher dem Kelbflufs den Namen liefs und fteinern
die Mündung bewachte, ift von den Türken abgehämmert und
ins Meer geworfen, wo man noch die Stücke fieht. Vielleicht
weil er bei Feindes Nähe fo ftark gebellt haben foll, dafs man
ihn bis Cypern hörte. Er ftellte wohl den Anubis, oder Nibchas,
das Idol der Aväer vor (II. Kön. XVII, 31), das felbft dem Namen
nach der Beller heifst. Die Stromquelle ift im nördlichen Kesroan,
dem fyrifchen Kosroene, in einer Höhle, wo grofse Kryftallzacken
von der Decke hängen. Hier dringt eine folche Menge auch im
Sommer eiskalten Waffers aus dem Berge, dafs es unter gewaltigem Getöfe zwei mächtige Kanäle anfüllt. Der eine verfchwindet
bald unter Felfen, der andere ftürzt 40 Fufs herab, läuft fünfzig
Schritte zwifchen ungeheuren Wänden fort und dann unter einem
100 Fufs hohen natürlichen Gewölbe durch. Die Einheimifchen
glauben, diefes ftarke Gefäll fei der unterirdifche Abflufs aus dem
Bachret Guta bei Damascus, der ein ebenfo hartes und ungefundes
Waffer und diefelben Fifcharten habe. Worbs (Drufen 6), fucht den
Sprudel zum Salomonsbrunnen vor Tyrus von dem hieroben verloren gegangenen einen Bache herzuleiten. Die Schichtung und
Richtung der anderen Flüffe zum Meere dürfte dem wohl wider-
fprechen. Der obere Zuflufs nimmt durch den Nahr Salib feinen
Urfprung im Milch- und Honigflufs, Nahr el Leben und el Afal,
wie diefe zur Erinnerung an das goldene Weltalter hiefsen, wo
der Menfch im Paradiefe oder (Ssk. para-dêsâ-Hochland) auf
den Bergen wohnte. Diefe Idee erweckt auch der mehr nördlich
abfliefsende Nahr Ibrahim oder Adonis.

In dunklen Umriffen hebt am Meerftrand gegen Norden die
Burg von Gebail oder Byblos fich ab. Ueberaus romantifch
ift unfere nächfte Umgebung. Zwifchen 200 Fufs hohen Klippen mit

jähem Absturz muste der Gebirgsstrom sich durch die Schlucht
den Weg zum Meere bahnen. Der Hochweg ist gewiss ein un-
vordenklich phönizisches Werk; die Römerstrasse hat laut Inschrift
Marcus Antoninus, der Erbauer oder Erneuerer der Tempelgruppe
von Baalbek angelegt, sie hiess darum Via Antoniniana. Nicht
umsonst sagt die Inschrift: Montibus imminentibus Lyco flumini
caesis viam dilatavit. Die Brücke wölbte Sultan Selim, der
Eroberer Aegyptens, 1517. Eine Schaale Scherbet zur Erfrischung,
und wir traten eingedenk der Kämpfe, die auch in den Kreuzzügen
hier spielen, den Rückweg an. Dabei griffen unsere arabischen
Thiere im Galopp aus, das den dahinfliegenden Reitern nur der
Trost blieb, im schlimmsten Fall in den Meeresfand sich zu über-
stürzen.

Für den Abend folgten wir der Einladung ins Serail von
Ibrahim Pafcha, dem Bruder des vorigen Ministers des Aeufsern
Rustem Pafcha. Aufser blumigen Redensarten habe ich auch in
meinem Leben nie so viel wirkliche Blumen aus natürlicher Galan-
terie angeboten erhalten, als auf diefer Reife. Der hochgebildete
Mann nahm mein Compliment, wie fehr der Bau der Wafferleitung
bei der Mit- und Nachwelt ihm Ehre bringe, sichtbar erfreut auf.
Unser eigenes Unternehmen wurde nicht minder durch fein Ent-
gegenkommen gefördert, ja er nahm solchen Antheil, dass er beim
Abschied nicht blofs versprach, sondern auch Wort hielt, uns auf
zwei Tagereifen weit in Tyrus den Gegenbesuch abzustatten.

Das osmanische Reich ist seit dem Parifer Frieden 1856 ins
europäische Concert aufgenommen, was man aber dort Reformen
nennt, kömmt oft kindisch heraus. Was soll die Abschaffung des
Turban, wofür das mehr phrygische Fes die fashionable Kopf-
bedeckung ward! Den wulstigen Aufsatz trugen schon die Patriarchen; er ist in Syrien klimatisch geboten, um dem auf die Schläfe
wirkenden Sonnenstich zu wehren, während der Perfer im Hochlande Iran feinen Spitzhut auffetzt. Auch wir verfahen uns sofort
am Bazar mit bunten Seidentüchern. Diese Kopfbinden werden
aus der Schweiz importirt und maffenhaft in Winterthur gefärbt,
die Fefi und Glaswaaren kommen viel aus Böhmen. Im Zellen-
gefängnifs Moabit zu Berlin ist die Arbeit von 30 Sträflingen ein-
gestellt, da die Türkei Bernstein zu Pfeifenspitzen und Schmuck-
fachen nicht mehr beansprucht. Das lange Weichselrohr mit dem

prächtigen Meerfchaumkopf für Lattakie (Tabak aus Laodicea) oder
der Tfchibuk und Tombak find verbannt und officiell die Cigarette eingeführt, die der Pafcha mir, feinem Ehrengafte, zum
Zeichen der Hochachtung an dem eigenen Stummel anzündete. Die
Narghile oder perfifche Wafferpfeife, fo genannt von der Kokos-
nufsfchale, in der felbft der gemeine Mann den Rauch durch das
Waffer läutert, behauptet fich noch; aber man verbrennt fich lieber
mit der griechifchen Cigarette die Finger, während Scherbet und
Süfsigkeit nebft dem unfehlbaren Kaffee gereicht werden, um nicht
beim Gebrauche der gläfernen Wafferpfeife einen Verftofs zu machen.

Aus Religion baut man in der Idee das Paradies im Jenfeits
an, und läfst den fichtbaren Gottesgarten auf Erden verkümmern,
der uns zur Wohnftatt angewiefen ward. Es ift geradezu wider-
finnig und gegen die Weltordnung, dafs der Moslem die frucht-
barften Länder der Erde befitzt und ihnen den Naturfegen nicht
abgewinnt, fie brach liegen läfst und die zum Austaufch und zur
Wohlfahrt beftimmten Lebensmittel nicht vermehrt. Die Faulheit
ift ihm vermöge des Islam förmlich aufgedrängt. Warum foll er den
Weinberg beftellen, da er ihn nicht geniefsen darf? Hier hilft nur
Einbürgerung europäifcher Pflanzer und Aenderung des Re-
ligionsgefetzes. Nur was zur Förderung der Humanität beiträgt,
kann für fittlich gelten, alles Gegentheilige ift irreligiös und mufs
abgefchafft werden. Das tagelange Faften, wie im Ramadan, pafst
für ein Hungerland, oder für eine Nation, die nicht arbeitet. Uns
gilt die Arbeit als das oberfte Gefetz, und wer arbeiten foll, mufs
entfprechend effen. Unfere Zeit ift fo materiell, dafs fie weder
Faften noch Betrachten für eine Tugend anfehen will. Das Chriftenthum ift nicht eine Landes- und Volksreligion, fondern foll Weltbürger erziehen. Den Ausfpruch: »Ich bin Weltbürger!« that zuerft
Sokrates, darum halten wir ihn ex ante für einen guten Chriften.
Manche ftecken fo voll Kirchenthum und Confeffionseifer, dafs fie
jede Annäherung fremder Religionsgenoffen an unfere Gebräuche
als Abfall von dem Glauben zurückweifen und verdächtigen. Ich
meine, dafs der fo freundliche Pafcha, wenn er mit uns Franken
Wein trank, und zwar an der Tafel des reichen Juffuf Aga ibn
Mamluk, der uns nach europäifcher Art traktirte und felber nicht
trank, als humaner Mann fogar nach Chrifti Wort handelte: »Ge-
niefset was man euch vorfetzt, Alles ift rein!«

Von Ruftem Pafcha eingeladen, der, früher Botfchafter in Wien, noch das Wildbad befucht, unternahm Prof. Fraas in Stuttgart das Jahr nach mir die Reife in den Libanon, um nach der berühmten Erforfchung der Sinai-Halbinfel und Paläftinas den geologifchen Hammer auch hier anzuwenden. Wie ich bei der Durchreife durch München, 7. April 1875, dem verehrten Freunde erklärte, verdient diefer einft im germanifchen Mufeum aufbewahrt zu werden. Wer kennt nicht die Himmelsfteine von altreligiöfer Bedeutung im Glauben diefes Bergvolkes, die fagenhaften Bätyle, welche für befeelte Steine gelten: ich denke, weil die Meteore, meift aus Magneteifenftein beftehend, das Eifen anzogen! Der Duc de Luynes machte 1864, vom jüngeren Lartet begleitet, am Nahr el Kelb in einer Höhle eine Ausbeute von Steinwerkzeugen, wozu eine abgebrochene Broncenadel kam, nebft menfchlichen Zähnen und dem gefpaltenen linken Beine eines Wiederkäuers. Dr. Fraas, den ich nur an die Profefforen zu Gazir zur ausführlichen Orientirung anzuweifen wufste, wo früher P. Bourquemond, F. J., mit mir in Correfpondenz geftanden, befreundete fich auf diefem Wege mit einem Bifchof am Libanon, erkundete fich um alte Knochen und fremdartige Steine, die, etwa von der Sündfluth in Höhlen gefchwemmt, noch übrig feien. Sieh da brachte ein Priefter gar Seltfames herbei und führte den überrafchten Geologen fofort zum Fundort einer prähiftorifchen Menfchenbehaufung, die der Bifchof der Bibel zu Ehren fogar benedicirte. Die Libanon-Cedern ftehen auf Gletfchermoränen.

Der Libanon.

IX. Ritt zur Burg Rinaldo's und der Herberge des Propheten Jonas.

 elbftverftändlich galt die Ehre, welche uns Ibrahim Pafcha und fortan jede hohe Excellenz erwies, nicht uns, fondern dem deutfchen Reichskanzler, in deffen Auftrag wir die weite Reife unternahmen. Sein und der deutfche Name wird jetzt mit Bewunderung von allen Arabern genannt, während fie früher nur von Napoleon und den Franzofen gehört hatten. So nahmen wir denn das Ehrengeleite von zwei bewaffneten Schutzmännern, Sabtije (von Sabt, Ordnung), für die weitere Reife an, auch wurde uns befcheidenen deutfchen Gelehrten überall militärifch falutirt. Mein früherer Führer über den Libanon nach Baalbek und Damaskus, Achmed, lebte noch, aber alt und zurückgezogen. Wir nahmen Nachle, einen ehrlichen Maroniten zum offiziellen Dolmetfcher an; fein Name bezeichnet arabifch die Palme, er hielt fich aber für einen Michael. Nachle war dreimal über die Nilkatarakten hinan nach Affuan (Syene),

Abu Symbel, Karnak und Luxor, d. h. Theben, gelangt und führt im Winter regelmäfsig eine Gefellfchaft nach Jerufalem oder zur Weihnacht nach Bethlehem, wie er denn auch als Führer des Herzogs von Mecklenburg feine Belobung und Rechnung fand. Was nach europäifchen Begriffen zur häuslichen Einrichtung gehört, Betten, Tifch, Stuhl und Teppich, Küchengeräthe, Koch und Diener, unfere künftige Haushaltung zog auf Maulthiersrücken in befonderer Karawane voraus — unfer Reifemarfchall mit feinem Stab.

Wer, wie Titus, den Sabbatflufs fehen will, wende fich feitwärts nach Mar Girgis, das ich einft auf der Rückkehr von Damaskus, eine halbe Tagreife vor Beirut, berührte. Auch der Pilger von Bordeaux nennt 333 die fagenhafte Quelle, welche fechs Tage und Nächte ununterbrochen fliefse, aber nach Plinius Wort (XXXI, 18) Sabbatis omnibus siccatur. Diefer verlegt fie nach Judäa, und wirklich erzählen die Juden noch mehr dergleichen. Das Itinerarium Antonini p. 105, 110 weift auch bei Temefa in Bruttien einen Sabbatus fluvius, bei Cäre der lacus Sabatinus oder die stagna Sabatia.

Eine Neuerung ift das feit den Kreuzzügen nicht mehr gehörte Glockengeläute, welches zum erftenmal in der Maronitenkirche beim Tedeum für die Geburt Lulu's, des franzöfifchen Kaiferfohnes, am 5. April 1856 erklungen. Der Islam duldet keine Glocken und zieht die menfchliche Stimme beim Gebetsrufe vor. Als Sultan Saladin 1187 Jerufalem eroberte, liefs er fofort die Glocken von den Thürmen zerren und fämmtlich zerfchlagen. Auch unfere Vorfahren konnten fich fchwer daran gewöhnen und hielten fie für die Stimme des ihnen fremden Chriftengottes. Die Minoriten kamen zu Beirut 1421 in den Befitz der Salvatorkirche., und wie hier tönt es in allen Miffionsftädten wieder. Die Jefuitenanftalt in Beirut ift erft vor 25 Jahren von dem Polen P. Ryllo gegründet, aber bereits fpricht die halbe Schuljugend franzöfifch. Auffallender Weife erhob Tobis Aun, Erzbifchof der Maroniten, gegen die in feinem Sprengel wirkenden Väter die Anklage im Vatikanifchen Concil. Mir kam die Befchwerde zu Ohren, dafs fie hier und in der Schulanftalt zu Zachle ihren Beichtftuhl aufgefchlagen haben, um die Maronitenfrauen anzuziehen, welche lieber ihnen, als ihren verheirateten Abuna's, das Herz eröffnen.

Hohe Berühmtheit unter den orthodoxen Lehrern des Islam behauptet Auzây, der, zu Ende des I. Jahrhunderts der Hedfhra lebend, auf den Sanddünen bei Beirut fein noch gefeiertes Grab hat unter einer halbverfallenen Kuppel, befchattet von einem alten Baume (Kremer, Culturgefchichte d. Or. 500). Wir trabten fröhlich die breite Sandftrafse zwifchen den ftundenlangen Gärten hin und durchritten zuerft das unfcheinbare Bett des Wady el Affuad (Schwarzach), um am Ende des Pinienhains und der Maulbeer-

Antike Gräber zu Chan Chalde beim Thurm Rinaldos.

plantagen auf einen Kalkofen zu ftofsen, der, landesüblich, mit Dorngeftrüpp und Unkrautbündeln geheizt wird.

Die erfte Halteftation war Chalde, alt Heldua, drei Stunden von Beirut, wieder mit einem Kalkofen, wo fo mancher monumentale, aus den Felshügel gehauene Sarkophag in Kalk verwandelt worden fein mag, als der Transport zur See ftockte! Steckt doch der Bilderhafs den Muhammedanern wie Juden im Blute. Andere haften noch im Naturgeftein mit Triglyphen, Rofetten und etwa einem trauernden Genius; eine Infchrift lautet:

Iουλιανος ετη χαιρ. Zerfchlagene Sargdeckel mit Knäufen an den Ecken liegen umher.   Wir ftiegen über einen Riefenblock von 14' Länge, 8' Breite und 3' Dicke, als Steg über die Schluchtritze gelegt, und unterfuchten auf der Höhe ein paar phönizifche Grüfte mit weiten Oeffnungen nach vorne, wie feitwärts, um Steinfärge hineinzufchieben, die längft hervorgeholt find.   Wir finden die dachförmigen Schlufsfteine mit aufkragenden Enden von Schatzfuchern verrückt, wo nicht zertrümmert.   Doch unfere Aufmerkfamkeit nimmt weit mehr die alte Ritterthurm-Ruine mit Kropffteinen, Burdfch el Chalde, in Anfpruch, denn hier hat Reynaut d' Aubepine*) oder Rinaldo geboten, der Held aus Taffo's »Befreitem Jerufalem«, auch wohl in einem antiken Sarkophag feine Ruheftätte gefunden.   Rinaldo ift der Achill der Kreuzzüge, mit deffen zorniger Abkehr der Sieg in Frage fteht, den feine Rückkunft fichert.   Armida kommt ins Chriftenlager, ihn mit ihren Künften zu umftricken.   So gewaltig fich ihre Liebe fteigert, droht fie doch im Kampf mit Rinaldo in Hafs umzufchlagen, der fie wie Aeneas die Dido verläfst und zur Ueberwindung ihrer Leidenfchaft zwingt.

Begiefst man eine Gartenpflanze bei heifser Sonne, fo welkt fie; ebenfo war mein Gebein wie zerfchlagen und alle Glieder ausgerenkt, da ich unvorfichtig in der Mittagsfonne ein Meerbad nahm und mit einmal wie altersfchwach herauskam; ich fchreibe dies andern zur Warnung.   Wir übergingen en Naime, bei Edrifi noch das fefte Naama genannt, und den Convent Muallaka.   Ein Dfchebl Muallaka erhebt fich inmitten Galiläas, aber wie kommt es, dafs Muallach auch keltifch die Bergfpitze heifst (vgl. Malchen, Melibokus.)   Am 30. November 1860 überfielen die Drufen unter ihrem Kaimakam die Einwohner diefes Chriftendorfes auf der Flucht und eine grofse Anzahl Frauen vermehrte die Menge der Schlachtopfer in der fyrifchen Chriftenverfolgung.   In dritthalb Stunden erreichten wir den Nahr ed Damur oder Tamyras, in deffen Nähe Strabo (XVI. 2, 22) einen Tempel des Aefkulap (Esmun) weifs: alle Heiligthümer des Heilgottes ftanden auf Berghöhen, alfo in gefunder frifcher Luft hier am Vorfprung des Libanon.

---

*) Renaus d' Aubefpine figurirt auch in der altfranzöfifchen Chronik des Pfeudoturpin (ed. Auracher, p. 33, München 1876) unter den Helden Karls des Grofsen.   Ein Rinald von Sidon flüchtet aus der Unglücksfchlacht von Hattin nach Tyrus.

Wir fetzten durch das Waffer, gewahrten aber oberhalb mit Staunen eine eiferne Brücke und rafteten dann in Chan Yunas, um uns mit Lebben oder faurer Ziegenmilch zu erfrifchen. Diefs ift für Syrien ein koftbares Labfal, nur war in diefer Jahreszeit, Mittwoch den 6. Mai, die Schüffel mit Myriaden fchwarzer Punkte, im Milchmeer ertrunkenen Mücken, gepfeffert. Was war zu thun als die Augen zu fchliefsen, ein Schluck und ein Druck und der Milchtrank war wie Medizin eingenommen. Den Ueberreft gab man ganz familiär der Katze, dann kam ein Kind an die Reihe. Schon Willibald von Eichftädt erhielt von den Hirten acrum lac.

Hier ift einer der Küftenpunkte, wo der Prophet Jonas vom Walfifch an den Strand geworfen wurde. Pococke verzeichnete vor hundert Jahren noch im Golf von Skanderona eine Jonasfäule, ich kenne fogar fechs Chan Junas; welche Idee liegt zu Grunde? Der Sohn Amithai von Gath Hepher bei Nazaret weiffagt, wie II. Könige XIV, 25, die Eroberung des Moabiterlandes durch Jeroboam II. in Sentenzen, die uns einzig Jefaias XV, XVI erhalten hat. Alsdann flieht er aufser Landes, um der Miffion fich zu entziehen, denn Gottes Eingebung findet nur auf dem heiligen Boden Kanaans ftatt. (Haneberg, Gefch. d. Offenb. 253.) In Joppe geht er zu Schiff, aber ein Sturm bricht aus, und der Rais tritt ihn an, was er für ein Verbrecher fei; denn auf ihn fällt das Loos, dem zürnenden Meergott zum Opfer zu dienen. Er felber fpricht: »werft mich hinaus, damit das Meer fich beruhige!« Wie ift diefs aus dem Leben gegriffen! Als ich im Dezember 1845 zu Beirut in See ging und ein wüthender Sturm ausbrach, machte ein Schiffsknecht, dem ich eben vorher durch ärztlichen Rath einen Dienft erwiefen, mich verantwortlich, ich allein habe durch mein Schreiben den böfen Wind citirt — wobei er mein Tagebuch mir aus der Hand fchlug, dafs es beinahe über Bord fiel. Die Türken pflegten bei Stürmen einen Widder zwifchen den Hörnern lebendig in zwei Stücke zu hauen und die linke Hälfte ins Meer zu werfen; auch foll es auf dem fchwarzen Pontus noch heute vorkommen, dafs in diefem Falle der Fremdling, fei er Jude oder Chrift, über Bord fällt, den Sturm zu befchwichtigen. Mein Pilgerbuch II. und Sagenfchatz, Kap. 181, war 1876 noch nicht ausgegeben, da mir nachträglich Blocks Studien zur althebräifchen Literatur, Breslau 1876, in die Hand fielen, worin der Rabbine S. 88 in Jonas mit

aller Feinheit das vorexilifche Ifrael gezeichnet findet. Einen
Augenblick fcheint er verloren, ein Seeungeheuer verfchlingt ihn,
da fleht er zu Gott im Elend und wird gerettet, aber mit dem
alten Auftrage betraut. Der Dichter hatte vollkommen Recht,
die Errettung Jona-Ifraels als ein göttliches Wunder darzuftellen.
»Im Bauch des Ungeheuers, im Exil«, beginnt der neue geiftige
Auffchwung. Die Ausrottung der Juden und Ketzer wurde oft
als Prophylaxis gegen Seuchen, und Peft in Anwendung gebracht,
wie hier wider den Seefturm. Die Abfaffung der Schriften Jonas
und Maleachi fällt nach dem Exil.

Dafs Seen und Flüffe ihr Opfer verlangen ift allgemeiner
Volksaberglaube; aber wie kommt die Bibel zu dem Satze: »und
ftille ftand fofort das Meer von feinem Tofen« — vom Verfchlingen des Propheten und der Rettung nach drei Tagen aus dem
Bauche des Fifches nicht zu reden? Tzetzes fah in Byzanz noch
die Erzfigur des Herakles, der vom dreinächtigen Aufenthalt im
Bauche des Meerungeheuers, dem Bilde des allverfchlingenden
Todes, den Beinamen τριέσπερος führte — erft die Kreuzfahrer
haben es 1204 zertrümmert. Jonas lebte um 800 v. Chr., wie
konnte er in Ninive, der Stadt von drei Tagreifen Länge, predigen,
das fchon drei Jahrhunderte vorher durch den Meder Arbaces zerftört war? Jonas ift hier Träger einer fymbolifchen Gefchichte und
tritt an die Stelle des babylonifchen Fifchpropheten Oannes oder
Oën, der dem erftgebornen[*]) Ei entftammt. Die Phönizier befuchten fchon vor Salomons Zeit die Küften des erythräifchen oder
perfifchen Meeres und müffen dort von Oannes gehört haben.
Jonetho nennt ihn Comeftor;[**]) vom Fifchdienfte an den Küften
des Mittelmeeres zeigen die mehrfachen Neby Yunas (bei Hebron,
Asdod, Gaza, wo Herodots Jenyfos noch als Chan Yunas fortbefteht.) Der Fifch ift das Wappen Affyriens, Ninive die »Fifchftadt«
nach dem Namen ihres Gründers; der Prophet fteht hier eben
als der Repräfentant feines Volkes. Zur Strafe, weil Ifrael des
Prophenamtes fich geweigert und verfchmäht hatte, den Völkern

---

[*]) Helladius in Photius bibl. p. 535.

[**]) Jonithus heifst beim Byzantiner Methodius ein vierter Sohn Noah's, der den
Nimrod über die Zukunft der Weltreiche belehrt. Nach der Vorftellung der Arau-
kaner erfcheint der Seele am Wege nach der Unterwelt ein Walfifch, um fie ins Jenfeits zu tragen, Müller, Amer. Urreligionen 286.

das Heil zu predigen, follte es unwillkürlich diefem Berufe in den Ländern der Heiden nachkommen. Aber nach drei Tagen, vielmehr Generationen, mufs der Fifch fein Opfer wieder herausgeben. Wie finnvoll und hochpoetifch!

Wir beide gingen zum Wely hinüber und zogen im Vorhof die Schuhe aus, um das angebliche Grabmal des Neby zu betreten. Die Tragfäule krönt noch ein altes Kapitell, ein Sarg und grüne Fahnen bilden, wie gewöhnlich, die innere Ausftattung. Hier lag ein altes Porphyrion, eine Station zum Fifchen der Purpurmufchel oder eine Buntfärberei. Wieder im Sattel, fetzten wir nach zwei Stündchen durch das Bett des Boftrenus — der oft vorkommende Flufsname Biftritza hat diefelbe Wurzel. Auch hier ift oberhalb ein Brückenbogen fichtbar. Francesco Fagni und Fr. Cioli heifsen die Architekten, mit deren Hilfe der Grofsemir der Drufen, Fachreddin (1595—1633), der fränkifche Bildung fich aneignete und bei den Mediceern zu Gafte ging, die Brücken über den Magoras zu Beirut erneuerte und hier über den Nahr Awly fchlug. Wie lachte die Berglandfchaft uns freundlich an'; aber der Reitweg über Stock und Stein war der fchlechtefte. Pferde und Kameele haben dabei ins Geftein Vertiefungen ausgeftapft, in denen ihre Füfse einigen Halt finden — da ging unerwartet eine ordentlich gebahnte Strafse von Sidon her.

Herodots Jenyfos, zum Jonas-Grabmal.

X. Sidon mit dem Inselfort. Alterthümer.

Mit einmal kamen ein paar Kavaffe in malerifcher Arnauten-montur mit einem Arfenal von Piftolen im Gürtel, filber-befchlagenen Stäben und dem deutfchen Wappen am Arm, als Vorreiter des Vertreters unferer Nation in Sidon angefprengt, fetzten fich in Pofitur und machten mit zugeworfenen Handküffen und Herabbeugung bis zum Staube die tiefften Reve-renzen. Conful Abela kam uns auf anderthalb Stunden mit feinem Stabe entgegen, da unfere Ankunft der Küfte entlang tele-graphirt ward. Die zahlreichen Brüder diefer hochangefehenen, reichen Familie, die aber Maltefer, nicht Araber heifsen wollen, ftehen faft allen Confulaten vor. Wir näherten uns Sidon und paffirten vor dem Thore das weifsgetünchte Grabmal des berühm-ten Schech Daher el Amr*). Welch eine Gaftherberge! im

---

*) Mit Hilfe der Metualis eroberte Schech Daher von Safed aus 1750 das phönizifche Küftenland mit Akka, ja er verband fich 1772 felbft mit den Moskow, deren Flotte zum erftenmal im Mittelmeer erfchien. Ein Bombardement Beiruts, wo Emir Juffuf,

Hofraume einer wohlerhaltenen Kreuzritterburg, wo einft die
ftolzen Roffe abendländifcher Helden fich tummelten, ftiegen wir
von den Pferden und betraten den ftattlichen Bau mit hohen, von
Balken eingedeckten Zimmern, der luftige Räume genug einfchliefst. Welcher ¦Ritter hat diefs Gemäuer errichtet und hier
gehauft? Vielleicht der todesmuthige Euftach Grenier, der
Connetable des Königreichs, dem Balduin das am 11. Dezember
1110 eroberte Sidon als Lehen verlieh? Ihm folgte fein Sohn Gerhard, fein Enkel Reinhard, der aus der Schlacht bei Hattin fich
rettete und Sidon aufgab, das erft fein edler Sohn Balian 1197
zurückgewann. Auch der deutfche Orden hatte hier einen Sitz;
er befafs durch Balians Schenkung die vormalige grofse Mofchee,
zwifchen den beiden Thoren der Stadt auf der Seite, wo es nach
Tyrus hinausgeht, — alfo füdöftlich beim heutigen Stadtthor.

Als Comthure find Gottfried und Aymon bekannt. Damals
dienten prächtige, mit Cedernholz ausgetäfelte Häufer den Roffen
der Ritter zu Ställen, und man kochte mit Holz von den fchönften
Zierathen (Wilken V, 35). Solches bringt der Krieg zu allen Zeiten
mit fich, wir aber genoffen heute des füfsen Friedens.

Im Empfangfaale trat uns, ftrahlend in Goldfchmuck und noch
taufendfach mehr als ein Wunder von Schönheit, eine edle Alep-
pinerin entgegen, Durighello's Tochter, des Confuls Frau. Ein berühmter Talmudift pries in diefem Falle Gott in der Vollkommen-
heit eines Gefchöpfes. Unfer Begleiter aus Berlin nahm mir nach
Monatfrift das Wort ab, gleich ihm in meinem Leben keine fürft-
lichere Erfcheinung gefehen zu haben.

»Ihr Aug' war wie das Auge der Gazelle,
Das unter Wimpernfaume dunkelhelle.«
So mufste ich mir fagen, und mit Alrafchid bekennen:
»Ich weifs bei Allah nicht: ift fie
An Schönheit auserkoren
Vor allen Frauen, oder wie!
Ging mein Verftand verloren?«

Daher's Gegner, fich befeftigte, zerftörte 300 Häufer, und nun fetzte fich Daher's
Kaimakam. d. h. Stellvertreter, Achmed, der fpäter fo berüchtigte Dfchezzar, in Befitz
der Stadt. Der 90jährige Daher wurde 1775 von den Türken in Akka vom Pferde
gefchoffen und enthauptet. Achmed verlegte dahin den Sitz des Pafchalik's, beherrfchte
nebft Sidon auch Beirut und überlebte feinen Sieg über Bonaparte 1799 noch um fechs
Jahre.

Wir reifende Franken kamen uns wie Kameeltreiber neben einer Königin vor. Um aber hiftorifch zu illuftriren, gebe ich kund, dafs in Sidons Nähe kürzlich eine Kriegskaffe mit lauter fchwergoldenen Philipps- und Alexandermünzen entdeckt ward. Sie rührte offenbar vom Feldzuge des Macedoniers her, in deffen Kriegsfchatz bei Eröffnung der Feindfeligkeiten im Frühjahre 334 v. Chr. fich 70 Talente befanden. Diefe Goldftücke werden zum Theil im zehnfachen Metallwerth bezahlt, bei Michel Fara in Sur trafen wir davon zwei koftbare Armbänder, desgleichen ein reiches Collier bei Hardegg in Kaipha. Es find Philippi aurei, denn diefer hat zuerft Golddareiken geprägt, die felbft den Deut-fchen zur Nachbildung dienten. Ich hielt fie für eine Kronprin-zeffin begehrenswerth — mir felbft gelang bei der Fortfetzung der Reife nur der koftfpielige Erwerb eines Paares. — Burmeifter fieht nicht in Adam, dem Erdenklotz, fondern in Evas Töchtern das vor-nehmfte Gebilde auf der Erde. Hier traf es zu, und ich hatte die ungewohnte Ehre, die geborne Fürftin, die Hehre, zur Tafel zu führen. Darum fei zum Ruhme fidonifcher Damen erzählt, dafs nach dem Traktat über das Hohelied (Schir hafchirim rabba Fol. 7, 3) hier wie zu Weinsberg, die Sage von der Weiber-treue fpielt. Zu Sidon lebte im Jahrhundert nach Chriftus ein Ehepaar zehn Jahre ohne Leibeserben. Da begehrte der Mann, fich fcheiden zu laffen, aber Simon ben Jochai wollte nur nach feierlichem Gaftmahl, wie bei der Verbindung, den Scheidebrief ausftellen. Weinfelig gab der Gemahl feiner Frau anheim, was ihr am liebften fei, mit in das Haus ihres Vaters zurückzunehmen. Da lud fie den Schlafenden auf ihre Schultern, der nicht wenig verwundert war, am Morgen fich bei feinem Schwäher zu finden*). Und die Getreue rechtfertigte ihren Schritt: »Auf dein Wort trug ich mein Liebftes nach meines Vaters Haus, ich trage nach nichts in der Welt ein gröfseres Verlangen, als nach meinem Gemahl.«

Herr Durighello, der einen fo feltenen Schatz in feinem Haufe barg, lag gleichwohl, wenn man fo fagen darf, dem Schatzgraben ob und entdeckte in den Königsgräbern vor dem Oftthore den

---

*) In Abeffinien wie bei den Canadiern trägt der Ehemann in Erinnerung an einftigen Frauenraub feine Neuvermählte auf dem Rücken ins Zelt oder Haus, in China eine Matrone die junge Frau über die Schwelle ihrer neuen Heimat. Lubbock, Civil. 71. 88. 91.

berühmten Sarg Efchmunezers, den 1855 der Herzog von
Luynes erwarb und die Kriegscorvette la Sérieufe nach dem
Louvre brachte. Die Form zeigt faitifche oder memphitifche
Arbeit, wie aus der XXVI. Dynaftie. Duc de Luynes fetzt ihn
wegen des Kunftftyles 574—572 v. Chr. — die Bafaltfarkophage
aus der Familie des Amafis zu Leyden find ähnlich. Hitzig nimmt
das VII., Ewald das XI. Jahrhundert v. Chr. an; mindeftens mufs er
zwifchen 538 und 335, d. i. vor Alexander, fallen. Das Geficht ift
ägypto-phönizifch, Portraitköpfe fehen anders aus. Phönizier
colonifirten das nördliche Delta noch zur Zeit der Abfaffung der
mofaifchen Genefis, es find die Kapht-ur unter den erften Königen.
(Ebers, Aegypt. 165 f. 224). Deutlich herrfcht zwifchen der phönizifchen und ägyptifchen Religion ein Synkretismus, und wie Ifis
als Amme bei der Königin von Byblos eintritt und den Mumien-
farg des Ofiris die Umhüllung des Erikaholzes in der Palaftfäule
fprengt, fo ift phönizifche Kunft durch ägyptifchen Einflufs zur
Entwicklung gelangt und felbftändig geworden. Von Efchmunezer,
fo erzählte man uns, fand fich nur der Kopf im Grabmal, nachdem er im Kampf gegen Ifrael erlegen war — gleichwohl enthält
das Monument die Bitte, feine Ruhe in der Königsgruft nicht zu
ftören, unter Fluchandrohung. Unglücksweiffagung knüpft fich an
die Gräber des Amphion, Oedipus, Thefeus, Oreft für den, der fie
entweiht. Auch im Abendlande findet der Forfcher nicht felten
den Kopf allein beigefetzt, wenn der Träger deffelben im Kriege,
überhaupt in der Ferne geftorben und ein Mann von Anfehen war.
Die Sitte ift nicht allein prähiftorifch*).

Noch find wohl ein Dutzend Syenitfärge und Deckplatten je
mit dem Körper des Begrabenen aufgefunden, meift auf Abela's
Grund und mit deffen Zuthun. Zum Ankauf für jede Glyptothek
ift der Preis auf 2000 Gulden gefetzt. Die Reihe der fo gefundenen
Sarkophage im Louvre zeigt ftatt des platten ägyptifchen Mumien-
geficts den ganzen Kopf fammt Armen und Händen, noch mehr
bieten die obenaufliegenden Figuren aus den Grüften Etruriens.

---

*) Im Leben Arnulfs von Metz kommt vor, König Dagobert habe auf der Reife
einen Mann feines Gefolges krank zurückgelaffen und den Befehl ertheilt, ihm nach
dem Tode den Kopf abzufchneiden und ihn mitzunehmen, der Heilige habe ihn jedoch
geheilt. Häufig findet man in Gräbern allein einen Schädel, alle übrigen Knochentheile
fehlen; es ift die uralte heimifche Beftattungsfitte im Kriege Gebliebener.

In Aegypten kommen derlei Sargdeckel von Stein erft in Pfamme-
tichs Tagen (671 v. Chr.) vor, alfo werden die phönizifchen eher
jünger fein. Wir gingen, Alles zu fehen, nach dem grofsen Chan,
dem mir wohlbekannten Vierecksbau Fachreddins, mit lebendigen
Brunnen im Hofraume, wo der französifche Conful Durighello die
Alterthümer überwacht. Melodifch tönte der Gebetsruf des Muezzin und fein Grufs an den Propheten durch die Nacht. Allahu
Akbar! Gott ift der Gröfste! Salam! Auf zum Gebete! Unterwegs
beim Rundgang unter Fackelbegleitung ftiefsen wir auf eine Kaffee-
fchänke, vor welcher ein Schwarzer dem mit gekreuzten Beinen
auf dem Pflafter kauernden arabifchen Publikum mit lauter Stimme
Vortrag und Vorlefung hielt*). Es ift Nomadenbrauch, unter dem
Sternenhimmel fich zufammenzufetzen und fich an Liedern und Er-
zählungen zu ergötzen. Die Sagen gingen fo feit alter Zeit von
Mund zu Mund, und die Mährchenpoefie entwickelte fich. Das
Bedürfnifs, fich fortzubilden und vom Weltlaufe zu erfahren, fühlt
allmälig auch der Morgenländer; der Mohr ift vielfach noch ge-
weckter und durchweg trotz der Schwärze dem Hellfarbigen gleich-
geachtet. Beliebt ift befonders· Antarije, ein Romanzero, der den
Roland des Morgenlandes, jenen Ritter ohne Furcht und Tadel,
fchildert, wie er fein Kampfrofs Abgar befteigt und mit der Lanze
zwifchen deffen Ohren wie ein Ungewitter dahinftürmt. Heifa!
wie da die Chriften niedergeftreckt und in Stücke gehauen werden!
Mafchallah! Jnfchallah! feufzt dabei der Hörer. »Was Gott will,
wie Gott will!« — glaubt aber doch nicht recht an die Wiederkehr
folcher Zeiten.

Wir erreichten das Karawanferai, wo uns die Denkplatte
eines deutfchen Kreuzritters, Dietrich, an der Mauer auffiel; fofort
machte Herr Durighello felbe unferer Expedition zum Gefchenke
und ftellte alles Andere »zu unferer Difpofition«. Zuvörderft in
einem Schupfen ein phönizifches Königsbild mit dem vom Blitze
zerfchlagenen Sarkophage aus demfelben Grabhügel, wo Efchmunezer ruhte. Ein ähnliches Königshaupt von weifsem Marmor
lag in Herrn Abela's Behaufung. Der Styl war bei allen derfelbe.
Neben mehreren Häuptern ftand ein römifcher Altar mit dem hier

---

*) Solche öffentliche Vorträge vor allem Volke am Platze, und felbft vor Zu-
hörern auf den Dächen fcheinen im weiten Orient hergebracht; aus Kafchgar bietet
The illuftr. Lond. news vom 31. Oktober 1874 einen bezüglichen Holzfchnitt.

fo häufigen Medufenhaupte, von griechifchen Infchriften an Stelen
und Bafen zu fchweigen. Den für die Behandlung der Salomonifchen Stierbilder am ehernen Meere vermuthlich intereffanten,
weifsmarmornen Stierkopf im Jefuitenhaufe fahen wir heute nicht.

Bei der Rückkehr harrte unfer R a f k i P a f c h a, indem er uns
zuvorkommend den Befuch abftattete. Es war meinerfeits keine
Schmeichelei, wenn ich auf feine Frage, ob mir in den dreifsig
Jahren feit meiner erften Orientreife kein Fortfchritt im Lande auf-
falle, erwiederte: vor allem feine neue Strafse, und dafs Se. Excellenz die Felfen längs der Küfte ebnen laffe. Ich könne dazu
nur Glück wünfchen! Wir und alle fpäteren Reifenden würden
feinen Namen dafür preifen, dafs er die zuerft vom römifchen Kaifer
Septimius Severus angebahnte Küftenftrafse erneuert habe (die
paar Meilenfteine fand 1697 noch Maundrell). Der Pafcha fchmun-
zelte felbftzufrieden, als wollte er fagen: feht ihr Franken, dafs
wir doch auch vorwärts kommen! — und verficherte, der geebnete
Weg folle bis Beirut fortgefetzt werden. Durighello brachte fofort
im Thongebilde — die drei Grazien! doch nein, etwas Häfslicheres
und in Anfehung des anftöfsig Ausgeprägten — finnlich Roheres
traf ich nie. Paufanias IX. 16, 2 fah drei ξόανα der Aphrodite
von Theben, der U r a n i a, P a n d e m o s und A p o f t r o p h i a, Weihgefchenke der Harmonia. Es find die drei Schickfalsfchweftern,
unfere Nornen, den Nationen des Alterthums unter verfchiedenen
Namen bekannt; der Koran nennt fie A l l a t h, A l u z z a und M a-
n a t h. (Mein Sagenfchatz 279 f.) Ich verwies es dem überglück-
lichen Befitzer, dafs er diefe Naturbilder des Aftartedienftes nicht
für das erhaltene Angebot (?) von 30,000 Fr. abgegeben habe — ich
gäbe ihm nicht mehr als taufend dafür. Er aber nannte von den
hohen Reifenden her, die ihn befucht, Graf Vogué, nun franzöfifcher Gefchäftsträger in Stambul, deffen Bekanntfchaft ich 1867 in
Paris gemacht, dann Baron Ray, de Saulcy, Ernft Renan.

Nach einer köftlichen Ruhenacht auf den erften Tageritt befuchten wir Morgens zuerft das Infelfort, wobei ein türkifcher
Offizier mit nicht gerade ordonnanzmäfsiger Mannfchaft vor uns
her marfchirte, Front machte und beim Austritt mit gefchwunge-
nem Krummfäbel Salut commandirte. War das die ganze Be-
fatzung? Die Brückenfundamente, auf welche das jetzige Holzgerüft
fich ftützt, bilden unter Waffer uralte Steinlagen. Noch mehr

6*

ftarren viertaufendjährige Grundbauten mit randfugigen Vierecks-
blöcken im Innern uns' an.   Diefs Eiland mit dem natürlichen
Hafen bildete die alte Fifcherftadt und urfprüngliche Niederlaffung
der Sidonier. Euripides Herc. fur. 948 berichtet, dafs die Mauern
von Mykene nach phönizifchem Kanon erbaut waren. Geränderte
Polygone zeigt der Wall von Circeji, Wall- oder Tempelruine von
Terracina und Setium*); aber das phönizifche Niederland oder Kanaan kennt nur riefengewaltiges Alter, graues Quadergefüge, ebenfo
Paläftina.   Eine babylonifche oder memnonifche Mauer mit Thürmen und Schutzwehren umgab Meffene, wie das perfifche Sufa,
fo fchreibt Paufanias IV, 31.   Vielthürmig war auch diefe Meer-
vefte, und wir gingen über Trümmer durch ein urphönizifches
Thor mit fpitzem Bogen aus vorkragenden Steinen, wie die
Conftruktion am Euphrat, in Kleinafien, Mykene und Etrurien,
kurz bei den allerälteften Thorbauten fich findet.   Diefe Kaftell-
pforte mufs zur Zeit der höchften Blüthe der Handelsftadt gebaut
worden fein.   Nicht minder merkwürdig war die anfchliefsende
koloffale Mauer, welche mitten durch die Infel läuft und in drei
Reihen über einander je fünf Granitfäulen zeigt, die wie Stück-
pforten eines Linienfchiffes fich ausnehmen.   In Cäfarea find ebenfo
die Säulen horizontal in die Mauermaffe eingelaffen, fie gleichfam
zufammenzuheften.   Es ift nicht allein wegen des wohlthuenden
Eindrucks fymmetrifcher Gliederung durch Scheiben ftatt archi-
tektonifcher Schilde, fondern ich meine: weil der Hochbau in den
wagerecht wie Riefenftifte durchlaufenden Colonnen eine Stütze
nach rückwärts fand.   Unterfchiedlich haben auch deutfche Pilger
am Hafenkaftell von Sidon gebaut (Sanuto III. 14, 3.)
    Vom Infelfchloffe ging es nach dem Bananengarten, einft freiem
Platze, wo fich von einem Standbild Hadrians noch das Poftament
mit der Widmung erhielt.   Wunderbar ift der Ausblick von der
Hochburg auf Land und Meer, Stadt und Eiland.   An diefer
Citadelle haftet noch der Name Ludwigs des Heiligen von
Frankreich; fie bewahrt den Feftungscharakter des Mittelalters.
Um Sidon auf der ungedeckten Landfeite zu fchützen, liefs der
König auf der die füdöftliche Umgebung beherrfchenden Höhe

---

*) Mit Verwunderung theile ich mit, dafs auch in Bayern fich Thürme aus der
Römerzeit mit Randfugenquadern finden, z. B. in Pappenheim, anderwärts einzeln
wie von noch älteren Bauten.

ein Kaftell errichten, das noch heute fich impofant genug aus-
nimmt. Aber fchon der Mongolenchan Hulagu, obwohl als Feind

Uferftraße von Säida nach Sur.

der Muhammedaner fonft den Chriften freundlich gefinnt, zerftörte
einen Theil der Befeftigung und die Stadt felbft, fo dafs die Ein-

wohner in die Infelvefte fich retteten, an der die Tataren fich vergebens den Kopf zerftiefsen.

Die Pfortenregierung hat, wie einft das Chalifat mit feinen Statthaltern, faft in jedem Jahrhundert mit aufftändifchen Pafcha's zu kämpfen; man denke nur an Mehemet Ali und Ali Pafcha von Janina. Diefelben ftützten fich grundfätzlich mehr oder weniger auf die Chriften. Im 17. Jahrhundert empörte fich nicht ohne glänzende Erfolge Fachreddin, der Ruhm der Gerechtigkeit, vom Stamme Maan, deren ältefter Emir 1149 als todt verzeichnet ift. Die Familie, Ejubidifcher Herkunft, wanderte aus dem Bekaa oder Cölefyrien im Diftrikte es Schuf ein und ftarb 1699 aus. Der Grofsemir der Drufen war von Ziret Maan im Thal des Fluffes Magoras geboren. Lebt hier nicht das Andenken der Maoniter fort (Richt. VI. 2, II. Chron. XXVI, 7), die auch in Kalaat ibn Maan, dem alten Bergfchlofs oberhalb Tiberias, ihr Andenken hinterliefsen? Von ihrem Sitze in Dêr el Kamr aus bemächtigten die Drufen fich der ganzen Küftenftrecke von Beirut bis Cäfarea. Als titulirter Fürft von Saida und Galiläa eroberte Fachreddin 1610 auch Cölefyrien und dachte felbft Jerufalem zu gewinnen. Wie Sultan Kamel in den Tagen Friedrichs II. follte er den Chriften zu ihrem heiligen Erbe verhelfen, fo dachte Rom, und die Medici fchickten nach Tyrus eine Flotte. Dfchambulad von Aleppo war im Bunde mit dem Pafcha von Bagdad und dem Sofi von Perfien feit 1606 in Aufftand gegen den Padifcha in Stambul (Prutz, Phön. 28). Der Ausgang war Fachreddins Fluchtreife nach Italien, wofelbft er auch Spanien 1613 in den Bund zu ziehen hoffte. Zehn Jahre hielt er Friede, nahm aber, obwohl nur 10,000 Mann feinen Fahnen folgten, 1624 feine hochfliegenden Pläne mit dem Papfte und Toskana wieder auf. Italienifche Baumeifter bauten ihm indefs Paläfte in Saida und Beirut, nebft Brücken und Wafferleitungen. Da Florenz keine Opfer mehr brachte, obwohl die Perfer bis Aleppo vordrangen, nahm die türkifche Flotte 1633 Beyrut, Tyrus und Sidon weg; mit Rauch vertrieb man ihn aus feinem letzten Schlupfwinkel Kalaat Dfchezzin in Galiläa, und 1635 wurde er in Stambul enthauptet.

XI. Von Mar Elia zum Eliasgrab in Sarepta nach Mogaret Ssafra bei Adlun.

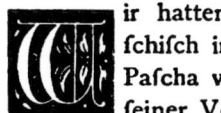ir hatten unfere Eskorte unter Verabreichung des Bak-
fchifch in Gold nach Beirut zurückgehen laffen, aber der
Pafcha von Sidon drang uns eine weitere auf, fchon um
feiner Verantwortung der Pforte gegenüber, wenn den
feinem Schutze Befohlenen unterwegs in feinem Pafchalik ein Leid
widerfahren wäre. Mit Ehrerbietung fchieden wir von der huld-
reichen Dame des gaftlichen Haufes, die für ganz Syrien als Juno-
nifches Ideal gelten könnte. Die Roffe trugen uns über das Pflafter
nach dem Oftthore, wo die Kuppel Mar Elia die Höhe krönt.
Hier oben und im reizenden Megdel Yuni, dem Thurm der Jonier,
ein Stündchen öftlich, refidirte die moderne Königin von Palmyra,
Lady Efther Stanhope, Nichte des jüngeren Pitt, und ftarb als
wunderliche Einfiedlerin.

Wo immer Baal einen Tempel hatte, fprach Abela verftändig,
hat man fpäter den Elias eingefetzt. Mar braucht der Syrer für
heilig, z. B. Mar Saba — wir haben nur zu fagen: der Gottesname Elja ift gleich alt und identifch mit Baal. Aber auch
Apollo vertritt den Baal, diefs lehrt Mogaret Apollo, die Ne-
kropole hart am Wege. Die fidonifchen Königsgrüfte find in
einen Felshügel unmittelbar vor der Stadt ausgehauen, in regelmäfsige Kammern tief in das Geftein hinein gefchnitten: wir ftiegen zu den, der Sarkophage entleerten Grotten hinab. Nördlich
liegt ein Dörflein mit dem merkwürdigen Laut: el Abrahmieh,
oftwärts aber Liba, worin ich das Helba, Richt. I, 31 erkenne,
während Achalab in Labije gegen Often von Adlun erhalten ift.

Bei Dfcheba, vier Stunden oftwärts von Sidon, entdeckte der fchwedifche Naturforfcher, Dr. Landberg, ein Bernfteinlager, wobei der Harzflufs aus verkohlten Bäumen quoll. An ganzen Holzftücken fitzt das Elektron auf. Dazu hatten die Phönizier Eifengruben am Libanon, das Metall dem Dannemora-Eifen ähnlich an Qualität, ja Bertou will auf einen ¹/₂ Meile langen Schacht geftofsen fein.

Nach dem letzten Scheidegrufs von unferem Gaftfreunde fetzten wir — die Laftthiere waren ja längft voraus! über den Blumenbach, nein: Zuckerrohrbach — Nahr ez Zaharani, unfer Angeficht nach

Mogaret Baal oder fidonifche Königsgrüfte.

Tyrus gewandt. Es war Donnerstag, der 7. Mai; weiter kamen wir durch den wafferarmen Nahr al Kantara oder Brückenbach, mit einem dreibogigen ponte rotto, wo ich den, von meiner unglücklichen Seefahrt 1845 mir wohlbekannten, Wachtthurm am Strande wiederfah. Wir ritten noch eine Strecke durch ein Waizenfeld, wo die Ärnte in vollem Gange war. Die affyrifchen Keilinfchriften führen unter den von Sanherib eroberten Städten ein Beth Zitta, die Olivenftadt zwifchen Sidon und Sarepta, auf. (Gumpach Babyl-affyr. 28) — hat fie hier herumgelegen? Ein Hirt bot uns antike Münzen an, wovon das Volk hierzulande mehr zu befitzen fcheint als von neuen, auch zogen Ziegen und Rinder des Weges, mehr als ich auf meiner erften Fahrt getroffen.

Mittags erreichten wir den Chan von Sarfend — Sarepta, wo Elias, als alle Bäche in Ifrael vertrockneten, während einer

dreijährigen Hungersnoth am Heerde einer armen Wittwe lebte.
Wir wollen den Ortsnamen »Schmelzhütte« deuten, und nicht von
Zeripha, der fyrifchen Leukothea, ableiten (Bab. Aboda fara 11, 2).
Nichts wird in den Legenden aller Völker mehr gepriefen und
belohnt, als die Hofpitalität. Der Mifchkrug der Baucis, bei
welcher Zeus in Phrygien eingekehrt, ward fo wenig leer als der
Oelkrug und Mehlkaften der Sareptanerin. Auch St. Otmars
Lägel ift unerfchöpflich; die Brüder, welche den Leichnam am
Bodenfee durch Stürme ruderten, tranken davon*). Im Dorfe
Täfch im Wifperthal kehrt ein Greis zu und erklärt der hartherzigen
Bäuerin: »Gabft du mir nur Weniges, Anke oder Milchfchotten,
fo hätte ich deinen Keffel gefegnet, dafs er allezeit bis zum
Rande voll gewefen wäre.

Auf der Miztaba oder Steinbank vor dem Chan el Chadr,
wie der Morgenländer den donnergewaltigen Elias, den Drachen-
kämpfer am Weltende nennt, hatte ich auf der früheren Herab-
reife die Nacht zugebracht und bin allezeit glücklich durchge-
kommen; fpäter kam der Chanwirth in Haft, weil an derfelben
Stelle ein Wegegaft Räubern erlegen war. Wir lagerten jetzt am
Brünnlein auf der um eine prächtige Platane errichteten Eftrade,
welche bald als Tifch mit Geflügel, harten Eiern, Brod und Wein
durch unferen Dragoman Nachle nur zu reichlich beftellt ward.

Das alte Sarepta war in Rückficht auf Seeräuber den Berg
hinauf und in die Felfen hinein gebaut; dort ift längft alles todt.
Man fieht hier zwei Stierköpfe mit einem Fefton in der Mitte, als
alterthümlichen Skulpturreft. Eine Kapelle, nahe der Küfte, follte
in den Kreuzzügen das Haus obiger Wittwe bezeichnen oder die
Erinnerung an fie bewahren. Die Scipionin Paula, Hieronymus'
Freundin, befah den Thurm des Elias: warum follten wir heute
nicht gleichfalls im Wely el Chadr oder Neby Elia, feine
Grabkapelle befichtigen, die noch Poloner 1422 für eine chrift-
liche ausgibt! Beim Ueberfchreiten der Schwelle fpricht der
Frommgläubige fein deftûr ja mubârakeh, »deine Erlaubnifs, o
Gefegneter!« Wir betraten wieder entblöfsten Fufses das Innere,

---

*) Birlinger Sagen, Legenden, Volksbräuche S. 39, vgl. mein Altbayerifches
Sagenbuch c. 101. »Abendländifche Sodom und Gomorrha.» Dem irländifchen Bifchof
Harthak vermehrt Gott wegen feiner Heiligkeit ebenfo das Bier.

um unter der weifsgetünchten Kuppel einen Holzfarg, fchäbige Fahnen, ärmliche Thonlampen zu fehen und nachdenklich zu gehen.

Aber wie? ift denn Elias nicht gen Himmel gefahren? höre ich gläubig fragen. Doch das glaubt weder Jude noch Moslem, fondern nur wir Chriften laffen uns diefs einreden und mögen darüber den Spott der anderen Monotheiften ärnten. Die Bibel macht gar kein Hehl daraus, dafs es fich bei Elias Himmelfahrt um eine blofse Vifion feines Jüngers Elifa handelt, der auch bei anderer Gelegenheit das Geficht von feurigen Roffen und Wagen feinem Diener Giezi eröffnet (II. Kön. 2, 10; 6, 17). Doch wer lieft noch die Bibel! Das Schreiben, welches König Joram, Achabs Eidam, fieben Jahre nach dem Hingang des Elias über den Jordan von diefem empfing (II. Chron. 21, 12 f.), hat in Verbindung mit dem fliegenden Blatt bei Zachar. 5 den Anftofs zum Glauben an mannigfaltige Himmelsbriefe gegeben, welche aus der Hand der Madonna gewöhnlich den Sabbat einfchärfen. Elias war auch wiederholt hinweggenommen worden (I. Kön. 18, 12).

Ich felbft erinnere mich an Vorträge in der Dogmatik, wo der berühmtefte theologifche Lehrer für Henoch und Elias fogar einen Separathimmel gefchaffen fein liefs, um darin bis zu ihrer Wiederkehr am Ende der Tage zu wohnen! Ich dagegen fage, und fetze dafür mein befferes Wiffen ein: aufser Jonas hat kein Prophet fo viele Gräber aufzuweifen, als gerade Elias. Von feinem Grabmal in der Ebene von Troja weifs Schliemann (Ithaka 204) zu melden. Wer Damaskus befucht, unterlaffe nicht den kurzen Weg durch die Nordoftpforte nach der uralten Synagoge von Dfchobar, wo Elias eine gemauerte Steingruft befitzt. Die Grotte war feine Wohnung und gilt für ein grofses Heiligthum, fo dafs die Juden alle Freitage zur Bibellefung hinkommen, oder in Krankheiten mit Weib und Kind die Nacht im Heiligthum beten. Auch das benachbarte Tell el Menyn hat ein Eliasgrab. Von einem anderen Wely oder Prophetengrab des Mar Elia vor Sidon kommen wir ja eben her: die chriftlich belehrten Maroniten ftiefsen fich daran und machen daraus einen Ruheplatz des Meffias, alfo eine Herrgottsruhe. Ausdrücklich erklärt Jefus dagegen Joh. III, 13: »Niemand ift in den Himmel hinaufgefahren!« Die alten Griechen liefsen ihre Propheten nicht zum Himmel fahren, fondern lebendig von der Erde verfchlingen und Orakel geben, fo Trophonius und Oikles (Philoftr. Apoll. II, 37). Dagegen wird Kaifer Conftantin auf Münzen nach feinem Tode gen Himmel fahrend dargeftellt. Sagten diefs die Römer doch auch von Romulus aus. Jofephus Ant. IV. 8, 48 läfst die gleiche Ehre, wenn gleich ohne Blitz und Donner, dem Mofes zu theil werden, dafs er in den Wolken entfchwand. Diefe Legende hindert nicht, fein Grab am Nebo feftzuhalten. So ruft Ifaias XIV, 13 dem König von Babel zu: »Der du fprachft in deinem Herzen: Zum Himmel will ich auffteigen, über die Geftirne Gottes meinen Thron erheben gegen Mitternacht, auffteigen über die Höhe der Wolken gleich dem Allerhöchften« — was Ezechiel gleichmäfsig auf Tyrus anwendet. Am meiften Anfpruch auf Elias' Grabftätte hat wohl Damaskus, wohin der Prophet nach feiner Flucht über den Jordan fich zurückzog und woher er auch feinen vermeintlichen Himmelsbrief fchrieb.

Wenn Elias den Sohn der Wittwe von Sarepta, Elifa den Sohn der Sulamith wieder ins Leben erweckt, fo wiffe man, dafs nach der Ueberlieferung der Schriftgelehrten bis auf Abarbanel herab, für deren Beftand wir unter andern Epiphanius und Hieronymus anführen können, der auferweckte — Jonas heifst. Ihn nennt auch Chriftus als fymbolifchen Repräfentanten des Glaubens an die Auferweckung. Elias aber ift der Prophet am Ende der Tage, der, getödtet, die Urftände mit erlebt und diefs Alles vollbringt, um aufs neue zur Herrlichkeit des Himmels emporzufteigen.

Wir ftiegen heute oft genug vom Sattel, fchon um die Todtenkammern zu befehen, die in den malerifchen Felspartien am Berghange felbft ein Stockwerk über dem andern fich aufthun. Befichtigungswerth ift noch mehr die für uneinnehmbar gehaltene Höhle der Tyrier, welche die Aegyptier nur durch plötzlichen Ueberfall oder Beftechung gewannen. Es ift die Meara der Sidonier bei Jofua XIII, 4 ein natürlicher Chan, der kirchenartig im Spitzbogen fich erhebt, oberhalb eine Lichtöffnung und feitliche Ausweitungen hat. Fürwahr ein cyklopifcher Ziegenftall, wo nur der Polyphem fehlt, der Boden fufshoch, ja wohl feit unvordenklicher Zeit von Thiermift erhöht. Es handelt fich um eine Troglodytenhöhle, wo man bei Nachgrabungen früher oder fpäter leicht auf Steinwerkzeuge ftofsen wird.*) Bertou bildet noch die faft abgefchliffene ägyptifche Stele an der Felswand ab, wovon Phta mit dem Gefangenen, wie Sefoftris mit dem Namenszug nur mit viel Phantafie noch zu erkennen find.

Bald erreichten wir das Blachfeld von Adlun, angeblich ad Nonum vom römifchen Meilenftein benannt, während ich es für Hethalon hielt. (Ezech. XLVII, 152). Es gemahnt uns an Eptaticum, wie Abodiacum am Lech im Leben des hl. Magnus vom VII. Meilenfteine gedeutet ift. Doch mit Recht heifst die Station beim Pilger von Bordeaux ad Nonum — von den neun Steinen, welche von kultgefchichtlichem Intereffe find. Nachle kannte fie nicht, ich wollte fie fehen, wiederfehen, endlich ftiefsen

Baalftätte ad Nonum zu Adlun?

wir im freien Felde auf das Denkmal aus vorgefchichtlicher Zeit, welches nun zur Hürde dient, wichtig jedoch durch die Sage erfcheint, es feien verfteinerte Menfchen, welche der Neffe Jofua's, der füdlich nebenan in Neby Seir bei Moktara fein Grab hat, da fie feiner fpotteten, verfluchte. Erft durch Vergleich mit ähnlichen Steinvierungen, z. B. den neun Ladies zu Stanton Moor, den neun Jungfrauen zu Boscawen in Cornwall, den neun Brückenfteinen beim holfteiner Dorfe Dreez, welche beim Hochzeitstage verfteinerte Bauern vorftellen, vormals Druidenkreifen, kommen wir zur Gewifsheit, dafs hier eine Baalftätte war. Derlei verfteinerte Tänzer als letzte Erinnerung an dafelbft beftandenen Sonnenkult kommen in der Zahl von 7 oder 9 bis 12 ja auch noch in Deutfch-

---

*) Specus. erat pro domibus Plin. I, 56, Flor. III, 10. Ausdrücklich nennt Wilh. v. Tyrus XIX, 11 die Cavea de Tyro, im Gebiete von Sidon gelegen, an Kalaat Shekif oder Belfort bis nahe bei Paneas ift wohl nicht zu denken, obwohl Freund Prutz Phön. 148 Tairun, nun Mughr Dfchezzin im Gebiete es Schuf betont.

land vor. Die Virginier tanzten zwischen sieben Steinen mit
rohen Kopfenden, was an Druidenkreise erinnert. Die Darstellung*)
zwischen Sur und Safed traf schon de Saulcy bei 20 Dolmen,
den Steindenkmälern der Bretagne verwandt, eines mit einem
Steinkreis umgeben. · Die elf parallelen Steinreihen zu Carnac
in der Bretagne bilden bis zu 1500 Meter lange Gassen, vor Jahrzehnten zählte man noch über 2000 Steine. Diese naturwüchsigen
Colonnaden heissen beim Volke ·die Soldaten des hl. Cornelius
(souar de sant Corneli), mit der Legende: Der Glaubensprediger
habe die ihn bis ans Meer verfolgenden Heiden mit Einem Worte
in Steine verwandt. So verwerthete man die alten Kirchplätze
zu Gunsten der Heiligen. Dieser Baalzirkel mochte zu Palätyrus
gehören, besteht doch ein Tanzplatz der Derwische noch in der
Vorstadt Pera zu Stambul, doch wollen wir nicht mit Bertou hier
die tyrische Altstadt suchen, der die Wasserleitung bis hierher dem
Ufer entlang zeichnet.·

Wir ritten kaum in das Stromgebiet des Leontes ein, so
schimmerten links weisse Felsen herüber, worin die Berghöhlen
mit phönizischen Sargräumen anstehen. Bei der Wichtigkeit, welche
daraus der Herr Pastor von Beirut auf Renan's Autorität hin
machte, untersuchten wir sie am 17. Mai auf einer eigenen Ex-
cursion von Tyrus aus. Ich erkundete von einem Schäfer für die
grosse mittlere die übliche Benennung Mogaret es Sfafra, die
»Feldgrotte«; es ist eine unvordenkliche Hirtenhöhle. Die Spelunke
ist erst durch Beseitigung der Zwischenwände der Sarkophagräume
zur grösseren Stallung erweitert, wie obige cavea Tyriorum, doch
hat sie nicht entfernt diesen Umfang. Eine Art Weichbrunnschaale
in der Gesteinswand wird kein Beweis für einen alten Grotten-
tempel, eine Buhlstätte neben Todtengrüften sein! Allerdings
trafen wir an den Wänden der Haupthöhle obscöne Kritzeleien
im leicht zu ritzenden Kreidestein, wie sie jedenfalls ein ungezogener
Ziegenhirt mit seinem Hippe zum Zeitvertreib nach seiner wüsten
Phantasie ausführen mochte; aber wie. war die Erwartung von
einem Astarteheiligthum, das Renan entdeckt haben sollte,

---

*) Lubbock Civil. 214. Mein Paläst. II, 493 f. Die neun Kegel, entsprechend
den neun Welten und der alten Götterzahl, spielen unter dem Namen des goldenen
Kegelspieles in deutschen Landen an verlassenen Cultusstätten noch immer eine ge-
heimnissvolle Rolle. Mein Sagenschatz S. 50 f. 692.

getäufcht! Die Mutterfchafe hiefsen Aftarten der Heerde, Veneres pecoris. Deuter. VII, 13; XXVIII, 4. 18. 51. Im Mund alles Volkes find noch die Anfarier, welche für reine Heiden, einen Ueberreft der Aftarte-Diener, gelten. Wichtig war uns dagegen die füdliche Grotte, wohin ich meinem Sohne folgte, während Freund Prutz nach der eben erfahrenen Enttäufchung und bei der ftechenden Hitze füglich zurückblieb. Hier entdeckten wir im Hintergrunde eine enge Felstreppe nach abwärts, trocken mit Steinen vermauert, und als wir zur Vergewifferung auf den Boden ftampften, dröhnte es unter uns; ein dumpfer Widerhall zeigte ein tieferes Gewölbe, eine noch unerbrochene (?) Gruft der alten Tyrier an. Meine Vollmachten lauteten nicht hierauf, alfo liefs ich den Raum uneröffnet, vielleicht fchliefst er noch Sarkophage ein. Sobald ein deutfches Schiff unfere Ausbeute aus der Kathedrale von Tyrus abholte, wollte ich das Geheimnifs kund geben.

Eine halbe Stunde und man erreicht von hier die Leontes-brücke, worin wieder, wie am Infelkaftell zu Sidon, Säulenftümpfe rund aus der Mauer blicken, einem Fenfterrund gleich. Die fyri-fchen Brücken giebeln alle in einem mittleren Hochbogen und enthalten in der Regel drei Durchläffe. Den Sarazenenbau beur-kundet der Spitzbogen, fo bei der Jakobsbrücke, wie bei der früher fog. Matthäusbrücke unter der Jarmukmündung. Der Ueber-gang erfordert für die Pferde ein fteiles Klettern, das auf den Steinplatten leicht zum Sturze führt. Ein Baumzelt vertritt davor den Chan Wely Kasmi; denn öde fteht jenfeits der felfenfefte Bau, wobei, wie gewöhnlich, nur Thore und Fenfter reguläre Hau-fteine zeigen, die fchwarzen Polygonblöcke in der Mauer fich aber nicht mit Cement verbinden. Ruhen wir in der aus Baumäften und Matten aufgefchlagenen Veranda zu einiger Betrachtung aus.

XII. Wely Schech Kasmi am Nahr Kasimije.
Die Kadmea am Flusse Kadumim.

ir find im Herzen Phöniziens angelangt, an der Wiege des Volkes, und wohlan! am gröfsten Landesftrome entdecken wir ein unvergängliches Denkmal der Menfch-heit, das noch in die mythologifche Zeit hinaufreicht, das Grab des Kadmus. Die Urheimat hat des Mannes nicht ver-gefen, welchem Griechenland ein älteftes Andenken bewahrt. Kadmus, der Mann vom Often, zugleich im Aufgang der Ge-fchichte, ift im Grunde der ältefte Kananäer oder »Niederländer«, der Stammesgründer und Nationalheld ift in ihr Glaubensfyftem übergegangen. Kadmus, oder wie der Name (Esra II, 40, Neh. VII, 43) fortlebte und felbft im Haufe Levi auftaucht, Kadmiel könnte füglich neben Michael, Gabriel, Raphael und Uriel unter den fieben Erzengeln vor Gottes Thron ftehen. Was indefs einmal im Religionsgebiete Wurzel fchlägt, lebt unvergänglich fort; der Held der Mythe mag fterben, aber feine Thaten finden einen Erben. Gewifs gilt hier der Spruch vor allem: »Le roi est mort, vive le roi!«

Abgedankte Götterwefen erfahren mitunter eine wunderbare Metamorphofe, und der Mann lebt in anderem Gewande fort, bis Einer mit Ueberrafchung ihn wieder erkennt und als Längft-verehrten in feine Stellung zurückführt. Dem Forfcher fällt dabei gewiffermafsen die Aufgabe des Detective zu, nur mit dem himmel-weiten Unterfchied, dafs er nicht Verbrecher demaskirt, fondern Perfonen höherer Art. Wir könnten mit dem Augurenftabe nah und ferne in der Welt herumdeuten und in allen Landen ähnliche

Erscheinungen nachweisen, halten also die Phantasie im Zaume und machen keinen Ritt mit dem gesattelten Hippogryphen. Denn Kadmus ist ein Unsterblicher, der selbst seinen Namen nie geändert, und wie im Anfang der historischen Zeit bei Tyrus seine Stätte behauptet. Er ist nicht allein zum Schech herabgesunken. Die incarnirte Gottheit der Jeziden ist Schech Adi, der Sohn Mosafirs des Syrers. Ausserdem behielten sie den sabäischen Sonnencult bei und verehren das Tagesgestirn als Schech Schems im Heiligthum des romantischen Thals, das nach dem Propheten Adi heist, einem weisgetünchten Bau mit weithin sichtbarer Kegelspitze. Jährlich kommen die Gläubigen zum nächtlichen Festtanz bei Fackelschein, Flöten und Paukenschall mit den unverschleierten Weibern zusammen.

Hieratyros gruppirte sich um seine grosen Heiligthümer, wie Jlion mit einer Tempelstätte seinen Anfang nahm, nur sind jene in Vergessenheit gerathen, Troja dagegen unsterblich durch den göttlichen Homer. Trotzdem muste Dr. Schliemann dessen Fundamente aus der Erde graben, um die gelehrte Welt zu überzeugen, daß die Stadt des Priamus wirklich an Ort und Stelle bestanden. Wir leben in einer Zeit antiquarischer Entdeckungen. Ist nicht auch der Grabhügel des halbmythischen Tantalus bei Smyrna gefunden und sofort mit einem Schacht seitlich angebohrt worden? Ebenso das Grab des Lyderkönigs Alyattes? Wie dürfte es ganz ausserordentlich wundernehmen, wenn nach drei Jahrtausenden mit einmal Kadmus' Grab in Vorschein kommt?

Movers und Karl Ritter sind der Meinung, daß die einstige Weltstadt Tyrus sich bis an den Leontes erstreckte. Eigentlich fing Palätyrus vom Hochbrunnen Ras el Ain, dem Ain Gannim oder Paradiesesborn des Hohenliedes an, welcher als »Hauptquelle lebendigen Wassers vom Libanon« fliest und von selbst zum Hüttenbauen einlud. Da aber die Erstreckung bis an den Nahr Kasimije eine Länge von drei Stunden voraussetzte, haben wir ja nicht an eine Strasenzeile zu denken. Die orientalischen Städte, wie zuletzt noch Peking, konnte man allerdings Tagreisen lang nennen, wenn man all die Vorstädte und Gartenanlagen hinzu rechnete, und in diesem Sinne hat wohl das ganze Terrain vom heutigen Ras el Ain bis Tell Maschuk und Chan Kasimije zum Stadtbezirk gezählt.

Die Mythe erklärt als den Stammvater der Kananäer Okna
oder Kna, griech. Agenor. Er, der »Groſsmächtige«, und Telephaſſa,
die Fernſchauende (Eros oder Selene, die Morgen- oder Mondgöttin) ſind die Aeltern des Kadmos, Phönix und Cilix, dreier
nachbarlichen Stämme. Nonnus (Dionyſius XL, 356 f.) iſt
unterrichtet, daſs man in Tyrus das Haus des Agenor zeigte,
und darin das Brautgemach des Kadmus, das unbewachte
Gemach der jungfräulichen Europa, ſeiner Schweſter, welche von
der Blumenflur hinweg durch den Stier-Zeus nach Kreta getragen
ward.*) Nach der Verlornen ſuchend, kommt Kadmus bis Böotien,
das, wie nach Thukydides (VI, 2) Achaja, davon Kadmeïs oder
Kadmeia hieſs, und gründete nach der Weiſung einer Kuh die
gleichnamige Burg von Theben, wo man das Schlafgemach der
Alkmene wies, welches laut Inſchrift Trophonius und Agamedes
für Amphitryo erbauten (Pauſan. IX, 11). In dieſer Kadmea tritt
Semele, ſeine Tochter, in die Rolle der Europa. Kadmus erlegt
am Fluſſe Ismenos den die Ares-Quelle bewachenden
Drachen mit Pfeilen, deſſen Zähne er mit Hermione ausſäet,
was beinahe an Deukalion und Pyrrha erinnert. Er begehrt, da
er das Waſſer dadurch vergiftet glaubt, anderweitig zu trinken
und zu libiren, gelangt mit Hülfe der Pallas Onka zur Corycifchen
Höhle, und ein Tritt in den Boden macht einen Brunnen auf-
ſprudeln, worauf er an der Stelle ein Opfer bringt. Dieſs ſtimmt
faſt zu unſerem Balder und Karl dem Groſsen, deren Roſs gleich
dem Pegaſus die Quelle aus der Erde ſtampft. Wie Apoll für
den Mord des Python in die Dienſtbarkeit des Admet fällt, muſs
Kadmus für den am Drachen verübten Todtſchlag ein heiliges
Jahr (Oktaëteris) bei Ares büſsen. Welcker faſst ihn als Hermes
Kadmilos auf, den Quellenwecker mit dem Schlangenſtab,

---

*) Zeus und Europa ſind ſpätere Geſtalten. Bei Apollodor II. 1. 2. 4. heiſst
Agenor Jaſos Sohn, oder Epaphus der Stiergott zeugt mit der Niltochter Memphis die
Libye, von welcher Poſeidon den Agenor und Belus gewinnt. Es klingt ägyptiſch an,
Typhon habe dem Kadmus die ausgeſchnittenen Sehnen des Zeus (Oſiris) gebracht,
daſs er ſie auf die Lyra ſpannte. Es iſt der Leidensgott der alten Welt, der in der
Schöpfung und im Naturleben, in den Organismen zerriſſen iſt, und die Sphärenharfe
ſtimmt dieſen Klagelaut an. Das iſt natürlich Religionsgeſchichte und Theogonie mit
Geogonie im innerſten Zuſammenhange. Europa hat mit der Schweſter des Kadmus
gleichen Namen, es frägt ſich, ob nicht Kosmos auf Kasm beruht?

der bei der myftifchen Vermählung in den Myfterien den Wafferkrug führte.

Kadmus erfte Gattin, die Sphinx, verläfst aus Eiferfucht über
Harmonia ihren Gemahl und gibt vom phikifchen Felfen herab
den Kadmeern Räthfel zu ihrem Verderben auf. Von Memphis
alfo wandert Sphinx nach Theben. Nephtis, die kuhgehörnte
Tochter des Seb-Saturn, ift Typhons Gemahlin. Ra, der Sonnengott, nimmt Platz auf dem Rücken einer heiligen Kuh, erfafst ihre
Hörner und fchwimmt über die grofse Wafferfläche meht-uer, d. h.
grofse Fülle. Plutarch c. 56 kennt Ifis unter dem Namen Με-
ϑύερ oder Μεϑούηρ, es ift die Fülle der Urmaterie im Anfang des
Dafeins, als das Himmelslicht zuerft feine Schöpferkraft ausübte.
So die Abbildung des als Göttin Nut (Netpe?) aufgefafsten Thieres
im Grabe des Pharao Seti I. zu Biban el muluk.

Europa heifst auch Hellotis (Alilath), wie die korinthifche
Athene. In Lebadea ftand Demeter, die Göttin des Ackerbaues,
als Europa in Verehrung, ebenfo nach Stephanus Byzantinus Here
in Dodona. Nach der Sage von Gortyn auf Kreta war Kadmus
der Geliebte der Europa, auf die bei den Argonautikern geradezu
Hermione zurückgeht. Seine Hochzeit mit ihr oder Charis ift das
Vorbild der ächten Ehe. Die zwölf Olympier ftiegen vom
Himmel zur Erde um der Hochzeit des Kadmus und der
Hermione auf der Burg zu Theben beizuwohnen und das
Paar zu befchenken, die Mufen fangen das Brautlied: »Was fchön
ift, ift lieb«. Der von Athene felbftgewebte Peplos und das berühmte Halsband von Hephäftos bilden Kadmos Brautgabe —
es mag uns an Freya's Brifingamen erinnern. Alfo auch in Böotien
ein Brautgemach wie zu Tyrus, ein drittes wies man auf Samothrake, wo Harmonia in kabirifchen Feftgebrauch gefucht wurde.
Am Lebensende werden beide unmittelbar ins Elyfium aufgenommen. (Apollod. III 5, 4.)

Kadmiel, auch Kasmiel gefprochen*), bezeichnet den Engel
vor dem Angefichte des Herrn. Der Sanchuniathon mag ihn mit

---

*) Chasmalas heifst der indifche Hermes Chthonios. Der Zungen- und Zifch-
laut wechfeln ebenfo in Tyrus für Sur, Moeddin und Muezzin, Ottomane und Osmane.
Sprachgefetzlich geht im Griechifchen die Dentale im Stammwort vor μ in σ über,
z. B. ἔωσμαι von ὠϑέω, πέπεισμαι von πείϑω. Vgl. Γότϑοι, Gozi, Goffen,
Batava, Pazzawa, Paffau, Ratho und Raffo. Unfer das fpricht fich plattdeutfch dat u. f. w.

Eljon zuſammenſtellen uns wird der El zum — Schech Kasmi,
und in dieſer Form habe ich den einſt ſo weit und breit Gefeierten
in ſeinem landüblichen Tempelchen vor Tyrus wiedergefunden.
Mit Kadema bezeichnet der Semite das höchſte Alterthum, die
Bene Kedem oder Kadmonim der Bibel (Geneſ. XV, 19, Richter VI, 3) ſind die Söhne des Oſtens, die früheſt eingewanderten
Morgenländer. Er iſt der erſte Ackerbauer und Schrifterfinder,
aber auch Entdecker des Bergbaues, und des Zink, deſſen
die Phönizier zur Erzgieſserei (hebr. Sarepta) bedurften, heiſst
darum cadmia*). Verwandt iſt die ſpätere Levitenſtadt Kademoth
(Deut. II, 26, Chron. VI, 79), weshalb Luther den Ort gleich mit
morgenwärts überſetzt. Kadum liegt ein paar Stunden öſtlich von
Asdod. Kairo heiſst wohl im Hinblick auf die ältere arabiſche
Hauptſtadt Kairwan, el Kadema die öſtliche, wie in Damaskus
eine Moſchee beigenannt iſt. Doch ſoll Kadmus über Aegypten
nach Griechenland gelangt ſein. Priene hieſs Kadme (Strabo III, 14),
weil es Καδμεῖοι, »Bergknappen« hatte, wie auch Milet; von
letzterem ſtammt Thales, darum der Phönizier genannt. Homer
gedenkt wiederholt der Καδμεῖοι wie Καδμείωνες (Jl. IV, 385, 388,
V, 804, 808.) Die Gephyräer in Tanagra waren ſolchen Ge-
ſchlechts, und die Aegiden in Sparta, Thera und Cyrene hieſsen
kadmëiſch. Auch in Griechenland legt Kadmus das erſte Gold-
bergwerk und die früheſte Schmelzhütte am Berge Pangäos an.
Das Kadmusgebirge, ein paar Tagereiſen ſüdlich von Epheſus,
wird im zweiten Kreuzzuge viel genannt.

Plinius VII, 57, 197 weiſs noch von einem Kadmus aus
Milet (?) als Erfinder der Hiſtoriographie um die Zeit des Krieges
von Troja, und ſchreibt dem phöniziſchen die erſte Mittheilung von
16 Buchſtaben zu, die ſog. Καδμήια γράμματα**). So viel zähltén
auch die Iren, ob von den Caſſiteriden aus? Das menſchliche Be-

---

*) Cadmium, das Zink, iſt unſer Wort Galmei. Kedma heiſst Geneſ. XXV, 15 ein
Sohn Iſmaels.

**) Diodor V, 58, der Ire bekam erſt ſpäter das p und hat für ω kein Zeichen.
Daſs es mit dieſer Einführung volle Richtigkeit hat, lehrt ein uns naheliegendes Beiſpiel. In einem Pergament aus St. Emeram führt Hugo von Lerchenveld bei Angabe
des XVI. Cal. Oct. 1180, wo Bayern an Wittelsbach kam, wohl durch heimkehrende
Pilger aus dem Orient belehrt, neben den römiſchen zuerſt die arabiſchen, eigentlich
ägyptiſch-hieratiſchen Ziffern ein, mit deren algebraiſcher Anwendung ſpäter Adam
Rieſe ſeinen Ruhm als groſser Rechenmeiſter begründete.

wufstfein erwacht mit Erfindung der Schrift. Kadmus heifst
ihr Erfinder, wie Thaaut, als offenbarender Logos Eins mit dem
Halbgott Akademos*), von welchem alle Akademien der Wiffenfchaften und Künfte den Namen führen. Kadmus ift auch auf
Samothrake, der berühmten Myfterieninfel, von Kadmea aus gelandet, nachdem eine grofse Fluth beim Durchbruch des Helles-
pont ein Stück des Eilandes verfchlungen — nur brauchen wir
diefes Kadmea nicht in Böotien, fondern nahe bei Tyrus zu
fuchen**). In Samothrake tritt Kadmus im Anfchlufs an Demeter
(Rhea Cybele) und Kore (Kadmilla) auf. Die Kabiren felber
tragen ja phönizifchen Namen und heifsen die Grofsmächtigen,
ihr Diener Hermes Καδμῖλος oder Κασμῖλος, aber auch Kadmos.
Von Theben wanderte Kadmus zu den Encheleern aus und gründete mit Hermione das Königsgefchlecht der Illyrier. Die
illyrifchen Encheleer verehrten den Kadmus; Enchelea hiefs aber
auch Theben. Diefer Stadtname bedeutet in der lingua prisca
den Berg (Varro III, 1, 6). Hier kamen beide zur Ruhe und lebten,
in Schlangen verwandelt, als Genien an ihrem Grabe fort, bis
Zeus fie nach Elyfion verfetzte. Grab und Hain am Fluffe Drilon
(Drin) in Illyrien wetteifern alfo im Sinne hellenifcher Mytho-
graphen (Preller II, 27) mit dem Grabmal in der heimifchen Erde
Phönizien.

Kadmon ift der rechte einheimifche Name für den kananäifchen Urmenfchen, den Mann des Orients im Morgenlichte der
Zeiten. Er ift in feiner höheren Erfcheinung der Vorläufer, der
den Drachen der Finfternifs bekämpft und dem Himmelslichte die
Wege bereitet, der nicht blofs phyfifch, fondern auch geiftig gereifte Protogonos, Ordner des Kosmos. Am Fufse des Hermon
fafsen in ältefter Zeit die Heviten, d. h. Schlangenmänner***): man
hält diefs nur für einen andern Namen der Kadmonim, von welchen Kadmus der Schlangentreter und Drachentödter
ausging, oder die vielmehr von ihm ihren Ausgang genommen

---

*) Eigentlich Ha Kademos, mit dem hebr. Artikel. Zum Ueberflufs ftellt auch
den griech. Namen Nikodemos mit Kadmus zufammen Avoth Nathan c. 6: Nomen
ei Nakdimon, quod sol ei in Oriente fuit. Diefer erweckt Brunnen, wie — Gangolf!
**) Te Cadmea Tyros, me pinguis Gallia vestit. Martial VI, 11, 7.
***) Richt. III, 3. An havoth, »Dörfer«, ift nicht zu denken, denn der Hebräer
fchreibt Kivi, LXX Εὐαῖοι — eher an Nachkommen der Heva. Schulz Ebr. Myth. 5.

und durch ihn repräfentirt werden. Calmet dachte fogar, dafs
Hermione, feine Gemahlin, vom Hermon den Namen führte. Nach
dem im Briefe Juda, V. 14, angezogenen Buche Henoch, welches
bei den Aethiopiern in der Geezfprache einen integrirenden Be-
ftandtheil der Bibel bildet, waren die Egregorier oder abtrünnigen
Engel Gottes (Gen. VI, 2) zu den Adamstöchtern niedergeftiegen,
um auf Bergeshöhen den Hexenfabbat zu begehen, und eine wahre
Drachenbrut, ein fchlangenfüfsiges Titanengefchlecht, nahm davon
feinen Ausgang. Gnoftifche Abraxasfteine mit dem Schlan-
genmann boten die Tyrier mir mehrfach zu kaufen an. Als
Ophite entpuppt fich ja fchliefslich auch Kadmus mit feiner Braut,
der Schlangenjungfrau. Woher führt zwifchen dem Taurus und
Tmolus bei Laodicea am Lykos das Gebirge feinen Namen? An
kadmeifche oder punifche Niederlaffungen erinnern ferner der Phineus oder Peneus, der ein Bruder des Phönix und Sohn des Bel heifst;
der Flufs Paläftinos oder Strymon, wo die Odomanten die Vorhaut ablegten. Paläftiner fafsen an der Küfte von Epirus, welche
Joh. Lydus de magistr. III, 46 Abkommen der Syrer nennt, und
Appian bell. civ. IV, 117 kennt Παλαιστηνῶν γῆ noch im Norden
Siciliens. Endlich gehen die Stromnamen Kephiffos und Ismenos
in der Urzeit auf Kepheus und Esmun zurück.

Diefs führt uns auf den Flufs Kadumim im Triumph-
liede der Debora, welchen fchon der Autor des Buches der
Richter V, 21, nicht mehr zu deuten und ins richtige Bett zu leiten wufste, denn er fchreibt fonderbar: »Der Flufs Kifon wälzte
die Leichen ins Meer, der Flufs Kadumim, der Flufs Kifon.« Alle
jüdifchen und chriftlichen Schriftausleger von Anfang her fanden
hier einen unverdaulichen Brocken, denn »das find alte Gefchichten.« An diefer einzigen Stelle kommt er vor, und den »Flufs
der Vorwelt« foll er felbft nach Kimchi bezeichnen; in diefem
Sinne lieft eine römifche Handfchrift: χειμάῤῥους ἀρχαίων. Die
Septuaginta fchreibt ihn Καδημείν oder Καδημίμ, Hieronymus im
Onomaftikon Cadomi. Martinière, der gewiegte Geograph weiland Sr. katholifchen Majeftät König Philipps V. von Spanien
führt Meinungen an: der Kadumim fei von Abend gegen Morgen
in den See Tiberias gefloffen, alfo einer der Bäche der Landfchaft
Gennefaret. Hier lernen wir wohl den Nachal Kapharnaum, Lei-
mon, Rebitha, Selamis und den Taubenbach im Wady Hammam

bei Magdala kennen; aber letzterer kann doch nicht als Kadomim
fich ausweifen. Für gewöhnlich wird er nur als ein anderer Name
des Kifon aufgefafst, deffen Quellen am Fufse des Tabor entfpru-
deln und der manchmal zu einem reifsenden Strome wird, obwohl
man diefen Ungeftüm dem Waffer Megiddo in gewöhnlichen
Jahreszeiten nicht anfieht. Die Schlacht zwifchen den Heeren
Barak's und Siferra's mufs in den Frühling gefallen fein, denn
auch vom Kampfplatze des Generals Kleber von Bonaparte's
Expedition wälzten die Fluthen deffelben Stromes am · 16. April
1798 die gefallenen Türken und Franzofen bis in die Bucht von
Akka.

Doch ift diefs keineswegs der Strom Kadumim. Wir wollen
den Theologen einen Stein vom Herzen heben, nachdem wir doch
ein Menfchenalter für fie gearbeitet und wiffenfchaftlich vielleicht
mehr uns bemüht haben als manche Facultät, ohne uns damit
auch nur ·den Doctorhut zu verdienen. Wir fagen*) und erweifen
beftimmt: der Kadumim trägt noch zur Stunde diefen Namen; es
ift der Nahr Kafimije vor Tyrus, und diefer Hauptftrom Phöniziens fliefst am Grabmal des Kadmus, dem nun auch fchon alten
Wely Kasmije, vorüber. Wady Kasmeia fchreibt D. J. Schwarz
in Jerufalem**) den Flufs vom Libanon ganz richtig. Der Heiden-
könig Jabin, welcher feinen Feldherrn Siferra gegen die Juden entfandte, refidirte in Harofeth, nun Haris, und beherrfchte das
obere Stromgebiet: darum wird der Kadumim mit dem Kifon
zufammengeftellt, wo die Schlacht vorfiel. Leontes nennt fchon
Ptolemäus (V, 15) einen Flufs im phönizifchen Lande; Lante
heifst er bei Edrifi, nun Litâny. Löwenflufs ift der griechifche
Name, der den punifchen in den Hintergrund drängte. Seine
Quellen liegen über der Sonnenftadt Baalbek in Cölefyrien an der
Wafferfcheide zum Orontes; ich habe als junger Mann im December
1845 in einer Meereshöhe von 3700 Fufs ihre Frifche erprobt,
möchte es aber jetzt nicht mehr thun. In der Hälfte des Laufes

---

*) Bereits in meinem »Jerufalem und das hl. Land nebft Syrien und Aegypten«
1863 II, 392. II. Aufl. 1876. II, 475.

**) Das hl. Land S. 158. Der Wady Khashm el Kelb, faft an der Südfpitze der
finaitifchen Halbinfel, trägt die Benennung wohl von χάσμα, Schlucht. Im Semitifchen
wurzelt aber der Stammname der Mukadim unter ihrem arabifchen Sultan auf der
Infel Sanfibar.

rücken der Libanon und Antilibanon fo nahe zufammen, dafs ihre
Wurzeln fich ftauen und in el Kuwe eine natürliche Brücke über
den Strom bilden; der Jordan fliefst nur eine Stunde davon gegen
Süden. Dort züchten noch heute Panther und Hyänen, und die
Leoparden, die zuweilen ins paläftinifche Land vorfpringen, ftam-
men wohl aus den dortigen Höhlen.

Wie wunderbar ift doch das Gedächtnifs der Völker, dafs
es nach drei Jahrtaufenden noch den urfprünglichen
Namen festhält, von dem die Schriftgelehrten fich längft nichts
mehr träumen liefsen! Allerdings ift der Kadumim nach dem
Jordan weitaus der gröfste Landesftrom und nimmt all die rinnenden Bergwaffer von beiden Seiten Cölefyriens u. f. w. auf. In
alter Zeit war hier ein frühreges Völkerleben, und der Flufs hatte
gewifs längft Anwohner, bevor man auf dem Felfen von Tyrus
fich feftfetzte. Von den Kadomim gingen Niederlaffungen in weite
Ferne aus, insbefondere nach der Spitze des illyrifchen Dreiecks.
Sonderbar fchickt Judas, der Makkabäer, im Kriege mit den Syrern
Botfchaft an die Lakedämonier, um mit ihnen als alten Stamm-
verwandten ein Bündnifs abzufchliefsen; denn fo bekennt wiederholt XII, 7, 21 König Areus von Sparta: »Wir finden in unferen
alten Schriften, dafs die Spartiaten und Juden Brüder feien
und beide von Abraham ftammen.« Abraham heifst freilich der
Vater vieler Völker, und die Affyrer kennen ihn als Abu Ramu,
»Vater der Höhen«. Aber wer fchüttelt über die Verwandtfchaft
zwifchen Hebräern und Doriern nicht ungläubig den Kopf! Man
hat fchon an Juden in der vorchriftlichen Diafpora gedacht, wie
noch die fpanifchen Sephardim im Gegenfatz zu den polnifch
deutfchen, oder Afchkenazim, genannt find; follte Spartiat (ftatt
Sepharad) mit den Phöniziern nach Iberien ausgewanderte Ifraeliten bezeichnen? Unmöglich! Aber wir wollen hier wieder die
Bruft der Exegeten einer Laft überheben. Die Sparter felbft
deuteten ihren Namen von σπείρω, fäen, als das von Kadmus
gefäete, aus der heimifchen Erde erftandene, alfo autochthone
Kriegervolk, und wenn auch die archivalifchen Notizen uns in
Erftaunen fetzen, fo befremdet doch nicht der Fortbeftand einer
Tradition bei den Griechen wie bei den Hebräern, dafs die frühe-
ften Niederlaffungen in Hellas und auf den Infeln von Semiten
ausgegangen. Samos, Jos, Salamis, Marathon u. f. w. find ja lauter

femitifche Namen, Pathmos dagegen ägyptifch. Die Benennung
Lakedämonier*) ift einfach phönizifch und heifst: bei den Kade-
monim, wie Lilybäum als das Vorgebirg gegenüber von Libyen
oder Weftafrika fich erklärt. Die urfprünglichen Infaffen Lakoniens waren kadmeifchen Stammes oder vom Morgenlande aus-
gegangen; bildete die Stadt Lakedämonia auf Cypern eine
fpätere Filiale? Die Lakedämonier oder Eleutherolakonen von
Brafiä erzählten dem Paufanias III, 24, Kadmus habe feine Tochter
Semele nebft ihrem Sohne Dionyfos in einem Kaften dem
Meere ausgefetzt — wie Mofes, Sceaf, Lamiffio u. A. Colonien
wanderten vom Fluffe Kadumim, oder die Tyrier benannten ihre
Niederlaffung in der Weftwelt hiernach. So liegt den brittifchen
Zinn-Infeln gegenüber der phönizifche Hafenort Kaduma, nun
Caen, die Tochter- oder Schwefterftadt der Kadmeerburg.

Ptolemäus fetzt den Löwenflufs zwifchen Berytos und Sidon. Trägt das Schwanken der Benennung die Schuld, dafs, feltfam
genug, weder bei Strabo (XVI, 2), noch fpäter bei Albert von
Aachen und bis auf Wilhelm von Tyrus, überhaupt in den Kreuzzügen der mächtige Kadumim mit dem Eigennamen genannt wird?
Albertus Aquenfis bezeichnet ihn nach der Lage, und bemerkt
naiv: das ganze Heer hätte ihn nicht erfchöpfen können. Gottfried von Bouillon hielt hier im kühlen Grunde drei Tage mit
feinem Heere Raft. Während fein Bruder König Balduin vier
Monate lang mit zehntaufend Mann Tyrus vergeblich beftürmte,
ftanden 700 Fufsknechte und fechzig Ritter als vorgefchobene
Truppe an der Leontes-Brücke und im dortigen Kaftell (Kasmieh),
wurden jedoch durch das Entfatzheer Toghtekins von Damaskus
faft gänzlich aufgerieben, um Mitte März 1112. (Wilh. v. Tyr. XI, 17.
XIII, 9.) Hier fiel auch der denkwürdige Kampf vor, worin die
deutfchen Kreuzpilger, unter der Heerführung des Reichskanzlers, Bifchof Konrad von Würzburg, Saladins Bruder, den
Sultan Malek el Adel empfindlich aufs Haupt fchlugen, und Graf
Adolf von Schaumburg den Emir Affama von Beirut in den Staub
legte. Aus feinem Lager vor Tyrus wagte nach der unglücklichen
Feldfchlacht bei Hattin König Guido mit den fyrifchen Baronen

---

*) Lakedämon ift wohl mit Bezug auf einen guten $\Delta \alpha \iota \mu \omega \nu$ fchon von den Alten
griechifch affimilirt und falfch gefchrieben, wie Tiryns ftatt des richtigen Tyrins,
Sikyon für Sykion.

und den Johannitern und Templern am 3. Juli 1189 den Vormarfch nach der Leontesbrücke, worauf Saladin felber zu Hilfe eilte; aber im Treffen am 5. wurden die Moslimen mit Verlufte über den Flufs zurückgeworfen, wobei ein Führer der Deutfchen fiel.

Erft durch die Reifenden der letzten Jahrhunderte kam der Flufsname und Chan am Brückenkopfe von Tyrus wieder in Aufnahme, von wo der Name des Welttheils Europa ausgegangen. Der Britte S andys notirt in feinem Tagebuch (Travels p. 166): »Ein antiker Chan Câfimiyeh, deffen Thor mit der Abbildung eines Kelches verfehen ift.« Ebenfo bemerkt diefen Monconys auf der Steinplatte. Man trifft bei griechifchen Kirchen nicht felten am Portal Kelch und Leuchter, Rauchfafs und andere Geräthe über dem Eingang ausgehauen: fo fiel mir das Relief in Jaffa bei Nazaret auf. Diefs beweift, dafs während des lateinifchen Königreiches und vielleicht noch langehin ein chriftliches Heiligthum an dem Orte ftand, allwo der Moslem hinwieder das Grabmal eines Heiligen oder Schech ehrt. So gewifs der Flufs Kafimije der alte Kadumim ift, ergiebt es fich von felbft, dafs wir im Namen Schech Kadmi oder Kasmi keinen andern als den Gründer der phönizifchen Kadmeis verftehen dürfen.

Linguiftifch machte der Kafimije den Forfchern nicht wenig zu fchaffen. Der Name follte den Grenzftrom bezeichnen, wegen der einftigen Abgrenzung der Bezirke Sidon und Safed, wie der Franzofe d'Arvieux 1659 denkt, oder von Saida und Sur, wie der Deutfche Nau 1674 meint, fowie feine Ufer noch die Landfchaft es Schukif von Belad Befchara trennen, was der Amerikaner Robinfon betont. Aber wo findet fich ein Strom confinia benannt; follte er vor wie nach keinen felbftändigen Namen geführt haben? und was foll dann der Schech Kafim*), welchen der muhamedanifche Heiligenkalender fonft nicht kennt? Wir erkennen ihn als den Flufs Kadumim nach dem Volke oder der Stadt benannt; wie Jofephus den Kapharnaum aufführt. Jedenfalls ift das Patronymium Kadom oder Kadmon für Kadumim, wie die gezifchte Form Kafim für Kafimiye mafsgebend. Dem durch feine Palæftina illu-

---

*) Schon de la Roque 1688 verfucht es mit arabifch casama = divifit, findet aber die Ableitung ungenügend; eine Lieue von Sur und fieben von Saida trennt er doch nicht beide Gebiete! Jedenfalls nennt fchon Olshaufen in der Befprechung von Robinfons Werk die Etymologie nicht haltbar, ohne weiteren Rath.

ſtrata ſo überaus verdienſtlichen Holländer Reland, deſſen Werk
längſt eine neue Auflage verdiente, iſt es für ſeine Zeit zu verzeihen, wenn er S. 291 den Caſimeer für den Tamyras nahm, deſſen
fortdauernde Benennung Nahr ed Damur die Franzoſen lange in
rivière d'amour überſetzten.

Der bibelfeſte Theolog Robinſon, mit welchem die geiſtige
Wiedereroberung des gelobten Landes ihren Anfang nahm, traf
hier in dem caſtellartigen Chan nicht einen ſterblichen Menſchen,
und von Lebensmitteln nur etliche Eier, die er ſich aus Noth zu
Gemüthe führte, nicht ohne dafür den Preis in Geld zu hinter-
legen. Abbé Michon nennt 1853 el Qasmieh den gröſsten
Chan in Syrien, 200 Meter vom Fluſs; gleichwohl fand er in
der einzigen Kammer mit Mühe Unterkunft, alle anderen ſchliefen
im Freien. Ich für meine Perſon langte 1845 nach erlittenem Schiffbruch hier an, und begehrte voll Verlangens ein Reitthier, um
noch vor Abend nach Tyrus zu gelangen, erhielt aber die den
Orientalen geläufige Antwort: Bukra, Bukra! »Morgen, morgen,«
nur nicht heute! So muſste ich mit meinem Torniſter am Rücken
und dem Gefühle: Omnia mea mecum porto! noch in der Nacht
den Dünenweg zurücklegen. Wiederholt befah ich mir 1874 den
polygonen Bau von baſaltſchwarzen Blöcken, die mit Cement ſich
ſchwer verkitten und ohne Kalkverbindung über einander gelegt
wie eine cyklopiſche Mauer ſich ausnehmen.

Noch glaube ich eine Spur von Kadmus eine Miglie nordwärts von der Inſelſtadt im vergangenen Chan el Babuk zu entdecken, wo ein kleines Waſſerbecken ſich findet. Babuk heiſst
der Schuh, und bekanntlich bildet der Schuh des Perſeus, Aegeus,
Jaſon und Triptolem, wie die Fuſsſtapfe des Herakles ein Symbol
des Segens. Ain Abrian, Quelle des Ueberfluſſes, liegt ferner
am Wege zur Stadt, ein von den Tyriern als Geſundbrunnen ge-
prieſenes Schwefelwaſſer, das aus ummauertem Becken mittels eines
faſt verſandeten Aquäduktes von Nord nach Süd floſs und eine
halbe Stunde vor der Stadt verläuft. Ich muſs hier obige böoti-
ſche Mythe zu Hilfe nehmen, wo eine Quelle der »Fuſs des Kadmus« hieſs, nachdem er mit dem rechten in die Wieſe getreten, und,
da er ihn zurückzog, der Sprudel ſich ergoſs (S. 96). Schon als
Herodot hier vorüberkam, mochte man ihm vom verfallenen Hauſe
des Kadmus kaum mehr erzählen, wenigſtens meldet er nichts.

Doch was zögern wir es auszufprechen? Während die Edo-
miten, d. h. Adamiten, das Schöpfungsfeld im Damascener-Acker
füdlich bei Hebron fuchten, (obwohl jetzt die Erinnerung zu er-
löfchen fcheint), wie die Aegypter bei Memphis, liefsen die Phönizier den Ausgang der Menfchen bei Tyrus erfolgen, und
Pygmalion, an welchen etwas von Prometheus haftet, war hier
einheimifch. Athamas ift eben der biblifche Adam und hat
Kadmus' Tochter Ino; die Mutter des Melikertes, zum Weibe,
welchen Tyrus als Melkart zum Stadtgotte erhob. Hierbei fpielt
fich im voraus die Mythe von Agamemnon und Iphigenie ab.
Athamas, der böotifche König, ftellt nach delphifchem Orakel-
fpruch zur Abwehr einer Hungersnoth feinen Sohn Phrixus vor
den Opferaltar, aber Nephele, die Mutter, fubftituirt einen Widder
mit goldenem Vliefs, auf welchem diefer mit feiner Schwefter
Helle bis Colchis reitet, wofelbft er ihn opfert und Aretes das
Vliefs an den Baum des Ares hängt (Apolld. I. 9, 1).

Mit den Phöniziern eröffnet Herodot feine Gefchichte. Die
Entführung des Königskindes von Argos, Jo, Inachus' Tochter,
die ihre Waaren auf dem Schiffe befichtigte, fei der Anfang alles
Zwiftes gewefen: er ift in der Gudrun und den nordifchen Sagen
in fteter Erinnerung geblieben. Eigentlich wäre Jo Ein Wort mit
Eva, und nach phönizifcher Angabe war Jo nahe bei Sidon geraubt »am böfen Abend«. So hiefsen die Tyrier das Feft der
Entführung ἀφανισμός (Malalas, Chron. V, 31), das an manchem Heiligthum begangen ward. Gaza verehrte Jo als Kuh;
ebenfo ähnelt Aion, welche die erften Baumfrüchte koften
lernte. Sie heifst die Gemahlin des tyrifchen Protogonos, der
in letzter Inftanz kein anderer als — Adam Kadmon ift, in
welchem die Kabbaliften den Erftgebornen der Schöpfung verehren. Adamas ift als Urmenfch auch den Gnoftikern bekannt;
die Naaffener oder Ophiten (fo berichtet Hippolyt philofoph. V,
p. 95, 143) fafsten ihn mannweiblich und zugleich in dreifacher
Natur als geiftig, feelifch und körperlich oder. irdifch, als Repräfentanten der Religion Adams, Abrahams und Mofis. Die
Gefchichte der Genefis fpielt alfo aufser vielen anderen Eden
in den Gärten bei Tyrus, wo Salomo, der weife König, dem
die Geifter unterthänig, mit feinen Dfchinn den Gartenbrunnen
vom Libanon in den Wafferkeffel fafste. Ja, es ift, als ob wir

ein Stück phönizifcher Paradiesfage nacherzählten, wenn die
Kabbaliften den Adam durch Lilith, die Schlangenjungfrau (Ello-
tis) der Eva entfremdet werden laffen; dazu kommt, dafs den
Tyriern felbft das hohe Lebensalter der vorfluthigen Menfchen für ihre Gefchichte geläufig war. Merkwürdig gaben nach
Jof. Ant. I. 3, 9 die phönizifchen Gefchichten von Mofchus, Hi-
ftiäus und Hieronymus, ebenfo wie Manetho und Berofus die
Lebensdauer der Menfchen in der Urzeit auf Jahrhunderte, ja
Jahrtaufende an. Plinius fchreibt h. n. VII, 49: »Xenophon bietet
im Periplus die Ueberlieferung, der Infelkönig von Tyrus habe,
wenig gelogen, 600 und fein Sohn 800 Jahre gelebt*).«

Bei Kadmus im Norden Phöniziens weift man das Grabmal
des Seth (Ritter XVII. 1, 958); das des Noah befuchte ich bei
Zachle in Cölefyrien, gegenüber einem andern Neby Shit, wie
jenes von Abel zu Abila am Libanon. Ja, Prof. Noack macht
(Von Eden nach Golgatha 20) mir ernftlich Vorwürfe, dafs ich,
ftehend über diefem Hochgebirge, den Jordan und Orontes,
Chryforrhoas und Leontes, die wie aus einem Quellbrunn
nach den vier Weltgegenden fliefsen, wohl mit den Paradiefes-
ftrömen verglichen, aber, »mit fehenden Augen blind«, fie nicht
wirklich dafür erkannt habe. So will ich denn diefsmal den Mund
voller nehmen und im Style mittelalterlicher Reifenden heimbrin-
gen: Ich komme gerade aus dem Paradiefe, das man lange
vergeblich fuchte. Ich erkundete noch deutlich die erften Infaffen:
Adam und Eva, Athamas und Jo (Aion mit dem Apfel in der
Hand). Ufow erfand, fich in Thierfelle zu kleiden, Hypfuranios,
der im ewigen Streit mit feinem Bruder lag, wie Kain und Abel,
weifs Hütten aus Schilf und Binfen zu bauen.

Servius in Aen. III, 88, nennt den Phönix, Cilix und Kadmus
vom Vater Agenos ausgefandt, die Europa zu fuchen; jener kömmt
nach Phönizien, der andere nach Cilicien, Kadmus nach Böotien.

---

*) Die Hebräer hatten von vornherein keine eigene Zeitrechnung. Die Phönizier
zählten vom Anfang der Dinge bis auf die hiftorifche Zeit 30,000, die Aegypter bis
auf Alexander 23,000 Jahre, was beiläufig den Fünden von Thonfcherben in der
unteren Schlammfchicht des Nil entfpricht. Eine Weltära kommt weder im alten
noch neuen Teftamente vor, erft bei der letzten Bibelredaktion wurden die vorfluthigen
Zeiten mit Namen von Urvätern ausgefüllt und diefen ein Alter faft bis 1000 Jahre
beigelegt. Die Samariter verftiegen fich nicht fo hoch.

Phönix heifst der ogygifche (Virgil Ciris 220). Nach Eufta-thius gewinnt Agenor von Tyro den Phönix, Syros, Cilix und Kadmus, auch heifst Tyros der Stadtgründer, Sohn des Phönix, diefer hinwieder Kaineus (Jon fragm. 38), d. h. der Mörder, er ift der Blutrothe. Nach Homer buhlt Phönix mit dem Kebsweibe feines Vaters und wird darum von diefem verflucht — wie Cham der Vater Kanaans.

Nirgends in der Welt ift der mofaifche Bericht mehr local er-halten. Auch ein Abkomme der alten Schlange war uns auf der Ferfe und wurde von den Dienern erlegt, als die heilige Felfenftadt Tyrus uns in den Salomonifchen Gärten, dem wahren und ur-fprünglichen Paradiefe, zum Abfchied ein unbefchreibliches Feft gab. Noch dazu habe ich aus dem Brunnen in Eden, nun Ras el Ain, getrunken. Aber der fündhafte, von Eva (Ev-ropa) verführte und fie aus dem Paradiefe entführende Adam Kadmon fei darob verklagt! den Quell der ewigen Jugend habe ich gleich-wohl nicht wieder entdeckt.

Naturbrücke el Kuwe.

Tyrus.

XIII. Einzug in Tyrus. Jussuf der Mamluk und der Schech der Metuali.

iefes Kadoma, die Mutterftadt Thebens, ift gewifs um taufend und mehr Jahre älter als Troja; aber Kadmus Beowulf hat keinen Sänger gefunden, wie die Helden von Ilion. Ins künftige möge kein Reifender am Wely Schech Kafim vorüberziehen, ohne eingedenk zu fein, dafs hier das Stammhaus der Kadmeer, das berühmte Gemach und Grab des göttlichen Kadmus gelegen. Wir laffen den Flufs Kadumim, nun Kafimieh hinter uns, und nähern uns mit Ehrfurcht der Vater-ftadt des Pythagoras, welcher zuerft eine orientalifche Religion auf den Boden Italiens verpflanzte. Pi-ta-gu-ru-far 'ir Ki-i-ti heifst ein König von Citium*) zur Zeit Afarhaddons, unter Affimilirung

*) Rawlinfon 48, 1. Vgl. Nabu-kudur-ufur = Nebo coronam protegit, d. i. Na-buchodonofor. Die Zeller'fche Philofophenfchule macht mir in der A. Allg. Z. 1874 zum Vorwurf, dafs ich Pythagoras in Tyrus fefthalte: das fei ein überwundener Stand-

des griechifchen »Marktauffehers«, in der Zeit, als die Affyrer
Cypern mit ihren Denkmalen erfüllten.   Ya-at-na-na heifst diefe
Infel in den affyrifchen Keilinfchriften, fieben Tagreifen vom Lande
gegen Weften gelegen.

Wie viele Völkerfchaften der alten und Pilger fpäterer Zeiten
find fchon diefe Strafse gewandelt! Was ein Menfch dem andern
werth fei, fühlt man in der Stunde der Gefahr, zumal in der Ferne.
Einft hatte ich hier unter dem fchauerlichen Rollen des Meeres
ungewifs des Weges nach dem heiligen Tyrus am Ufer mich verloren, von ferne heulte der Schakal, ich verliefs mich auf meinen
Schutzgeift, den ich oft nur zu herausfordernd ins Vertrauen zog!
Da kam ein Araber gefchritten und wies mir die Richtung: ich
aber fiel ihm um den Hals und nannte ihn Bruder; er verftand
meine Empfindung, war ich doch des Zieles ficher und gerettet.
Und nun? Sehe ich recht? ein Trupp nähert fich uns auf anderth-
halb Stunden: es ift unfer Generalkonful Weber mit feiner jüngeren Schwefter, dann der greife Kaimakam von Tyrus, einft Häuptt-
ling der Janitfcharengarde, dann eine befonders ftattliche Erfcheinung, Juffuf Aga der Mamluk, die erften Honoratioren der
einft weltberühmten Handelsftadt mit ihrem Gefolge auf prächtig
gefchirrten arabifchen Roffen, eine ganze Cavalcade näherte fich
zu unferem Empfang. Es· galt, die Abgefandten eines grofsen

punkt, er fei und bleibe ein Samiote.   Wir entgegnen: Aber felbft feine Philofophie
ift orientalifch, fo dafs fie mit ihrem Zahlenfyfteme die Hellenen auf die Stufe der
Chinefen herabgedrückt hätte.   Als »Freund der Weisheit« geht er zu den ägyptifchen
Prieftern nach Heliopolis und nimmt nach Clemens Strom. I, 15 fogar die Befchneidung,
dann nach Babylon, wo er den chaldäifchen Magier Nazaratus zum Lehrer gewinnt,
wohl auch noch die Tonfur fich gefallen läfst.   Dort fafst er den Glauben an die
Seelenwanderung auf und lernt unter myftifchen Symbolen, wie der Menfch fich zu
Gott erheben könne.   Gott ift ihm als Weltfeele die ewige Monas, die Welt die Dias,
beide Ineins die Trias, Anfang, Mitte und Ende aller Dinge, wie im Syftem des Fohi:
die Moral wird zum Mechanismus.   Nach 28 Jahren kehrt er zurück, feine Schule zu
Kroton übt ein zwei- bis fünfjähriges Noviziat mit beftändigem Stillfchweigen, dazu
die disciplina arcani, wobei, ächt brahmanifch, nichts gefchrieben wird.   Sie theilt
fich in eine efo- und exoterifche, indem er auch Frauen anzieht, und wie Savonarola,
zur Ablegung alles Kleiderluxus bewegt.   Der Sturm der Crotoniaten gegen feine An-
ftalt, wobei er das Opfer wird und fein Haus in Flammen aufgeht, ift, wenn man
will, die erfte Klofteraufhebung im Abendlande.   Mehreres hat Aug. Gladifch in feinem
Buche: Religion und Philofophie und ihre weltgefchichtliche Entwickelung 1852 —
einer eminenten Leiftung ausgeführt, die zu wenig Beachtung gefunden, vielleicht weil
er — ein Oefterreicher ift! Wo bleibt nun Pythagoras der Hellene?

Königs mit fürftlichen Ehren einzuholen, und wir nahmen fie an, wenn auch die halbe Stadt in Bewegung kam: wufsten wir doch im Herzen befcheiden, dafs diefer Willkomm unferem Auftraggeber, zuvörderft dem deutfchen Reichskanzler, galt.

Bei der mir vorgefetzten Ausgrabung der weltberühmten Kathedrale, dem älteften grofsartigen Kirchenbau in der Chriftenheit, gewannen wir einen mächtigen Schirmherrn, vor deffen Thüre alle Würdeträger der hohen Pforte abftiegen, an Juffuf Aga ibn Mamluk. Diefer für die Deutfchen hochbegeifterte Mann repräfentirte für die Stadt und übt grofsartige Gaftfreundfchaft. Wir fchloffen uns wie an eine hiftorifche Perfönlichkeit ihm an. Sein Vater war der Mamluk Achmed Pafcha's, mit dem Beinamen Dfchezzár, des Schlächters, der Jean d' Acre gegen Bonaparte fiegreich vertheidigt, und dem neuen Welterftürmer das »Bis hierher und nicht weiter!« vorgefchrieben hatte. Mit folchen Kraftmenfchen hat Sultan Bibars Bondokdari, Gründer der Mamlukenmacht, der Herrfchaft der Franken in Paläftina ein Ende gemacht. Da ftand der kräftige Kaukafier, wie ein Pafcha nie ohne Gefolge einherziehend, questo Turco mitten unter Kindern Sems, die ihm dienftwillig waren. Er hielt ftreng am Koran, der allerdings nur an Haupt und Händen Wafchungen vorzunehmen gebietet, vergab aber feinem Charakter nichts, auch wenn er mit blofsen Füfsen zu Boden fafs, und vergafs fich nie Wein zu trinken.

Der ehrliche Türke hatte uns bereits kräftig vorgearbeitet. Nicht weniger als 32 Steinhütten mufsten angekauft werden, welche, in den Grund der weitläufigen Metropole hineingebaut, eine arabifche Dorffchaft bildeten. Anfangs auf 80,000, vom Generalconful auf die Hälfte Piafter gefchätzt, wurden fie um 32,000 erworben. Man mufste den Aga fehen, wie er fich als Unterhändler auf die Schwelle fetzte und beim Angebot des Preifes fein Anfehen mit in die Wagfchaale legte. Sieh, fprach er, hier kommen Nimfawi (Deutfche) von dem Volke, welches den Franzawi folche Hiebe verfetzt hat, du weifst es. Ihr Sultan ift der Freund unferes grofsen Padifcha. Sie follen uns willkommen fein, hier wohnen bleiben. Beim Barte des Propheten! kann der Sultan fein Wort brechen, was er dem Melek Alaman verfprochen? Willft du allein dich beiden widerfetzen? Bedenke die Folgen! Früher hätte man dich ohne weiteres fortgefchickt, jetzt bekommft du Geld. Sieh hier: blankes Gold. Bei Allah, ich ftehe nicht von der Erde auf, bis du Ja! fagft.« — Aehnlich hiefs es bei den andern: »weichft du nicht willig, fo gilt es Gewalt.« Allerdings hatten die Meiften ohne Anfrage ihre Maulwurfshügel oder Schwalbenneſter in den ftattlichen Raum der Manara hineingebaut, einige befafsen aber wirkliche Befitztitel, vor dem Kadi ausgeſtellte Hidſche, man hätte fie von Rechtswegen nicht verdrängen dürfen. Die mit einmal aufgefcheuchten Infaffen brachten fo formelle Anſprüche nicht zur Geltung, die Befliffenheit des Aga (in Perſien ift diefs Eunuchen- titel) erfetzte das bei uns giltige Expropriationsgeſetz, der Anblick der blanken Napoleons that das Uebrige. So gingen denn diefe Steinhütten, fammt den im Terrain der Kirche gepflanzten Feigen- und Oelbäumen, an uns über. Sie alle mufsten bis auf ein Wächter- haus demolirt werden, es war nicht anders zu machen, follten wir hier auf den Grund kommen. Die Weiber fchrieen, als fie ihr Heim verlaffen follten, fetzten aber nothgedrungen die Kinder rittlings auf ihre Schultern und zogen langfam ab; andere blieben noch eine Zeit, auf unfere Nachficht rechnend. Der Araber braucht zur Niederlaffung wenig, und taufend Piafter war für die meiften ein nie befeffener Reichthum: die ganze Colonie von etwa 120 Perfonen zerftreute fich in die Weite. Vorläufig gaben wir den Arbeitsluftigen auf geraume Zeit Dienſt und Verdienſt.

Man mufs wiffen: fo neu ift die heutige Stadt, dafs fie nach der wiederholten Erfchütterung durch Erdbeben und der 1291 er- folgten gründlichen Verwüſtung feitens der Saracenen, von Abul- feda bis ins XVII. Jahrhundert nur als Trümmerhaufe gefchildert wird, und der Reifende Haffelquiſt noch 1751 kaum zehn mosle- mifche oder chriftliche Anfiedelungen erfragte, die nach dem Vor- gange des Drufenfürſten Fachreddin die Furcht vor den Seeräubern überwanden. Es waren Metuali vom Libanon, welche vor hundert Jahren die Ruinen von Tyrus neu aufbauten, nun beträgt die Einwohnerzahl etwa 5000. Ezechiels Wort XXVII, 32: »Wer ift im Meere fo ftill, wie Tyrus?« gilt noch heute. Wie find die alten Phönizier ausgeſtorben? Ich fpähte nach Leuten mit der Habichtsnafe, dem gebrochenen Stab der Ehrlichkeit, und traf wohl einige. Kein einziger Jude wohnt hier, fo ganz ift die weltberühmte Handelsftadt vergangen. Wer find die Metuali? Vorgeſchobene Schiiten, Ueberreſte der Affaffi-

nen, die in den Kreuzzügen unter dem Alten vom Berge den
Libanon zum Sitz des Schreckens gemacht, hauften vor drei Jahrhunderten Herren in Baalbek, ftiegen über das Gebirge im Kampf
mit Drufen und türkifchen Pafcha's und fetzten in Tyrus und Sidon fich feft, bis Achmed Dfchezzar von Akka 1777 fie faft aus-
rottete. Jetzt zählen fie im benannten Gebiete bei 12,000 Köpfe
unter einem Emir der Familie Harfufch. Kaum angelangt, vernahm ich im Gefpräche durch den Mund unferes Patrons von der
Anwefenheit des geiftlichen Oberhauptes diefer intereffanten Glau-
bensfekte und bat, ihn fofort in den Diwan einzuladen. Limonade
in Gläfern mit arabifchen Segenfprüchen, Kaffeetaffen und Ciga-
retten machten die Runde, zuletzt wurde noch ein goldgefticktes
Tuch zum Abwifchen des Mundes präfentirt. Auch der Schech
der Maroniten war zugegen, mir für den bevorftehenden Befuch
etwas unwillkommen.

Da erfcheint die grofse Lehrautorität der Schiiten des
Libanon! Herein tritt der Greis unter feierlichen Geberden, indem
er fich vor uns faft bis zum Staub erniedrigen wollte und nimmt
feinen Sitz ein: el Scheikh Mohammed Ali Ez-ed-din. Ich
verfetzte mich in den Geift vergangener Jahrhunderte, um feinen
religiöfen Vorftellungen gerecht zu werden.

Alfo begann ich: Wir haben gehört, dafs du ein Ulema deines
Volkes bift, der Ruf von deiner Weisheit ift auch zu den Ohren
deines Freundes gedrungen.

Der Schech erwiderte: Meine Wiffenfchaft bezieht fich nur
auf die Religion, über alle anderen Dinge habt ihr Franken befferen Auffchlufs.

Darf ich dir einige Fragen vorlegen, fuhr ich fort, um von
deinen Kenntniffen Nutzen zu ziehen. Ich bin da, um von dir zu
lernen.

Der Schech: Ich bin dein Diener und Lehrfchüler, frage
immerhin.

Ich: Kann ich mit dir Brod und Salz koften, oder haft du
und deine Glaubensgenoffen keine Gemeinfchaft mit einem Fremden? Ihr effet ja fonft mit niemand und nehmet von Andersgläubigen keinen Biffen. Ihr geftattet jedem zu trinken aus der
hohlen Hand, reicht ihm aber keinen Wafferkrug!

Der Schech: Wir bilden unter einander eine grofse gefchloffene Familie, fügen aber niemand Böfes zu.

Ich: Verftehe mich recht: Haft du Kenntnifs, dafs fchon vor dem Islam folche Sitten beftanden haben?

Der Schech: Ich kenne den Alkoran, früher war der Götzen-dienft.

Ich: Sieh, in den heiligen Büchern des Jehudi und Nasrani fteht: dafs fchon Juffuf, der Patriarch, mit feinen Brüdern abge-fondert zu Tifche lag, desgleichen die Aegypter, denn es war den Hebräern nicht erlaubt, mit dem Volke von Misr gemeinfam zu effen, fonft wurden fie unrein. Das hat Mufa, der Prophet, deffen Andenken in Segen lebt, fchriftlich hinterlaffen.

Der Schech: Allah hat die wahre Religion zuerft an Ibrahim, den Vater Ismails, mitgetheilt, dann durch das Gefetz des Mufa, und durch Ifa, den Sohn der Mirjam, endlich durch unferen Pro-pheten Muhammed, mit welchem der Friede ift, auslegen und be-ftätigen laffen. Der Glaube an den Einen wahren Gott ift die Hauptfache, die Art zu leben und die Formen der Verehrung find verfchieden. Auch bei euch, Nasrani, find verfchiedene Nationen, fo die Rumi (Griechen)*), die Kathalek (Lateiner), die Mawa-rine (Maroniten) und die Proteftanti. Aehnlich fteht es bei uns Moslimen (die Drufen liefs er nicht gelten).

Ich: Du erklärft den Unterfchied in der Religionsübung für Nebenfache; höre! andere deines Glaubens fetzen darein den Hauptwerth. (Es fafs noch ein Metuali in unferer Gefellfchaft).

Der Schech verlegen: Allah allein kennt feine wahren Diener. Wir thun, wie unfere Väter gethan.

Ich: Wir wiffen, dafs die Gläubigen des Islam in vier grofse Schulen fich theilen, welche nach ihren Stiftern Hanbali, Schaféi,

---

*) Gegenwärtig arbeiten die Jefuiten daran, diefen Namen der Römifchen und unirten Griechen anzueignen, aber das Volk des Oftens kennt bisher nur die Nicht-unirten darunter. Romäer zu heifsen ift der Stolz der Rumelioten wie Rumänen, und nicht nur Süd- und Weftwalachen, fondern auch Bulgaren und Neugriechen nennen fich fo. Ahnt die Gefellfchaft Jefu wohl die aus dem Namenswechfel fpäter er-wachfende hiftorifche Confufion? Auch im Koran heifst Griechenland oder das byzan-tinifche Reich Rum, und Alexander d. Gr. Iskender er Rumi (Sure XVIII, 82—98, ebenfo bei den Perfern; die indifchen Sunniten nennen den Padifcha in Conftantinopel den Sultan von Rum. Die Sunniten in Indien nennen den Sultan Kaifar i Rum und beten unter diefer Formel für ihn.

Maliki und Hanifi heifsen und fich im Gebrauch der Reinigung unterfcheiden. Jedes diefer vier Bekenntniffe ift rechtgläubig. Ihr Moslimen feid beffer daran, als wir Chriften, wo immer eine Nation (Confeffion) die andere verdammt.

Der Schech: Du fagft diefs richtig, aber was geht das uns an?

Ich: Ich weifs, dafs die Hanifiten in Jerufalem und Anatolien zahlreich find, ihre Wafchung nur in fliefsendem Waffer vollziehen und beim Handgelenk beginnen. Die Deinigen fangen diefe heilige Handlung bei den Fingerfpitzen an: worin liegt der Vorzug?

Der Schech: Unfere Väter wufsten, warum fie fo gethan, wir ändern daran nichts und find gewifs nicht fchlimmer als die Sunni. Die Schii liefern die zahlreichften Hadfchi zum Haufe Ibrahims nach Mekka und zum Grabe des Propheten nach Medina. Ihr Franken pilgert zum Grabe Ifa's nach el Kods. Für uns andere ift die Kibla (Gebetsrichtung) nach der Kaaba. Die Art der Reinigung und die Formen der Andacht, wie ich dir fage, find nicht die Hauptfache.

Nach diefen Worten flüfterte mein Nebenmann mir zu: Diefe Auslegung ift nicht ernftlich, fondern für die Umgebung berechnet. Der Schech trägt Bedenken, fich zu äufsern, um nicht gegen einen der Anwefenden zu verftofsen.

Jch fah wohl ein, dafs nicht viel herauszubringen war, auch ftand es nicht in meiner Macht, ihn allein bei mir zu empfangen; der Schech würde fchwerlich die Einladung über die Schwelle des Ungläubigen angenommen haben. So brachen wir denn das Gefpräch mit den fchmeichelhafteften Redensarten ab und verpfändeten beim Abfchied Herz, Mund und Kopf für die Redlichkeit gegenfeitiger Gefinnung. Um einem moslimifchen Gelehrten auf den Zahn zu fühlen mufs man vieles voraus wiffen, und die Wahrheit nicht in Zugeftändniffen der Höflichkeit fuchen.

Der gewöhnliche Araber geniefst fein Lebelang nie Fleifch; der Moslem früher überhaupt nichts, was von Chriften gefchlachtet ift. Die Hirten am Euphrat z. B. in Senawat bei Hilla fand Petermann (Reifen 143 f.) fo fanatifch, dafs fie kein Gefäfs anrührten, woraus ein Chrift getrunken, ja einen Raja wieder auszugraben im Stande find, um den Leichnam den Hunden vorzuwerfen. Burton lernte in Medina Ausbrüche des wildeften Fanatismus der Moslimen untereinander kennen. Das Dogma des Schia fafst Ali, den Eidam

Muhammeds als Menfchwerdung Gottes, der Ruf Ja Ali verdrängt
in Perfien das Ai Choda (o Gott!). Ali wali Allah lautet das Bekenntnifs, d. h. »Ali ift Allah's Stellvertreter.« Zu folchen Ehren
gelangte Ali nur, weil der Gottesname El in feinem liegt. Die
Schii halten fich natürlich für die einzig rechtgläubigen Moslimen
und fetzen la anet ber, Fluch ihm! dem Namen Omar bei, fo oft
er ausgefprochen wird, ftatt des fonft üblichen Segens.

Jeremias XXXV. kam zu den Rehabiten, führte fie in das
Haus des Herrn in die Zelle der Kinder Hanan und bot ihnen
Wein an. Sie aber fprachen: »Unfer Vater Jonadab hat uns geboten:
trinket keinen Wein und pflanzet keinen Weinberg, fäet nicht aus
und bauet kein Haus, fondern wohnet in Zelten euer Lebelang, auf
dafs ihr lang lebet im Lande eurer Wanderung." Diefe Kinder
Rechobs auch Kenäer genannt, haben im Morgenland, den Mönchen ihren Namen Rahib gelaffen. Hier haben wir es mit ähnlichen Volksreften zu thun, die nur kraft der bindenden Vereini-
gung im Glauben fich noch forterhalten.

Diefe Szenen treten uns näher ins Licht, durch das, was dem
Vater der Gefchichtfchreibung im Nillande begegnete. Herodot II,
35, 41 theilt mit: »Niemals wird ein Aegypter, ob Mann oder Frau,
den Hellenen auf den Mund küffen, nie deffen Meffer, Bratfpiefs
oder Keffel gebrauchen, noch fogar Stierfleifch verkoften, das mit
hellenifchem Meffer zerlegt ift. IV, 186: Die Frauen der Kyrenäer
halten es nicht für recht, das Fleifch von Kühen zu effen wegen
der ägyptifchen Ifis, welcher zu lieb fie auch Faften und Feiertage
halten.« Der altgläubige Jude verfchmäht noch, was nicht in ägyptifcher Weife gefchächtet, nämlich mit dem Schnitt durch die
Kehle getödtet ift. Der Hebräer in der Diafpora hält fogar den Wein
von Chriften nicht für kofcher, weil der Priefter den Weinberg gefegnet hat. Der Moslem verachtet Fleifch vom Schafe, das nicht
auf kanonifche Weife mit dem Blick nach Mekka — geopfert ward
unter dem Gebet Bismillah. Von den indifchen Sipahis ift jeder
fein perfönlicher Koch, und benutzt nur fein eigenes Gefäfs; wenn
nur der Schatten eines Fremden darauf fällt, wird diefes fchon
unbrauchbar und die Speife unrein. Jeden Fremden fern zu halten
find eigene Hunde abgerichtet. Um die Kafte nicht zu verlieren
ifst der vornehme Hindu keine von niederer Hand bereitete Speife.
Der Maori auf Neufeeland zerfchlägt das Gefäfs, woraus er ge-

trunken oder ſteckt es ein, damit es durch ſeine Berührung geheiligt, dem profanen Gebrauch entzogen werde. Es iſt ihm Tabu
oder gebannt.   Kapitän Cook achtete diefs nicht und fiel zum
Opfer, ward aber vor wie nach als Gott verehrt. Dieſe aber-
gläubige Furcht vor Verunreinigung durch die Menſchen fremder
Race beſtand bei den alten Aegyptern wie noch bei den Hebräern;
ſie halten ſich insbeſonders am Libanon, und ein Gottesmann dieſer
Racenreligion faſs eben vor mir.

Unter meinen Arbeitern befanden ſich bald regelmäſsig 30—40
Metuali, ſo daſs ich während fünf Wochen hinreichend Gelegenheit
hatte, ſie zu beobachten. Sie ſchienen harmlos und unbefangen
und wurden an Lebensheiterkeit von den übrigen Arabern, Maroniten und Rumi nicht überboten. Wenn ich ſie Betreffs der Speiſegeſetze auf die Probe ſtellte, ſteckten ſie zwar dargereichtes Brod
oder Käfe in den meiſten Fällen augenblicklich in die Taſche,
doch war ich überzeugt, daſs ſie unbeachtet dieſe Lebensmittel
aus der Hand des Giaur ruhig verzehrten. Ja, ich habe ſie wiederholt auf die Probe geſtellt, und gefunden, daſs ſie, freilich im heu-
rigen Hungerjahre, vom Franken jede Art Speiſe annehmen, manchmal auch offen afsen, ohne dadurch ſich für verunreinigt zu halten.
Diefs wirkt die nähere Berührung mit der böſen Welt. Nie ſah
man, daſs dieſe Araber ſich zum Gebete wuſchen, das Gebot des
Propheten erreicht die Metuali's nicht, doch tranken all dieſe
verrufenen Sonderlinge mit Andersgläubigen, ohne den Becher zu
zerbrechen, aus der Tonne, zu welchem der Waſſerträger täglich
für fünf Piaſter auf Eſelsrücken die gefüllten Krüge vom Stadtbrunnen herbeiſchaffte.

Das wäre vor einem Menſchenalter noch nicht durchzuführen
geweſen. Die inhumanen Speiſegeſetze, welche Chriſtus im Umgang mit »Andern« verwarf: »Eſst und trinkt, was man euch
vorſetzt!« (Luk. X, 7), und Paulus mit allem Eifer abwürdigte,
(Römer XIV), müſſen nothwendig der allgemeinen Ausgleichung
zum Opfer fallen. Der Kriegsdienſt gleicht die Unterſchiede
zwiſchen Metuali und Sunni am beſten aus, beide müſſen mit einander leben und eſſen, auf Eiſenbahnen, Dampfbooten werden
ſie zuſammenſitzen, in Schulen zuſammen lernen. Der Staat iſt
ſoweit der Vorarbeiter einer chriſtlichen Civiliſation.

XIV. Die Drusen und Maroniten. Empfang der Stadtoberen.

ir hatten im Haufe eines angefehenen Maroniten und Stadtverordneten, Bulus Schamate, ein gaftliches Quartier bezogen. Ebenfo auf der Wefthöhe der Stadt gelegen, wie Juffuf Aga's Sitz und das Telegraphenamt auf dem öftlichen, bot es vom luftigen Söller aus ein wunderbares Panorama über Land und Meer. Wir überfchauten die ganze Stadt von der Rhede im Süden bis zum nahen fidonifchen Hafen. Aefchylos läfst den gefeffelten Prometheus die Annäherung der Okeaniden riechen, follen wir es vom Strandmiasma verftehen? In prächtigen Farben ftand der mächtige Libanon uns gegen Nord-oft, überrafchend war die Nähe des Dfchebl Schech, in welchem der Antilibanon gipfelt und fein riefiges Promontorium mit dem Baalstempel auf der Spitze vorftreckt. Das Hochgebirge lag heuer noch im tiefften Schnee, und wie es unter dem wolkenlofen Himmel fcharf den Horizont abfchnitt, fchimmerte das riefige Vor-haupt wie ein Panzer. Elpenor, der junge Gefährte des Odyffeus, fteigt im Weinraufche auf Circes Palaftdach, zu fchlafen, ftürzt aber beim Lärm am Morgen herab fich zu todt. Solchen Todes-fall vom flachen Söller erlitt auch König Achafia. Wir luftwandelten bei Anbruch der Nacht gerne auf der geftampften Dachfläche, der Kühle wegen, doch war am Rande eine fufshohe Barrière ge-mauert. Man verbringt unter dem fchönen Himmel Syriens ganze Nächte bei Paukenfchlag und mit unterfchrillerndem Gefang (dem fog. Salihah) auf den Dächern.

Der Libanon ift ebenfo die Wiege der Religionen, wie der Kaukafus mit feinen unerfchöpflichen Volksgenoffenfchaf-

ten die vagina gentium heifst. Von meinem Fenfter aus fehe ich,
nur wenig durch eine Palme verdeckt, den fchneeigen Hermon,
auf welchen nach dem Buche Henoch die Engel Gottes
vom Himmel geftürzt, oder herabgeftiegen find, um fich mit
den Töchtern der Erde zu verbinden. »Fenfter« fage ich mit Unrecht, denn Tyrus, die Erfinderin des Glafes, kennt keine Fenfter,
nur Holzgitter oder Verfchläge, welche die Luft durchlaffen, und
zu gleichem Zwecke beftehen die Brüftungen auf den Dachteraffen
aus Hohlziegeln. Von hier aus ift die Fernficht nach den Bergen
grofsartig, welche ein Völkchen um das andere voll religiöfen
Fanatismus beherbergen. Da find es Drufen neben Maroniten
und Melchiten, Noffairier und Anfarier, Sunnis und Schiis in der
Secte der Metualis, welche einander die Erde und den Himmel
ftreitig machen.

Was follen wir von den Drufen melden, deren Religion eine
Geheimlehre einfchliefst? Sie find ihrer Sectenbildung nach Schiiten, ihr Bekenntnifs aber mit heidnifchen, jüdifchen und chriftlichen
Dogmen verwebt. Sie felbft geben fich für Unitarier aus und nehmen als Religionsftifter an: Adam, Noah, Abraham, Mofes, Jefus,
Mohammed und Said, die alle nur Einen Geift durch Ueberwanderung befaffen. Wenn fie, die doch keine Chriften find, vor allem
die Gottesmutter und den Elias verehren, wie fchon Mariti
weifs, kann doch nicht unfere Madonna verftanden fein, fondern
die urfprüngliche Melechet Hafchamaim oder Himmelkönigin, d. i.
Aftarte, Jer. VII, 18. Elias lernen wir am Karmel und Jordan als
den Regenfpender und gleich der Sonnenbraut gen Himmel fahrenden Gott der alten Kananäer kennen. Wie der Begriff des
oberften Weltherrn mit dem des Sonnengottes zufammenhängt, fo
jener der Himmelskönigin oder Gottesmutter mit der Mondgöttin,
von der ägyptifchen Ifis an bis zur Schutzgöttin der amerikanifchen
Rothhäute. Scheint es doch, als ob Aegypten oder das ferne Indien
das Fundament ihres Glaubens den Drufen vererbte. Entfprechend
den zehn Avataras oder Verkörperungen Vifchnu's, der zuletzt als
Chrifchna, Buddha und Kalki auftritt, ift Gott nach drufifcher
Lehre zehnmal Menfch geworden, und Hakim ibn Rilla, der wahn-
witzige Fatimide, feine letzte Erfcheinung, der Mehdi oder erwartete Fürft der Gläubigen. Schon Benjamin von Tudela, der im
zwölften Jahrhundert die Reife nach dem Orient unternahm, um

die verlorenen zehn Stämme Israels zu entdecken, fchreibt den
Drufen die Lehre zu, dafs die Seele des Tugendhaften in den
Körper eines neugeborenen Kindes übergehe, die des fchlechten
Menfchen in Hunde und andere Thiere. Alfo eine Metempfychofe
in optima forma. Ebenfo glauben die Noffairi an die Seelenwanderung: Ungläubige follen in Kameele, Efel, Hunde oder
Schafe fahren, Abtrünnige in Juden, Sunniten oder Chriften.
Aufserdem will man bei den Drufen gegoffene Metallkälber
vorgefunden haben, alfo eine Art Kälberdienft vorausfetzen. Man
hat diefe Angabe vielfach bezweifelt, aber bronzene Kälber aus
dem hohen Alterthum fanden fich auch in den Ruinen der Burg
Akkar im nördlichen Phönizien, wie Ritter anführt *). Mich felbft
verficherte man in Tyrus hoch und theuer, ja man wollte mir
lebende Zeugen ftellen, jeder Drufe bete feine Frau an. Man
nannte mir unter andern einen Arzt, welcher einen diefer Bergbewohner in einer Andacht überrafchte, follen wir fagen, wie
die Sansculotten die Göttin der Vernunft auf den Altar ftellte,
und als nacktes Lebensprincip die neue Eva adorirte. Mehr als
einer diefes Stammes, bei dem die Religion zur Bildung eines
völligen Nationalunterfchiedes beigetragen, fei bei diefer Andacht
überrafcht worden. Aus einem meiner vergilbten Manufcripte er-
fehe ich ohne nähere Angabe der Quelle: »Die drufifchen Kad-
mufiten begehen noch heute kniend mit längeren Gebeten die
Verehrung der Yoni.« Wir entdecken hier einen Ueberreft aus
dem finnlichen Naturcult der älteften Zeit, fo alt wie der Lingam-
dienft in der Religion des Schiva. Die Noffairier und Ismaeli werden als Lichtauslöfcher (türkifch Tfcherag Sanderan) verfchrieen,
ebenfo die kurdifchen Kyzilbafchis am oberen Euphrat. Mit dem
Vorwurf beliebiger Vermifchung im Dunkel, der einft eine Frak-
tion der Gnoftiker traf, find die Orientalen fchnell bei Handen.
Die Derufiäer, deren Herodot I, 125 neben den Germaniern als
perfifches Volksgefchlecht erwähnt, haben ebenfo für Vorfahren
der Drufen gegolten, wie letztere für Stammväter der Deutfchen.
Sie deuten ihren Namen als die »Eingeweihten« ob nicht von
Idris oder Henoch, deffen Buch mit der Lehre vom Engelfturz
vom Hermon ausgeht. Juda 14.

---

*) Erdkunde XVII, 1. 814. Drufifche Broncekälber als Hausgötzen oder Amu-
lete beftätigt Mariti (Gefch. Fakkardin's c. 3) ausdrücklich.

Die Meffiasidee wurzelt noch heute im Glauben der Schiiten: der zwölfte Imam wohnt verborgen in einer Höhle, wird
aber eines Tages hervortreten, um die ganze islamitifche Welt zu
beherrfchen. Die Königin der Wüfte Lady Stanhope hielt ihm
zwei Pferde zum Empfang bereit. Zu Hilla, vor der »Mofchee des
Herrn der Zeiten«, fammelten fich nach Ibn Batuta jeden Tag die
Einwohner wohlgerüftet und mit einem gefattelten Rofs am Eingange, wobei fie nach dem Mahdi riefen.

Der Name Maronit kommt zuerft bei Joh. Damascenus vor, wo
es heifst (de orthod. I, 395). »Ich fchwöre bei der heiligen Dreifaltigkeit, mit keinem Andersgläubigen zu verkehren, namentlich
mit keinem Maroniten.« Der Talmud Kiddufchin, f. 60, 3 Bava
bathra 17, 1 bringt bereits eine Gefchichte von dem Jerufalemer Gefchlecht Maroni oder dem Haus der Maroniten. Die Familie mochte
aus Maron im Grenzlande ftammen, Mar, Maron heifst fyrifch der
Herr, mein Herr. Ohne dem theokratifchen Myfticismus zu huldigen, haben Maroniten fchon in alter Zeit in Obergaliläa gehauft:
dort liegt Kalaat Marun, öftlich von Tyrus, und in gleicher Ent-
fernung von da füdlich noch Maron. In den Clementinen, jenem
religionsphilofophifchen Roman, woraus Mohammed in der erften
Periode feines Prophetenamtes feinen Lehrinhalt vorzüglich fchöpfte,
wird bereits Petrus im Gefpräch mit Maron aufgeführt. In den
Midrafchim tauchen die Maroni als Einwohner von Maron bei
Gifchala auf, wo die babylonifchen Rabbinen, die noch da begraben liegen, ein Religionsfeuer entzündeten, worüber zuletzt
Jerufalem felber in Brand aufging. Wandlungen haben fie hinter
fich, indem fie früher als Monotheleten der obligaten Staatsreligion
widerftanden; dafs fie aber nach einem Patriarchen Maron fich genannt, unterliegt gegründeten Bedenken, wie auch bereits die
Kirchenhiftoriker der Neuzeit zugeben. Der fyrifche Mönch Maro
lebte als heiliger Mann im Libanon, fchrieb gegen Neftorius und
die Monophyfiten, wurde 676 Bifchof von Botrys, 680 Patriarch
und weltliches Oberhaupt der Libanonvölker, und gilt für den
patriarchalifchen Lehrer und Stifter; er ftarb 701. Sie neigen dem
Abendlande zu. Ihre Unterwerfung unter den lateinifchen Patriarchen von Antiochia datirt aus dem Ende des XII. Jahrhunderts,
und feitdem haben fie eine gründliche Schule im Romanismus
durchgemacht. Die Maroniten zählen angeblich 365 Kirchen am

Libanon, und haben in der franzöfifchen Jefuitencapelle in Beirut auch einen Altar, wohin die Frauen zur Beichte kommen, da fie ihren beweibten Abuna's nicht gern ihre Sünden anvertrauen. Schon Ludwig der Heilige von Frankreich fuchte auf feinem Kreuzzuge mit den Chriften am Libanon eine Verbindung einzugehen und politifchen Vortheil daraus zu ziehen, wie noch heute die Franzofen als Protectoren der Maroniten, die Britten als Befchützer der Drufen gelten. Während beide früher ihr Berggebiet gemeinfam wider die Türken vertheidigten, und die Drufen nach Umftänden fich vor europäifchen Reifenden auch für Chriften ausgaben, obwohl fie in Damaskus die grofse Mofchee befuchen, ftehen diefe feit dem Feldzuge 1840 wider Ibrahim Pafcha mit den türkifchen Unterdrückern im Bund und fechten fort und fort ihre chriftlichen Nachbarn an.

Zahlreicher find die Melchiten, oder f. g. kaiferlichen Chriften. Alle Maroniten bedienen fich der fyrifchen, die Melchiten der arabifchen Kirchenfprache. Unter ihnen ftecken wohl noch Refte der Selihiden oder Gaffaniden, die das ältefte Chriftenreich in Hauran bereits im zweiten Jahrhundert begründeten, das in vollfter Blüthe den Waffen ihrer islamitifchen Stammesbrüder unter Kaled erlag. Der dogmatifche Byzantinismus ftiefs einen Theil der Syrer ab, fo dafs unter Jakob Baradai die monophyfitifche Secte der Jakobiten nationale Färbung annahm, und den Perfern wie Islamiten in Syrien und Aegypten wefentlich Vorfchub leiftete.

Der Prophet Zacharias fchreibt IX, 3: »Tyrus baut Veften und fammelt Silber wie Sand und Gold wie Gaffenkoth.« Heute ift das Gold fort, der Strafsenunrath aber abfcheulich. Freilich ift es in den Ländern des Halbmonds überall fo. Defshalb und weil man innen auf reinlichen Matten kauert, zieht jeder vor der Thüre die Schuhe aus.

Der erfte Tag, 8. Mai, verging mit dem Empfang von Audienzen in Gegenwart des Generalconfuls und Erftattung von Befuchen. Gleich nach unferer Ankunft ftellte fich der Kaimakam ein, der immer ein Türke fein mufs, fowie der Alkadi ein Araber. Nach dem Gouverneur erfchien Juffuf Aga, für uns der bedeutendfte Mann, dann der Kadi, endlich der Abuna der Maroniten, welcher die Arme über der Bruft kreuzend die äufserfte Demuth und Befcheidenheit kund gab. Mit abgemeffener Feierlichkeit folg-

ten fie auf einander und nahmen auf dem Diwan entlang der
Vierung des Saales Platz.   Scherbet, Kaffee und Nargile wurde
den Gäften herumgeboten und Redeblumen ausgetaufcht.

Rauchen ift den Orientalen fo angeboren oder zur anderen
Natur geworden, dafs man nicht glaubt, fie trieben es erft feit der
Entdeckung Amerika's.   Pomponius Mela II, 2 kennt das Rauchen fchon bei den Thraziern und Skythen, die ein Kraut über
Feuer oder Kohle legten und den Rauch einfogen, wie der Chi-
nefe Hanf raucht.   Nach der Anzahl der im Vorzimmer ftehenden Pantoffel bemifst fich das Anfehen der Perfon.   Beim Befuch
der Aja Sophia und übrigen grofsen Mofcheen in Conftantinopel,
läfst man fich Ueberfchuhe durch den Diener nachtragen, um damit ins Innere zu treten.   Wie Mofes vor der Erfcheinung im
Dornbufche am Sinai die Sandalen auszieht, fo will der Morgenländer nicht, dafs jemand mit Stiefel und Sporen ins Heiligthum
eingehe.. So lernte ich fchon 1845 die Worte des Täufers verftehen, wenn er Matth. III, 1 fpricht: »Ich bin nicht würdig,
ihm die Schuhe zu tragen — oder die Schuhriemen aufzu-
löfen,« wie Markus I, 7 fchreibt.   Wir fagen dafür, »nicht im
Stande fein, das Waffer zu reichen,« weil diefs auch den dienft-
baren Geift bezeichnet.   Nicht allein die Pantoffel, auch die Kleider trägt der orientalifche Diener feinem Herrn nach, wenn diefer
ins Bad geht, die Pfeife, wenn er ausreifet.

Unter dem Vortritt der Dragomane und Kavaffe erftatteten
wir die officiellen Gegenbefuche zuvörderft im Serail beim Kaimakam nahe am Hafen, wo einft das Kaftell der fieben
Thürme *) geftanden, dem gleichnamigen Schlofs in Stambul wohl
nicht an Gröfse vergleichbar.   Kaum betraten wir den Vorhof,
als Jammerftimmen uns anriefen, es waren die Gefangenen, die
hinter Gitterftäben die Köpfe und Hände vorftreckten, fo viel es
Platz gab. Der Morgenländer weifs nichts von Einzelhaft. Zum
gefangenen Jeremias XXXII, 8 kommt fein Vetter Chananeel, zu
Johannes dem Täufer feine Jünger. Chriftus felbft befiehlt darum
(Math. XXV, 36), die Gefangenen zu tröften. Der verhaftete Paulus
fordert den Timotheus zu fich nach Rom. Auch heutzutage ift im

---

*) Ein fymbolifcher Bau der Planetenburg; fie bilden auch das Wappen von
Portugal.   Eine niedliche Darftellung in Thonftein gefchnitten, erwarb König Ludwig I.
von Bayern auf der Infel Melos für das Antiquarium in München.

Orient und in Hellas der Befuch im Kerker leicht. Sofort galt es hier, dann dort, die Süßigkeiten in Worten, Limonaden und Eingemachtem zu fchlucken. Vor dem Kadi gerieth ich in Erftaunen über das Gedächtnifs feines Segretario, der fich meiner noch zu erinnern erklärte, da ich vor 27 (eigentlich 28) Jahren im englifchen Confulate abgeftiegen, wo er damals Kavafs gewefen. Möglich, dafs das Geficht des eben dem Schiffbruch Entronnenen einen energifchen Ausdruck bot und fo nachhaltigen Eindruck hinterliefs.

Höheren Ranges der Heiligkeit, als der fromme Abuna fich bewufst, trat uns der Erzbifchof der Griechifchunirten entgegen, der das Vatikanifche Concil befucht hatte, und mit unferem Protektor Juffuf Aga fo im Kriege lebte, dafs er feinen Einflufs zweimal zu deffen Verbannung benützte, einmal fogar auf drei Jahre. Indefs befuchte ich ihn und feinen Gottesdienft, fchenkte ihm Steine zu feinem neuen Kirchenbau, und das Verhältnifs geftaltete fich fo günftig, dafs er von uns fogar zum Abendfefte beim Mamluken fich einführen liefs.

Vulkane im Hauran.

XV. Usowa, die ursprüngliche Stadtanlage. Terrainveränderung durch Erdbeben und Wasserspülung.

Da Sur vom Meeresgrund fich hob, ward es an feinen Rändern
Als Edelftein in Gold gefafst, erwählt vor allen Ländern,
Als Halsband perleten ringsum die Wogen, vor Entzücken,
Da es emporftieg wunderfchön und ftrahlt' vor ihren Blicken.
    So möchte man die Kaffide des arab. Dichters von Sizilien auf
Tyrus, die verfteinerte Seerofe des phönizifchen Meeres deuten.

yrus galt für eine vorfintfluthige Stadt und hiefs darum Ogygia. Auch feine Colonie, das kadmeifche Theben befafs ein ogygifches Thor. Die Stadt und ganze Thebais hiefs fo angeblich nach einem einheimifchen König Ogygos, und nachdem deffen Volk, die Ektenen an der Peft geftorben, flehten die neu eingewanderten Aonen um Kadmus Schutz, der ihnen erlaubte, fich mit den Phöniziern zu vereinigen. (Pauf. IX, 5. 8.) Das neue Weltalter beginnt mit der ogygifchen Fluth und der Ruhm des ogygifchen Weltbaums bei Hebron ift Träger der Erinnerung an den Ausgang der letzten Eisperiode. Es ift der Fluthriefe Og, der dem Talmud zufolge neben der Arche Noah herwatete, der deutfche Meergott Oegir.

Als noch die älteften Götter regierten, hatten zwei Brüder Ufov und Samemrumos (Hypfuranios) zuerft ihre Hütten am Feftland aufgerichtet, durch Blitzfeuer geriethen die Bäume der Infel im Meere in Brand, Ufov höhlte einen Baumftamm zum Kahne aus und fuhr hinüber. Die Himmelsgabe des Feuers war für die Menfchheit gerettet und dem Winde und Feuergott Säulen aufgeftellt. Nach den Keilinfchriften eroberte Affyriens Kaifer Sanherib im Lande der Chatti: Sidon, die grofse und kleine, Beth Zitta, Seripat, Mahallat und Hufuva« — d. i. Tyrus. Diefer älteste Stadtname läfst die Deutung »feftes Eiland« (אורי צובה) zu, aufserdem von Ufow-Efau, d. i. Rauhaar nach dem Sanchuniathon p. 18. Vom Fels im Meere hiefs die Niederlaffung Sur, Sor oder dialektifch Sar, Zar, griechifch Tyros. Im Papyrus Anaftafi I. erreicht der Mohar in den Tagen Sefoftris' Zar m pe juma, den »Fels im Meere«, und die Stadt führt den Zunamen en meru, »Tyrus des Hafens.« Petra heifst eine der hundert Städte auf Kreta, tyrifch Sar.

Jnfulare Steinfäulen der Vorzeit.*)

Im phönizifchen Religions- und Reichscodex, dem Sanchuniathon, nach Eufebius' Auszug (praep. evgl. I, 10), gewinnt der Protogonos fterbliche Kinder: Phos, Pur und Flox, d. i. Licht, Feuer und Flamme; diefe erfanden, wie man durch Reibung von Holzftücken Feuer erzeuge. Hier ift die Erfindung des Feuers als Anfang aller Cultur bezeichnet. Dadurch wurde auch möglich, die Nordländer zu bewohnen. Ufov wird im Abendlande zum Vefuvius, nach Galen $B\grave{\varepsilon}\alpha\beta\iota\varsigma$, der Brenner, von $\sigma\beta\acute{\varepsilon}\nu\nu\nu\mu\iota$, bei Statius Vefvius, Vefevus. Das immer genährte Feuer läfst

---

*) Diefs die Steinfäulen der beiden Hauptgötter auf den Fidfchiinfeln bei Lubbock Gefch. der Civilif. 261.

den Gott felber als brennenden Ofen erfcheinen (Gen. XV, 17).
Der Feuergott prägte fich den Phöniziern um fo mehr ein, da in
jener Zeit noch die Vulkane im Hauran thätig waren, woher fie
einwanderten. Schwebt doch Jehova felbft als Ufov-Vefuvius den
Pfalmiften vor, welcher VIII. ausruft: »Herr, mein Fels, mein Erretter, ich will dich preifen. Des Todes Bande umfingen mich,
die Bäche Belials erfchreckten mich. Die Erde bebte und ward
bewegt, die Grundveften der Berge zitterten. Dampf ging aus
feiner Nafe, und verzehrend Feuer aus feinem Munde, davon es
blitzte. Er fuhr auf dem Cherub, und fchwarze dichte Wolken
verbargen ihn« u. f. w.

Grofsartig und in vielen Punkten bis auf den heutigen Tag
zutreffend ift die Schilderung, die Ezechiel XXVI über den Fall
von Tyrus, der Königin der Meere, anhebt: »Wie das Meer fich
erhebt mit feinen Wellen, fo viele Heiden will ich gegen dich auf-
bringen. Sie follen deine Mauern zerftören und die Thürme ab-
brechen; ich will wieder einen blofsen Fels aus dir machen; daran
man die Fifchgarne ausfpannt. Nebukadnezar, der König von
Babel, foll von Mitternacht über dich kommen und mit Widdern
deine Mauern zerftofsen, dafs man durch die Riffe ftatt der Thore
einzieht. Die Füfse feiner Roffe werden all deine Gaffen zertreten,
und deine ftarken Säulen wird er zu Boden reifsen. Deinen Phan-
tafien will ich ein Ende machen und deine Harfen nicht mehr
klingen hören. Die Infeln werden erbeben dafs du fo fchrecklich
zerfallen bift, und die Fürften am Meere in Trauerkleidern gehen.
Wie bift du fo gar zur Wüfte geworden, du berühmte Stadt! So
fpricht der Herr: Veröden follft du, dafs niemand mehr in dir
wohnen mag. Eine grofse Fluth will ich heraufführen und dich
in die Todtengrube ftofsen unter die Erde hinab. Ja, wer nach
dir fragt, foll dich nicht mehr finden. Ach, wer ift je auf dem
Meere fo ftille geworden wie Tyrus.«

Schrecklicher konnte der Fluch des altjüdifchen Sehers über
die Machtftolze nicht in Erfüllung gehen, als wie er, XXVIII, 8 f.,
ausfpricht: »Du Menfchenkind, erhebe eine Wehklage über den
König von Tyrus! Du bift ein Luftgarten Gottes und mit allerlei Edelfteinen gefchmückt. Ich habe dich auf den heiligen Berg
Gottes gefetzt, dafs du mitten unter feurigen Steinen wandelft;
aber weil du gefündiget, will ich dich vom Berge Gottes entheili-

gen und zum Schaufpiel vor den Königen machen. In Afche will
ich dich wandeln auf Erde, dafs alle Welt zufehen foll. Mitten
auf dem Meere follft du fterben wie die Unbefchnittenen von der
Hand der Fremden.« Ich habe dich auf den heiligen Berg Gottes
gefetzt, dafs du inmitten feuriger Steine wandelft.«

Es ift die Stimme des zürnenden Propheten, dem Reichthum
und Ueppigkeit verfchwiftert, Kunft und Bildung aber als Luxus
und fündhafter Götzendienft erfcheinen, der zum Verderben führt.
Eigentlich gewinnt der Peffimift früher oder fpäter immer Recht,
und wer den Armen höher hält, erfcheint als Menfchenfreund,
findet Anhang. Gleichwohl ginge ohne den verdammten Reichthum all unfere Bildung zu Grabe, erklärt der geiftreiche Buckle.
Tyrus liegt in einer Erdbebenlinie, was die Erledigung der Aufgabe
für den Forfcher erfchwert. Die häufigen Erfchütterungen zwangen
fchon zur Auswanderung und Anlage von Colonien, meint Curtius
IV. 4, 20. Bei dem hohen Bau der Häufer ftanden die Einwohner Todesfchrecken aus, durch Erdbeben verfchüttet zu werden,
in Diocletians Tagen ftürzten dadurch eine Menge über den Haufen.
Plinius II, 94 fchreibt von zwei Städten, Pyrrha und Antiffa, in der
Gegend des Mäotifchen Sees, die der Pontus verfchlungen, wie Elice
und Bura im korinthifchen Meerbufen untergegangen, dafs man die
Spuren noch im Grunde fehe. Von der Infel Cea wurde ein Stück
von mehr als 30,000 Schritten mit vielen Menfchen, und in Sicilien
eine Landftrecke mit der halben Stadt Tyndaris abgeriffen. Ebenfo
ging Eleufis in Böotien unter. Seneka läfst eine der Felsinfeln durch
Erdbeben erfchüttern und wegfpülen, und die Sibyllinifchen Lieder
beklagen das beweinenswerthe Loos von Tyrus. Unter Marcian
ging ganz Tripolis unter, ähnlich wie Liffabon. In Laodicea
wurden im 23. Jahre des Juftinian wenigftens 7000 Einwohner erfchlagen, das Kap Theuprofopon (Penuel) ftürzte ein, der Hafen
von Botrys öffnete fich und Tripolis, Beirut, Byblos und Tyrus
wurden überfchwemmt. Im XI. Jahrhundert begrub ein Erdbeben
faft alle Einwohner von Tyrus, und das von 1202 war nach Jakob
von Vitry fo heftig, dafs nur wenige Häufer ftehen blieben, vor
allen ftürzte die Kathedrale ein. In neuerer Zeit könnte man das
vulkanifche Santorin hierher rechnen — alt Thera. Nach dem
furchtbaren Erdbeben 1837 traf Thomfon alle Häufer von Tyrus
von den Einwohnern verlaffen, alle Mauern gerüttelt, und den

noch geſtandenen Chorbogen der alten Metropolitankirche herab-
geworfen.

Aber von zerſprengten Klippen und ſchluchtartig geborſtenen
Uferfelſen bis zum Verſinken ganzer Inſeln, wie de Bertou und
nach ihm Dr. Prutz vorausſetzen, iſt doch weit. Albertus Magnus
vertritt im Traktat über die Meteore noch die Anſicht, daſs ab-
wechſelnd Theile der Ländermaſſen unter Waſſer verſinken und
andere dafür aufſteigen. Nach Lionardo da Vinci träumte man von
Verrückung des Schwerpunktes der Waſſerſphäre, wodurch die
Erde ins Schwanken und Sinken gerathe oder theilweiſe gehoben
werde. Vulkaniſche Eilande mögen wie Blaſen aufſteigen und
durch neue plutoniſche Revolutionen wieder verſchwinden. Aber
Poſeidon, der Erderſchütterer (σεισίχϑων), mit ſeinem Dreizack
räumte die Melkartinſel nicht weg! wohin ſollten Felsgruppen verſinken, deren Untergrund vielleicht meilentief feſtes Geſtein bildet?

Baalbeck an den Leontesquellen.

XVI. Ritt zum Salomonsbrunnen und nach Grosskana. St Salvator.

D er wackere Conful, welcher der Expedition bis hieher die Wege bereitete und uns bei den Honoratioren einführte, verſtand ſich auch freundlich mit uns zum Ritt nach Ras el Ain. Die Begleitung des Kaimakam lehnten wir dankbar ab. Der Felfenabſturz verleiht der Südfeite bedeutende Stärke, in letzter Zeit war er freilich nur mit Strandthürmen gegen Piraten bewehrt, und nun lungern hier türkiſche Zollwächter, damit keine Barke Tabak einſchwärze. Willibald c. 28 ſtiefs in Tyrus 723—726 auf Zollwächter, die ihn bis auf die Haut unterſuchten, der nachmals heilige Biſchof ſchmuggelte aber ſchlau ſeinen Balſam durch, indem er ein kleineres Fläſchchen ins gröſsere mit Steinöl ſteckte und durch den Stöpſel das Wagſtück verbarg. Wir kennen derlei Wartthürme der Küſte entlang, z. B. bei

9*

Sarepta, und haben an arabifche, mehr noch griechifche Korfaren zu denken; auch die Maltefer Ritter verlegten fich ja nach den Kreuzzügen auf Seeraub und Sklavenhandel.

Kanalwaffer ftrömte uns entgegen, welches reiche Gärten mit Zuckerrohrpflanzungen und Maulbeerbäumen ins Leben ruft, und wir wurden der Hütten zur Zucht von Seidenwürmern anfichtig. Wie ein riefiger Taufendfufs zieht der ruinöfe Aquädukt bald in

Ras el Aın.

den Boden vertieft, bald hoch ausgreifend in Spitzbogen, wovon die Stalaktiten wie Eiszapfen hangen, durch die wellige Ebene. Der vermeinte Hügel des Abeffiniers, Tell Habeifch hat von einer alttyrifchen Familie den Namen, wenn anders meine Frage richtig beantwortet ward. Wir ftehen auf dem Platze von Palätyrus. Wahrfcheinlich hat doch in alter Zeit die Anhöhe ein Heiligthum getragen, wohlverftanden des ägyptifch äthiopifchen Abus, nach welchem die Tempelftadt Theben Medinet Abu, und das Riefenmonument in Abufimbol heifst. Juftin XLIV, 4 befafst fich mit dem Gottkönig Habis bei den Celtiberen, vielleicht haben die Phönizier ihn dorthin oder von da hergebracht. Der Tyrerkönig Abibaal führt mich darauf.

Worauf deutet der Name Birket an Ezruni, den das letzte Wafferbecken neben einer Tempelruine führt? Das galiläifche Bethlehem ift Zerieh zubenannt, wie Neubaur*) meint, vom nahen Nazara. Der Name rührt gemeinfam von der Pflanzung her, wie auch Gennezaret nur Pflanzgarten bedeutet. Türkifch heifst Bunarbafchi Haupt der Quelle, fo das homerifche bei Smyrna, was arabifch

Palmyra.

Ras el Ain. Wir haben Ruinen mehrerer Birket oder aufgethürmter Teiche zur Wafferfammlung vor Augen, endlich wird bei den Mühlen abgefattelt und ein Imbifs eingenommen. Hier quillt der Gartenbrunnen des Hohenliedes IV, 15. »der wie ein Strom lebendigen Waffers vom Libanon fliefst«, in drei Hochbaffins auf, die als Kunftbauten feltener Art füglich zu den Weltwundern zählen konnten.

Fonti di Salomone nennt fie der Volksmund und denkt dabei an den Judenkönig, der mit Hiram den Vertrag wegen Cedern-lieferung in Flöfsen nach Joppe zum Tempelbau in Jerufalem ab-

*) Geogr. du Talmud 189. Nezer — Pfropfreis, Nozerin, die Wächter.

fchlofs. Aber wie kommt der Hebräerfürſt, der die Kraft ſeines Volkes aufzehren muſste, oder wie ſein Sohn Roboam ausſprach, es mit Ruthen hieb, um dem Jehova auf Moria das in den Aufſenmauern und Thoren noch heute beſtehende Heiligthum zu gründen — zur Herſtellung des grofsartigen Waſſerbaues bei Tyrus in fremden Lande? Noch mehr! auch in Baalat und Tamar in der Wüſte, d. i. in Baalbeck und Tadmor (Palmyra) ſoll er die ungeheuren Tempel erbaut haben (I. Kön. IX, 18. II. Chron. VIII, 3), deren jeder die Kraft eines ganzen Volkes aufzehrte! Ja ſogar die Ruinen von Ekbatana führen nach ihm den Namen Takt i Suleiman, und ſonderbar, das Grabmal des Cyrus in Paſargadä nun Murgab, ein Pyramidion heiſst Meſchid i Mader i Suleiman, »Bethaus von Salomons Mutter.« Auf ihn übertragen iſt ferner Takt i Dſchemſchid oder Tſchilminar, die Ruine der vierzig Säulen zu Perſepolis. Hier geht die Sage, auf den Flügeln des Windes kam der weiſe König jeden Tag von Jeruſalem nach Iſtakr, wo die gewaltigen Trümmer noch von ſeinem Palaſte Zeugniſs geben*). Wie grofs muſs dann nach orientaliſcher Phantaſie der Monarch ſelber geweſen ſein, wenn er ſo auf vierzig Säulen thronte. Sogar die Stadt Oſch in Turkeſtan trägt den hohen Königsnamen, und nach Ker Porter bildet hoch auf dem Gebirge Elwend eine viereckige Plattform in Fels gehauen ſein impoſantes Andenken.

Das nenne ich einen »Fürſten dieſer Welt«; doch gilt es nur in dem Sinne, wie kirchlich das Wort im Gebrauche ſteht. Die biblifchen Autoren find hier bedenklich in die Falle gegangen: ſie haben den hiſtoriſchen Monarchen mit dem mythiſchen Salomo verwechſelt! Als Vater der Tyro, Salmoneus nennt die Mythe den morgenländiſchen Suleiman, der ſich übermüthig dem Zeus gleichſtellte und ihm die Opfer entziehen wollte. Er ſchleppte einen Wagen mit ausgetrockneten Fellen und ehernen Keſſeln nach und hieſs dieſs Donnern, warf brennende Kerzen in die Luft und meinte zu blitzen. Zeus erſchlug ihn und vertilgte die von ihm erbaute Stadt mit allen Bewohnern (Apollod. I. 9, 7). Die Commentatoren des Koran führen aus, wie die Geiſter für

---

*) Nakt, perſ. Thron, ging ins Arabiſche über. Goeje Fragm. hiſt. Arab. p. 68. Vaux Ninive und Perſepolis 243. P. Caſſel, Morgen- und Abendland 94 f.

Salomo den Thron erbauten, 80 Ellen lang, 40 breit. Sein Kriegs-
heer beſtand aus Dſchinnen, Menſchen und Vögeln, jeder Chor
unter einem beſonderen Führer. Da bringt der Vogel Hudhud
ihm Botſchaft vom Königreich Saba. Ein Schreckenbold unter
den Dſchinnen verſprach ihm den Thron der Königin in einem
Augenblick zu bringen. Homer Od. XI, 236 kennt den unſterb-
lichen Helden Salmoneus, ebenfalls Vater der Tyro, Schwäher
des Kretheus. Dieſer iſt es, der den hochmächtigen Schacht der
Waſſerleitung gebaut hat. Denn Tyro vermählt ſich mit Poſeidon
(Enipeus) inmitten der Gewäſſer, wo die Wogen ringsum ſich auf-
ſtauten und zuſammenſchlugen (wie der Jordan und das rothe
Meer ſich ſtaute), als wäre von Tyrus, der Inſel »im Herzen des
Meeres« die Rede — und ſie empfängt, wie Rhea Sylvia, ein
Zwillingspaar.

Die Schrift verwerthet den Namen für den Sohn Davids; aber
Salomo der weiſe König, dem die Geiſter unterthänig,
iſt der Gan ibn Gan, Vater der Genien, oder der letzten vor-
adamitiſchen Könige, welche die Pyramiden und alles Sonſtige
gebaut, was ſpäter den Menſchenhänden unmöglich erſchien. Der
böſe Theil der Dſchinni heiſt Scheitans oder Satane unter ihrem
Oberſten Iblis und wohnt auf dem Gebirge Kaf (Kaukaſus) im Umkreis der Erde, welche von ſieben die oberſte iſt. Die griechiſche
Sage von den Titanen, die deutſche von den Rieſen hängt damit
zuſammen.

Das Morgenland weiſs die Geiſterfürſten auch am Libanon thätig.
Der Dichter Farazdak ſingt, als ein Feldherr von Irak ſich empörte und drohte, von Damaskus keinen Stein auf dem anderen
zu laſſen:

> Dir künden die Seher, du würdeſt verheeren,
> Damaskus die Stadt, von den Dſchinnen erbaut,
> Der Libanon ſelbſt muſs die Felſen entbehren,
> Blockquader, die ſie auf einander geſtaut.

Salmanaſſar ſtellte bei der Belagerung der Stadt an den
Flüſſen und Waſſerleitungen aſſyriſche Wachen auf, den Tyriern
das Waſſerſchöpfen zu wehren. (Jos. Ant. LX. 14, 2) Die Aquädukte
beſtanden alſo ſchon 700 v. Chr. Nach Skylax ward Palätyrus in
der Mitte durch einen Fluſs durchſchnitten, es iſt der Waſſer-

lauf von Ras el Ain. Hier hat der Welteroberer geruht und
nach Plutarch Alex. 24 jenen ahnungsvollen Traum gehabt, worin
ein Satyr (σα Τυρος) fich von ihm fangen liefs, und bald ergab fich
das hartbelagerte Tyrus. Oder am Hochbrunnen überkam Alexander das Traumgeficht, als ob Herakles vom Infelheiligthum ihm
die Hand reiche, um ihn vom Lande hinüberzuführen. Entrüftet,
dafs Tyrus ihn fo lange aufhielt, liefs er nach der Stadteinnahme
2000 Gefangene hier an der Küfte ans Kreuz fchlagen. An den
Zug der Kinder Israel durch die Wüfte gemahnt, was Curtius V,
2 berichtet: Alexander fetzte den Perdikkas über das Prätorium,
woraus fich ein allen fichtbares Signal deutlich zeigte, Feuer bei
Nacht, Rauch bei Tag. — Dem Heere der Lacedämonier trug man
Feuer voran, das die Priefter immer unterhalten mufsten. (Cf.
Xenoph. de rep. Laced. 13.)

Nonnus der Archäolog aus Panopolis preift (Dionys XI, 350)
von Tyrus drei Quellen: »der Abarberea fruchtbaren Ueberflufs,
den lieblichen Born Kallirrhoe und die auffprudelnde Drofera.«
Er fchreibt ferner XL, 359 »wie die Strömung aus dem Schoofse
der Erde fich ergiefst, und in einer Stunde wiederfliefst.«

Achteckig fteigt der Hauptfchacht 18 Fus hoch empor mit
60 F. Durchmeffer und gewaltiger Mauereinfaffung*); nur zu Tabiga
unweit Kapharnaum weifs ich ein ähnliches riefenhaftes Bauwerk.
Uralt mufs diefer Bau fein, denn die aufftofsende Wafferfäule hat
die Innenwände faft unterhöhlt, und der Schwall ift fo gewaltig,
dafs die befchwerte Mefsfchnur mit 36 Klafter Länge nicht auf
den Grund ftiefs (Ritter XVII, 351). Haben die Ureinwohner die
Biene zum Vorbild genommen, welche ihre Zelle fechsfeitig baut,
und mit Honig füllt. 150 Fufs füdlich hebt fich ein weiteres Becken,
und das füfse herrliche Waffer, welches bei richtiger Vertheilung
hier ein Paradies hervorzaubern würde, wie bei Joppe, verläuft zum
grofsen Theil ins Meer. Sultan Abdul Aziz hat den Grofsvezir
und politifchen Reformator Refchid Pafcha um diefe Salomonifchen
Brunnen und Gärten beerbt. Der Herr Generalconful pflog mit
dem Müller ein langes Gefpräch, wie es um den Ablafs ftehe, und
wir erfuhren, dafs die Hochbecken bei nöthigen Reparaturen aller-

---

*) Poloner 1422 nennt die Quellbauten vor Tyrus ejusdem structurae, sed non
quantitatis. Der Hauptfchacht fei 34 Ellen hoch, die beiden andern 22, auch viereckig
und mit ftarken Mauern geftützt.

dings sich abzapfen liefsen. Der Verschlufs sei keilförmig, die Thüre von Blei. Im viereckigen Becken daneben komme das Waffer aus zehn Stellen im Sande hervor, der Hauptschacht fasse nur Eine Quelle. In einem gewiffen Zeitpunkt (um die Herbst-nachtgleiche) trüben sich jährlich diese Birket gemeinfam, es ist wie beim Adonisflufs; auch der Paphlagonios flofs jährlich an Memnons Todestag blutig. Die aus Adonis Blut erwachfene rothe Anemone, Adonisblume fprofste uns am Wege. Wahrlich! Die Fülle des Segen ist über diese Landschaft ausgegoffen, und es mufs bald beffer werden.

Das Mühlgerinne stürzt auf horizontale Turbinen nieder, die unmittelbar ohne alle Ueberfetzung den Rollstein in die unteren Läufer treiben. Das Mehl fällt grob genug über den Rand, denn im Orient kommt bei Waffermühlen das Beuteln nicht vor. Nur folche lernten die Deutfchen von den Römern kennen, die Hand-mühlen, mit zwei runden Steinen zu bewegen, hatten sie längst, sie hiefsen quirn, qvorn, quarn, gothisch quairnus. Die Riefenmägde Fenja und Menja (die Sieberin und Mifcherin?) handhaben sie am Ende der Zeiten. In Norwegen heifsen derlei Mühlen noch Quärn, wie in der Steinzeit, die neueren aber Mölln. Die hier halten zwifchen ober- und unterfchlächtigen Rädern gleichfam die Mitte, und· waren gewifs einst allgemein, man trifft sie auch in der euro-päifchen Türkei, in Bulgarien und Serbien.

Wie lungenerfrifchend wehte es uns aus der Brunnenstube an, die kühlen Tropfen fpritzten uns ins Geficht. Wir brachen von unferer Lagerstätte unter fpärlich fchattenden Oel- und Feigen-bäumen auf, stiefsen auf Tränkbrunnen aus befferer Zeit mit Mo-faikpflafter, und hatten zur Rechten Bet Ulam vor uns. Beth Olam »Haus der Ewigkeit« nennt der Semite den Friedhof. Im Anblick des leuchtenden Meeres erreichten wir auf der Höhe Kabr Heiram. Ein fchönerer Punkt für ein Monument liefs sich kaum wählen als hier zwei Stunden von Tyrus. Gilt diefs Grab-mal dem Könige Hiram 1100 v. Chr. oder — dem Erbauer des Jehovatempels Huram Abif, Giefser der ehernen Säulen und fonstigen Geräthe im Ofen von Sukkoth — Hebr. Hirom, aram, Hiram (I. Kön. VII, 13). Diefer heifst nicht nur ein Meifter in Erz, voll Weisheit und Kunft, der zu arbeiten verftand in allerlei ehernem Werke, fondern lebt noch in den Geheimniffen des Maurer-

ordens als der erfchlagene Werkmeifter fort. Von ihm tradirt
Kimchi, »Hirams Vater heifst ein Tyrier, weil er fich in Tyrus auf-
hielt.« Als Symbol der Loge foll ein Akazienzweig auf feinem
Grabe gefteckt haben.

Wir ftehen vor einem faft unförmlichen Steinfarg von 12 F.
Länge, 6 F. Höhe, auf fchwerfälligem Unterbau, aus drei Stein-
lagern, wobei ein Block von 9 F. Länge. Vielleicht ift es ein

Hirams Grabmonument bei Tyrus.

Kenotaph, und ruhte der Edle nebft feiner Familie in der Gruft
mit 10 F. langen Blöcken dahinter, welche wir voll Waffer fanden.
Der Sargdeckel ift verrückt, fei es von Goldfuchern, oder von Mon-
fieur Renan, wie die Leute fagen, es gehörte viel Kraft dazu.
Renan hat als Pflafter einer byzantinifchen Kirchruine hier füdlich
einen der fchönften, aus dem Alterthum auf uns gekommenen Mo-
faikböden*) mit in Arabesken verfchlungenen Thierfiguren, und
einem Rande von idealen Köpfen und kämpfenden Beftien in
wunderbarer Zeichnung erhoben und nach Paris gefchickt. Der-

---

*) Expedition dans la Phénice nr. 49.

felbe hat als unfer Vorgänger feiner Compagnie ja auch nebenan nördlich in er Ras (Spitze) die Burg mit kananäifchen Randfteinen umgewühlt und die Gräber eröffnet; wir befuchten die Stätte mit dem prächtigen Charubabaume.

Leicht kann es gefchehen, dafs man ihn, wie Lepfius in Aegypten einft für jede Zerftörung im Laufe der Zeiten verantwortlich macht. Die Sage ift vielzüngig, man kann nicht vorfichtig genug gehen, und wir nahmen uns vor, wo möglich keinen Stein zu zerfchlagen. Darum habe ich auch das mir bewufste Gewölbe zu Mogar es Ssafra (S. 92) nicht erbrochen.

Ein unbedeutender Ort Hananai, auch Burdfchal Hana, liegt uns vor Augen, der gleichwohl feine Gefchichte hat; denn fetzen wir das üblich Bêt voran, fo ergibt fich ein anderes Bethania oder Armenhaus. Hier erkenne ich jenes Batanea bei Tyrus, wo Melek oder Malchus gebürtig war, der den Kirchenlehrer Origenes hörte, aber gleichwohl durch deffen allegorifche Methode nicht für die Chriftuslehre fich gewinnen liefs. Denn er ift jener Porphyrius (wie er feinen Namen »König« präcifirte), der bald in Athen in der Schule des Longinus den Philofophenmantel nahm, mit 30 Jahren zum Platoniker Plotinus nach Rom ging, von da Sizilien und Afrika befuchte, und in die Siebenhügelftadt zurückgekehrt mit grofsem Ruhme Philofophie, felbft am Hofe des Septim. Severus, vortrug bis zu feinem Tod 304 n. Chr. Er verfafste auch ein Leben des Pythagoras, aber unter feinen vielen Werken haben feine fünf Bücher κατὰ Χριστιανῶν λόγοι, die er etwa 40 Jahr alt, nach Eufeb hift. VI, 19 in Sizilien fchrieb, ihn befonders bekannt gemacht, waren fie doch zufolge praepar. evgl. X. das Heftigfte, was einer der Widerfacher gegen Chriften und Juden gefchrieben. Gottlos nennt ihn Eufeb darum, und Rufin fieht in ihm den er-klärteften Feind Jefu, der alles that, die neue Religion umzuftürzen. Seine Schriften wurden auf Conftantins und Theodofius II. Befehl wie die des Arius verbrannt, und find darum verloren, wie auch fämmtliche Entgegnungen. Porphyrius verwarf die Thieropfer, hielt aber äufseren Gottesdienft für nöthig, wobei der höchfte Gott durch reine Gedanken und Worte verehrt werden müffe.

Da oben am Höhenpunkte der Landfchaft erwartete uns der wackere Aga, der Mamluke mit feinem Gefolge auf Rennern vom beften Schlage. Es verlangte mich nach Kana Sur oder Grofs-

kana hinauszutraben. (Die biblifche Geographie zu erweitern war
ja ein Hauptzweck meiner Reife.) Weifs denn niemand mehr, dafs
hier Cäfars Lehrer, der Philofoph Athenodorus geboren ift,
»Sandons Sohn, den man auch nach einem Dorfe der Kananiten
hiefs«, wie Strabo XIV, 5 meldet! Denkt niemand nach, dafs bei
der Wanderung Jefu ins Grenzgebiet, nach dem »Meteoren von
Tyrus und Sidon« (Mark. VII, 24.) hier die Scene mit dem
Weibe von Kana, ἡ Χαναναία fpielt, die obwohl Heidin, den
Heiland beftürmte, ihr krankes Töchterlein zu benediciren.   Da
hier auf der Höhe nicht entfernt an Rohrbach oder Sumpfwaffer
zu denken ift, möchte man allerdings כנען, den »Kaufmann« von
Tyrus zu Hilfe rufen.   Wie wir auch Kanaan in Galiläa lefen, ftatt
Kana, fo verbirgt fich das einfache Kana am Wege des Herrn
nach Tyrafidonien im Namen des kananäifchen Weibes.   Die
Araber, obwohl in Gutturalen ftark, fprechen doch den Kehllaut
in diefen Ortsnamen fo weich, dafs er Ana, Ades, Han lautet.

Es heifst der Herr »ging in ein Haus hinein, und wollte es
niemand wiffen laffen, er konnte aber nicht verborgen bleiben.«
Die Frau kundfchaftete feine Anwefenheit aus, verfolgte ihn hinter
die Thüre und empfing den Befcheid: »Es ift nicht billig, den
Kindern das Brod zu nehmen und es den Hunden vorzuwerfen.«
Für die geborenen Kinder des Reiches hielten fich nehmlich die
Juden; Giaur, Hund, nennt noch heute der Türke den Anders-
gläubigen.   Er wollte ihren Glauben prüfen, fie aber rief: »Ei ja,
fo lafs den Hündlein unter dem Tifch die Brofamen zukommen.«
Der perfifche Dichter Nifami erzählt, Chriftus habe bei einem
todten Hunde am Wege, woran die Leute die Nafe zuhaltend und
fchmähend vorübergingen, die fchönen weifsen Zähne gelobt. Das
Bild kommt uns nur zu oft vor Augen. Mit andern Worten,
Chriftus fand an dem Ketzer, wofür der Morgenländer nur den
Namen Hund hat (Sek, Sakofkythe), noch immer etwas zu loben.
Auch kommt hier das Hundeleben der Frauen in Betracht.

Der Ausdruck des Weibes ift überaus malerifch, und veran-
fchaulicht die Triklinien der römifchen Grofsen mit fchwellenden

---

*) Jof. v. Hammer, Perfifche Redekünfte 108.   Diefen Vers richtet der Poet Manuel
Philo an Kaifer Andronikus II.:

Ich will ja ein dem Herrn getreuer Hund nur fein,

Und nach den Brocken fchaun vom Tifch des Herrn allein.

Pfühlen, vor welchen das üppige Mahl aufgetragen ward, während die Sklaven zu den Füfsen der Herren fafsen, ohne Unterlafs ihres Winkes gewärtig und begierig auf die Refte der Mahlzeit harrend. Diefe Abfälle vom Herrentifch, die Leckerbiffen der Diener hiefs man nach Seneka ep. LXXVII, 8 Reliquien oder Analekten. In Kana felbft dürfte allerdings kaum ein Tifch fich befunden haben. Wie die Samaritin ift auch das kananäifche Weib ftandhaft und widerfagt den Vorurtheilen, als ob ihr Jefu nicht helfen könne und blofs den Juden zum Heile gekommen fei.

In Rom fpeifte man nach alter Sitte, wie im Orient, o'hne Meffer, Löffel und Gabel; die Serviette, mappa, wurde erft von Karthago eingeführt. Man fifchte mit zwei Fingern aus der Schüffel (Patina) die klein vorgefchnittenen Fleifchftücke, tunkte mit löffelartig ausgehöhlten Brocken Brodes die Sauce (salsum) heraus und warf diefelben, nachdem man fich die Finger gehörig abgewifcht, unter den Tifch, wo dann die Sklaven fie wegkehrten. Diefe Brofamen kamen den Hündlein zu, und das kananäifche Weib bittet um diefen Wegwurf — im geiftigen Sinne. Ἐκφατνίσματα hiefsen die Tafelabfälle, und eine Schrift des Affyrers Damis über Apollonius von Tyana, worin er auch deffen Tifchreden aufzeichnete. Auf die Entgegnung eines Leichtfertigen: Tifchabfälle gehörten den Hunden! verfetzte er: Wenn es Mahlzeiten der Götter find, werden die Diener forgen, dafs von Ambrofia-Brofamen nichts umkomme (Philoftr. Apoll. I, 10). Unter der Herrfchaft der Attaler bildete Sofos zu Pergamos den Fufsboden eines Speifefaals mit den auf denfelben herumliegenden Reften eines Herrentisches in kunftvoller Mofaik, wie obige Ausgrabung Renans.

Unfer Einritt in Kana brachte den ganzen Ort in Aufruhr, die Leute haben hier zu Lande ja nichts zu thun, die Frauen und Mädchen verhüllten fich und entwichen fcheu vor uns in ihre niederen Steinhäufer, die den Flecken noch immer ftattlich genug erfcheinen laffen. Die männliche Bevölkerung grofs und klein gab uns das Geleite. Wie überrafchte mich die erfte Erkundigung: Kana fei dem Neby Gelil heilig, der ein Sohn Jakobs gewefen. Ich aber bin überzeugt: der »Prophet aus Galiläa« ift der neue Israel und führt auf Chriftus zurück. Es ift als ob die Errichtung einer Kapelle den Namen fefthielt, wie wir erfahren, dafs Berenice (Veronika) das blutflüffige Weib dem Heiland in Cäfarea

Philippi eine Bildfäule errichtete, in welcher er dem Aeskulap ähnlich dargeftellt war. Es leben hier unirte Griechen; auffallend ftiefsen wir auf keine Kirche, wohl aber dominirte auf dem Marktplatze die Mofchee mit hohem Mauerviereck. Zu meiner geäufserten Verwunderung über deren augenfälligen Verfall bemerkte ein Metuali: »Die Mofchee ift Allah's, gibt er uns Geld, fo werden wir fie ausbeffern.«

Die Felfenbilder bei Kana Sur find wohl eine Ausgeburt hellenifcher Künftlerlaune und ohne näherer hiftorifcher Bedeutung — oder follen fie die berühmten Männer der Stadt vorftellen?

Felfengebilde bei Grosskana.

Juffuf Aga veranftaltete die Einkehr in einem der befferen Häufer, wo wir der Wand entlang auf den niederen, mit Baumwollzeug überzogenen Polftern fafsen, und mit den artigen Ceremonien, Sorbet und der hier noch nicht abgekommenen Tfchibukpfeife bedient wurden. Alle Angefehenen kauerten neben uns — es war Manful, die Fremdenherberge, und der uns empfing der Ortsrichter. Meine erfte Frage erging: ob man nichts wiffe, dafs der Prophet von Nazaret einft hier in Kana Einkehr genommen? Ja, das ift in Kana Galil, lautete der Befcheid, und der eine wufste es beffer als der andere, es liege gegen Tabarije zu — fie meinten den Ort der Hochzeit! Ich entgegnete: Habt ihr denn nie gehört von der Frau aus Kana, von ihrer leidenden Tochter, welche der Herr Jefu hier heilte? — Darüber fchüttelten alle die Köpfe, zeigten fich aber höchft neugierig, Moflimen wie Chriften, mehr davon zu vernehmen. Wahrlich! nichts ift leichter als Wunderfagen zu verbreiten, und

Traditionen fchlagen oft aus geringfügigem Anläfs Wurzel. Wie hat der Rabbi Chanina feinen Schüler in der hebräifchen Sprache, den Kirchenvater Hieronymus mit Angaben nach Wunfch bedient. Als ich 1845 mit Graf Revedino, kaiferlichen Obrift aus Trevifo, Graf und Gräfin Maldura von Padua, Maler Portaels aus Brüffel und dem jetzigen Senator Reyntiens von Mecheln in Jerufalem nach den Königsgräbern ritt, nahm mich der Dragoman bei Seite und frug voll Vertrauen nach dem Grabmal der Magdalena. Hätte ich den Finger nach der nächften beften Felfengruft gerichtet, die noch nicht befchlagnamt war — die Legende lokalifirte fich vielleicht für eine lange Zukunft. Der Fremdenführer ift glücklich, ein Stück mehr vortragen zu können, und der allwahre, d. h. alberne Pilger nicht weniger, etwas Neues heim zu bringen. Hier in Kana Sur möchte ich jedoch wirklich Vater der Tradition werden. Der Zufall führte mir fpäter im Franziskanerhofpiz zu Sur den für Kana beftimmten erften arabifchen Schullehrer zu, ihm trug ich alfo auf, den Bericht der Evangelien am Ort feiner Beftimmung in Aufnahme zu bringen, verfprach ihm auch zur Veranfchaulichung für die Jugend die Zufendung einiger Kupferftiche von Dominichino und Annibale Carracci, welche die Kananäerin und ihre Profkynefis zu Füfsen des Herrn nebft dem Hündlein darftellen.

Als wir uns von den reingehaltenen Teppichen erhoben und dankend verabfchiedeten, fprach der Gaftfreund: »Von heute an ift unfer Anfehen geftiegen'!« Wem follte da nicht Zachäus' Wort einfallen, als er den Nazarener bei fich aufnahm: Heute ift diefem Haufe Heil wiederfahren! Seit Abrahams Tagen haben fich die Redeweifen und Sprachwendungen in der femitifchen Welt kaum geändert. Ephron der Chetiter will dem Abraham die Doppelhöhle Machpela nebft Aiker zum Erbbegräbnifs umfonft ablaffen, nennt aber den Werth und zieht gerne 400 vollwichtige Seckel dafür ein. Ebenfo beftimmt Ornan dem David die Tenne, worauf der Peftaltar fich erheben foll, zum Gefchenke, nimmt jedoch dafür 600 Seckel Gold in Empfang (Gen. XXIII, 15. l. Chron. XXI, 23). »Es ift das Haus Euer Excellenz«! fpricht der Portugiefe zu feinem Gafte und zieht den Hut; ähnlich dem Spaniolen — beide haben von den Arabern gelernt. Dem Nordländer ift diefer Akt der Höflichkeit mit der Phrafe: questo e da vostra disposizione fremd, ein deutfcher Reifender war fogar fo gutmüthig zu glauben, ein fpanifcher Grande habe ein koftbares Gemälde aus feiner Sammlung wirklich zum Gefchenke machen wollen.   Der Argentiner bietet dem fremden Befuch Alles mit der Redensart an: a la disposicion de Usted.   Diefe Höflichkeit geht alfo bis ins Patriarchenalter zurück.   Heute noch bietet hierzuland der Verkäufer dem Kunden die Waare freiwillig an; wieviel kann man da an Einem Tage gefchenkt bekommen, wird es aber Ernft, fo kann man es nicht theuer genug bezahlen.

»Mein Haus ift dein Eigenthum!« fo fprach Habib unfer Wechsler, ein ächter Phönizier, liefs fich aber fpäter als Hauswirth für die Stanze in der Woche gern einen Napoleon zahlen.   Abraham, der Vater der Gläubigen und Gläubiger verzeihe, wenn wir durch befcheidene eigene Erfahrung die feinige illuftriren.

Die Legende verläfst unvordenkliche Cultusheiligthümer nie mehr, daher umkleidet die Bauftätte von Tyrus auch nach der macedonifchen Zerftörung des Melkartheiligthums und noch in chriftlicher Zeit ein höherer Nimbus.   Offenbar hat der Prophet von Galiläa bei feiner Auswanderung nach Tyrofidonien fich kurz mit dem Volke befreundet.   Daher fein Ruf über die galiläifchen Seeftädte: »Wehe dir Corazin und Beth Saida! wären die Grofsthaten (αἱ δυνάμεις) in Tyrus und Sidon gefchehen, längft hätten fie in Sack und Afche Bufse gethan (wie Ninive auf die Predigt des Jonas); aber Tyrus und Sidon wird es am Tage des Gerichtes erträglicher ergehen.« (Mth. X, 21) Sidon ift eben auch Saida.

Die Stimme der Ueberlieferung fpricht zuerft durch den fränkifchen Bifchof Arkulf; er berichtet 670 c. 28: Diefe Metropole Phöniziens heifse mundartlich Soar, gelegen im Lande Chanaan fei fie der Aufenthalt der Tyrofiniffa im Evangelium gewefen. Eugefippus 1155 meldet, Tyrus habe dem vorüberwandelnden Chriftus die Aufnahme verweigert.   Als Raftplatz zeigte man den lapis haud modicus, der von Franken und Venetiern fortgeholt wurde.   Ueber einem Stück jenes Marmors ftehe die Salvatorkirche. Joh. v. Würzburg 1165 c. 24, erwähnt: »Sors, d. i. Tyrus, die überaus vornehme phönizifche Stadt und Metropole, weigerte fich nach Ausfage der Syrer den am Meeresufer wandelnden Chriftus aufzunehmen.   Vor Tyrus liegt jener (nicht!) mäfsige Marmorftein, auf welchem Chriftus gefeffen, unverletzt bis zur Austreibung der Heiden (1124), dann wurde er von den Franken

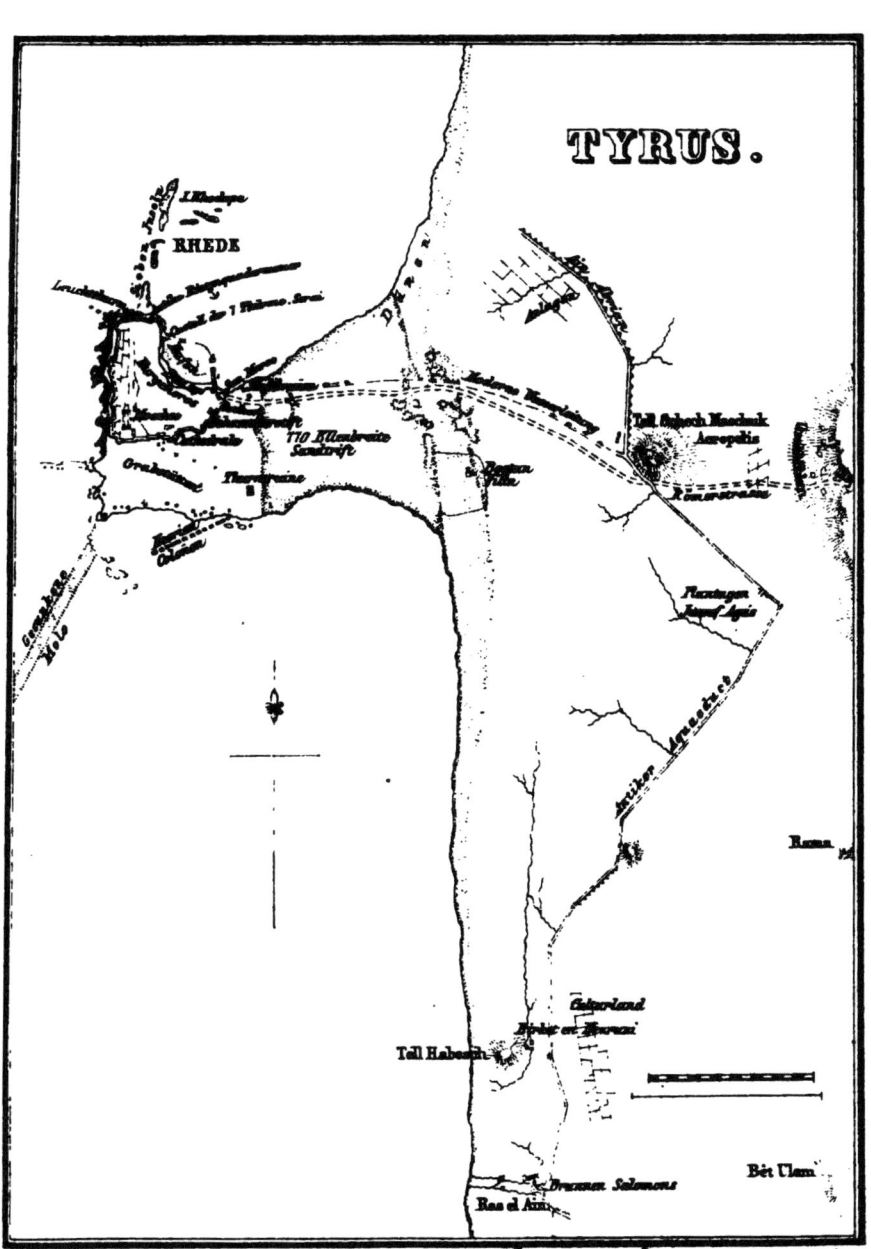

TYRUS.

und Venetiern zerbrochen. Ueber dem Reſt (residuum) errichtete man zu Ehren des Salvator eine Kirche«. Wahrſcheinlich zertrümmerten ihn goldſuchende Araber! Theodericus 1172 erweitert cap. I. den Bericht: »Die Einwohner wollten Chriſtum, der die Seeſtädte durchwanderte, nicht aufnehmen, er aber erklärte ſelbſt, nur zu den verlorenen Schafen Iſraels geſandt zu ſeyn,. LI. Die Heutigen ſprechen Sur; es übertrifft alle anderen Städte an Feſtigkeit der Mauern und Thürme. Sie bildet ein Viereck, wovon drei Seiten meerumfloſſen, die vierte durch Gräben, Barbacane, Thürme, Mauern, Vorwerke und die ſtärkſten Zinnen befeſtigt find. Es hat nur zwei Ausgänge, durch vierfache Thore beiderſeits mit Thürmen verſtärkt.« Phokas ſah 1185 c. 8 tauſend Schritte vor der Stadt einen ſehr grofsen Stein, wo der Herr an der Quelle ſitzen blieb, um indeſs (wie am Samariterbrunnen in Sichem) den Petrus und Johannes zum Brodeinkauf in die Stadt zu ſchicken. Der Heiland hielt ſodann mit den Apoſteln Mahlzeit und trank aus dem Brunnen. Die Quelle habe in den Augen des Volkes etwas Mirakelhaftes und ſei unergründlich; der Herr habe durch ſeinen Segen Heilkräfte verliehen (durch Miſsdeutung bezieht er diefs auf den achteckigen Waſſerthurm zu Ras el Ain. Burchard von Magdeburg 1283 erklärt, der Steinblock, obwohl mitten in ˙Sandwellen gelegen, ſei doch nie davon bedeckt, diefer verſchwinde wie Schnee an der Sonne. Jakob von Vitry 1210 gedenkt der Salvatorkirche über dem Stein an der Quelle, wo Chriſtus faſs. Poloner 1422 unterrichtete ſich (p. 265 ed. Tobler), Origenes ſei da begraben, auch verblieben die Reliquien vieler Märtyrer. ˙»Zwei Bogenſchufs weit vor dem Thor gegen Oſten iſt der Ort der Predigt Chriſti durch einen Stein bezeichnet, worauf er ſtand; darüber war eine Kirche zu Ehren des Salvator gegründet. Die Stelle bedeckt ſich nie mit Flugſand, ſondern bleibt grün in Mitte der Sandwellen«.

Der Ruf Kyrie eleiſon! Herr erbarme Dich! den das Weib von Kana Sur oder die Surophönizierin erhebt, iſt ein Gebet, welches nach Arrian*) längſt die helleniſche Welt erhob. Offenbar flehte man

---

*) Diſſert. Epict. II c. 7. p. 186. Τὸν θεὸν ἐπικαλούμενοι δεόμεθα αὐτοῦ: κύριε ἐλέησον, ἐπίτρεψόν μοι ἐξελθεῖν. Die Tſcheremiſſen und Tſchuwaſchen rufen, Gott erbarme! wenn es donnert.

auch fo zu Baal dem Herrn oder Esmun, dem Heiland. Die Erzftatue zu Paneas ftellte noch um 300 fichtbar einen Mann in der Toga dar, mit der Unterfchrift τῷ σωτῆρι, τῷ ἐνεργέτῃ. Die Salvator-kirche der Kreuzritter ift verfallen und zweifelsohne mit der Stadt durch Sultan Afchraf zerftört worden, 1291, feitdem ift felbft das Andenken an diefelbe untergegangen. Der Sarkophag aus Widderköpfen, deffen übrige Hälfte vor dem Stadtthore liegt, nachdem die türk. Regierung ihn dahin gefchafft aber nicht weiter befördert hat, foll als Trog hier vor dem Stadtbrunnen ge-ftanden haben, die Kreuzritterzeit hat ihr chriftliches Zeichen über der Thüre hinterlaffen, fonft befteht der Bau aus röm. Tropf-fteinen.

XVII. Rundfahrt zur See.

trabo XVI, 2 entwirft die Schilderung: »Tyrus ift beinahe ganz eine Infel und hängt mit dem Feftlande nur
durch den Damm Alexanders zufammen. Es befitzt
zwei Häfen, einen gefchloffenen (den fidonifchen),
und einen offenen, den fog. ägyptifchen. Die Häufer haben viele
Stockwerke, fogar mehr als in Rom, daher bei einem Erdbeben
faft die ganze Stadt zufammenftürzte. Die Schilderung ftimmt
genau zur heutigen Situation. Die Stockwerke find längft erniedrigt,
jetzt werden die Steine aus den Fundamenten gegraben, um als
Handelsgegenftand zu dienen. Die nächften diefer gefährlichen
Gruben liefs ich durch den von der Kathedrale ausgehobenen
Schutt einfüllen. Von den Häfen, welche einft 300 Triremen be-
herbergten, ift der füdliche gänzlich verlaffen, das nördliche Baffin
hie und da von einer Felluke, einem Kajück oder einigen Dahabieh befucht. Cothon hiefs der Hafen zu Karthago, haben wir
darunter Catana, den kleinen, inneren zu verftehen? Die jetzige
Halbinfel zuvörderft von der Meerfeite kennen zu lernen, zugleich
Seeluft zu fchöpfen, zog es uns zum Hafen, dem allein noch
nennenswerthen »fidonifchen«, d. h. Sidon zugewandten, und wir
ftiegen, fo weit möglich, hinaus zu den Pfeilern der eingeftürzten
Mauerbogen, welche das Baffin einfchloffen. Faulende Seetange
und todt ausgefpülte Quellen verbreiten einen widerlichen Geruch.

In diefem engen Wafferfpiegel fpielte in den Kreuzzügen eine
Waffenthat, wie fie glänzender zur See kaum ausgeführt werden
mochte. Saladin belagerte Tyrus nach dem Falle Jerufalems,

das letzte fefte Bollwerk des lateinifchen Königreichs, und fetzte den in der Unglücksfchlacht von Hattin gefangenen Wilhelm von Montferrat am 8. December 1187, an einen Pfahl gebunden, den Wurfmafchinen aus. Aber fein Sohn, Markgraf Konrad, erklärte: lieber felber den erften Pfeil nach dem Herzen feines Vaters abfchiefsen und fich der Abkunft von einem Märtyrer rühmen zu wollen, als die Feftung zu übergeben, der alte Held felbft munterte die Belagerer auf, feiner ja˙nicht zu fchonen, fondern fortzukämpfen. Solche chriftliche Heroentugend finden wird felbft

bei Homer nicht gefchildert, fo wenig, als dafs ein Kämpfer feinem Gegner Schild und Schwert anbietet, wie in den Nibelungen, damit er fich mit gleichen Waffen vertheidige. Torquato Taffo hat gar manche Scene nicht in Erfahrung gebracht, die eine reizende Epifode in feinem befreiten Jerufalem bilden könnte, z. B. als Gottfried von Bouillon die Feftung Arfuf (Apollonia) belagerte und noch dazu Raimund von Touloufe, wie ein zürnender Achill

Die Infelftadt.

fich von ihm entfernte, kreuzigten die Sarazenen den als Geifel zurückgebliebenen Ritter Gerhard von Avesnes an einen Maftbaum und ftellten ihn am gefährlichften Punkte der Mauer aus. In jener Stunde mahnte Herzog Gottfried den Kreuzkämpfer an die Seligkeit des Martyrthums, und betheuerte, dafs er feinen eigenen Bruder fo zu Gottes Ehre fterben fehen könnte. Der Ritter bereitete fich zum Tode und ward von zehn Gefchoffen zumal getroffen, als wollte das Schickfal feinem Leben lieber rafch ein Ende machen und ihm das langfame Hinfterben erfparen. Bald darauf erbot fich die Stadt zur Uebergabe und Tributentrichtung. Aber wie ftaunten die Gefährten, als nach einiger Zeit Ritter Gerhard, den alle längft todt geglaubt, von feinen Wunden geheilt, und nur fchrecklich von Narben entftellt, auf ftattlichem Roffe wiederkam. Wie viele Helden liegen hier begraben, deren Thaten einen Sänger verdient hätten!

Die Belagerung dauerte bereits drei Monate, und die kühnen Vertheidiger hatten nur zwei Galeeren ihm entgegenzufetzen, als Saladin feine Kriegsfchiffe von Akka herbeirief. Da fann Markgraf Konrad von Montferrat auf eine Kriegslift und liefs die Kette, die den Hafen fperrte, nieder, als wolle er mit den Seinen entfliehen. Die ganze Nacht lauerten draufsen die feindlichen

Hafen von Tyrus.

Schiffe, um ihn in Empfang zu nehmen, des Morgens aber gelüftete fünf Galeeren, darunter das Admiralfchiff, in den Hafen einzulaufen — als mit einmal die fchwere Sperrkette fich hinter ihnen hob, die Kreuzkämpfer über fie herfielen, die Mannfchaft erwürgten, die Fahrzeuge fchleunig zum Ausfall bemannten und gleichzeitig auf dem Waffer wie durch Ueberrumpelung zu Lande dem Sultan taufend feiner beften Krieger erlegten. Es erinnert an Archimedes, der auch die roemifche Flotte in den Port von Syrakus lockte und nach der Sperre verfenkte oder verbrannte. Saladin erholte fich von diefem Schrecken nicht mehr und zog ab.

Theoderich von Würzburg (1172, c. LI) unterfcheidet hier

nördlich ein engeres Baſſin zur Einfahrt und die weite äuſsere An-
fuhrt, wie bei Accaron (Acre): den inneren Hafen für die Bürger,
während der äuſsere den Schiffen der Pilgerſchaaren zugängig ſei.
Zwiſchen beiden aber erheben ſich zwei aus gewaltigen Stein-
blöcken zuſammengefügte Thürme, die ſtärkſte Eiſenkette diente
zum Verſchluſs. Beide Hafenthürme ſtarren dem zum Zeugniſſe
noch mit den Fundamenten aus dem grünen Waſſerſpiegel: ſeltſam gewahren wir bei den Grundſteinen unterlegte Säulen.

Vom älteſten phöniziſchen Bauwerk ſind noch die aus fugengeränderten Quadern zuſammengeſtückten Fundamental-
bauten dieſer Hafenmauer; wir maſsen den koloſſalſten an
der Ecke des einſtigen Eilandes zu 17 Fuſs Länge bei 7 Fuſs Höhe.
Das ganze Wehr iſt durch mittlere Gelaſſe ſo eiſenfeſt in einander
verklammert, daſs es ſeit drei oder vier Jahrtauſenden, bei
allem Anprall der Wogen, nur kraft Erſchütterung durch
Erdbeben aus den Fugen gerückt iſt, weshalb wir ſogar
einige Säulen untergelegt finden. So geht es fort, gleich 15 Lagen
in Einer Reihe. Ich ſetzte, auf meinen Sohn geſtützt, den Fuſs
von Block zu Block, bis zum jetzigen Leuchtthurm, nahe dem
Südweſtende. Eine ähnliche Verzackung und Verblockung iſt mir
noch nirgends vor Augen gekommen. Mir war und iſt dieſs der
handgreifliche Beweis, daſs der Thron der einſtigen Inſelkönigin
im Herzen des Meeres keinen weiteren Umfang hatte, abgeſehen
von Aufſenbauten an den Landungsplätzen und von weiter hinaus
in die Untiefen gelegten Molos. Hier ſchloſs offenbar die
alte Stadt ab.

Doch hinaus in die Fluth, zum äuſseren Hafen oder der nördlichen Rhede! Die liebenswürdige Schweſter des Generalkonſuls
begleitete uns auf dem Kajük*). Der Aufſenport wird durch
ſieben Inſelchen oder Klippen gebildet, die ſich kaum über den
Waſſerſpiegel erheben. Wilhelm von Tyrus ſchreibt nicht umſonſt
von dieſen Wellenbrechern XIII, 5: »Die Stadt liegt in einem
Meere, das ſehr ſtürmiſch iſt und durch verborgene Klippen und
Untiefen hohe Gefahr droht, ſo daſs, wer ohne kundigen Piloten
heranfährt, nothwendig Schiffbruch leidet.« Wer unterſcheidet

---

*) Linguiſtiſch merkwürdig iſt, daſs auch der Eskimo ſein Schiff mit Doppelruder,
das Muſter unſerer Gondeln, Kayake nennt.

noch nach Achilles Tatius II, 17 νησίδιον, das winzige Eiland, mit dem Grabmal der Rhodope. Die »Rofenäugige«, die aus Thrazien, das zuerft Europa hiefs, nach Tyrus und weiter nach Naukratis verhandelte, punifch-ägyptifche Afchenbrödel mit dem kleinen Fufse ift wohl die Buhlgöttin Aftarte. Ift die von Firdufi befungene Rudabe nicht gleichen Stammes? Wie Herodot II, 112 meldet, wohnten zu Memphis, um den Hain des Proteus, wo ein Heiligthum der fremden Aphrodite beftand, tyrifche Phönizier. Diefs Quartier, vom Phtatempel füdlich, hiefs man das Tyrierland. — Sie fafsen dort wegen des Handels und des Transportes der Säulen und Sarkophage.

Hier hinaus auf die abgefchrägten Felfen, die nur eine marine Vegetation weifen, flüchteten bei der jüngften Chriftenverfolgung nach dem Blutbad zu Damaskus, als von den Muhammedanern Dfchihad, »der heilige Krieg« verkündet war, im Juni 1860 die getauften Tyrier vor der Wuth der Türken und Drufen, und zogen die Schiffe nach fich, um, vor Nachfetzen gefichert, fich von den mitgenommenen Lebensmitteln und dem Süfswaffer fo lange das Leben zu friften, bis europäifche Schiffe zu Hilfe kamen. In Beirut fammelten fich 26,000 Flüchtlinge, und Conful Weber, der nun ruhmvoll das Deutfche Reich vertritt und deffen freundfchaftliche Vermittlung uns den hiefigen Aufenthalt erträglich machte, hatte damals allein für 587 Wittwen aus Damaskus, für 639 aus Dèr el Kamr zu forgen. Die brandenburgifche Johanniter-Balley fammelte für die 20,000 Waifenkinder der 16,000 fyrifchen Martyrer, deren Blut das ganze Berggebiet tränkte, um fie nach dem Grundfatze: »Wer immer eines von diefen Kleinen aufnimmt, nimmt mich auf,« in Erziehungsanftalten und guten Häufern unterzubringen. Damals verftärkte fich Saida durch 3000, Sur durch 2000 Flüchtlinge, und Kinder jener Schlachtopfer, die nun vereinzelt in der Stadt fich verheirateten, erzählten mir mit Schrecken, wie ihre Eltern, Gefchwifter und Verwandten zum Theil vor ihren Augen niedergemetzelt wurden, wiefen mir auch die Narben von Wunden, welche fie felber erhalten hatten.

Ift das nicht eine untergegangene Stadt? ftarren noch die Mauern einftiger Häufer und Magazine herauf? man möchte an das verfunkene Vineta, die (mythifche) Handelsftadt der Nordfee denken. Das Waffer ift fpiegelhell und man fieht bis auf den

Grund, 40 bis 50 Fuſs tief, unter dem Meerſpiegel noch Colonnen
und zackige Felſen. Steuern wir ſüdwärts, ſo liegen allerdings
auf den Felsbänken hier auſsen, wie dahinter am Strande wie ge-
fällte Palmen ganze Reihen geborſtener Säulen, ägyptiſchen Ur-
ſprungs, von rothem und grauem Granit und verſchiedenem Kaliber, die zum Theil bis von Syene herab und herübergekommen;
wer beſtimmt ihre Zeit? Wir nähern uns dem offenen »ägyptiſchen Hafen, der einſt gegen die Bora oder den Nordwind am
meiſten Sicherheit bieten mochte. Hier, wo die Felſenpartien oſt-
wärts von Erdbeben furchtbar geſpalten wie Laufgräben auseinander
klaffen, ſieht es anders in der Waſſertiefe aus. Menſchenhand muſste
hier um ſo mehr ſchaffen, je weniger die Natur für einen ſichern Port
gethan; mit ungeheuren Waſſerbauten wurde nachgeholfen, und
man gewahrt noch einen in die See hinauslaufenden Damm von
etwa 25 Fuſs Breite, bei 230 Fuſs von der Südweſtküſte. De Bertou erfuhr hier durch Taucher von einem 33—36 Fuſs breiten
Damm oder Quai, der bei 6000 Fuſs ſüdwärts ſtrich, nur zwei bis drei
Klafter unterſeeiſch. Hier lagen die Neorien oder das Arſenal,
hier die Waarenhäuſer. Bei den Schiffswerften und Zeughäuſern
trieb Alexander nach Diodor XVII. zum letzten Sturm, aber
die Mauern waren ſo gewaltig, aus Quaderblöcken gefügt, wie wir
eben geſehen, und ſtrichen dicht am Meere, daſs die Macedonier
kaum die Sturmleitern anlegen konnten und der Kriegsrath die
Einnahme für unmöglich erklärte. Der König ſtritt ſelbſt vom
Thurme herab, da kam ihm das Schickſal zu Hilfe — die Cyprio-
ten und Sidonier gingen plötzlich mit der Flotte zu ihm über.
Alexander hat nur 33 Jahre gelebt, aber ſein Leben iſt das inhalt-
reichſte der Weltgeſchichte, ſeine Thaten geradezu providentiell.
Tyrus ging durch ihn unter, Alexandria erſtand! Wir weilten lange
im Boote da drauſsen, ein Schiffsknecht ſprang nackt ins Meer,
um als Taucher Seeigel aus der Tiefe heraufzuholen, die er mit
dem Meſſer vom Fels und Gemäuer ſchnitt, zu unſerem Erſtaunen,
wie er ſo lange den Athem anhalten konnte?

Plinius V, 17 gibt den Bezirk von Tyrus auf 19,000 Schritte
oder 22 Stadien an. Hierbei kommen die Waſſerbauten und
Auſsenwerke in Anſchlag, welche das Meer wieder weggeriſſen
hat. Inſofern nimmt die heutige Stadt nur den halben Umfang
ein. Erdbeben erſchütterten die künſtlichen Molos und Quai, ver-

fenkten die Dämme und machten die Klippen berften. Wir fteigen
ans Land: hier im Südoften find die 20 bis 25 Fufs hohen Strand-
felfen horizontal am Fufse auseinander gefprengt, dafs fie die
Meergrotte der Calypfo auf dem Homerifchen Ogygia vorftellen
könnten, und ich bald nicht blofs durchblickte, fondern gebeugten
Hauptes wie durch halbvollendeten Tunnel hinüberging, auch
rechts und links in Felfenkammern kroch, die keine Menfchen-
hand ausgehauen*).

Steinbänke liegen umher und viele lofe Marmorfragmente mit
Laubwerk, wie fich's traf. ·Selbft blafig poröfe Topfhöhlen zum
Zerftampfen der murex glaubte Dr. Barth, der Afrikaner, im eifen-
harten fchwärzlichen Fels wahrzunehmen; doch fo verfchwende-
rifch ging der Punier mit dem koftbaren Blute nicht um. Auch
wir glaubten Stöfsel zum Zerftampfen der murex ausgefpült zu
finden, es waren aber nur Topffüfse.

Die Nymphe Tyros wandelte am Strande, als ihr Hund eine
Mufchel zerbifs und feine Schnauze fo fchön fich färbte, dafs die
Geliebte dem Herakles erklärte, ihn nie mehr zu befuchen, wenn
er ihr nicht ein Kleid von gleicher Farbe brächte. Roth ift die
Farbe der Liebe, noch heute tragen ihre Priefterinnen das röthliche
Gewand. Das muhammedanifche Mondenjahr verrückt die Jahres-
fefte, und fo wurde uns nicht fichtbar, wovon Barth (Ritter
Erd. XVII, 367) fpricht, dafs im Monat Juni oder Juli am St.
Mechlar-Fefte Purpurmufcheln gefifcht werden.

Uranfangs hiefs der Purpur Scharlack, d. h. Lack von Sar**)
oder Tyrus, der berühmteften Färberftadt. Die Purpurweberei hing
damit zufammen; fchon zu Homers Zeit kauften die Griechen
tyrifche Gewänder, und der Kaifermantel, kam er von hier? Seit
dem XIV. Jahrhundert v. Chr. befafs Tyrus, fpäter Sidon, Stationen wegen der Purpurmufchelbänke Euböas, Böotiens und des
Pelopennefus zu Megara (»Höhle«), Epidauros und Hermion, ebenfo
wegen des Holzes zum Schiffbau in Thafos, Melos, Siphnos,
Amorgos, Cythera und Thera, wo Kadmus einen Altar des Pofeidon gründete. Die Küfte Lakoniens lieferte nach dem Meere

---

*) Der geborftene Küftenfels hiefs bei den Griechen καιέτας, Gaëta, pietra
spaccata, spaccapietra.

**) Virgil Georg. II, 506. Ut gemma bibat et Sarrano dormiat ostro. Wozu
Servius, Quae nunc Tyrus dicitur, olim Sarra vocabatur.

von Phönizien die für Purpurfärberei brauchbarsten Schnecken, ebenso wurden Muscheln in Phocien gesammelt, zudem eine Art Cochenille benützt (Pauf. III, 21; X, 36. 37). Jedenfalls trug der König von Tyrus und der Hohepriester des Melkart zuerst den Purpur, wie dies auch von jenem zu Paphos beurkundet ist und der Erzbischof von Cypern von Byzanz erbat sich, sogar mit rother Tinte zu schreiben. Purpurträger, auch Porphyrogenitus, heißt der Imperator und der Kronprinz, sowie die Cardinäle, und ganz in Purpur liegt der Papst noch auf dem Paradebette. Gegenwärtig ist es still damit geworden in diesen Gewässern; die Tyrier mochten wohl auf die Zucht der Muschelthiere sich verlegen, wie man Austerbänke anlegt. Fufaioli, die archaischen Topffcherben, kommen bei jedem Spatenstich im Hissarlik, dem alten Troja, vor.

Archaische Topffcherben.

Eingedenk der Worte Ezechiels XXVI, 4. »Zum nackten Fels will ich es machen, zum Trockenplatze für Netze im Meere!« hob ich mir auch Korkstücke von Netzen auf. Indefs findet man nirgend so viele Edelsteine im Sande, kein Tag verging, wo man mir nicht geschnittene Gemmen, nicht blofs am Bazar, sondern unterwegs selbst aus Fischerhand anbot, und ich konnte deren zu einem ganzen Schmucke erwerben. Ebenso trifft sichs in Kaipha, wo oft Kinder mit Cameen spielen, in Cäsarea und bis Gaza.

Wie nöthig haben hier die Leute einzuheimsen, was zu Futter und Feuerung dient: man sichelt Ginster (planta Genister, wovon die Plantagenet heifsen) und hinkriechendes Gesträuch bis zur Wurzel ab. Dafs uns Glasfchmelz allenthalben aufstiefs, wo wir gruben, nimmt nicht Wunder, haben doch die Venetianer den Tyriern die Glasfabrikation abgelernt. Man händigte mir einen gläfernen, von Alter ins Grüne und Blaue schimmernden Schmuck ein, wie Ketten von Metall in einander geschlungen. Das alte Tyrus rühmte sich der Erfindung des Glafes, selbst aus dem Sande des Meeres wufste es soweit Gold zu schlagen, mit aller Welt trieb es Gefchäfte, und feine Kaufleute waren Fürften, wie fpäter die Mediceer. Die Mifchna, Bava bathra III, 6 handelt vom kleinen ägyptifchen und grofsen tyrifchen Fenfter: jenes war fo, dafs ein Mann den Kopf nicht durchftecken konnte. Kaifer Auguftus hatte kein Glas am Fenfter und kein Hemd auf dem Leibe, äufsert Arbuthnot mit Grund. In Diokletians-Palafte zu Salona waren die Prachtzimmer ohne Fenfter und Kamin. Aurelian liefs zuerft Glasfenfter anfertigen, was für einen ungeheuren Luxus galt. Aeneas Sylvius wunderte fich, in Wien faft an allen Gebäuden Glasfenfter wahrzunehmen. Von Tyrus ging urfprünglich diefer Culturfortfchritt in die Welt. Um ihr feines Glas zu bereiten, follen die Venetianer ägyptifches Natron als Ballaft in die La-gunenftadt verführt und zum Schmelzen verwandt haben. Aller-dings kommt das Glas fchon bei den alten Aegyptiern vor.

XVIII. Die Melkartinsel. Wasserguss am Mechlarfeste.

ei Jefaias XXIII, 7. rühmt fich Tyrus feines urweltlichen Alters; auch nennt fie Strabo die gröfste und ältefte Stadt Phöniziens. Wie Afteria oder Delos, das Geburtseiland des Sonnengottes, durch die Verbindung zweier fchwimmender Eilande, Gyaros und Mykale entftand, fo waren urfprünglich hier die beiden Ambrofifchen Felfen, d. h. die Eilande der Unfterblichen, die noch im III. Jahrhundert auf den Stadtmünzen erfcheinen, ein Spiel der Wellen bis dem Pontos zur Sühne der heilige Vogel des Melkart geopfert ward. Das Bewufstfein vom engeren Vaterlande ift älter als das von der Welt, darum ift Tyrus der Mittelpunkt der Dinge. Plinius VI, 23 nennt zwei Infeln Chryfe und Argyre im indifchen Ozean, die nach der noch im IX. Jahrhundert giltigen Sage fchwimmen follten,*) hier haben wir an eine Sonnen- und Mondinfel zu denken. So heifst es auch: Herakles lehrte hier die erften, eben aus Schlamm erzeugten

---

*) Schwimmende Infeln hiefsen die Aeolifchen im Meere von Sicilien, nehmlich die fieben: Lipara, Hiera, Stragyla, Didyme, Ericufa, Phönicufa und Euonymos. Äa das Eiland der Calypfo bei Trinakria wie der Circe bei Colchis ift punifch benannt. Die Japaner laffen anfangs die Ländermaffen wie Fifche umherfchwimmen. Pefchel, Erdk. 38 f. Die Infel Gutland fank nicht mehr unter Waffer, feit Thielvar darauf Feuer angemacht. (Rufswurm, Sagen aus Hapfal.) Irland tauchte nur alle fieben Jahre aus dem Meere auf, bis der Entdecker fein Schwert darauf warf, die Pelasger aus Epirus gelangen nach dem Orakel zur fchwimmenden Infel Cotyle und nehmen davon Befitz. Im Anfang war die Erde unbeftändig, fagen die Khands, bis Gott ein Kind geopfert ward, da wurde der Boden feft, aber des Menfchenblut mufs alljährlich fliefsen. Baftian, der Menfch III, 103.

Menfchen ein Schiff bauen und nach der fchwimmenden Infel
Tyrus überfetzen. Nonnus meldet LX, 443: »Dort ift ein Oelbaum der Athene auf deffen Zweigen ein Adler fitzt.
Feuerfunken umfprühen den Baum und ein Drache
umkreift ihn. Den Adler follte der Menfch opfern, damit, von
deffen Blute befpritzt, die Infel feft würde«. Wen gemahnt diefs
nicht an die Efche Yggdrafil?

Wir ftofsen hier auf eine Priefterfage in Erinnerung an den
Ablauf der Fluth. An allen »Deukalionifchen Tempeln« zu
Dodona, Delphi, kurz den urälteften Heiligthümern haftet die
Legende von Errichtung des erften Altars nach dem Zurücktritt
der chaotifchen Gewäffer. Auf der Akropolis zu Athen hat
Pofeidon mit den Dreizack den Spalt im Erechtheion gefchlagen,
und zum Andenken feiner früheren Oberherrfchaft ein Salzflüfschen
($\check{\alpha}\lambda\varsigma$) zurückgelaffen; aber Athene pflanzt den Oelbaum daneben
und gewinnt ihm das Land für die höhere Wohlordnung oder den
nunmehrigen Kofmos ab. Am Fufse diefes Tempelberges aber
galt ein ellenbreiter Erdfpalt für die bis in den Tartarus reichende
Tiefe, man warf auch Sühnopfer für die in der Fluth Umgekommenen
da hinab, und bei periodifchen Feften wurde das Opferblut auf den
Stein mit der Infchrift der Grundgefetze des Pofeidon Petraeos ausgegoffen. Zum Andenken an die Inachifche Fluth erhält der
Meergott, zugenannt Proklyftios, der Ueberfchwemmer, ein Heiligthum in Argos, mit dem Beinamen Hippios zu Mantinea, wo
wieder eine Salzquelle ($\vartheta\acute{\alpha}\lambda\alpha\sigma\sigma\alpha$) flofs; auf dem korinthifchen
Ifthmus aber hatte Melikertes unter dem Titel Palämon neben
Pofeidon Tempel und Statue.

Die phönizifche Mythe ftellt Protogonos und Aion, welche
die erften Baumfrüchte koften lehrten, d. h. Athamas und Ino, die
Stammeltern des Melikertes oder Melkart als erftes Menfchenpaar
auf, das aus dem Urfchlamm hervorgegangen. Eufebius, der die
Kathedrale in Tyrus einweihen half, überliefert praep. evgl. LX
119. nach der Fluth fei der übrig gebliebene Urmenfch fammt
feinen Söhnen aus der Heimath Armenien durch die Landes-
einwohner vertrieben, ins gebirgige Syrien gelangt. — Vom Riefen-
gefchlechte der Enakim leiten einige auch den Namen Phönizien her.

Alfo aus mythifcher Zeit ftand ein Altar auf dem Felfen im

Meere von Tyrus, es war ein Felfentempel, wie der auf dem
Tempelberg in Jerufalem noch heute Kubbet es Sachra, die Fels-
kuppel, der Petersdom heifst, nach dem »Stein des Fundaments«
(Eben Schatja) der, mit dem göttlichen Namen (Schemhamphorafch)
bezeichnet, das ganze Innere erfüllt und in der Mitte noch die
Oeffnung zeigt, durch welche beim Waffertragen am 'Laub-
hüttenfeft, wozu das Volk aus Judäa, Galiläa und der nächften
Diafpora nach der Davidftadt hinaufpilgerte, die im Thalbrunnen
gefüllten Krüge ausgegoffen wurden, zum Sinnbild der einftigen
Vermählung des Meeres mit dem Continente; denn die Quelle Siloa
galt für einen Meeresarm, weil fie Ebbe und Fluth hat. Aufserdem
hatte dem Talmud zufolge der Waffergufs aus dem Tempelbrunnen
an demfelben Succafeft die Beziehung auf ergiebigen Jahresregen. Daffelbe Waffertragen ging im Deukalionifchen Tempel
Hierapolis am Euphrat vor fich, man gofs es in die charonifche
Kluft hinter dem Altar aus, und zu diefer Feier im Frühjahr und
Herbft kam das Volk aus ganz Syrien, Arabien und Mefopotamien
herbei, ja die Weihgefchenke wurden bis aus Aegypten, Indien,
Aethiopien, Medien, Armenien und Babylonien nach diefer Central-
Cultusftätte eingefandt (Lucian Dea Syra 12. 13). In Samothrake
ftanden die längfte Zeit Altäre ohne Tempel auf Bergeshöhen,
ebenfalls zum Andenken an die Ertrunkenen in der Fluth, und
die Pontusfchiffer brachten da Votivopfer.

Mit Recht wird Melkart von den Alten gleich dem olympifchen
Zeus gehalten, und als Wohnfitz der Götter heifsen beide Eilande
das heilige Tyrus. Das feefahrende Tyrus befafs nach Arrian II,
15 das ältefte Heiligthum, foweit menfchliche Kunde
reiche. Herodot, II, 44 brachte durch die Priefter in Erfahrung,
dafs ihr Heraklestempel bis auf feine Zeit (450 v. Chr.) bereits
2300 Jahre ftehe; der Hohepriefter zu Tyrus kam gleich nach dem
König und war gewöhnlich aus königlicher Familie. (Juftin. XVIII,
4. XXVIII, 5.) Pygmalion der König von Tyrus hat feinen
Bruder Sicharbaal, den Priefter der Melkartinfel und Gemahl
der Dido mit dem Speer auf der Eberjagd verwundet und in den
Schlund geftürzt — wie Typhon Mars den Adonis. Es ift ein
Brudermord wie bei Kain und Abel. Defshalb afsen die Syrer
von Cultuswegen kein Schwein, und diefs unreine Thier durfte
der Schwelle des Melkarttempels zu Gades nicht nahe kommen.

Die Belustochter Anna, Schweſter Pygmalions und der Dido, hatte in Rom ihr Feſt am 15. März, wobei jeder ſo viel Becher trank, als ſeine Geliebte Namensbuchſtaben hatte, um recht lange zu leben. Die Römer lernten ſie als gütige Jahresmutter Anna Purna oder Perena kennen.

Auf Münzen von Sidon aus dem III. Jahrhundert führt Aſtarte einen Stab in der Hand, der in ein Kreuz endet — ſie iſt die babyloniſche Iſtar. Ein Stern vom · Himmel ſoll vor Aſtartes Augen, da ſie die Welt durchwanderte, niedergegangen ſein, welchen ſie dem Inſeltempel weihte, der auch ihr Heiligthum einſchloſs, und zwei Kegel, von Chryſolith und Smaragd, Malikartis und Aſtartes Idole leuchteten Nachts gewaltig. Die Eilande ſelber hieſsen nach Sonne und Mond, wie Rhodus Aſteria ehedem genannt war, weil es der erſte Blick der Sonne getroffen. Man möchte glauben, daſs ihre Idole hinter Glas ſo durchdringend glänzten.

So leuchtete auch die aſſyriſche Juno im · Tempel zu Hierapolis, der heiligen Stadt Syriens. Lucian ſchreibt c. 32: »In der einen Hand das Szepter in der andern die Spindel hat ſie auf dem Haupte Strahlen, dazu einen Gürtel, wie Venus Urania. Am meiſten Anſehen verdient ein Stein auf den Kopfe, die Lampe geheiſsen, die Benennung kommt mit der Wirkung überein. Denn aus ihm ſtrahlt des Nachts ein ſehr heller Glanz aus, von welchem der ganze Tempel, wie von Lampen erleuchtet wird. Am Tage iſt dieſer Schein viel ſchwächer, hat aber doch eine ſtark feuergelbe Farbe«.

Der weltberühmte Melkarttempel nahm die kleinere Inſel näher dem Feſtlande ein. Von ihm gilt ſo gut wie vom Gotteshauſe Jehova's: kein Stein iſt auf dem anderen geblieben, nur der Fels beſteht fort, auf dem das Heiligthum geſtanden. Der ogygiſche Feſtbrauch hat ſich allein noch erhalten. Im April oder zur Oſterzeit, wo bei uns das Oſterwaſſer geweiht, der Tauf- und Weihbrunn mit der Salzſpende erneuert wird, ſtrömt das Volk von Tyrus zum Brunnen vor der Stadt, um ihn unter einigem Gepränge von Topfſcherben oder zerbrochenen Schöpfgefäſsen zu reinigen. Um die Herbſtnachtgleiche oder nach Volney Ende Septembers ziehen die Stadteinwohner mit Eimern voll Meerwaſſers zu dem 100 Schritte vor dem heutigen Stadtthor gelegenen Thurme, wo ſüdlich die Frauen, auf der Nordfeite die Männer den ergiebigen Sprudel fchöpfen und giefsen die Salzfluth in den 15—16 Fufs tiefen Brunnfchacht aus — zur Vermählung d e s M e e r e s m i t d e m Süfswa ff er. Mariti wohnte der Scene in den erften Tagen des Oktobers 1768 bei und erzählt p. 269, wie die Surioten, um den Born rein zu bekommen, fünf bis fechs Krüge Meerwaffer eingoffen. Nehmlich zur Zeit, wo die Sonne mit ihrem Jahreslauf fich wieder zur Tiefe fenkt, wo Adonis in der Kulturfprache vom Eber auf den Tod verwundet ift und der ihm heilige Flufs am Libanon von Blut fich färbt, röthet fich auch die Hauptquelle von Tyrus, und der Stadtbrunnen nimmt Orangenfarbe an. Dann verfammelt fich eine Menge Volkes aus der Stadt, einige kommen bis auf drei Stunden weit herbei, fingen und tanzen und find fröhlicher Dinge.

Es ift eine nationale Feftlichkeit, ein unvordenkliches Naturfeft bei den vorderafiatifchen Völkern, das zugleich fein Gegenbild in der ὕδρευσις am Strand von Eleufis hat. Auch in Griechenland fammelte fich die Menge an den herbftlichen Eleufinien oder Hydrophorien und trug freiwillig das Waffer vom Meere her nach dem Heiligthum. In all den fagenhaften deukalionifchen Fluthtempeln war der Waffergufs rituell, damit Zeus auf Danae, die Erde, Saatregen fallen liefs. Diefs ift die Ceremonie am Tag des heiligen Mechlar. Und wie im Salomonifchen Tempel die Begehung unter Chorreigen und Freudenfprüngen ftatt fand, wobei felbft Greife fich betheiligten, fo rechnete hier Alt und Jung fich das Waffertragen zur Ehre, reichte während des Einfchüttens unter Phantafie tanzend im Kreife fich die Hände und kehrte in feftlicher Stimmung heim. Plutarch Is. 39 erzählt Aehnliches von den Aegyptiern.

Der Ergufs der Salzfluth in die Süfsquelle darf allerdings an die Inachifche oder Noachifche Fluth erinnern, welche I. Petr. III, 21, als Erdtaufe aufgefafst wird. Aber kurz vor dem Herbftregen unterftützt die fymbolifche Handlung anfchaulich das Gebet der Menfchheit um reichen Jahresregen. Wie das Waffer in die Brunnentiefe fich ergiefst, fo möge Regen herabfallen. Diefs und die noch fortdauernden Regenproceffionen gehören zum urfprünglichen Naturdienft.

Schon R o b i n f o n fand auffallend, dafs die Wafferleitungsbogen von Ras el Ain direkt nach Tell Mafchuk auslaufen, und erft von da die Kanalrinne zur Stadt abzweigt. Bei der Belagerung unter

Salmanaffar war den Tyriern fünf Jahre das Waffer abgefchnitten, aber fie tranken aus gegrabenen Brunnen. (Menander bei Jof. Ant. IX. 14. 2). Der Stadtbrunnen vor dem Thor quillt von unten auf und fteht nicht mit der Wafferleitung in Verbindung, wie uns auf Befragen nach bisherigem Befunde feft verfichert wurde — diefs ift wenigftens der allgemeine Glaube. Olivier (Reife 1805) wendet gegen die unterirdifche Zuleitung zum Stadtbrunnen ein, die Röhren müffen feit dem mehrtaufendjährigen Beftande längft mit Tuffabfatz verftopft fein. Die Aquädukte von Ras el Ain verdoppeln ja ihre Pfeiler durch Stalaktiten. Nachgrabungen brachten zwei Fufs lange, feft aneinander gekettete Thonröhren in Vorfchein, wonach der Thurmbrunnen unterirdifchen Zuflufs erhielt. Infel Tyrus litt bei allen Belagerungen nie Waffermangel, nicht, als Ras el Ain in der Hand der Affyrer und Macedonier war, welche die Infelftadt felbft mit Schiffen vom Küftenland abfperrten. Strabo rühmt XVI, 2, dafs Aradus durch künftliche Vorrichtung Süfswaffer vom Meergrunde bezog, ihre Nachbarn, die Tyrier, hatten es noch näher. Auch Venedig befitzt im Dogenpalaft und aufserhalb ein paar Brunnen, deren Waffer freilich nicht genügt. Man darf hier an der Küfte nur wenig in den Sand graben, wie auch unfer Generalconful verficherte, und alsbald kommt Süfswaffer zum Vorfchein. Der Libanon fpeift damit das Land weitum, und diefs kommt Tyrus zu Gute.

Melkart ift in der Form Mechlar der Stadtpatron geblieben. Der Stadtgott, wenn auch nicht Stadt und Tempel, hat alle Verwüftungen überdauert.

Wie Venedig nach der Zerftörung Aquilejas durch Attila 452 als Meereskönigin emporkam, ift zufolge Juftin dem Hiftoriker Infel-Tyrus um 1200 v. Chr. nach einer verlorenen Schlacht gegen den König von Askalon mit Zuthun der Sidonier erbaut worden. Tochterftadt zu fein lehnt jedes ab, die Filiale beider war Karthago, die Neuftadt. Die zweite Periode der Stadt begann alfo mit der Ueberfiedlung der Sidonier, 240 Jahre vor Erbauung des Salomonifchen Tempels, 1011 v. Chr., nach Jofephus vor Trojas Eroberung. Dafs Tyrus einfach, Karta, »die Stadt« hiefs, wie Rom urbs, Athen ἄστυ, und Stambul aus ἐς τὰν πόλιν gebildet ift, findet fich eigentlich nicht; dafür kommt der Name in Armenien (z. B. Tigranocerta), Affyrien, Babylonien und befonders Medien vielfach

vor, aber auch in Paläftina, wo namentlich das vorchriftliche Nazaret ihn führte.   Diefe Benennung für Wohnung, Gründung, Bauwerk (Ssk. krta) ift fo uralt, dafs fie in allen femitifchen wie arifchen
Sprachen vorkommt.   Genug, dafs die Tyrier ihren Gott Malik
oder Melek, »König« der Stadt, (Karta oder Kerta) hiefsen.

Nach Plinius V, 19 lag das Eiland 700 Schritte vom Continent.
Alexander d. Gr. fah in der Meerenge einen grofsen Fifch auf-
tauchen, diefs brachte ihn auf den Gedanken der Kanalfperre oder
der Eindämmung beider Ufer, um durch Vorfchub der Belagerungs-
mafchinen an die Mauern der Infelftadt zu kommen.   Ein unge-
gewöhnlich heftiger Sturm warf im April 1877 an den Felfen von
Tyrus einen Wallfifch von dreifsig Fufs Länge aus, der durch
das herbeigeeilte Volk mit Mühe erlegt ward.   Statt das Gerippe
an Ort und Stelle zu belaffen, wie einft in Joppe es zum Träger
des Andromede-Mythus geworden, riffen Nordamerikaner es an fich
und brachten es nach New-York.   Erinnert er nicht an die Baläna,
die Alexander d. Gr. auf den Gedanken brachte, den Meerftrom
vor die Infeln zu fperren!

Durch die Auffchüttung des Eurychoros, welcher zuerft die
kleine öftliche Königs-Infel mit der weftlichen, Tempel und Priefter-
räume verband, ward Alexander wohl ebenfo der Kriegsplan nahe
gelegt, die fo verbundenen Eilande ganz an den Continent zu ziehen.
Die Tiefe betrug nach Arrian II, 18 ja nur drei Orgyien oder Faden;
an der Oftfeite ftiegen 150 Fufs hohe Thürme empor und hinderten
den König hier zu ftürmen.   Sieben Monate lag er davor: die
Zerftörung war nur oberflächlich auszuführen, daher 17 Jahre fpäter,
313 v. Chr. die Ptolomäer fich 15 Monate gegen Antiochus in
Tyrus behaupten konnten. Diod. XIX, 61.   Curtius IV. 2, 16 fagt:
Eine Menge Steine war zur Hand, welche Alt-Tyrus (zum Alexanderdamm) bot.   Diodor. XVII, 40 läfst den König Alt-Tyrus nieder-
reifsen und mit Quadern den zwei Plethra d. i. 200 Fufs breiten,
500 Schritt langen Damm bauen.   Die neuere Kriegskunft kommt
auf die alte zurück, um eine belagerte Stadt einen Wall aufzu-
werfen.   So verfuhr Nebukadnezar mit Palätyrus, wie Titus mit
Jerufalem.

Der Schutt womit Hiram beide Infeln verband, ward in den
Kreuzzügen wieder ausgehoben, wie aus Wilh. v. Tyrus XIII, 5. 6
erhellt: »Die Stadt war nach der Meerfeite rings mit einer Doppel-

mauer umfchloffen, die in gleichen Abftänden Thürme von verhältnifsmäfsiger Höhe hatte. Auf der Landfeite gegen Morgen läuft eine dreifache Mauer, die mit äufserft dicken, dicht aneinander ftehenden Thürmen von merkwürdiger Höhe bewahrt ift. Ueberdiefs zieht davor ein breiter Graben fich hin, mittels deffen die Bürger das Meer leicht von beiden Seiten einlaffen können. Bei der Stadtbelagerung, welche 27. Juni 1124 mit der Eroberung endete, lagerte das Kreuzheer in den Fruchtgärten, zog alle Schiffe von der nördlichen Rhede auf's Trockene und »führte einen tiefen Graben vom oberen Theil des Meeres bis zum unteren, fo dafs das ganze Heer davon gedeckt war.« Ich kann diefs nicht anders verftehen, als dafs hiermit der Alexanderdamm durchftochen ward. Der Stadtplan wird diefs veranfchaulichen. Somit lag der Stadtbrunnen zwifchen beiden Durchftichen, und es beftätigt fich die Kleinheit des Tempeleilandes.

Nahr Ibrahim oder Adonisflufs.

XIX. Der Heraklestempel mit den Himmelssäulen. Das heilige Grab und die Auferstehungslehre.

ls Mekka noch tief im Hintergrunde lag, wohl auch bevor der Tempel zu Baalbek fich erhob, ehe Carthago und Rom erbaut wurden, war der Tempel des Herakles Melkart oder Stadtgottes von Tyrus das gröfste und befuchtefte Heiligthum im ganzen Umfange des Mittelmeeres. Die Brennpunkte der älteften Gefittung: Memphis, Babylon, Ninive, Tyrus und Sidon, dazu Athen liegen von einander nur 170—70 deutfche Meilen. Wie viele Jahrhunderte, bevor tyrifche Werkmeifter dem Jehova das fteinerne Haus auf Moria errichteten, beftand der Felfentempel auf der kleinen Infel in Tyrus! Schon Menander in Jofephus Ant. VIII. 5, 3 berichtet: Hiram, Abibalos Sohn, habe die alten Tempel des Herakles und der Aftarte niedergeriffen und neu erbaut. Der Judenkönig berief von da die Bauhütte nach Jerufalem, um Jehova ein ungleich gröfseres Heiligthum zu gründen, und zwar nach phönizifchem Mauerbau und Tempelftyl, da die Hebräer eine felbftändige Kunft nicht befafsen. Melkart trug einen rothen, zu Karthago nach Auguftin einen goldenen Bart, wie der olympifche Zeus. (Movers III, 46 f.) Bei der Eroberung Karthago's nahmen die Römer dem Melkart fein goldenes Gewand ab. Früher hatte Gelo von Syrakus aus der karthagifchen Beute dem olymp. Jupiter den goldenen Mantel übertragen, bis ihn Dionys als zu fchwer

ihm abnehmen liefs, wie auch dem Afklepios zu Epidauros den goldenen Bart.

Nach den Hieroglyphifchen Texten reicht das Pharaonenreich »von den Pforten des Windes bis zu den Stützen des Himmels an den Thoren der Nacht und vom öftlichen Sonnenberge, auf welchem Ra fich erhebt, bis zu den Bergen des Weftens, hinter denen der gnädige Gott fein ftrahlendes Antlitz verbirgt.« Der ägyptifche Herakles Chon fetzt die Säulen in Libyen (Diod. III, 74), die er von Atlas, dem Träger des Globus übernommen, nämlich die Solftitialfäulen im himmlifchen, wie irdifchen Cirkus, um welche die Sonne im Kreislauf des Jahres ihren Wagen lenkt: fie ftehen als folche am Eingang zum Tempel des Himmelsgottes. Ramfinit der nach dem Tode in die Unterwelt hinabfteigt, mit Ifis Demeter würfelt und mit goldenem Handtuch oder der Ofterfahne feine Auferftehung beging, alfo an Ofiris Stelle getreten, fetzt vor den Phtatempel die beiden Säulen, wovon die füdliche Sommer, die nördliche Winter bezeichnete (Herod. I, 121), alfo Solftitialftadien.

Zwei Säulen erhoben fich vor dem Melkarttempel mit den Namen Samemrumos (in Sanchuniathon p. 16. 18 Chrysor) und Ufov. Die Säulen im Heiligthum zu Gadira waren von Gold und Silber und beide Metalle in Eine Farbe zufammengefchmolzen, über eine Elle hoch, von viereckiger Arbeit wie die Ambofse, die Capitelle mit Buchftaben befchrieben, die weder für ägyptifch noch indifch noch für eine fonftige Schrift zu erkennen waren. (Philoftr. Apollon. V, 5). Die arabifchen Geographen, wie Mafudi, fchreiben von Hirakl dem Giganten oder Dhulkarnain, deren Bildfäulen von Stein oder Erz auf den Infeln im weftlichen Ozean mit gebieterifcher Geberde und durch Infchriften vor der Weiterfahrt warnten.

Hiram fetzte nach feinem neuen Tempelbau in Tyrus das Feft der Auferweckung (ἔγερσις) des Melkart in der kürzeften Jahreszeit ein. Ueber die vorangehende Todtenklage fpotten die Propheten. Die Gottesverehrung in der Sonnenreligion hängt mit der Zu- und Abnahme der Vegetation zufammen. Der Gott der Phönizier lebt jährlich mit der Regeneration der Erde auf und ftirbt mit ihr, wie Brahma und Hu oder Hugadarn, der Gott von von Gadir, nämlich der grofse Jahu. Tyrus bewahrte fein heiliges

Grab*), und brachte fortwährend auf feinem Altar blutige Opfer, auch brannte davor ein ewiges Feuer. Man nahm die Gebeine des Gottes zur Gewährung des Sieges mit in den Krieg, und bei der Auswanderung (einen Theil der Reliquien!) nach Gades. „Dafs du die Heilige heifst, bewirken feine dort beigefetzten Ge- beine« äufsert Mela**).

Der religiöfe Ritus blieb durch ganz Phönizien gleich und hatte vorbildliche Aehnlichkeit mit dem Chriftenthum. In Byblos wie Lucian (Dea Syra) bezeugt, begingen fie im Heiligthum der Aphrodite die Myfterien des Adonis wobei fie alljährlich wehe- klagen und grofse Trauer im ganzen Umlande fich verbreitet. Wenn fie aber den Jammer eingeftellt haben, opfern fie dem Adonis als einem Todten, des folgenden Tages aber fagen fie, er fei wieder lebendig geworden, und fchicken ihm gen Himmel.«

Wie lehrreich bleibt es, dafs die Nationen in die Runde den Glauben an die Auferftehung aus der afiatifchen Heimat feft- hielten! Nicht zu reden von den Aegyptern haben die Perfer und ihre Stammbrüder die Germanen, die gälifchen Völker unter druidifcher Hierarchie, ja felbft die rohen Thrazier mit ihrem aus der Unterwelt wiedergekehrten Zamolxis in diefem Glauben felig gelebt und find darin geftorben. Die pharifäifche Lehre von den Urftänden des Fleifches am dritten Tage ift rein zoroaftrifch, aber nicht erft aus dem babyl.-perf. Exil erborgt. Diodor XVII, 50 berichtet vom Culte des Jupiter (d. h. Himmelsvater) Hammon:

---

*) Clemens recogn. X, 24. Herculis sepulcrum apud Tyrum, ubi igne crematus est. Celfus empfand, dafs Paulus im Unrecht fei, die Kreter mit dem bekannten Verfe als Lügner abzufertigen »Ihr fpottet derer, die den Jupiter anbeten, weil fein Grab in Creta gezeigt wird: und dennoch betet ihr felber einen Menfchen an, der begraben worden ift.« (Orig. VI). Seine Theologie ift hauptfäclich phönizifch!

**) III, 6. Juftin. XVIII, 4 Vgl. mein Heidenthum II. § 77. Talismanifche Reliquien- verehrung im Kult des Baal Moloch. Noch Hefiods Gebeine find Rettungsmittel wider die Peft (Pauf. IX, 38); nach dem Ausfpruch der Pythia holen fie die Orchomenier von Naupaktos. Die Aegypter bewahrten die Gebeine des Ofiris, die Tyrier und Gaditaner jene des Melkart in heiligen Laden; die Israeliten führten die Gebeine Jofephs in der Bundeslade mit fich, wenn wir der Tradition der Rabbinen zu Exod. XIII, 19 glauben. Alle Memnonien bargen den Frohnleichnam, von den Molochaltären wanderten die Kindopferknochen als Talisman mit zu Schiff. Als die ägyptifchen Chriften im IV. Jahrh. die Reliquien der Märtyrer aus den Gräbern hoben, widerfetzte fich noch der Vater der Einfiedler, Antonius: aber der Einflufs der Völkerreligionen überwog.

Dem herumgetragenen Bilde des Gottes folgt eine Menge Jungfrauen und Weiber, welche auf dem ganzen Wege Päane ſingen
und mit patriarchaliſchen Hymnen den Gott preiſen.« Nonnus erklärt: Zeus will, ſein Sohn (Dionyſos, den er mit einer Jungfrau
erzeugt) ſolle die Welt vom Uebel erlöſen; ihren Widerſtand wird
er zu bekämpfen haben, aber ihr Heil bringen und dann gen
Himmel fahren, um ſich zur Rechten ſeines Vaters
niederzulaſſen.« Der Parſiprieſter rief in den Mithriaken: »Faſſe
Muth, heilige Heerde der Eingeweihten, dein Gott iſt erſtanden
und ſeine Qualen und Leiden werden dir zum Heile gereichen.«
Herodot nennt die Geten ἀϑανατίζοντες, Ewigleber.

Es gibt im Religionsleben wenig neue Ideen, wir zehren zu-
meiſt von denen, welche die Mitgabe der Menſchheit ſeit ihren
Urſitzen in Hochaſien bilden. Die Tyrier haben die Lehre von
der Urſtände, welche durch Melkarts Gottesleben verbürgt war,
auch im Abendlande verkündet. Philoſtratus (Apollon. V, 4)
nennt die Gaditaner die einzigen Menſchen, welche dem Tode
Päane ſängen — ſie frohlockten alſo im gläubigen Hinblick auf
die Unſterblichkeit.

Das Orakel befahl den Tyriern, die Heraklesſäulen an den
Grenzen der Erde aufzuſuchen, wie Strabo III, 5 weiſs, und da
ſie an die Meerenge im Weſten kamen, lieſsen ſie Calpe und
Abila dafür gelten. Europa ſelbſt trägt den Namen von den
Phöniziern. Herakles Sardo war Führer der nach der Inſel des
Fuſsſtaphens (Jchnuſa) auswandernden Libyer, von da hieſs ſie
Sardinien. Helios tritt ſeinen Nachen an ihn ab, der Held ſchifft
ſich darin ein und fährt mit den Sonnenlauf durch den himmliſchen
Ozean gegen Weſten. So hieſsen die Aegypter die Argo des
Oſiris' Schiff (Plut. Is. 22*). In Hieroglyphentexten fährt der Sonnen-
gott Ra in der Barke gegen Abend nach den Inſeln der Seligen,
dabei Ungethüme, wie Nilpferde und Crokodile bekämpfend, gleich
Herakles in der Argo. Arrian erzählt in der Anabaſis Alexander's
(II, 24) bei Gelegenheit der Stadteroberung: „Alexander opferte
dem Herakles und veranſtaltete eine Prozeſſion mit dem Heere.
Die Schiffe nahmen Theil daran und er hielt ein gymniſches Kampf-
ſpiel und einen Fackellauf. Auch die Maſchine wodurch die Mauer
eingeſtürzt war, weihte er im Tempel und und das heilige Schiff
des Herakles welches er erobert hatte.«

Gades, heute Cadix, hat eine ähnliche Lage, wie Tyrus und hängt, wie eine geftempelte Bleikugel am plombirten Paket, mit einem dünnen Faden am Feftland, fonft ganz von der See umfpült. Der Heraklestempel zu Gades, 1100 gegründet, behielt fein Cederdach bis auf die Römerzeit; im Innern war kein Götterbild, nur ein ewiges Feuer, wie Levit. VII, 13 in der Stiftshütte und im Jehovatempel. Der Hafen in Marmarika, .Ψοινικοῦς λιμήν hatte δίδυμαι νῆσοι, zwei Infeln vor fich liegen (Ptol. IV. 5, 7), und drei Eilande (Oenusae Plin. IV, 19. 34) lagerten am Eingang des meffenifchen Portes Phönikus.

Der Ruhm des Gottes von Tyrus verbreitete fich vom atlantifchen Weltende bis Indien. »Dem Vater Ammon und Bruder Herakles, Athene Pronöa und dem olympifchen Zeus, den Samothracifchen Kabiren, indifchen Helios und Bruder Apollo« war ein Altar nahe der ehernen Säule geweiht, worauf ftund: »Hier machte Alexander Halt!« (Philoftr. Apol. II, 43). Athene erfcheint auf Vafenbildern dem Herakles befreundet, ja als deffen Geliebte und Braut. Auch Aftarte ift die Stadtfchirmerin mit Mauerkrone, Szepter und Spindel auf dem Wagen von Löwen gezogen. Auf den Bernfteininfeln fand fich eine von Zinn, die andere von Erz, Bilder aus alter Zeit, von Dädalus und Ikarus errichtet — nach Ariftoteles' Wunderbuch c. 28.

Melkart der »König der Stadt« gleicht Aftyanax oder dem Zeus Polieus, Aftarte der Athene Polias. Die Münzen des Aftartetempels zu Paphos zeigen die vor der Halle freiftehenden zwei Säulen. Vor dem Erdaltar des lykäifchen Zeus am Hochberg Theffaliens ftanden zwei Säulen, darüber vergoldete Adler im älteften Style. Der Nationalgott umfchlang Tyrus, feine Metropole, mit einem fchützenden Seile, wie Curtius IV, 3 fchreibt, und die Tyrier banden während der Belagerung unter Alexander ihre Gottheit mit Ketten feft, damit fie nicht zum Feinde übergehe — wie die Athener ihre Siegesgöttin, Nike, feffelten — die phönicifche Onka. Ebenfo weihten die von Cröfus belagerten Milefier ihre Stadt der Artemis, indem fie vom Tempel ein Seil bis an die Mauer zogen (Herod. I, 26). Wer denkt nicht unwillkürlich an Wallenfteins

---

*) So im Hochgefang des Entharius (Darius im Tempel zu Hib. Brugfch-Bey nach der Oafe el Khargeh 28. 51).

Schwur: er wolle Stralfund nehmen, und wenn es mit Ketten an den Himmel gebunden wäre! nicht an unfere nächften Stadtfagen von Augsburg, München, Landshut, Paffau, Strafsburg u. f. w., dafs eine Kette um die Mauern fich fchlinge, die jeder beim erftmaligen Eintritt durchbeifsen müfse. Es ift der Gürtel, welcher der jung-fräulichen Vefte vom Eroberer gelöft wird.

Diefes umfchlingende Band ift der fagenhafte Ochfenhautriemen, der fich um die Byrfa zu Karthago, wie auch wieder um London, Wisby, Danzig und um den Hain Mamre zu Hebron gefchlungen. Man wird an die Bindfäden erinnert, welche in Judenftädten die Sabbatgrenze bezeichneten. Ebenfo fchlang fich ein heiliger Faden von Tyrus aus um all die Colonien im Umkreis des Mittelmeeres, indem fie insgemein mit der Mutterftadt durch religiöfe Bande zu-fammenhingen, auch zum alten Heiligthum die Tempelfteuer ab-lieferten. Für fämmtliche Punier in und aufserhalb des Mittelmeeres blieb Tyrus der gemeinfame Wallfahrtsort, fo bedeutend, wie fpäter für die Griechen Delphi, für Italien noch Loretto, für Spanien San Jago di Compoftella geworden, wo ebenfalls ein Stern vom Himmel gefallen.

Das Heiligthum des Herakles zu Tyrus mufs um fo mehr die bei den älteften Welttempeln feftgefetzten Erzthüren befeffen haben, als Tyrofidonien vorzugsweife den Erzgufs pflegte, daher die mehrfachen Giefsereien den Namen Zarpat, Sarepta, Sariphaa oder Sarfend bis auf unfere Tage erhalten haben. So lautet die Tempelinfchrift des Amenobis, d. h. Amuns in der Stadt Hib auf der Oafe el Khargeh: »Entharius (Darius) der Freund hat diefes Denkmal aufführen laffen für feinen Vater Amun Ra, den grofsen Gott, den ftarkarmigen, und feine Gottgenoffen. Er hat erbaut diefen Tempel von neuem aus hellem guten Stein als ein Maska. Aufgeftellt wurden feine Thore aus Akazienholz von den Weft-landen, Pirfennu genannt, befchlagen mit afiatifchem Erz in dauerhafter, vortrefflicher Arbeit. Mögen fie ihm fchenken Feft-jubiläen auf dem Throne heute und in alle Ewigkeit*).« Mafak, Mafaka (משכן) bedeutet Haus, Zelt, Wohnung, hebräifch wie arabifch, was Mesquieh, Meskita und Mofchee, was das nachfolgende Ma-fchuk einfach als das Heiligthum erfcheinen liefse. Eherne Pforten

---

*) Brugfch-Bey Reife nach der grofsen Oafe el Khargeh S. 20. 21.

hatte auch der Serapistempel zu Memphis, wie »das Thor des El« zu Babel (affyr. Bab-ili.) Herod. I. 180 f. Affyriens Kaifer Sardanapal III. fetzt in feinen Palaft zu Kala die Infchrift: »Durch die Pforten, die ich errichtet und mit Gold überzogen, habe ich den Lichtftrahl hereingeleitet. Der Wiederglanz diefer Lichtftrahlen hat fich über die erzgetäfelten Wandblenden allum ergoffen.« So lautet der Keiltext in der Münchener Glyptothek. Salomo ahmt diefes bei feinem vom phönizifchen Werkmeifter Huram erbauten Tempel nach: »Er überzog die Thüren mit Erz« (II. Chr. IV, 9). Noch erinnert an alte Pracht die lange noch mit Kupfer be- fchlagenen goldene Oftpforte. Noch mehr: das Thor Nikanors hiefs auch das Korinthifche, weil es von folchem Erz war. Diefer hatte von Alexandria zwei Thürflügel geholt, ein Sturm aber den einen ins Meer geworfen, doch als er in Acco landete, begab fich das Wunder, dafs der andere nachgefchwommen kam (Joma c. 3, 10). Wir führen diefe ehernen Thore, wie fie in der Folge an den Hauptdomen des Abendlandes fich finden, als charakteriftifch fchon für das Alterthum an, weil wir überzeugt find, dafs, wie auch die erfte Kathedrale von Tyrus, wie die Sophienkirche und die Ommiaden Mofchee in Damaskus — das Heiligthum des Herakles, hier wie auf Tell Mafchuk mit Erzpforten gefchloffen war, von wo fie der Gott mit den Säulen nach Gades verfetzt haben mag, wie Simfon die Stadtthore von Gaza auf die Schultern nahm.

Herakleskopf.

Kapitol von Palatyrus.

XX. Das ältere Heiligthum auf Tell Maschuk.
Phönizischer Opferdienst.

Als der grofse Alexander vor Tyrus' Mauern erfchien, begehrte er im unzugänglichen Tempel des Herakles auf der Infel eigenhändig zu opfern. Wahrfcheinlich trug er fich fchon damals mit dem Gedanken, fich zum Gottesfohn erklären zu laffen, was er erft in der libyfchen Oafe des Ammon ausführte. Die Tyrier wiefen ihn mit der Erklärung ab: der Herakles-Tempel in der Altftadt, die bereits in feinem Befitze war, fei das urfprüngliche Heiligthum. (Curtius IV, 2. XI, 10.) Solche Kränkung rächte der Welteroberer mit der Erftürmung und Zerftörung der Stadt. Wir fuchen nach diefem älteren Heiligthum, wie nach Kadmus' Grab, und würden uns nicht wundern, weit frühere Merkmale wieder einer fpäteren Perfönlichkeit zugefchrieben zu finden; denn das ift ja das Charakteriftifche in den Legenden, dafs der Glorienfchein von heidnifchen auf chriftliche und moslimifche Geftalten übergeht.

Tyrofidonien ift für den Forfcher ein primitives Land, indem es nicht blofs durch die Anlegung uralter welthiftorifcher Colonien alle Völker weit überflügelte, fondern auch fein Nationalheiligthum am Mittelmeere für das ältefte gilt.   Wir gehen aus, um die un- erforfchte Tempelftätte zu fuchen, und zwar an dem Höhenpunkte, wohin die Wafferleitung von Ras el Ain, deren Ueberflufs die Gegend in einen wunderbaren Fruchtgarten verwandelt, auf anderthalb Stunden in gerader Linie nach Norden hinzieht, um fodann im rechten Winkel auf die Strecke einer halben Stunde einen aufgedämmten Kanal nach Weften in der Richtung zur Stadt ab- ·zugeben.   Hier an der Biegung erhebt fich ein fchön gefchwungener Felshügel, der Hochpunkt der Altftadt, vorausgefetzt, dafs fie fich bis hierher ausdehnte. Atîqa! Atîqa! ruft man uns unten bei der Mühle und oben auf der Höhe zu und bietet uns antike Münzen zum Kaufe an.   Mögen die römifch-griechifchen Philologen auch überrafcht fein, ich beftehe darauf, dafs antik ein gut femitifches Wort fei, und nicht mit ante zufammenhängt — was wäre das für eine Ableitung*)?   Das Wort Atîqa dringt uns in ganz Syrien zu Ohren, denn man mufs wiffen, dafs der Fellah oft mehr alte als neue gangbare Münzen in feiner Hütte oder im Gürteltuche ftecken hat; bei der gefteigerten Nachfrage gibt er auch alles für Antike aus.   Man lieft das wurzelhafte Atiq bei Ifaias XXIII, 18, atiqim I Chron. IV, 22. Als Stadtname taucht es in Utika für Atika »die Alte« auf. Das Nun ift mundartlich. Die Karer verehrten nach Steph. Byz. den Hermes unter dem Namen Imbramos, d. h. Ibrahim, der mit Abram gleichlautet. So wird aus Mabug, der Stadt der Mao, der fyrifchen Gottesmutter, Manbice oder Bambyce, und Onkelos ift ein Name mit Aquilas. Die Pefchito gibt Gibborim, Riefen, durch Ginbora.   Stofsen wir uns nicht an diefem Steine; denn nur auf linguiftifchem Wege werden wir die Lage eines der älteften Sanctuarien begründen, wovon die Kunde auf uns gekommen ift.

Bekanntlich haben die Araber die alten Ortsnamen gerne in ihre Sprache überfetzt, z. B. Dan in el Kadi, »Richter«, Ephraim in Tayibe. Ibn al Athyr im XII. Jahrhundert nennt zuerft den Namen Tell el Mafchukt mit der Erklärung: Hügel der Geliebten

---

*) Vgl. Avatara und Aventüre, perf. Mefchia und Menfch, Afen und Anfes, Mongolen und Ungarn neben Mogolen und Ugren, Vitodurum und Winterthur.

(Aftarte). Der weifse Kalkfelshöcker von gut 200 Meter Umfang und 40—50 Höhe ift das Kapitol der älteften Weltftadt am Mittelmeere, der Mittelpunk der Quellenleitung und felber von einem Kanal durchfchnitten, der, aus grofsen Wafferkammern gefpeift, zu drei Viertheilen fich als Felfenfchacht formirt, dann als Tunnel mit gewaltigen Quaderblöcken bedeckt fortfetzt, in einem der Gewölbe fteht nun die Mühle. Tell Mafchuk erinnerte mich an den Felshöcker Mogaret Baal am Fufse von Mar Elia oder vor dem Südthore von Sidon, wo der Sarkophag Edfchmunezers fich vorfand. Ich hege keinen Zweifel, dafs hier die Königsgräber von Tyrus gelegen. Die Grabgrotten öftlich gegenüber bieten aber nichts Ungewöhnliches. Drei grofse Sarkophage, wovon wir noch den einen vorfanden, rühren aus diefen Grüften.

Die Akropolis in Athen, welche zugleich der Tempelberg war, behauptet eine unvergleichliche Lage; die Natur felber ift da zur Künftlerin geworden. Die Byrfa in Karthago habe ich nicht durch Augenfchein kennen gelernt. Das Kapitol von Alt-Tyrus aber, welches wir auf einer breiten natürlichen Felfentreppe erfteigen, und fogar zu Pferd ohne Mühe gewinnen, kommt dem in Rom an Höhe ungefähr gleich, und ift ein merkwürdiger Felsrücken, mit deffen unvordenklicher Bedeutung wir die Gefchichte bereichern müffen. Tell Mafchuk ift der Name des merkwürdigen Plateau's, das eine Art Kaftell krönt, von zwei Kuppeln überragt. Unter diefen Wölbungen ruht der Schech Mafchuk und feine Gemahlin. Ein feltfamer Name, ein hier fo hochgeehrter und fonft völlig unbekannter Mann. Wir paffiren die Vierecksmauer und betreten, ohne lange die Schuhe auszuziehen, das Innere, wo ein hölzerner Sarkophag, von riffigen und farbenfchüffigen Pilgerfahnen umfteckt, die ganze Herrlichkeit ausmacht. Warum ift der alte Herr zum blofsen Schech herabgefunken? bei den mehrfachen Elias-Gräbern mufsten wir bei noch fo hohem Anfehen, fchon um die Pietät der Einheimifchen nicht zu verletzen, wie Mofes vor dem brennenden Dornbufche die Sandalen löfen. Sonderbar, dafs daneben eine Frau zu fo hohen Ehren gelangt, folche Aufmerkfamkeit ift dem Orientalen fremd? Berggräber, der natürliche Gegenfatz zu den künftlichen Pyramiden, find allerdings vom Berge Hor mit Aarons Grabkapelle, bis zum Neby Mufa (nicht am Nebo, fondern im Dfchebel el Fefchka an der Nordweftfeite

des Sodom-Sees, wo ein alter Anachoret die Ehren des Geſetz-
gebers empfängt), dann in Neby Samwil, dem Seherorte Nob. Die
moslimiſche Sage weiſs noch von einem Grabe Adams auf dem
Berge Kubejs, und der Dſchebl Oſcha bei es Salt führt vom Grabmale des Neby Oſeas den Namen, deſſen Kuppel weithin leuchtet
und das Andenken wie die Andacht zum Propheten erhält.

Aber ſolch ein Felſengrab mit einem fürſtlichen Wely an
einem der intereſſanteſten Punkte am Mittelmeere hat doch kein
bloſser Schech eingethan, ſelbſt wenn er für einen Heiligen galt,
wie Abdelkadr, dem dabei der hochwichtige Prophet el Kadr zu
Hilfe kam! Neben dem Wely Schech Kasmi, das wir ſeinerzeit
als Grabſtätte des Kasmiel oder Kadmus aufgedeckt, läſst ſich
hier ſüdlich eine Meile entlegen etwas Groſses vermuthen, vielmehr erweiſen! Was heiſst denn Maſchuk? Antwort: D e r G e -
l i e b t e ! das wiſſen andere auch. Hieſse es die Geliebte, ſo möchte
man an die Gunſt und Glück gewährende Aſtarte Rhodope, welche
bei Tyrus auch ein Inſelchen beſaſs, die aus Thracien gekommene
(Europa) Rhodope oder ägyptiſche Aſchenbrödel denken, deren
beim Bad eingebüſsten zierlichen Pantoffel der Wind oder ein
Adler zu den Füſsen des Pharao trug, worauf er nach der Eigen-
thümerin im ganzen Lande ſuchen lieſs und ſie auf ſeinen Thron
erhob.

Ausdrücklich erwähnt Lucian D. S. II, 3: der Herakles-Tempel zu Tyrus ſei urſprünglich im Style Aegyptens erbaut geweſen.
El Maſchuk iſt arabiſch das ägyptiſche Mi-Amun oder Memnon,
»der von Amun Geliebte,« und bezeichnet alſo ein Memnonium.
Auch Abraham heiſst el Chalil oder Freund Gottes, wie der
Jakobus-Brief II, 23 dolmetſcht.   Chalil iſt der Beiname von Hebron; aber Chebron ſelbſt heiſst der Verbundene, Genoſſe oder
Freund, und eine Nabatäiſche Inſchrift lautet: »Gedacht werde
des Chebro im Guten.« Es iſt der Menſchenopfer heiſchende Moloch*), der kretiſche Zeus, welcher ſelbſt bei den Griechen M e i -
l i c h i o s , d e r L i e b r e i c h e beigenannt wird. Bedeutſam wird der
Heiland bei der Taufe wie auf Tabor als der Gottgeliebte verkündet und das Namensſpiel wiederholt ſich noch im Evangelium,

---

*) Apollo Amykläos, der Lacedämonier, geht auf dieſelbe Wurzel zurück. Ein
cypriſcher Text lieſt τῷ Ἀπόλωνι τῷ ἀμύκλῳ — zu Idalion, wo ein Phönizier
Weihgeſchenke darbringt.

wenn Johannes XIV, 23, XXI, 7. 20 ſein Gottlieb in Jeſulieb überſetzt, wie Joſeph bei Manetho mit Moſes verwechſelt Oſarſyph
heiſst, alſo Oſar, Oſiris für Jo eintritt, für Jahve, wie man glaubt.
Der eigentliche Stadt- und Gottesname ſollte ein Geheimniſs der
Prieſter bleiben, damit nicht ein Feind hergehe, den heiligen Namen
anrufe und den Stadtbeſchützer, hier Melkart, auf ſeine Seite
hinüberziehe, was die Römer Deos evocare nannten. So erfahren
wir erſt aus Johannes Lydus: der Geheimname der ewigen Roma
ſei das Anagramm Amor geweſen.

Wir befinden uns in dem Doppelheiligthum des Baal
und der Baaltis, welche die Karthager Beliſama, die Himmelskönigin, nannten. Der tyriſche Herakles iſt längſt, und
jüngſt noch von Erneſt Renan, als Baal oder Sonnengott, erkannt
worden, aber ſtatt des unausſprechlichen Namens hieſs er »der
Gottgeliebte.« Syncellus nämlich berichtet S. 290: Herakles
habe bei den Phönikern auch Dibdan geheiſsen, wofür
Scaliger Διωδᾶν ſetzt. Nun ja! Daud, David wird ebenſo Δάβιδ,
wie Nave Νάβε geſchrieben. Diodas bezeichnet aber, wie David,
den Liebling oder Liebenswürdigen*), Agapetos, Philemon, Di-
lectus. Dieſen Namen überſetzt Maſchuk: die weibliche Form iſt
Dido Coelestis, deren Titel die Gründerin der Byrſa von Karthago führt.

Der Vater der Geſchichte traf Herakles bei den Aegyptern
als urſprünglichen Gott, wie ſie ſagten, ſchon 17,000 Jahre vor
Amaſis, wo die »acht Götter« (phöniziſch »Esmun«) zu zwölf ſich
entfalteten, für deren einen Herakles galt. Er erzählt II, 44: »Ich
ſchiffte nun nach Tyrus, weil ich erfuhr, es ſei dort ein dem
Herakles gewidmetes Heiligthum, und ich fand es reich mit allerlei
Weihgeſchenken ausgeſtattet. Da ich mit den Prieſtern des Gottes
in's Geſpräch kam, fragte ich, wie lange es her ſei, daſs ihr Heiligthum gegründet worden. Sie behaupteten: gleichzeitig mit der
Anlage von Tyrus und dieſes ſtehe bereits 2300 Jahre« — d. h.
2750 vor der chriſtlichen Aera. Dieſs kann nur von dem älteſten

---

*) Griechen und Römer mochten an Theodotos, Deodatus denken. Fürſt, Ono-
maſticon Nr. 2856. Vgl. Güdemann, Religionsgeſchichtliche Studien 1876, Lpz. S. 52 f.
Vgl. den deutſchen Namen Aswin. Amatiſſimus Dei war nach dem Deuteronomium
ein Hoheitstitel des Königs.

Tempel gelten, der am Feftlande ftand, nicht wohl von dem durch Hiram erneuerten.

Herodot fährt fort: »Ich fah in Tyrus noch ein anderes Heiligthum des Herakles mit dem Beinamen Thafios — wie in Thafos, das die Phönizier gegründet, als fie auf der Fahrt waren, die Europa zu fuchen, was wieder fünf Menfchenalter früher gefchah, als Herakles, Sohn des Amphitryon, in Hellas vorkommt.« Thafos ift der echte Kananäer, denn er heifst Agenors Sohn, fo in den Scholien zu Euripides' »Phoiniffen« 5. Paufanias V. 25. 12 fchreibt: »Die Thafier, welche phönizifcher Herkunft find und von Tyrus und fonft aus Phönizien unter Thafos einen Seezug zur Auffuchung der Europa unternahmen, haben einen Herakles nach Olympia geftiftet, der fammt feinem Poftament von Erz ift.« Das Heiligthum diefes Gottes auf dem Eilande Thafos wurde damals geftiftet, fünf Menfchenalter vor der Geburt des jüngeren Herakles, Sohnes der Alkmene. Thafios, der Priefterkönig auf Kreta, wird von den Hunden zerriffen (Hygin fab. 217). Thafos ift kein griechifches Wort, fondern ägyptifch Tafi, was von der Höhe gebraucht wird. Tafi heifst aber auch der Heerführer und ift Beiname des Sonnengottes; fo deutet Lauth den Königsnamen Ra tos bei Manetho. Tfchafi ift die koptifche Ueberfetzung für Herr, Altissimus. Tafos wäre alfo noch der ägyptifche Herakles. Gleichen Namens fcheint Thefeus, der fein Heldenwerk auf der Stierinfel des Minotaur vollbringt. Von der phöniz. Stadtanlage Kart, griech. Käratos, heifsen die Bewohner Κεράτιοι die Kreti, der Bibel, welche ftets neben den Pleti oder Philiftern auftreten. Dionyfos Hebon kommt als Stierkämpfer Heobani fchon 2000 v. Chr. in Keilfchriften des affyrifchen Reichspalaftes von Affurbanipal vor. Diefer fammelte 670 die Bibliothek und liefs das Alte abdrucken.

Wie aber, wenn Herakles Thafios der Befchnittene oder der Befchneider heifst, von מזה, amputavit, was Ifaias von der Rebe gebraucht. Ra, der ägyptifche Himmelskönig befchneidet nach dem Todtenbuche fich felbft, zudem lefen wir von der Wegnahme der Scham des Ofiris (Lepfius XVII, 23), wie in der Bibel (Jofua V, 9) die Schande Aegyptens von Israel weggenommen wird. In den Monumenten bis aus der IV. Dynaftie fehlt die Vorhaut bei Göttern und Menfchen, wie Wilkinfon V, 318 aufmerkfam macht, und die Operation findet fich am Tempel

des Chufu zu Karnak im Gemälde dargeftellt. Die Phönizier, Syrer und Paläftinenfer aber, verfichert Herodot II, 36,
104, hatten die Befchneidung von den Aegyptern. Nach
Philo von Byblos (bei Eufebius I, 10) hat Kronos, den die Phönizier Israel nannten, als Landesherr im Königsornat zur Zeit
einer fchweren Peft und Hungersnoth feinen mit Anobreth erzeug-
ten einzigen Sohn Jehud*) auf einem eigens hierzu erbauten Altar
dem Eljun, feinem vergötterten Vater Eljon (Uranos) zugleich mit
der eigenen Vorhaut geopfert.

Hier auf dem Hochaltare von Tell Mafchuk hat der tyrifche
Herakles fich felber verbrannt, wie der griechifche auf dem Oeta,
und Aftarte Dido zu Karthago auf der Byrfa fich den Scheiterhaufen errichten liefs, auch ihr Grabmal fand, um das fich zugleich
Damaskus ftritt (Silius I, 80, Juftin XXXVI, 2). Denfelben Feuer-
tod findet Sardan oder Sardanapal in Ninive. Am Feuerfefte des
Sandan zu Tarfos wurde ein Heraklesbild mit verbrannt (Movers
I, 615). Malkander, d. i. Malek Adar, Feuerkönig hiefs der Gott
und Herr in Byblos. Die Phönizier opferten im Kriege, bei Dürre
und Seuchen dem Saturn ihrer geliebteften Kinder nach Volks-
befchlufs. Der von Philo von Byblos ins Griechifche überfetzte
Sanchuniathon ift voll folcher Beifpiele (Porphyr. abstin, II, 56).

Juftin XVIII, 7 erzählt, wie der vertriebene karthagifche Feldherr Maleus feinen Sohn Karthalo, nachdem diefer eben den
Zehent von der fizilifchen Beute nach Tyrus überbracht, Angefichts der Vaterftadt mit der priefterlichen Infel auf dem Haupte
und in königlichem Purpur bekleidet an ein hohes Kreuz fchlug —
und durch die Gewalt des Opfers bezwungen, ergab fich Karthago.
Dafs der Vater den Eingeborenen opfert oder wenigftens der Idee
nach der Hoheprifter und König fich felbft darbringt, will der
alte Gott, nicht der himmlifche Vater, fondern ein graufamer
Tyrann, in deffen Welt der Menfch lieber fterben, als fortleben
möchte. Zur Verföhnung des Himmels, oder des Volksgottes,
damit er menfchliches Erbarmen fühle, verzichtet der Sterbliche
auf das Dafein. Der phönizifche Opfergedanke ift klar und
deutlich und wirkt bis heute noch in den Glauben, durch freiwillige Darbringung anderweitiges Unglück zu verhüten.

---

*) Jehid oder Jehud, der Eingeborne heifst auch Jakob. Gen. XXII, 2.

Dasfelbe Sohnesopfer bringt Melek Sydik zu Beirut. Sadyk der ſchöne Jüngling entmannt ſich, da Aſtronoe ihm nachſtellt, d. h. der Gott thut weiteren Schöpfungen Einhalt. In dieſem Sinn hat Kronos den Vater Uranos entmannt. Kronos heiſst auch auf Münzen von Berytos Melkart, was die malteſiſche Inſchrift mit ἀρχηγέτης überſetzt. Zu dieſem Saturn betete man nach griechiſchem Brauch entblöſsten Hauptes, die Einheimiſchen mit verhülltem Antlitz. Der Phönizier ſchlachtete beim Schwur, indem er Götter und Menſchen als Zeugen anrief, ein Lamm mit dem Steinmeſſer.

Aegyptiſch aber heiſst Baal Sutech, bibliſch Haſedek, der Sonnenherr; er hatte in Heliopolis ſeinen Tempel. Er iſt jener Melchiſedek, welcher natürlich als Himmelsgott, »ohne Vater und Mutter« war. Hebr. VII, 3. Den Namen trägt auch der dem Eljon dienende Prieſter, welcher den blutigen Cult beſeitigt. Sandok aber hieſs der jüdiſche Pathe, der bei der Beſchneidung das Kind auf den Schooſs nahm.

Es unterliegt kaum mehr einem Zweifel und ſelbſt rabbiniſche Gelehrte ſtimmen ein, daſs Bel Chronos, der Gott des ſaturniſchen Zeitalters, den Beinamen Abram, Abu Rama, d. i. Vater der Höhe führte. Als ſolcher herrſchte er in Damaskus wie in der Kaaba der Araber, wo er das Sohnesopfer an Iſmaël vorhatte. Sein Bild ſtand in der Kaaba, ſieben Pfeile in der Hand haltend, bis es Muhammed mit den Worten zerſtörte: »Unſeren Scheich ſtellten ſie dar mit Pfeilen zaubernd; was hat Abraham mit Pfeilen zu ſchaffen?« (Sie deuten auf Looswerfen). Abram heiſst als geſchichtliche Perſönlichkeit der Patriarch, der Gott im feurigen Ofen erblickt (Gen. XV, 17), und ſeinem Eingeborenen zum Schlacht- und Brandopfer das Thier zu ſubſtituiren die Offenbarung erhielt. Seltſam heiſst im Talmud Bava bathra f. 91, 1 und der jüngeren Hagadaa ſeine Mutter Amthelai, gleichnamig mit Amalthea, der Nährmutter des kretiſchen Zeus, oder Baal Melkart. Es iſt Amatellas, die japaneſiſche Sonnengöttin, die deutſche Stammmutter — Embla oder die kuhhörnige Audhumbla! —

Nicht minder merkwürdig erzählt der Helleniſt Malchos Kleodemos aus Samaria bei Joſephus Ant. I, 15 von einer Verwandtſchaft der Abrahamiden mit Herakles. Movers (I, 86. 98) findet wunderbar, daſs der Stammvater der Israeliten mit dem Urahn aller Semiten, Bel Chronos für Eine Perſon gehalten, und von Arabern, Babyloniern, Phöniziern, Syrern und Neuperfern mannichfach verwechfelt werde. Eupolemos, gleichfalls Samarit, läfst Abraham in Phönizien einwandern, dort die Aftronomie und anderer Wiffenfchaften verbreiten, und die Feinde von Land und Volk abwehren (Eufeb. praep. IX, 17). Ebenfo ift Bel Herakles bei den Babyloniern Erfinder der Himmelskunde, Verfaffer heiliger Bücher und der geheimnifsvollen Säulenfchrift, in Phönizien aber und insbefondere zu Tyrus Inhaber geheimer Wiffenfchaften, und heifst Ἡρακλῆς ὁ φιλόσοφος.

Es wird der Ζεὺς ξένιος der Samariter fein, welchen fchon der Talmud Cholin 6, 1 Taubenanbetung vorwirft; auch das Zeus-Kind wird von Tauben genährt. Wie nun, wenn auch Hamans Mutter Amthelai heifst? (nicht Amthelui, Mutter des Gehenkten, was die Rabbinen auf Chriftus und Maria beziehen!) Hamman heifst aber der »Stadtkönig« von Tyrus (Movers 343). Amalthea fcheint hebr. Amath El, Magd oder Amme Gottes, überhaupt Mutter Gottes, wie Eschmunezar die Am oder Amath Afchtoret zur Mutter hat. Auch Rhea führt in Hesiods Theogonie 468 den Namen Amma, und wäre dann eins mit der babylonifch-affyrifchen Mylitta. Die Karer gelten für Urväter der Kreter und nannten nach Hefychius Car das Schaf. Diefs fcheint Kar Nebo zu erklären, und der Widder in Beziehung zur Ziege Amalthea und ihrem Füllhorn zu ftehen. Auch der egyptifche Amun (fowie Zeus Karneios) verbirgt fich vor Herakles im Widderkopf. Paufanias I, 2 nennt die Karthager urfprünglich Tyrier, daher kommt Adon Baal Hamman auf punifchen Votivtafeln vor. Im böotifchen Theben, der Colonie des Cadmus, beftand ein Tempel des Ammon (Pauf. IX, 16); ferner befafs der Gott Heiligthümer zu Sparta, Gytheion und Athen, wo man felbft Ammonia feierte. In Olympia gab es eine Hera Ammonia und einen Hermes Parammon (Pi Re Ammon) Haman der Vater der Götter zu Hara. Hamon in Afer Jof. XIX, 28, und Baal Hammon in Nephtali I Chr. VI, 76 Hohel. VIII, 11 gehören dem Gotte an.

Baal hat auf Tell Mafchuk die Baaltis neben fich. Melechet Hafchamaim (Jer. VII, 18. XLIV, 17) Himmelskönigin, oder Aftroarche, »Sternkönigin«, hiefsen die Phönizier die Urania. (Herodian V, 6). In Sidon hatte Aftarte einen grofsen Tempel, in Tyrus ging der Stern der Venus nieder, zu Sidon zeigte man im Tempel der Aftarte ein Bild der Europa als fchöne Jungfrau fitzend auf einem Stier. Ihr Cult war von jenem am Euphrat nicht verfchieden. In Apheka am Libanon beftand wie zu Byblos und Amathus die babylonifche Unfitte, die Töchter einem Fremden hinzugeben (Luc. D. S. 6). Perfer, Meder und Armenier gaben die Jungfrauen der Anaitis preis (Strabo XI). Aus einem Freuden-haufe in Tyrus foll Simon der Magier die Helena gekauft haben, die er als Bild der verirrten und wiedergefundenen Weltfeele mit fich führte. Sie gleicht dann der Tochter des Weibes von Kana, die in der Gewalt des böfen Geiftes war und von Jefus befreit wird.

Der phönizifche Herakles ringt mit dem nächtlichen Typhon im Sande und verletzt fich dabei die Hüfte (Movers I, 396. 424), wie Jakob im Kampfe mit dem Unbekannten. Der griechifche Herakles ringt felbft mit Zeus in Olympia und erhält davon den Beinamen Palämon, der Ringer; keiner bezwingt den andern, bis endlich Zeus fich zu erkennen gibt (Nonn. Dionys. X, 346). Derfelbe Herakles verrenkt fich im Kampf mit Hippokoon die Hüfte (Pauf. III, 9, 7). Es ift der Sonnengott, deffen Name ari jakal, »der Löwenfieger«, ausfpricht. So deuten wir zuerft den Namen Herakles. Das Feft des Schech Mafchuk wird im Jul gefeiert.

Die Namen Adam, Abram, David, wurzeln tief im femitifchen Götterglauben. Wenn Jsaias LI zu Israel fpricht: »Erkennet den Fels woraus ihr gehauen, die Brunntiefe woraus ihr gegraben feid« — fo entfpricht diefs der phönizifchen Vorftellung von Anobreth. Und wo anders als auf dem Hügel Mafchuk hat El oder Baal Saturn, der feine eigenen Kinder verzehrt, das allen Völkern der Chronos-Zeit, die in ihm ihren Vater erkennen, vorbildliche Gottesopfer gebracht? Ain obreth heifst die über-fliefsende Quelle, und bezeichnet den Paradiefesbrunnen des Hohen Liedes IV, 15, der vom Libanon fliefst und als Fonti di Salomone auf dem Grunde von Palätyrus entftrömt. Denn fo fchildert Non-nus, der gelehrte Mytholog und ägypt. Kunftdichter Dionyf. XI, 350 ff.: »die uranfänglichen Quellen, wo das vielnährende Waffer mit felbfterzeugtem Sprudel quillt, deffen Strömung aus dem Schofse der Erde fich ergiefst. Er fah der Abarbarea furchtbare Strö-mung.« Noch heute lebt der Name Ain Abrian, auf der Nord-

ſeite der Stadt, fort, und das Waſſer des »Ueberfluſſes«, welches
in gerader Richtung dem Heiligthum des »Gottgeliebten« zuſtrömt,
wurde zum Symbol der Urfeuchte oder mythiſch der Anna Pe-
renna, griech. Peirene, der indiſchen Anna Purna, welche als Zeit-
mutter den Sohn des neuen Jahres zur Welt bringt.

Maſuchis nennt Ptolemäus III. 4, 5 in Marmarika, es ſcheint
derſelbe tyropuniſche Colonialname. Tell Maſchuk iſt die Hoch-

Tell Schech Maſchuk, altes Baalheiligthum.

burg von Alt-Tyrus, welches ſeine Kinder zuerſt zur Entdeckung
der fernſten Länder ausſandte, Colonien an allen Küſten anlegte,
alle Meere beherrſchte und den Welthandel begründete. Wenn
die Schiffe zum heimiſchen Port ſteuerten, fiel der Blick zuerſt auf
das Heiligthum des Stadtgründers und Patrons der Seefahrt, welchem Helios ſelber den Nachen abgetreten um gegen Sonnenuntergang zu ſteuern, und welcher den erſten Umzug um die Länder der alten Welt im Gefolge ſemitiſcher Stämme veranſtaltete.
In dieſem Tempel, welcher die ganze Stadt überragte, hingen ſie
die Waffen der Kriegsbeute auf. Das ſeefahrende Tyrus befaſs
nach Arrian das älteſte Heiligthum, ſoweit menſchliche Kunde
reicht — hier oben hat es geſtanden. Es iſt noch der Gott Abra-

hams, der als rauchender Ofen und Feuerfäule erfcheint. Genef. 15, 18.

Nach dem Sanchuniathon hat der Protogonos durch Reibung von Holzftücken die erfte Flamme erzielt, die im Tempel fortbrannte und nie mehr ausgehen follte. Die Erfindung des Feuers, die hier zuerft gemacht wurde, bezeichnet den Anfang aller Cultur. Baal Herakles hatte Pyra oder Feueraltäre auf der Höhe im Freien zu Tyrus, Tarfus, Sardes, und auf der heiligen Infel der Cypris: Autoren und Münzen bezeugen diefs (Bachofen Tanaquil 53). Später fand die Uebertragung auf das Infelheiligthum ftatt, wo fortan Malikarti und Aftarte Nachts gewaltig leuchteten.

Stand auf Tell Mafchuk der Baal-Tempel oder das Heiligthum des Herakles Thafios, fo verftand fich von felbft dafs dort die Bluttaufe oder Befchneidung alles Volkes vor fich ging; nicht Jehova allein war feinen Verehrern ein »Blutbräutigam.« Exod. IV, 23. Der Titel Geliebter für den Gott der Schreckenszeit ift euphemiftifch, wenn wir in ihm nicht vielmehr den geopferten Sohn in des Himmels Höhen verftehen. Tell Ibrahim el Chalil liegt neben Birs Nimrud am Euphrat. Auch Adonis heifst der Geliebte, und auffallend führt fein Flufs am Libanon nun dem Namen Nahr Ibrahim. Gottfried von Bouillon befuchte am Neujahrstage 1100 Abrahams Garten bei Jericho; der Name rührte offenbar von der Baalftätte Gilgal her, wo die Scipionin Paula die Hügel der Vorhäute, die unzugänglichen Hermonim fich zeigen liefs. An den Gilgal oder Baalcirkeln wurde diefer Act, wie im Dienfte der Rhea Cybele zu Peffimus der Eunuchenfchnitt vorgenommen. Phallifche Bedeutung fchreibt man den Steinkegeln zu, welche jetzt zu Grabftelen dienen, wie fie einft als γολγοί an den Gilgal oder Baalftätten ftanden. Das Buch der Weisheit erklärt XIV, 15 als Urfprung des Götzendienftes: ein Vater habe über feinen allzufrüh dahingefchiedenen Sohn Leid geklagt und ihm ein Bild gefertigt, das man dann göttlich verehrte, ihm Altar und Opfer ftiftend. — Hier ift auf Horus-Maneros angefpielt; die Erklärung wäre richtiger, wenn der heilige Verfaffer das göttliche Sohnesopfer von Anbeginn ins Myfterium zöge.

»Elohim, der das Opfer des einzigen Sohnes von Abraham verlangt, ift eben Baal Moloch, und der Zorn Elohims, der das ifraelitifche Belagerungsheer von den Mauern von Dibon vertreibt, als der Moabiterkönig Mefa feinen erften Sohn fchlachtete, ift eben auch nur der Ingrimm Baal Molochs, der durch Opfer gefühnt, von den Belagerten fich nun gegen die Belagerer kehrt.« Aehnlich bringt Idomeneus auf Kreta, und Teuker, der König von Salamis d. h. Salem auf Cypern feinen einzigen Sohn dem alten Rache- und Zorngott zum Opfer.

Die Menfchheit zehrt von wenigen Gottesgedanken und wieder- holt Jahrtaufende hindurch diefelbe Religionsidee. Auch das Chri- ftenthum hält den phönizifch femitifchen Opferglauben feft. In Jerufalem hat Jehova das Kreuzopfer Jefu feines Sohnes zur Ver- föhnung der Welt gefordert und angenommen. Diefs Geheimnifs fafst fchon der Myftiker unter den Evangeliften, Johannes III, 16 in die Worte: »So hat Gott die Welt geliebt, dafs er feinen Ein- gebornen dahin gab, damit Alle, die an ihn glauben, nicht ver- loren gehen, fondern das ewige Leben haben.« Der Inhalt der chriftlichen Dogmen ift im wefentlichen gleicher Natur mit dem Inhalt der alten Mythe; aber unfere Erkenntnifs fteht unvergleich- lich höher.

XXI. Fabelhafte Herkunft der Phönizier. Entdeckung der Atlantis. Midakrit und Merkur.

Der römifche Gefchichtsfchreiber Juftin XVIII, 3, 5 berichtet: »Von Erdbeben heimgefucht haben die Phönizier ihre älteften vaterländifchen Sitze am perfifchen Meerbufen verlaffen, um zuerft die Umlande des affyrifchen Sees zu bewohnen; darnach find fie unmittelbar an das Meer ausgewandert und haben Sidon erbaut, eine Stadt, die von ihrem Reichthum an Fifchen den Namen hat.« Unter perfifchem Golf haben wir die Ἐρυθρὴ θαλάσσα bei Herodot II, 8, ein fprachliches Quid pro quo für arya zrayo, (neuperfifch darayo) arifches Meer, arabifch Bachr Fardys zu verftehen. Dort lagen die (Bahrain) Infeln Tylos und Aradus — welche die Phönizier zu ihren Handelsfahrten nach Ophir oder dem Lande Abhyra am Ausfluſs des Ganges in Befitz nahmen und nach ihren heimifchen Eilanden benannten. Sie unternahmen Ophirfahrten fchon zu Anfang des XII. Jahrhunderts, alfo lange vor Salomon (Laffen II, 586), wobei fie wohl den Monfum benützten, fich von der Küftenfahrt loszureifsen. Wie verlockend waren die Infelnamen Argyre und Chryfe, die fie vor der Coromandelküfte zu Schiff anliefen. Nicht vom Perfermeer find die Punier her, fondern vielmehr dahin gekommen, wie fpäter die Venetianer und heute die Britten nach Aden, welches bereits Ezech. XXVII, 23, als Gefchäftskunde vorkömmt. Die Inder kamen ihnen auch auf halbem Wege entgegen. Dwipa Sukhatara, Ssk. Die »glücklichen Infeln« im rothen Meere nannten die Griechen Dioskorides-Eiland, νῆσοι εὐδαίμονες bei Diod. III, 47. (Sokotoro). Dorthin mögen Punier-Fahrten fich erftreckt haben, fchon bevor

Salomo daran theilnahm. Ihre Herkunft kann nur von den Euphrat-
ländern fein; noch liegt am Tigris die Stadt Phoenicia, nun Fynyk,
auch beftand von Palmyra bis Babylon ein femitifches, offenbar
phönizifches Curfiv-Alphabet — wohl von den fortgefetzten Handels-
verbindungen. Ebendarum kann der affyrifche See nicht das todte
Meer fein, wie Karl Ritter meint, was follten die regfamen Phönizier
in diefem Grabe thun? — fondern fo hiefs der See Gennezaret.
Ein Beweis liegt fchon darin, dafs das gegenüberliegende Gadara
am Jarmuk (türkifch Irmak === Flufs) das affyrifche Gadara, und
der Montblank im Norden Paläftinas der affyrifche Libanon hiefs.
(Reland s. v.) Heifst doch Neve im Hauran in alter Zeit Ninive,
und auf der Höhe des Libanon liegt noch heute Kefr en Nimrod,
der Flecken Nimrods, ein paar Stunden vom heiligen See der
Apheka, fowie Kasr Nimrod, die Nimrudsburg zu Kefr Hauar und
zu Salihije bei Damaskus, in Erinnerung an die Zeit, wo die Affyrer
die Cedern für die Kaiferpaläfte in Ninive fällten, wie Layard von
Holzreften der Hallendächer nachwies.

Vom galiläifchen Meere fand dann die Ueberwanderung ans
Mittelmeer ftatt, welches in der Vorzeit das grofse affyrifche Meer
hiefs; denn fo fchreibt Achilles Tatius I, 1 »Die Stadt Sidon liegt
am Meere. Es ift das Meer der Affyrer, die Stadt felbft die Mutter
die Phönizier.« Es griff mithin eine völlige Sagenumkehr Platz,
wie wenn man Panormos, Meffene, oder Pifa in Hellas zu Colonien
der grofsgriechifchen Städte machte, oder, was die Rabbinen ver-
fuchten, das galiläifche Roma für einen Ableger Roms an der
Tiber erklären wollte. In Folge der Ueberwanderung erhielt der
Gennezaret die Benennung phönizifche See, wie wir bei Aratus
phaenom c. 24 lefen: Venus Aphakitis habe fich in den phönizifchen See geftürzt und in einen Fifch verwandelt.

Die Phönizier find das erfte kosmopolitifche Volk
der Erde. In einer Zeit, wo andere Stämme, z. B. die Hebräer,
durch ihr Religionsgefetz angewiefen ihr Land allein als heilig,
andere Völker und deren Gebiete als unrein betrachteten und
mieden, bricht der tyrifche Herakles den Bann und der mythifche
Dhulkarnam vollführt den gemeinfamen Völkerzug nach Hefperien
und zurück durch die nördlichen Weltgegenden. Es war eine
Zeit, wo die feefahrenden Phönizier bei Entdeckung des griechifchen Archipelagus mit feinen Infeln diefelbe freudige Ueber-

rafchung erlebten, wie die Spanier bei der Auffindung der Antillen.
Diodor meldet V, 81 f.: Nach der Deukalionifchen Fluth, die den
Continent Afien verheerte, wurden die Eilande Lesbos, Chios,
Samos, Kos und Rhodus von Makareus und feinen Söhnen in
Befitz genommen, und da fie fchön und fruchtbar, auch herrliche
Luft da wehte, hiefsen fie die Infeln der Makaren. Plinius (IV, 20.
27. V, 35. 36. 39) gedenkt, dafs auch fonft phönizifche Infeln, wie
Antiope, Cypern und Kreta diefen Namen geführt. Aus dem
rothen Meere wandert Oannes, der Fifchprophet, als Jonas
ins Mittelmeer; ihm folgen von dort die Infeln der Seligen
(τῶν μακάρων). Hiebei darf Makar (Menkera?) noch an Melkart
erinnern, der als Melikertes vom Fifche nach Weften getragen
wird. Mit dem Vorrücken der Erdkunde galten die fieben kana-
rifchen Infeln als die Wohnfitze der Glückfeligen, und Kronos
fchläft dort den (fiebentaufendjährigen) Schlaf bis zum Weltende.

Midakritus hat nach Plinius VII, 56 zuerft die Zinninfeln
vor Britanniens Küfte entdeckt, er erfcheint wie der Columbus des
Alterthums, der von Tyrus aus das Goldland aufgefunden. Merkwürdig ift diefer Midakrit, oder wie Hardouin lieft, Midas Phryx,
der nach Hygin fab. 274 Zinn und Blei, überhaupt die Metall-
fchätze im Abendlande ergründet, der König von Midgart,
der ideellen Urerde, oder des verlorenen Paradiefes. Er gleicht
dem phrygifchen Midas, unter deffen Händen fich alles in Gold
verwandelt, und in deffen Garten die Rofen wild wachfen. Er
gleicht unferem Laurin, dem Goldkönig der Schatzkammer oder
Bergwelt (Herod. VIII, 138), das Alpenglühn ift der Wiederfchein
feiner Fefte. Er thront in den Bergen, fofern diefe die Todten
einfchliefsen; und die Bergfchachte gleichen den Höhlengängen
oder Schatzkammern, d. h. der Unterwelt der Todten. Darum
findet man an Laurentiustag allenthalben Kohlen im Boden,
die fich in Gold verwandeln. Midea heifst übrigens Herakles
Gattin. Man möchte Midakrit mit Melikertes zufammenhalten,
welcher feinen Tod in den Wellen fand (wie Minos im Bade), und
deffen Ertrinken am Ifthmus von Korinth durch Leichenfpiele im
Andenken erhalten blieb. So wechfelt die Tenuis mit der Liquida
in Dakone und Lakone, Tadmor und Palmyra, Odyffeus und Ulyffes,
Xenephons Charman da, nun Kilmad, Ladma oder Galmei, Tor-
pedo und τορπιλλη, Egid und Giles — und hinwieder L mit R in

Gozora nun Gozolo, welches Hanno im Periplus nennt, in Hele-
barde und Heerbarde, Lafurftein für Lapis Lazuli, alemannifch
Kirche und Kilche u. f. w.

Nicht minder aufdringlich ift der noch unerklärte Grenzgott
Merkur*). Wie Cäfar damit den oberften Gott der Deutfchen vergleicht, fo war er der Schutzherr der Kaufleute, femitifch Kanani,
d. h. der Kananäer oder Phönizier; Offenbarer von Zahlen, Maafs
und Gewicht, und von Haus aus Setzer der Säulen, wie Thaut, Thot,
Teutates, der Deus Terminus, wie Melkar, Melkur. Die Hermen
find ihm geweiht, und der Schlangenftab läfst ihn zugleich als
Herrn über Tod und Leben oder Auferwecker erfcheinen. Er ver-
einigt alle Attribute des Herrn Himmels und der Erde, aber es ift
lange her, dafs fein uranfänglicher Dienft aufkam.

Die Phönizier waren das erfte internationale Handelsvolk der
Welt. Die Tyrier haben die Schifffahrt erfunden und geben dafür
Herakles die Ehre. Die Infel Kaffura, Cofyros bei Malta, erhielt
von Kufor, dem Hauptkabir, ihren Namen, der als Chisr bei den
Orientalen fortlebt. Ihr Colonialwefen übertrifft das aller Völker,
nur das kleine Portugal hat fpäter auf kurze Zeit in ähnlicher Weife
Weltgefchichte gemacht. Nach Diodor V, 19. 20 wurden die Phöni-
zier, nachdem fie zu den Säulen des Herakles in den atlantifchen
Ozean fich hinausgewagt, durch heftige Stürme an eine Infel (Atlan-
tis!), reich an Waffer und allen Früchten, verfchlagen. — Bei
Plutarch (de facie in orbe lunae) berichtet ein gewiffer Sulla nach
Mittheilungen eines Karthagers fogar von einer Infel Ogygia im
äufserften Weltmeer, welche die Phönizier aufgefunden, als ob
Cuba gemeint wäre. Marinus Tyrius berechnete das afiatifche
Feftland bis zu 225° öftlicher Länge, viel zu weit, aber der Irrthum
beftärkte Columbus in feinem Plane, das viel näher gedachte Zi-
pango (chinefifch Dfchinpan, Oftinfel) aufzufuchen. Von Cadiz der
Tochter von Tyrus liefen nach Königsbefehl die Schiffe zum neu-
entdeckten Amerika aus.

Indem die Aegypter den Scarabaeus verehrten, der feine Eier
in ein Erdkügelchen legt und diefes vor fich hertreibt (die Abbil-

---

*) Vgl. Mamers = Mamurius, dem urfprünglichen Hermes Dädalos oder Erbauer des
Schatzhaufes, der nach ägyptifcher Mythe fein Haupt zum Pfande läfst — wie Mimir
es durch die goldhütenden Vanen verliert. Es ift ein älteres Stadium mythologifcher
Namensfaffung.

dung Wilde Narrative of a Voyage 253), erkannten fie offenbar
die Kugelform der Erde, die noch Laktantius verwarf, weil ja die
Antipoden auf den Köpfen ftehen müfsten, und wenn Chriftus zum
Weltgericht im Thale Jofaphat erfcheine, ihn dann die Hälfte der
Menfchheit nicht fehen würde.

So beftimmt lauten die Nachrichten der Alten, dafs ihre Kenntnifs der Atlantis und felbft der näheren Befchaffenheit allen Zweifeln
Trotz bietet. Plato meldet im Timäos 23. 24 dafs kein Geringerer
als Solon durch die Priefter zu Sais erfuhr, jenfeits der Säulen
des Herakles liege eine Infel fo grofs, wie Afien und Afrika
zufammen genommen. Man erblickte dort einen Tempel, 1000
Schritt lang und halb fo breit, deffen Aufsenfeite mit Silber bekleidet fei, während das Innere von Gold und Edelfteinen ftrahlte.
Jenfeits diefer grofsen Infel gelange man zu einer Menge kleinerer,
und dann in ein offenes Meer«. — Diefs erinnert merkwürdig daran, wie die Gefährten des Cortez auf der Höhe von Anahuai die
Mauern von Tenochtitlan, d. h. der »Sonnenmondftadt« Mexiko
von Silber erbaut glaubten, wie fie im Lichtglanze leuchteten.

Ariftoteles, der klarfte Denker des ganzen Alterthums, und
nach ihm Theophraft bieten die Nachricht, ein karthagifches
Schiff habe aufserhalb der Säulen füdweftlich zu fteuern gewagt,
und eine weitläufige Infel mit gewaltigen Strömen und prächtiger
Waldung entdeckt, fo einladend, dafs ein Theil der Mannfchaft
zurückgeblieben. Aber die Schofetim in Karthago wollten die Entdeckung nicht weiter verfolgen, fondern überliefsen die Gelandeten
ihrem Schickfal.

Bei Älian erzählt Silen dem Midas, Europa, Afien und Afrika
feien Infeln, ein ausgedehnter Continent liege jenfeits des Meeres.
Der den Menfchen unpafsirbare Ozean und die jenfeits liegenden
Welten find vom felben Gebot ihres grofsen Meifters regiert, fchreibt
Clemens von Rom den Korinthern (Eufeb).

Seltfam fchreiben Pomponius Mela und Plinius von Indiern,
d. h. braunfarbigen Menfchen, die zu Schiff an den deutfchen
Küften erfchienen und von einem Fürften dem Conful Quintus
Metellus Celer zum Gefchenk überfandt wurden. Die Erklärung
liegt vielleicht in dem Boot aus Fifchhaut, das 1508 mit braunen
Menfchen einer fremden Sprache nach Cardinal Benebo durch
einen französifchen Kaper nahe dem englifchen Geftade aufge-

bracht wurde. Die Lücke füllt Humboldt mit der Anführung Gomara's aus, dafs im X. und XII. Jahrhundert unter den Ottonen und Friedrich Barbaroffa gleichfalls Indier am deutfchen Nordweft-ufer anlangten. Das Volk von Wales behauptet Madoc ap Owain habe im XII. Jahrhundert Amerika entdeckt. Jedenfalls hatte man an der Weftküfte Hiberniens immer eine dunkle Ahnung von einer jenfeitigen Welt.

Es ift, als ob wir die Berichte Cabral's lefen, der auf der Fahrt nach Indien 1500 von ungefähr die Küften Brafiliens auffand, und noch an keinen Continent dachte. Am meiften überzeugend lautet die Nachricht von den mächtigen Strömen, wobei von einer Infel nicht mehr die Rede fein konnte. Und wie hat der Zufall fpäter ge-wirkt! Von den Kanarien aus wurden die Azoren mittels Tauben-falken entdeckt, wie die Wikingsfahrer folgfam den Zugvögeln Island und Grönland fanden. Columbus feinerfeits erfuhr, dafs aufser bearbeiteten feltfamen Hölzern, ein wildfremder Menfch vom un-bekannten Weftland an Porto Santo angefchwemmt worden fei. Schiffbrüchige Portugiefen wurden 1543 von felbft nach Japan ver-fchlagen, und der polnifche Abenteurer Benjowski fuhr Ausgangs des vorigen Jahrhunderts im blofsen Kahn von Kamptfchatka nach Amerika. Nach Mittheilungen der Antiques Researches find im vorigen Jahrhundert 151 mal Japanefen durch Stürme an die Weft-küfte Amerikas verfchlagen worden. Im Dezember 1731 wurde eine von fünf oder fechs Schiffern bemannte Barke mit Wein auf der Fahrt von Teneriffa nach den weftlichen Kanarien vom Sturm ergriffen und durch Paffate bis Trinidad in Weftindien getrieben. Der Dampfer Algeria traf am 29. Juli 1876 unter 40,27 Breite und 54,30 Länge einen dänifchen Matrofen in einem kleinen Fifcher-boote, der fechs Wochen vorher die vereinigten Staaten verlaffen und den atlantifchen Ozean durchkreuzte. Man hatte feinetwegen fünf Meilen Umweg gemacht, traf ihn mit Lebensmittel verfehen und wünfchte dem kühnen Segler glückliche Reife.

Die Phönizier fuhren zuerft nach Cypern, von da nach Kreta, Karthago und Spanien, endlich zu den Meerespforten hinaus bis zum Senegal. Baal Melkart ftreckte die eine Hand nach den Gangesländern, die andere nach der afrikanifchen Goldküfte aus, wo Hanno einen Kampf mit Gorilla's beftand und deren Häute nach Carthago brachte. Sein Schiff trug ihn auch nach den Küften

des Abendlandes bis zu den Caffiteriden. Die Tyrier wiefen Alexander d. Gr. Admiral Nearch und in der Folge den Juden und
Venetianern den Weg durch's rothe Meer nach Indien, wie den
Genuefen nach dem Pontus Euxinus. Die Völkertafel der Genefis
und bei Ezechiel entftand wohl nicht ohne phönizifchen Einflufs.
Phönizien und Karthago zogen, wie Venedig und Genua, in den
vergangenen Jahrtaufenden die Reichthümer des Orients an fich,
jetzt find fie gefallene Gröfsen des Welthandels.

Tempel zu Aſkalon.

XXII. Roms Gründung durch Samem-Rumos. Tyrische Colonialtempel.

elkart, Sohn des Baal Moloch und der Aſtarte, wurde mit Löwenhaut und Keule abgebildet. Er beſiegt den Nemeiſchen Löwen, wie den Teufel, der umhergeht wie ein brüllender Löwe, ſuchend, wen er verſchlinge. Er hält von Tyrus aus den erſten Weltumzug und erlegt am Aventin den Kakus, d. i. den Böſen. Beide kämpfen mit einander, wie Hor und Set, Abel und Kain, Romulus und Remus. Rom als tyriſche Gründung hat eben auch zwei Brüder zu Stiftern, wie Tyrus an Uſov (Eſau) und Samem Rumos. Von ihm aber hat die Siebenhügelſtadt an der Tiber, Ruma, Roma, Rama, die »Hohe«, den Namen geerbt. Eines der vielen Rama erhebt ſich gleich öſtlich von Tyrus, zwei Drittel des Weges nach Ras el Ain.

Der Himmelhohe oder Herr der Heerſchaaren, Baalſcha-maim, ſiedelt zum Bruder auf die mit dem Ufer parallel laufende

Infel über, d. h. der Himmelsgott felbft ift der Gründer feines Heiligthums. Man möchte, wenn nicht an Bala Rama, an Romus oder den zum Himmel erhöhten Romulus erinnert werden. Rom ift fo dem Namen und der rabbinifchen Tradition nach eine femitifche Gründung, wie Tyrus, ausgegangen von zwei feindlichen Brüdern.

Ufov, der Feuermann, benennt den Vefuv. Die eugubinifchen Tafeln lehren uns den Hercules Fifovie Sancie kennen. Roms Wurzel ift und bleibt femitifch, und bildet Rima, Beth Rima mit dem Artikel Aruma oder Arima, wie Remus neben Romulus und der Ficus Ruminalis (Rimono punifch die Granate) fteht; ja die Tradition im Commentar zum Hohenliede VII, 6 ftellt geradezu feft, dafs das kananäifche und lateinifche Roma Ein Wort fei,*) — nur heifst es kindlich genug, Kaifer Antonin habe auf den Flecken den Namen Romi von der Hauptftadt des Weltreiches übertragen.

Der etrurifche Arno ift femitifch benannt, fliefst doch ein Arnon auch ins todte Meer: aber wer mufs nicht auch den Monte Citorio als phönizifchen »Schwarzenberg«, vielmehr Hügel der Mondgöttin Citara neben dem zum Himmel gefahrenen Himmelsgott Romus oder Romulus erkennen! (S. 20.)

Herakles heifst der Fluchabwender, wie Apollo ἀλεξίχαχος. Er ift am dritten Tage dem Rachen des Todes entftiegen.**) Die Herakleen, welche feine befreienden Thaten befangen, gingen der Ilias voran. Im Sonnenbrande opfert fich der Gottmenfch durch Selbftverbrennung auf dem Berge und gelangt nach Ablegung alles Irdifchen zur himmlifchen Verklärung. Münzen von Tarfus zeigen den Scheiterhaufen mit dem Adler darüber als Symbol der Unfterblichkeit und des Auffchwunges zur Sonnenhöhe. Nonnus XL, 369 bietet folgendes Gebet an ihn: »Herakles im Sterngewande, Herr des Feuers, Herrfcher der Welt, Helios .... Belos am Euphrat, in Libyen Ammon geheifsen, wurdeft Apis du am Nil, in Arabien Kronos, in Affyrien Zeus.«

Von Tyrus aus wurden alle Küften des Mittelmeeres beherrfcht, bis Karthago fich felbftändig machte und Iberien auf fich nahm — überall zog der Stadtgott mit. Den alle fünf Jahre begangenen Herkulesfpielen wohnte II. Makab. IV, 18 auch König

---

*) Vgl. Richt. IX, 41. II. Kön. XXIII, 36. Jof. bell. III. 7, 21.
**) S. 76. Vgl. Ofeas VI, 3 mein Leben Jefu II. Aufl. IV, 317 f. V, 71.

Antiochus bei. Diodor III, 43 erzählt einen Zug von den Arabern, der vielleicht auch von den Waffern von Tyrus galt. Im Palmengarten der Maraniten und fpäteren Garyndanen fand alle fünf Jahre eine Feftverfammlung ftatt, um den Göttern, welchen diefer Ort geweiht ift, reichliche Opfer von gemäfteten Kameelen zu bringen, zugleich in der Abficht, vom Waffer der dortigen Quellen etwas in ihre Heimat mitzunehmen, denn nach alter Sage follte diefs Getränk zur Erhaltung der Gefundheit dienen.« Auguftus ftiftete nach dem Siege bei Aktium fünfjährige Spiele, welche bei Tacitus die Aktifche Religion heifsen. König Herodes führte die fünfjährigen Kampffpiele in Jerufalem, wie Cäfarea ein. (Ant. XV. 8, 1. 9, 6). Das urfprüngliche Heiligthum zu Olympia war ein Tempel Kronions. Der idäifche Herakles fetzte dort die Spiele ein, die jedes fünfte Jahr abgehalten wurden, wie die ifthmifchen und pythifchen. Pauf. V, 7.

Es ift der tyrifche Herakles, der zuerft den Wanderzug nach Weften, ja um die ganze alte bekannte Welt, angetreten und feine Spur hinterlaffen hat. So wiefen die Skythen am Tyras, wo eine Colonialftadt Tyros gelegen (Movers II. 2, S. 306), aber auch die Japygen bei Pandofia die Fufsfpur des Herakles, ja Sardinien hiefs davon auch Ichnufa, die Infel der Fufsfohle. Des näheren erinnert Paufanias VII, 5. »Auch das Herakleum in Erythrä erfreut das Auge durch fein hohes Alter, und der Athenetempel zu Priene durch fein Cultusidol. »Das Heraklesbild zu Erythrä zeigt weder den fog. äginetifchen noch altattifchen, vielmehr fo gewifs als irgend eines den ägyptifchen Styl. Diefes Bild des Gottes fchwamm nämlich auf einem (wie noch am Euphrat und Tigris gefchieht, mit Windfchläuchen) tragkräftigeren Flofs von Tyrus her und legte fich am Vorgebirge Mefate feft, das, zum Feftlande gehörig, inmitten des Seeweges vom erythräifchen Hafen nach Chios liegt. Die Chioten wollten das Bild auf ihre Seite bringen, aber Phormion, ein erythräifcher Fifcher, gewann das Augenlicht wieder, indem er einem Traumgefichte folgte, die erythräifchen Weiber follten fich die Haare abfchneiden, daraus ein Haar flechten und damit das Flofs an's Ufer ziehen. Die ftädtifchen Frauen weigerten fich, dafür liefsen fich die thrakifchen Weiber das Haar abfchneiden, die in Sklaverei, theils auch in Freiheit lebten. Der Zutritt ins Herakleum ift wirklich nur den

Thrazierinen unter den Frauen geftattet, und das Haarfeil haben
die Stadtbürger heute noch in Verwahrung. In Erythrä findet fich
auch ein Tempel der Athene Polias mit einem koloffalen Holz-
bilde, das, auf dem Throne fitzend, eine »Spindel in jeder Hand
und die Weltkugel auf dem Kopfe trug« — während in Sikyon
die thronende Aphrodite den Globus zu Haupten hatte — und
die chriftliche Madonna den Halbmond unter den Füfsen hat.
Von einem ähnlichen Frauenbilde erfuhren wir im Boftan von
Tyrus. (S. oben.)

Vom Herakleum zu Thespiä berichtet Paufanius IX, 27.
»Herakles beftrafte, fo lange er auf Erden lebte, alle Frevler, und
namentlich jene, welche fich an den Göttern verfündigten. Sein
Heiligthum fchien mir älter zu fein, als der Herakles des Amphitryo, und vielmehr dem Herakles unter den idäifchen Daktylen
zu gehören, welcher ja, wie ich gefehen, auch im jonifchen Erythrä und in Tyrus Heiligthümer hat. Auch den Böotiern ift
diefer Heraklesname nicht fremd, fofern fie erzählen, dafs der
idäifche die Aufficht über das Heiligthum der mykalefifchen Demeter führe.« Es ift von Melkart πολιοῖχος, dem Stadtgott neben
der Stadtgöttin die Rede, der natürlich im kadmeifchen Theben
bekannt war. Der tyrifche Herakles genofs ebenfo in Antiochia Verehrung, und es fpielten fich mir beiderfeitige Münzen in
die Hand.

Der Vater der Gefchichtsfchreibung wunderte fich über die
Maffe Weihgefchenke — natürlich! denn alle Colonien fteuerten
zum Tempelfchatze; von hier aus war die Silberausbeute Iberiens in Angriff genommen. Von Tarfchifch und den Infeln
langten Gefandtfchaften an: Tarteffus fcheint gemeint, aber die
Vulgate überfetzt Ezech. XXVII, 12 mit Karthago. Der über-
grofse Reichthum der Heiligthümer und felbft der Gräber führte
zur feltfamen Vorftellung, dafs felbft die glänzenden Säulen Gold
enthielten. Als Hannibal aus dem Tempel der Juno am Vorgebirge Cocinium eine goldene Säule wegnehmen wollte und bereits anbohren liefs, ob fie maffiv fei, drohte ihm die Göttin, er
folle auch um das andere Auge kommen, wenn er fie nicht ftehen
laffe (Cicero divin. I, 25). Auf der Flucht aus der Vaterftadt
fchleppte er nach der Sage feine goldenen Schätze mit, bis er fie
zu Gortyn auf Kreta in Bildfäulen verbarg, alfo in Stein gofs.

Herodot II, 69 fpricht von Gufsftein bei den Aegyptern, wobei man an Glas dachte; von Uebergypfen ift III, 24 die Rede. Hannibals Name bezeichnet Baals Liebling oder Diener, was bei den Hebräern Chanija oder Johannan. Er fand in der Metropole Tyrus das Vorbild des Heraklestempels in Gades, wo er, den heiligen Kiefel in der Hand, Rom ewige Rache gefchworen hatte.

Leider fanden wir den Aberglauben von feinen in Säulen ge-goffenen Reichthümern noch heute vor — fowie Gregor von Tours bezeugt, dafs Purpurfenfter aus Kirchen geftohlen wurden, um durch Einfchmelzen das Gold herauszubringen. Masbub, ge-goffen nennt der Araber den buntfcheckigen fleckigen Marmor, die wie Stuck ausfehenden Säulen, aber die Kunft fei ausgeftorben. So maffenhafte Colonnen hätte man nach allem Augenfchein nicht transportiren können. Allenthalben, auch in chriftlichen Sanktua-rien, wie in der hl. Grotte zu Nazaret, treffen wir koftbare Säulen vom Sarazenenhammer durchfchlagen, und wenn wir von Colonnen aus edlem Metall lefen, mag leicht derfelbe Wahn fich ausfprechen. Als ich vor fo langer Zeit dem Wady el Amud oder Säulenthal bei Kapharnaum mich näherte, rief mich fo eine alte Hexe an: fie wiffe recht gut, dafs ich die dort liegende Säule auffuche, um den darin verfchloffenen Schatz zu erheben. Der Morgenländer zertrümmert Statuen und die edelften Infchriftfteine, welche den Franken den Ort angeben, wo das Gold vergraben liege, weshalb diefe eben die Länder des Oftens befuchen follen, und ift von der allen Kunftwerken gefährlichen Einbildung nicht abzubringen.

In dem Wahne, bei den Einheimifchen das Vorurtheil von eingegoffenem Metall zu zerftören, liefs die berühmte Königin der Wüfte, Lady Efther Stanhope, Pitts Nichte, bei der Ausgrabung des Tempels zu Afkalon, womit 1815 fich 100 bis 150 Araber 14 Tage lang befafsten, um in der Tiefe von 20 Fufs die maffiven Mauern einer ftattlichen Mofchee, tiefer die Grundlage der chriftlichen Kirche, noch tiefer das römifche Palatium oder einen heidnifchen Tempel ans Tageslicht zu fchaffen, die koloffale Marmorftatue eines Kaifers oder Kriegstribun in voller Rüftung in Trümmer fchlagen! Alles vergeblich! Leider fanden wir felbft den älteften Taufftein in der Kathedrale, die wir ausgruben, von herrlichem weifsen Marmor auf folche Weife in Stücke zerfchlagen. Doch liegen eine Reihe ägyptifcher Sienit- und Porphyrkolonnen, offen-

13*

bar aus Hirams Zeit noch beffer erhalten, zu Boden. Freuen wir uns, dafs wenigftens der Name des Kadmus im Wely Kasmi, Sanct Mechlar und Schech Mafchuk von beiden Melkart-Tempeln fortbefteht, welche Herodot noch in ihrer Herrlichkeit fah, Alexander der Grofse aber fammt der Stadt zerftörte. Auch die Tempelftätte im fyrifchen Hierapolis, gleichfalls einem der gröfsten Wallfahrtsorte der alten Welt, wäre endlich des Auffuchens werth, und wir beklagen aufrichtig, dafs der Affyrolog Smith geftorben ift.

XXIII. Antike Bildwerke. Learchos und Melikertes.

Damarmenos, der Fifcher aus Eretria, hatte Pelops' Schulterblatt, das auf der Heimfahrt von Ilion an Euböa's Küfte im Sturme untergegangen, im Netze aus dem Meere gezogen, erftaunt über deffen Gröfse, und auf Geheifs der Pythia den Pifanern in Elis ausgeliefert (Pauf. V, 13, 3). Auch das Tempelbild der Aphrodite zu Argos war mit Fifchernetzen aus dem Meere gezogen. Uns follte ein Unicum von Antike aus Fifcherhand zukommen, das gerade für Tyrus hochbedeutfam bleibt. Ach, dafs wir hier im Lande kunftfeindlicher Islamiten keine unverletzten Alterthümer erhalten konnten! Wir möchten die Zertrümmerung diefer Alterthümer doch nicht den Chriften zur Laft legen, obwohl die bewunderten Bildwerke im Cirkus, auf den öffentlichen Plätzen und in den Strafsen von Byzanz, wovon Eufebius vit. Const. III, 42 fchreibt, in der Folge durch religiöfen Fanatismus vernichtet, und in Rom die in Stücke gefchlagenen Statuen nicht felten im Fundamente alter Kirchen fich finden (Fiorillo I, 16). Suidas meldet, dafs, als Juftinian die in Chryfoftomus' Tagen niedergebrannte Sophienkirche wiederbaute, man im Schutte vergraben nicht weniger als fiebzig Statuen griechifcher Götter nebft den zwölf Zeichen des Thierkreifes und den Bildniffen chriftlicher Cäfaren fand. Kaifer Honorius verbot 399 durch ein Gefetz, Statuen, die zum Schmucke öffentlicher Gebäude dienten, als Götzenbilder herabzuftürzen.

Der gemeine Moslem glaubt, wer das Bild eines lebendigen Wefens macht, wird am Tage des Gerichtes aufgefordert, ihm

Leben zu geben oder zur Hölle zu wandern. Als die Muhammedaner hereinbrachen, zerfchlugen fie alle hellenifchen Kunftwerke,
weshalb wir fämmtliche Figuren geköpft oder mit zerfchmiffenem
Gefichte fanden, einige waren ins Meer geworfen worden. Relieffe
blieben noch am beften gefchont, da fie keinen Schatten werfen.
Verftümmelt waren auch die Bildwerke weifsen Marmors, die Wilde
am Fufse von Tell Mafchuk fand. Kaum hatten die Araber fich
638 durch Verrath des chriftlichen Tyrus bemächtigt, fo verfuhren
fie wie ächte Sansculotten: fie verftümmelten die noch erhaltenen
griechifch-römifchen Skulpturen und fchleuderten fie ins Waffer,
denn in den Augen diefer Fanatiker für den Einen ausfchliefslichen
Allah waren diefs lauter Götzenbilder.

Gegenüber einem antiken Mauerrefte füdöftlich von der Stadt,
wo der Grund zum Meere abfällt, erblüht mitten im Sande ein
Garten. Die Pflanzung, von Mauern umfangen, gehört zu dem
urfprünglichen Feftlande, und hier fliefst ein zweiter Brunnen.
Diefe reizende Oafe (Biften) umfchliefst die vormalige Villa eines
Pafcha, die als Pächter und Boftandfchi ein Rumi mit feiner Familie bewohnt, welche englifchen Schutz geniefst. Wir kamen
mehrmals dahin, um von der Blüthe der Granaten, den Orangen-
und Feigenbäumen, Akazien, und felbft Weinftöcken Würze ein-
zuathmen: auf einem Pfahlrefte war ein Wächterzelt in der Höhe
angebracht, zum Schutze gegen Schlangen und fonftige Beftien.
Ein Efel fetzt mit verbundenen Augen im Kreisgang das Sakieh
oder Räderwerk in Bewegung, fo dafs das Waffer reichlich in gemauerten Rinnen den Garten durchriefelt. Am Brunnen lagen ein
grofses Kapitäl, Stücke aus der Manara, z. B. eine Taube, vielleicht der Geift Gottes über der Lehrkanzel, aber auch fteinerne
Kanonenkugeln. Wir hatten vernommen, vor etlichen Jahren fei
in einem Bleifarge das Skelett einer kopflofen Frau gefunden und
nach Beirut gebracht worden. Damit war der Fund eigentlich
vertufcht, die Sache verhielt fich denkwürdiger. Wie die guten
Leute erzählten, nahmen fie vor fünf Monaten Anlafs, nachzu-
graben und entdeckten die Marmorfigur einer Frau mit hohen
Brüften, aber ohne Kopf, von oben an bekleidet, mit einem Gürtel, die Hände auf die Schenkel und den rechten Fufs über
den linken gelegt in fitzender Stellung auf einer Steinbank.
Ein Fremder wollte ihnen 50 Napoleon dafür geben, der Pafcha

habe gleichfalls Verfprechungen gemacht, aber trotzdem ohne Zahlung den Fund ihnen abgenommen, worauf das Regierungs- verbot folgte, nicht weiter zu graben. — Die Figur, die ich mir wiederholt befchreiben liefs, ift ganz ungewöhnlich. Man mag auf eine reitende Europa oder thronende Aftarte rathen; das türkifche Mufeum in Stambul dürfte den Raub erhalten haben.

Freitags, 29. Mai, liefs fich in der Manara nur ein Fifcher vor- ftellen, der mir Antiken anbot, Bildwerke, die er aus dem Meere aufgefifcht. In feiner Wohnung fand fich nicht weniger als ein Pan- oder Satyrkopf, freilich ruinös. Von fchwarzem ägypti- fchen Geftein, eifenfchwer und beim Anklopfen klingend, als wäre er wirklich von Metall, der Torfo eines Apollo. Ja, leider ent- hauptet und ohne Arme und die unteren Beine, aber aus befter Zeit. Aehnlich ein Jüngling mit dem Hirfchfelle, tyrifcher Lokali- tät entfprechend ift es Lear- chos, Athamas' und der Ino Sohn und Melikertes Bruder, der, nach orgaftifcher Weife in ein Rehfell gekleidet, vom eige- nen Vater wie ein Hirfch zu Tode gehetzt ward — die erhobene Rechte ift nicht ohne Bedeutung.

Apollo.

Ino fucht ihre Kinder vor dem Wütherich zu bergen, Bacchanten umfangen fie; aber weil fie den Sohn der thebanifchen Königs- tochter Semele, Kadmus' Enkel Dionyfos, bei fich aufgenommen und heimlich als Mädchen erzogen, hat fie den Zorn der Here er- regt, und auch fie wird in Wahnfinn verfetzt, dafs fie ihren Spröfs- ling, den jungen Melikertes, in einen Keffel voll kochenden Waffers ftürzt.

Günftiger noch war der folgende Tag, wo ich den Mann noch einmal allein befuchte. Wirklich hatte mein guter Fifchmeifter,

um höheren Preis zu erzielen, das Beſte geheimniſsvoll zurückbe-
halten. Freudig überraſcht und beim erſten Anblick der Deutung
gewiſs, erwarb ich ſofort das geborſtene Plankenſtück eines Sarkophages mit dem in edlem griechiſchen Kunſtgefühle ausgeführten
Hochrelief: der Tod des Melikertes! Athamas der Aeolide,
Herrſcher in Böotien, nahm in zweiter Ehe die Ino, Kadmus' und der
Hermione Tochter, die ihm den Learch und Melikertes gebar. Als
Ino ihn raſend machte, erſchoſs er den Learch mit einem Pfeil,
und Ino ſtürzte ſich mit Melikertes nach Pauſ. I, 44 von dem mo-

luriſchen Felſen ins Meer, nachdem,
wie Apollodor I. 9, 1. 2; III. 4, 3 hin-
zuſetzt, ſie ihn in einen glühenden
Keſſel geworfen und dann mit der
Kindesleiche in die Meerestiefe ge-
ſprungen. Sie ſelbſt hieſs bei den
Schiffern fortan Leukothea, er aber
Palämon. Auch das Scholion zu Pin-
dars Iſthmiſchen Spielen ſpricht vom
Keſſel ſiedenden Waſſers. Auf Del-
phins Rücken ſchwamm der junge
Melkart an die korinthiſche Landenge
und lag unbeſtattet: da ſuchte eine
Hungersnoth die Stadt heim, bis das
Orakel ihn beiſetzen hieſs und für
immer die Leichenſpiele zu Ehren des

Learchos.

Heros verordnete. Siſyphos, Korinths
König aus Athamas Geſchlecht, voll-
zog den Befehl im Auftrage der Nereiden, und eine nur kurze
Unterbrechung der Feſte ward alsbald mit neuer Hungersnoth ge-
ahnt. Später galten die Spiele dem Poſeidon und Melikertes vereint; obwohl dieſer noch Kind, d. h. Patäke, wurde er doch als
Meerpatron verehrt. Palämon ward nämlich ſpäter von Melikertes
unterſchieden: beide ſtarben noch als Säuglinge, ſchreibt Philoſtratus Ap. III, 31, wurden aber dennoch von den Hellenen göttlicher Ehren gewürdigt. Die Aeolier auf Tenedos brachten dem
Melikertes (Palämon) urſprünglich neugeborne Kinder zum Opfer.
Darum hieſs er, wie Tzetzes in Lykophron Cassand. 229 bemerkt,
der Kindermörder.

In der griechifchen Mythologie fpielt die phönizifche Göttin
in diefer oder jener Form weiter fort. Sie ift Dictinna, die
Netzflechterin, d. h. die unterweltliche Göttin, welche die Seele
in die Mafchen der Materie einfädelt. Sie felber ftürzt fich auf
Kreta ins Meer, um der Umarmung des Minotaur zu entgehen,
wie Aphrodite vom leukadifchen Fels, wird aber mit einem
Fifchergarn anfgefangen. Ino mit ihrem Jammer (Ἰνοῦς ἀχή) ift
die mater dolorosa der phönizifch-hellenifchen Welt, und es gibt
für fie nur einen Troft: er, der göttliche Sohn, wird wiederkehren.
Die Prafioten in Kadmonien oder Lakedämonien behaupteten, Ino
fei auf ihrer Irrfahrt auch in ihr Land gekommen und Wärterin
des Dionyfos geworden, der in einem Kaften angefchwommen kam;
fie zeigten die Höhle, worin er auferzogen war, und hiefsen das
Gefilde den Garten des jungen Gottes von Nyfa.

Nach Diodor hat Ifis ihren von den Titanen verfolgten Sohn
Horus todt im Waffer gefunden und wiederbelebt. In Tyrus
hatte Ifis fich zehn Jahre vor Typhon verborgen und diefen ihren
göttlichen Sohn gefäugt. Von mâânehra, »kehre wieder« (ins
Leben) hat Maneros, der felbft beim Abendmahl als todt beklagte, den Namen — ohne dafs ich die Manara, die wir auszugraben berufen waren, damit in Verbindung bringen will. Wieder
der Unfterblichkeitsglaube! »Gottes find wir und zu ihm kehren
wir zurück,« ift ein üblicher arabifcher Grabfpruch, der an Paulus'
Predigt im Areopag erinnert. Horus ift eben der junge ägyptifche
Herakles. Als Melkart oder Stadtgott von Tyrus fordert er das
Opfer des einzigen Sohnes. Auf unferem Bilde hebt ein Genius
den ertrunkenen Knaben (aus dem Waffer) empor; aber die Auferftehung zur Harmonie der Sphären fcheint ein zweiter Lebens-
engel (oder Eros, felber Sohn der neugebornen Aphrodite) mit
dem Cymbelfchlag anzudeuten. Wie trefflich eignete fich die Darftellung an einem Sarkophage gerade für die Seeftadt Tyrus, die
den Melkart zum Patron hatte, und wo die Gefchichte uns mannig-
fache Unglücksfälle im Meere aufbewahrte, fei es, dafs ein Jüngling, Sohn eines fürftlich reichen Haufes diefen Tod fand und folch
ein Grabmal zum Trofte der Seinen verdiente.

Raphaels reizendfte Originalfkulptur ift der auf Delphins
Rücken ins Land der ewigen Jugend getragene todte Knabe, welcher jüngft im Mufeum zu St. Petersburg wieder zum Vorfchein kam.

Fiorillo fchreibt*) nach den Briefen des Grafen Caftiglione von diefem Knaben mit dem Pilotfifch von der Hand Raphaels, nach deffen Modellen durch Lorenzo di Credi auch ein Jonas und Elias zur Ausführung kamen.   Der Schöpfer der Ariadne, Dannecker, modellirte neuerdings nach Plinius IX, 8 den Delphin, der den Leichnam eines Knaben durch das Meer des Todes in das Jugendland zur Auferftehung trug, die nach dem Glauben der alten Welt drei Tage nach dem Tode — im Jenfeits erfolgte.

Diefe fämmtlichen Kunftfchätze von Werth, fowohl die ausgegrabenen als mit befcheidenen Privatmitteln angekauften, gingen ohne Entgelt an das Mufeum in Berlin über.

---

*) Gefchichte der zeichnenden Künfte I, 108.   Siehe den Abgufs nach der Original-Sammlung von Downhill im neuen Mufeum zu Berlin XIIIa. 140.

Der ertrunkene Melikertes.

XXIV. Die Manara auf der Königsinsel mit Oriunos Verlies 251 n. Chr. Goldfund und Cameen.

»in Gott bin ich, den Thronfitz der Elohim bewohn' ich im Herzen des Meeres.« So läfst Ezechiel XXVIII, 2 den Monarchen von Tyrus fprechen, der feinen Palaft auf dem Hochrücken der gröfseren Felfeninfel erbaute.

Die Keilinfchriften führen in Surru oder Surri erft den König Balu, dann Hirummu auf. Hiram, der Sohn Abibaals erbaute den Herakles- und Aftartetempel von neuem, verband beide Infeln und gewann durch Auffchüttung Platz für die Neuftadt. So wie man durch das einzige, nordöftliche Landthor die engen Gafsen mit den Buden des Bazars pafsirt, betritt man die Freiung, wo Tag und Nacht ein Dutzend und mehr Kameele lagern, und Mühl- fowie Baufteine, Wolle und Holzkohlen aus Galiläa zur Ausfuhr bereit liegen. Kedes Naphtali als tyrifcher Grenzort bietet noch viele Alterthümer, auch Gemmen (Jof. A. V. 1, 18. 24); nordwärts begrenzte Baka (B. III. 3, 1). Holz und Steine bezogen fie für ihre Bauten vom Libanon, wo einzelne Diftrikte tyrifch waren (I. Kön. V, 20. 24). Nabatije, die Nabatäerftation liegt eine Tagreife oftwärts: der grofse Markt von Getreide und Tabak wird von zahlreichen Karawanen befucht, auch Landkrämer von Tyrus kom- men dahin. Die Kameelftrafse führt nach Paneas weiter. So einft, wie jetzt, nur werden aber bald die letzten Waldftriche in Obergaliläa verkohlt und ausgeführt fein.

Die heutige Stadtmauer gegen Often ruht offenbar auf Felfen- grund und dürfte die alte Grenze des weftlichen Eilands bezeichnen.

Eurychoros ift der »weite Platz« am Nordhafen. Eine Häufer-
zeile wehrt nördlich den Anblick des Ports, eine weftliche theilt
das weite Plateau in zwei Hälften, fo dafs man durch ein Thor
die weftliche Seite betritt. Graf Wilbrand von Oldenburg fchreibt
1212 Tyrus eine fünffache Mauer zu, mit fünf Landthoren und
ganz labyrinthifchen Eingängen. — Diefe Stärke hatten wohl nur
die Stadtpforten. Burchard von Magdeburg befchreibt 1283 die
Ifthmusmauer als vierfache Wehr mit zwölf Thürmen und Schan-
zen, die mit dem fog. Kaftell der fieben Thürme auf der Felfeninfel im Stadtinnern zufammenhingen. Die Reifenden fchrieben
einander genau nach. Pococke 1737 zeichnet die Spuren der dreifachen Mauern und Gräben nach der Landfeite.

Von alledem ift nichts mehr zu fehen; heute fchliefst eine
einzige, nicht fehr fchufsfefte Mauer die Stadt auf der Oft- und Südfeite ab. Eine leife Bodenfchwellung bildet den weftlichen Rand
des Nordhafens, und erfchwingt fich zum Felfenrahmen um den
Eurychoros oder einftigen Infelhafen bis hinüber zum Bazar, wo
man füdwärts nach der Mofchee, dem Telegraphenamt und Wohnfitz Juffuf Aga's eine natürliche Gafsentreppe hinanfteigt. Hier hatte
der Grofsemir der Drufen Fachreddin (1595—1633) fich inmitten
der Ruinen einen Palaft gegründet, der in feinem Zerfalle zum
Chan diente. Oder fuchte das Haupt der Metualis, Schech
Hanzer, mit welchem Mariti 1765 zufammentraf, als neuer
Erbauer der Stadt, wenigftens der Stadtmauern, fich im
Anfchlufs an einen alten Befeftigungsthurm die Stelle heraus
— wo heute der Mamlukenfohn als eigentlicher Fürft und Gebieter von Tyrus refidirt? Der ehrliche Türke verfchlofs fich
nicht den idealen Zwecken, welche unfere Ausgrabung verfolgte,
und wies uns fchliefslich einen antiken Grundbau, wo in der Gaffe
uns längft ein dorifches Säulenftück aufgefallen war, das einft
an der alten Mauer geftanden. Dahinter wurde ein dunkles Gewölbe zugängig, in das man wie in eine Gruft hinabftieg. Es
waren fchwere Blockmauern aus behauenem Geftein im Rund-
bogen conftruirt, die fich nicht weiter verfolgen liefsen. Unter der
Strafse aber zieht im Winkelhaken eine andere Wölbung, die nun
zur Cloake dient. Ringsum liegen die Gaffen voll Säulen.

Zuerft erkundete mein Sohn, dann ich bei Jung und Alt, diefs
fei das Gefängnifs des Oriunos. Die älteften Stadtbürger wiffen

es nicht anders, diefe Ueberlieferung war unter den einheimifchen Landeschriften gewifs von jeher gang und gebe. Sie haben den Namen Oriunos nicht erfunden, wer aber diefer grofse Mann fei, hat der Lefer wohl fchon errathen, bevor wir in den nächften Kapiteln weiter davon reden. Jeremias XXXII wird im Vorhof des Gefängniffes am Königshaufe gefangen gefetzt. Ebenfo wird Petrus von Herodes Agrippa auf Sion in den Kerker gefetzt, und Paulus lag im Prätorium zu Cäfarea feft (Apftg. XII. XXIII, 34). Hielt obiges Gewölbe den von Kirche und Staat gleichmäfsig verfolgten Oriunos in langwieriger Haft, dann gehörte diefs Verlies zur Präfektur und hier mufs das Haus des damaligen Stadtkommandanten geftanden haben. Der Stadtbürger hält auf den grofsen Oreinos oder Oriunos.

·Wohlan! hier erheben fich vor uns die Ruinen der Kathedrale, die merkwürdig noch mit phönizifchem Namen die Manara heifst. Welch koftbare Sienitfäulen, die aus Aegypten ftammen, und koloffale Kapitäle! Juffuf Aga wurde nicht müde zu verfichern, dafs hier die Venetier gebaut — er meinte die Phönizier, die einft da gethront und gewohnt hätten.

Die geftürzten Riefenfäulen brachten die Einheimifchen längft zu dem Glauben, dafs hier ein antikes Gebäude geftanden. Die Manara im Vordergrund der weftlichen oder Königsinfel, genofs, wie der Name bezeichnet, die volle »Ausficht« nach Palätyrus, und liegt gleichweit vom Stadtbrunnen und fidonifchen Hafen ab, etwas näher dem ägyptifchen. Sollte hier nicht das Agenorium zu fuchen fein? Den ganzen Umkreis nach den drei Seiten des Meeres nahmen ja die Kaufleute, die Schiffsgelände und Werften ein!

Ithobaal der Priefterkönig von Tyrus flehte zum Himmel um Hilfe gegen Nebukadnezar. Da erhob fich das erfte furchtbare Sturmwetter, wie Jofephus nach den einheimifchen Quellen berichtet. Eufebius theilt aus dem Sanchuniathon in der IX. Generation von Agros dem Feldmann mit: »Die Phönizier errichteten ihm ein heiliges Bild und weihten ihm einen Tempel der auf Rädern ruhte und von zwei oder mehreren Ochfen im Land herumgezogen wurde.« Hier haben wir die wandernde Bundeslade, wie fie dem Beduinenleben der älteften Einwanderer vom Euphrat oder perfifchen Meerbufen entfprach. Zur Erinnerung an die Anwefenheit der Phönizier an der Bernfteinküfte dienen noch ähnliche Erz-

wägelchen in Mecklenburg. Alexander d. Gr. entfetzte den König
Strato von Tyrus, der zu Darius hielt, und fetzte den Abda-
lonymus vom Pfluge weg als Fürften ein. Der Priefter Jerambulos
wird mit dem Sanchuniathon in Berytus in Verbindung gebracht.

Merkwürdig kommt der Name Manara, der Zielpunkt der
deutfchen Expedition, erft durch unfere Ausgrabungen zur Beur-
kundung. Und doch hat er feit dem Alterthum im Volksmunde
fortgelebt und alle Zerftörungen der Stadt überftanden; denn er ift
uralt punifch*). Menura heifst der Leuchter: follte das Wort den
Phanal oder Leuchtthurm bezeichnen? Ma bedeutet der Ort, nar
aber Feuer, Licht oder »Ausficht«. Die Erklärung bella veduta
ift aber am wenigften im Geifte der Orientalen, da bei diefen der
Sinn für Naturfchönheit nicht fo vorwaltet. Majumas »Platz am
Meere« (jom) hiefs der einftige Hafen von Askalon und Gaza, fowie
die damit verbundenen Feftfpiele. Darf ich auch an Wady en
Nar, das Feuerthal oder den Bach Cedron in Jerufalem erinnern,
welcher vom Feuerofen des Moloch im Thale von Hinnom zur
Tiefe läuft? Dann wäre es der Ort des (ewigen) Feuers!

Manara, alfo Ort des Lichtes, Feuerftätte heifst der Ruinen-
platz, der die einft weltberühmte Kathedrale, und eine Strecke
aufserhalb nach Südweften umfaft, wo die Stadtmauer nicht umfonft wieder eine Ecke macht. Dazu kommt, dafs das Befitzthum
des Sultans von Ras el Ain bis an die Stadtmauer reicht, die Manara mit dem Weichbilde aufser der Kirchenruine aber
dem Gubernium zufteht oder Staatsgut ift. Mukalaha find die
dem Staat gehörigen Ländereien. Das Feudalwefen fand mit Aufhebung der Dere Bei's fein Ende.

War vor der Königsburg noch eine Freiung, fo fafsen dafür
die Kaufleute in fechs Stock hohen Häufern eng zufammen. Denn
die Infelftadt war nur die City, auf dem Feftland hatten diefelben ihre fürftlichen Villen, wie heute unfer Juffuf Aga abwechfelnd auf dem Lande refidirt. Es bedürfte nur eines reich kulti-
virten Hinterlandes und der frifchen Anknüpfung der Handelsftrafse
über Kalat Marun und Banias an Damaskus, und die Molo's als
Fangarme für die Schiffe würden bald wieder zu Stande kommen.

---

*) Einen Hafenplatz Manarmanis kennt Ptolemäus zwifchen Rhein und Wefer
(Vidrus), Manarpha als indifche Handelsftadt.

Ezechiel XXVII, 18 bezeugt den alten Handelsverkehr mit der Hauptſtadt Syriens am Chryſorrhoas — und auffallend liegt ein Menara noch an der Abendſeite des Galiläiſchen Sees el Hule.

Im Vordergrunde der Manara ſpielt noch eine geheimniſsvolle Geſchichte, die ich mir wiederholt erzählen lieſs, um des Inhalts gewiſs zu ſein. Einen Pfeilſchuſs vom ſüdöſtlichen Kirchenchor, dort wohin die Stadtecke fiel, wenn die vom Landthor herablaufende Oſtmauer nicht 300 Fuſs vor der Manara auf 90 Schritte im rechten Winkel einbiegen würde, ſteht im freien Felde eine Kalkſäule. Wie mir Michel Fara wiederholt erzählte, trug vor etwa 70 Jahren, alſo zu Anfang des Jahrhunderts es ſich zu, daſs Arbeiter dort Steine aus dem Boden gruben. Ein Araber, Namens Berbiſch, kam des Weges, band ſeinen Reiteſel an die Säule und legte ſich ſchlafen. Die Männer ſtieſsen ihn an, er möge ihnen helfen, und gingen dann fort zu eſſen. Indeſs ſtocherte der Träumer mit ſeinem Stocke herum, und gewahrte mit einmal etwas von einem Behälter, der ſeine Neugier erregte, und ſiehe da! alles voll Goldmünzen. Die Kaſſe war von Blei, zwei Fuſs lang, einen breit und hoch, und ihr Inhalt tauſende von dreieckigen Münzen mit phöniziſcher Inſchrift, wie der P. Guardian den Bericht ergänzte, der eine alte Frau noch auf dem Sterbelager darüber vernahm und die Wahrheit feſt verbürgte. Die Steingräber kehrten zurück und bekamen Wind: der Goldſchmid Georgios Tantaſch kaufte eine Quantität willig und gewiſs auch billig. Aber die Sache kam dem Stadtgouverneur Behram Aga zu Ohren, der den Löwenantheil an der Beute nahm, der glückliche Finder ergriff mit beiläufig einem Drittel des Schatzes die Flucht, um nicht alles einzubüſsen und noch in Haft zu kommen — mein Nachforſchen nach einem einzigen Stück dieſer Suri oder tyriſchen Goldſtücke war, da zwei Menſchenalter ſeitdem verfloſſen, vergeblich.

Alſo ein alter Königs- oder Opferſchatz auf heiligem Gebiete. Die Kunſtſchätze von Mykenä, die Schliemann fand und an Goldwerth allein über 100000 Pfund ſchätzt, rühren zum Theil von den Phöniziern her. Meldet doch Herodot I, 1 dieſe hätten aus Aegypten und Aſſyrien Waaren nach Argos gebracht. Merkwürdig ſind darunter auch hunderte von Bernſteingegenſtänden neben Glasperlen, ſchon aus der Zeit von 1200—1000 v. Chr. aber noch kein Eiſen, das erſt Homer nennt. Von der macedoniſchen Kriegskaſſe bekamen wir genug Philipp und Alexander zu Geficht, aber der Fund erfolgte vor wenig Jahren. Die alten Griechen übernahmen diese fpitzen oder Dreieck-Münzen unter den Namen Obelos offenbar von den Phöniziern, prägten aber nur Kupfer und Eifen in diefer Form. Ein Gazophylakion in Tyrus, deffen Tempelfchatz mit heiligem Gold aus allen Colonien fich füllte, hat nichts Wunderbares auf fich: von Goldfunden in Jerufalem bei Ausgrabungen durch die Römer meldet Jofephus bell. VII. 5, 2. Näher liegt uns der Bericht des Jakob von Vitry an Papft Honorius III, beim Grundgraben zum Pilgerkaftell (Atlith) hätten die Templer eine unglaubliche Maffe alter Münzen unbekannten Gepräges entdeckt, dafs davon faft die Baukoften beftritten werden konnten. Kam doch kürzlich am Fufse des Karmel ein Steinträger zum Klofterbau ebenfalls hinter ein folches Makba oder Verfteck. Derlei Gerüchte aus alter und neuer Zeit erklären den Argwohn, auch wir wollten nur den Schatz des Priamus heben, und vielleicht uns damit aus dem Staube machen. Das Volk hat mehr alte Münzen als neue, mehr gefchnittene Steine als edles Metall. Der Sand am Meere liefert nicht blofs die Purpurfchnecke, fondern auch Cameen. Der Umftand, dafs Schrift ohne Siegel nicht gilt, hat feit alter Zeit die Steinfchneidekunft in Aufnahme gebracht. Schon Bezaleel war Meifter darin. Exod. XXXV, 33. Vor Moawia wurden Erlaffe des Kalifen ohne Siegel expedirt, daher auch Zahlen gefälfcht. Offenbar haben die alten Phönizier alle Kaufverträge befiegelt. Ohne Siegel giebt es noch heute im Lande keine Unterfchrift. Kinder lefen fie hin und wieder am Strande auf, wie mir auch von Kaipha verfichert wurde. Auch in Alexandria fifcht man die koftbarften und gefchnittenen Steine eben in der Gegend des Leuchtthurmes auf; der Händler am Bazar bietet auch nachgemachte Siegelfteine an. So wurden mir während unferes Aufenthalts wohl 50 Stück Carniole und Achate, mit Göttern, Siegern, Greifen und anderen Emblemen käuflich eingehändigt, auch längliche Opale mit hieroglyphifch eingravirten Männlein. Eigentliches Intereffe boten die gnoftifchen Abraxasfteine mit dem Fifchmenfchen Drachenmann innerhalb des Schlangenkreifes, die noch heute als Amulette getragen werden.

XXV. Bau der Basilika durch Bischof Paulinus 313—316 n. Chr.

Das Glaubensfyftem der Tyrophönizier bildet wahrlich, wie kaum ein zweites, eine Vorfchule zur Lehre des Chriften-thums. Die Schöpfung des erften Menfchen aus der Erde, das Paradies mit der Lebensquelle und der erften Baumfrucht, der Sündenfall mit der Strafe des Athamas und der Ino, der erfte Bruderzwift, die Kleidung in Thierfelle und erfte An fiedlung, die Riefenbauten der Dfchinn oder vorfluthigen Titanen, die Sündfluth, durch das Jahresfeft der Verbindung der Meerfluth mit dem Süfswaffer — lautet diefs nicht ganz altteftamentlich? Nun erfolgt für den Frieden der Welt und zur Stiftung der Ver-föhnung zwifchen Gott und den Menfchen das grofse Gottesopfer, indem El feinen eingebornen Sohn auf Bergeshöhen darbringt. Die Tyrier verehrten das heilige Grab des Melikertes und wallfahrten aus der ganzen damals bekannten Welt mit Gefchenken dahin. Aber dem jährlichen Trauerfefte folgt, wie bei den Aegyptiern, die Freudenbotfchaft: er ift auferftanden, der Gott lebt. Von Tell Mafchuk, dem Golgatha der Tyrier, der Leidenshöhe des göttlichen Lieblings, und von den ambrofifchen Infeln im Meere bis Gades ertönt diefs Evangelium, das Halleluja von der nun ver-bürgten Unfterblichkeit, und die frohe Botfchaft wird in rituellen Päanen vom Tempelchor gefungen: die beftürzte Menfchheit lebt neu auf. Unfer fterbliches Gefchlecht kommt über diefen Kreis der religiöfen Vorftellungen nicht hinaus.

Die chriftliche Kirche wurde in Tyrus noch von den Apofteln gegründet. P a u l u s landete 55 n. Chr., d. h. 26 Jahre nach des

Herrn Tod (782 U. C.) von Rhodus kommend, dahier, wo das Frachtfchiff die Waaren auslud; er traf da Jünger, die ihm die Reife nach Jerufalem widerriethen. Lukas, der Evangelift, war mit ihm und fchreibt Apoftelgefch. XXI, 5: »Nachdem wir fieben Tage zugebracht, brachen wir auf und zogen, begleitet von allen fammt ihren Weibern und Kindern, zur Stadt hinaus, knieten am

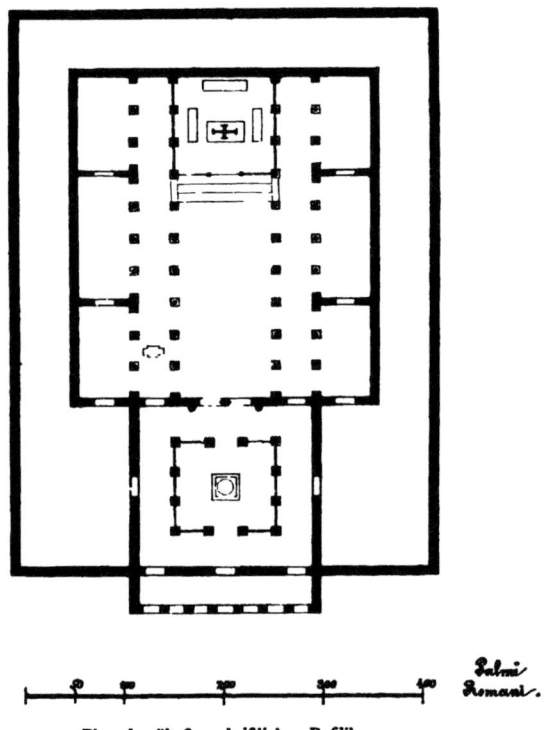

Plan der älteften chriftlichen Bafilika.

Ufer nieder und beteten. Alsdann küfsten wir einander zum Ab- fchied, wir aber gingen zu Schiff, während jene heimkehrten.« Es macht den Eindruck, dafs fie im ägyptifchen Hafen fich einfchiff- ten und auf der Höhe, nahe dem Garten, wo der Küftenweg die letzte Thurmruine weftlich läfst, fich trennten.

Caffius erfcheint zuerft als Bifchof 197 auf der Synode zu Cäfarea; aber auf die kleine Kirche fällt bald ein grofses Licht.

Origenes, des chriftlichen Martyrs Leonidas Sohn, war von
Alexandria aus zum arabifchen Statthalter berufen, ihn in der
chriftlichen Religion zu unterrichten, nach der Rückkehr aber vor
Caracalla nach Paläftina geflohen.   Trotz feiner Reife nach Athen
folgte er fpäter abermals einer Einladung zu den Arabern, um
Beryllos, den Bifchof von Boftra, von der Anficht zu bekehren,
dafs Chriftus vor der Menfchwerdung keine vom Vater verfchiedene Perfon gewefen.   Indem Origenes nach der Stiftung der theologifchen Schule in Cäfarea 233, obwohl noch Laie, auf die Einladung der Bifchöfe in Paläftina den dogmatifchen Unterricht in
den Kirchen ertheilte, kam er ebenfo nach Tyrus und lehrte.   Hier
warf ihn die Chriftenverfolgung unter Decius in ein garftiges
Gefängnifs, mit der Kette am Halfe und den Füfsen im Stock;
zwar nach des Kaifers baldigem Tode 251 befreit, überftand er
diefs Martyrium nicht mehr lange, und befchlofs fo 254 fein viel-
bewegtes Leben, worauf er in der Kirche beigefetzt ward.   Julia
Mammäa, Mutter des Alexander Severus, war Origenes' Schülerin,
kein Wunder, wenn diefer Kaifer die Statuette Chrifti in feinem
Sacellum aufftellte.   Als aber im 19. Regierungsjahre Diokletians,
im April 303, das Edikt erging, alle Kirchen dem Boden gleich
zu machen, wurde auch das Gemeindehaus in Tyrus (wo vielleicht
einft Paulus gewohnt) niedergeriffen, die Bibliothek und alles Brenn-
bare verbrannt, der ganze Bau in einen Schutthaufen verwandelt,
und der Platz mit Unrath überhäuft (wie bis auf Omar der Tempelberg zu Jerufalem.)   Zu den Martyrern zählte 306 der Jüngling Ulpian aus der Familie des hier gebürtigen Rechtslehrers, 307 Theo-
dofia, und fünf aus Aegypten angelangte Confefforen, wobei der
Kirchenhiftoriker Eufebius zugegen war.   Bifchof Tyrannion
wurde 311 ins Meer geftürzt, und die erbitterten Heiden rich-
teten noch ein Bittfchreiben an Maximin in Nikomedia, um die
Ausrottung fämmtlicher Chriften.   Selbft die Schulknaben führten
nur Schmähungen gegen Jefus im Munde und machten den Chriften-
kindern die falfchen Akten des Pilatus zum Vorwurf.
    Rafch trat der Umfchwung ein, als Maxentius 312 an Conftan-
tin vor Roms Mauern Sieg und Leben verlor, und Maximin von
Licinius 313 gefchlagen in Tarfus ftarb.   Sogleich wurde das Ver-
folgungsedikt widerrufen; um Anhänger zu gewinnen, hatte noch
Maximin geftattet, die Kirchen wieder aufzubauen: die Gefängniffe

öffneten fich, der Gottesdienft brauchte nicht länger mehr in Fels-
höhlen und Grüften begangen zu werden. Allenthalben erftanden
Gotteshäufer über ihrem alten Fundamente, im reichen Tyrus aber
führte der alterserfahrene Bifchof Paulinus, von 313—316, mit
Erweiterung der Grundmauern eine Kathedrale auf, herrlicher und
koftbarer, als je eine zuvor beftanden.

Es handelt fich um den Bau der weitaus ftattlichften Bafilika
Phöniziens, zugleich der älteften in der Chriftenheit, erbaut fchon
ein Jahrzehnt vor der Gründung der Conftantinifchen Kreuzkirche in
Jerufalem und dem noch erhaltenen Jungfrauentempel zu Bethlehem. War der tyrifche Heraklestempel der frühefte, wie weit überhaupt das Gedächtnifs der Menfchen reichte — fo gilt diefs auch
von der Kathedrale als erftem chriftlichen Kirchenbau! Conftantinopel befafs noch 332 eine einzige Kirche. Die Bafilika zu Tyrus
ftand nach langer Werkfchaft in folcher Herrlichkeit da, dafs Eufebius, feit 314 Bifchof von Cäfarea, welcher zugleich X. 4, 27 ihre
Erftehung am vorigen Platze bezeugt, und die Einweihungsrede
hielt, in feinem Panegyrikus den Bifchof fogar mit Chriftus, dem
Stifter der Kirche, vergleicht. Auch aus anderen Diözefen floffen
Beifteuern. Ohne der technifchen Ausdrücke Meifter zu fein, was
fich beim hl. Grabdom noch fühlbarer macht, trifft der Kirchen-
gefchichtsfchreiber folgende Schilderung § 37.

»Paulinus erweiterte den Bauplatz und umfafste zum Schutze
den ganzen Bau mit einer Mauer. 38. Alsdann fetzte er ein breites hohes Thor mit der Oeffnung gegen Morgen und ge-
ftattete dadurch felbft den Aufsenftehenden einen Einblick ins
Innere, ja zog die neugierigen Augen der Andersgläubigen nach
der Schwelle, das Wunder anzuftaunen. 39. Hatte einer
das Thor hinter fich, fo mochte er nicht fofort mit unreinen und
ungewafchenen Füfsen ins Heiligthum gelangen, fondern bis zum
Tempel war ein breiter Platz zu überfchreiten, ein Hallenviereck
von Säulen getragen. Die Intercolumnien verfchlofs er mit einem
Holzgitter bis zu entfprechender (halber) Höhe. Den Mittelraum
liefs er unbedeckt, um dem Sonnenlichte Zutritt zu verfchaffen und
den Anblick des Himmels frei zu geben. 40. Zur Mahnung an
die hl. Wafchungen legte er gegenüber der Tempelpforte
Becken an, deren reicher Sprudel zur Reinigung fich anbot. Hier
war der Ort der Profelyten, voll Anmuth und Augenweide. 41.

Sofort hat man drei eigentliche Eingänge in den Tempel vor
fich, indem der Baumeifter drei Pforten nach diefer Seite anbrachte.
Das Mittelportal übertrifft die Seitenthore weitaus an Höhe und
Breite und ift vornehmlich durch angenagelte Bronceplatten im
Relieffchmuck geziert. 42. Diefe Zahl der Thüren entfpricht den
Schiffen zu beiden Seiten. Oberhalb der Säulengänge brachte
er Lichtöffnungen an (das Mittelfchiff war alfo erhöht!) und fchmückte
diefe Fenfter und Rahmen mit bunten Holzfchnitzereien. Das
Tempelinnere aber erbaute er mit noch fchönerem und koftbare-
rem Material unter allem Aufwand an Opfern. 43. Länge und
Breite des Gebäudes anzugeben ift überflüffig, nämlich die ftrah-
lende Pracht, die unbefchreibliche Gröfse, der blendende Glanz der

Kapitäl.   Fries mit Pflanzenfchmuck.

Arbeiten, die himmelragende Höhe, die das Dach bildenden riefigen Cedern des Libanon, deren die hl. Schrift mit den Worten gedenkt: »Freuen werden fich die Wälder des Herrn, und die
Cedern des Libanon, die er gepflanzt.« 44. Was fage ich weiter
von der klugen architektonifchen Anlage und der kunftvollen Ausführung in den einzelnen Theilen, da der Augenfchein Alles beffer
lehrt!

Nachdem fo der Tempel vollendet ftand, brachte er im Chor
Stühle für die Vorfteher, im übrigen Raum Bänke in Reihen ge-
ordnet. Vor allem ftellte er das Allerheiligfte, den Altar, in die
Mitte; umgab ihn aber zur Abhaltung der Menge mit Holzfchran-
ken von vollendeter Kunftarbeit (cancelli), wunderbar anzufehen.
45. Auch das Pflafter vernachläffigte er nicht, fondern täfelte den
Boden mit glänzenden Marmorplatten (Mofaik). Zu beiden Seiten

brachte er grofse Hallen und Kapellen an, die fich rechts und
links an den Innenraum fchliefsen und nach dem Mittelfchiff öffnen.
Sie dienten für jene, welche noch der Reinigung und Befprengung
durch das Waffer und den hl. Geift bedürfen.« — Nun zieht der
Feftredner 63—70 noch den Vergleich diefes irdifchen Gottes-
haufes mit dem himmlifchen Urbilde oder geiftigen Tempel Chrifti,
und vergleicht die einzelnen Abtheilungen mit den Gliederungen
der Gemeinde: Profelyten, Bekehrte, Täuflinge, Gläubige, Vorfteher und Presbyter unter ihrem Oberhaupte, dem Bifchof.   Den
Einen (Heiden) bietet Chriftus nur den äufseren Umfang der
Mauern; den Andern geftattet er den Zugang zur nachfolgenden
Unterweifung.   Die nächfte Abtheilung unterftützt er durch den

Fenfterfims.

Unterricht in den vier Evangelien, vergleichbar dem Atrium
mit den im Viereck laufenden
Säulen.   Einen dritten Theil
reiht er beiden Hallen des Mittel-
fchiffes an, zwar auch noch
Katechumenen, aber im Fortfchritte begriffenen und in geringem Abftande von der Anfchauung des innerften Heilig-
thums eingeräumt. 64. Aus ihrer Schaar nimmt er die durch die
Taufe wie goldgeläuterten reinen Seelen, und unterftützt fie hier
durch Säulen, weit herrlicher als jene des Vorhofes, nämlich durch die tiefmyftifchen Lehren der Schrift, wie er durch die
Lichtöffnungen von oben erleuchtet. 65. Den ganzen Tempel aber
beleuchtet und verherrlicht er durch ein grofses eröffnetes Portal
— fiehe die Herrlichkeit des Herrn der Welten! Die zweiten Licht-
quellen zu beiden Seiten neben dem unbefchränkten Glanz des
Vaters wies er Chrifto und dem hl. Geifte an (ihnen die Seiten-
thüren nach feiner arianifchen Auffaffung!)

65. Auch aus allen übrigen Theilen ftrahlt Lichtfülle, wie die
Wahrheit im einzelnen dargelegt wird.   So erbaut fich das Ganze
aus den lebendigen, nie aus ihrer Stelle weichenden Steinen, den
Auserwählten, ftrahlend und lichtvoll von Innen und Aufsen. 66.
Ferner find in diefem Tempel Throne, Stühle und Bänke in Un-
zahl, für all die Seelen, welchen die Gaben des göttlichen Geiftes

inne wohnen, wie die Feuerzungen fich auf die Apoftel nieder-
liefsen. 67. In den Vorftehern wohnt gleichfam Chriftus felbft,
und die nach dem Bifchof die zweite Stelle einnehmen (der übrige
Clerus) ftellt gewiffermafsen einen Theil der göttlichen Kraft
Chrifti und des hl. Geiftes dar. Sitze reiner Seelen find die ihnen
zur Erziehung und Obhut anvertrauten Seelen (die jüngeren Kle-
riker). 68. Der ehrfurchtgebietende, unvergleichliche Hochaltar,
was anderes ftellt er vor als den unergründlichen Geift unferes
oberften Pontifex (der erften Perfon in der Gottheit), dem zur
Rechten der Erzpriefter Jefus, Gottes eingeborner Sohn, das wohl-
riechende Räucherwerk, das unblutige und körperlofe Gebetsopfer
mit erhobenen Händen als Vater im Himmel und Gott Aller darbringt, felbft zuerft ihn anbetend und allein dem Vater würdige

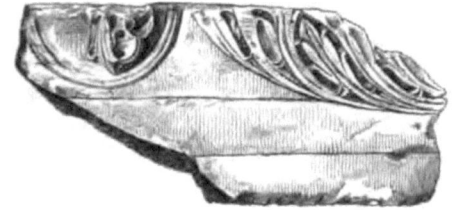 

Steinblumen am Gefims

Verehrung anbietend; dann aber für uns fürbittend, uns in Ewigkeit gnädig zu fein. 69. Solcher Art ift der Tempel, den über der
ganzen, von der Sonne befchienenen Erde der welterfchaffende
Logos errichtete, und wozu er felbft wieder hienieden diefes geiftige
Abbild Deffen, was jenfeits der himmlifchen Wölbungen liegt, erbaute, damit fein Vater von der ganzen Schöpfung und dem ver-
nunftbegabten irdifchen Wefen geehrt und angebetet werde.«
      Diefe Bafilika nahm noch, wie der Jehovatempel, die
Richtung gegen Weften, alle Thore öffneten fich der Sonne
zu. Die heilige Grabkirche fteht gegen Norden, die Bafilika zu
Bethlehem und alle fpäteren mit dem Chor gegen Morgen. Dort
war die Prachtpforte Nikanor von Erz, hier das Hauptportal mit
Erzplatten belegt, wie fpäter das von Juftinian erbaute goldene
Thor auf Maria. Das Kapitäl in Bethlehem ift bereits dasfelbe
wie hier. Ueber die Säulen legte fich flaches Gebälk und feitliche Pultdächer. Das Hauptfchiff wies das offene Giebeldach von

herrlichen Cederbalken.   Eufebius und nach ihm noch Chryfofto-
mus bezeichnen den Bildergebrauch als Götzendienft.   Dafür fehen
wir in der erften Bafilika zu Tyrus wunderbare Steinblumen.
Wir wagen darum nicht, ein offenbares Chriftusbild, an Ort und
Stelle aufgefunden, mit römifch-griechifchem Charakter fchon in die
Zeit der Gründung zu fetzen.   Erft das Concil zu Conftantinopel
692 erlaubte die Geftalt Chrifti ftatt des fymbolifchen Lammes an-
zubringen.   Mofaikgemälde, wie fie die Bafiliken zu Bethlehem und
Ravenna noch weifen, deutet unfer Kirchengefchichtfchreiber
nicht an.

Der tyrifchen Kathedrale fehlen Emporen*) die erhöhte Gal-
lerie treffen wir zuerft in der fünffchiffigen conftantinifchen Kreuzkirche motivirt, um den Golgatha im Innern zugängig zu machen,
wobei das Hemifphärion oder die Rotunde der Anaftafis noch ein
eigenes Atrium hatte.   Merkwürdig ftellt Eufebius X, 4, 20 noch
βασιλικῶν οἴκων, heidnifche Königspaläfte, den ϑείων ναῶν oder
Gotteshäufern gegenüber, nur die lateinifche Verfion giebt 40 βα-
σιλείῳ mit basilicae.   Als Haus Chrifti, unferes Königs, hat er
zuerft die Jerufalemer Tempelanlage mit dem Chriftusgrabe Bafilika
benannt.   »Nicht einmal eine Apfis, noch ein Presbyterium läfst
fich hier herauslefen; vielmehr, wird fie einen geraden Chorab-
fchlufs gehabt haben.   Natürlich ift von einem Querfchiff (wie
zuerft in Bethlehem) und von Triumphbogen keine Rede.«   Die
Ambonen müffen wir unter den Schranken vorausfetzen.   Obwohl
Tyrus die Erfinderin des Glafes heifst, erfahren wir doch nicht,
dafs die Kathedrale Glasfenfter hatte.   Der Dichter Venantius
Fortunatus von Poitiers fchildert die Wirkung der Glasfenfter
in der vom Bifchof St. Vitalis in Ravenna zu Ehren des heiligen
Andreas erbauten Kirche, fowie einem durch Bifchof Leontius der
heiligen Jungfrau gewidmeten Gotteshaufe.   Da nach Hieronymus
in Ez. XLI, 16 und Laktanz de opif. c. 8 bereits im IV. Jahrh. Glasfenfter vorkommen, fo liegt die Annahme nahe, dafs Tyrus mit feiner
Glashütte die Kathedrale damit verfah.   Doch erwähnt Eufebius

---

*) Trotz Springers Vorausfetzung.   Vgl. Zeftermanns Plan.   Ausführliches in
meinem Jerufalem und das heilige Land. I, 319. II. Aufl. 429 f. Merkwürdig ift auch
Paulinus von Nola ein grofser Kirchenbaumeifter, die Glocken führen daher den Namen
nolae.

davon nichts. Das Bedürfnifs nach Luft überwog und das Material war noch zu koftbar. Holzfchnitzwerk füllte die Fenfter.

Wir entdeckten den Taufftein im linken Seitenfchiff, er verbirgt fich (45) in der Stelle von den Katechumenen, die noch des Waffers und des heiligen Geiftes bedürfen, während (64) die durch die Taufe Geläuterten im Vordergrunde erfcheinen. Einer Scheidung der Gefchlechter ift nicht gedacht. Die Frauen kamen wenig zur Kirche. Nur die Verwendung antiker ägyptifcher Säulen, deren noch heute am Strande und auf den Felfen im Meere liegen, erklärt die rafche Vollendung des grofsartigen Bauwerkes. Diefelbe find vielleicht vom alten Heraklestempel hergenommen, der ja nahe genug ftand, oder vom Königspalaft nebenan. Oskar Fraas erforfchte mit feinem geologifchen Hammer, trotz Prokopius' wohlfeiler Verficherung vom ungeheuren Säulenhau im nahen Gebirge zu Juftinians Tempelbau auf Moria — nicht einmal als eingefprengtes Geftein finde fich Sienit am Libanon, wie etwa am Feldberg im Taunus oder im bayerifchen Wald. Ein chriftlicher Bifchof in dem an Macht und Reichthum gefunkenen Tyrus war ja nicht im Stande, binnen

Chriftusfigur.

drei Jahren die gewaltigen Säulen zu Waffer oder Land aus Aegypten herbeizufchaffen, fo wenig als er die ganz ähnlichen am Saume der alten Infelftadt herüberbringen hiefs. Thutmofis erobert im XVII. Jahrhundert v. Chr. Cypern, und nachweisbar*) waren Aegypter die Lehrmeifter der Völker im Schiftbau. Schiffe der Sarden, Sikuler, Thufker und Achäer kommen den Lybiern gegen die Aegypter zu Hilfe fchon im zweiten Jahrtaufend v. Chr. Wie aber die Obelifken auf Flöfsen den Nil herabtransportirt wurden, find auch die, freilich nicht halb fo fchweren, Porphyrcolonnen und

*) Dümichen, „Die Flotte einer ägyptifchen Königin im XVII. Jahrhundert vor unferer Zeitrechnung."

Sienite nicht auf Schiffen, fondern in Baumgeftricken mit Rudern, wozu noch am Euphrat lederne Windfchläuche rings den Flofs in die Höhe halten, nach Tyrus verbracht. Mariti wundert fich über die korinthifchen Säulenköpfe. Robinfon fpricht von griechifchem Style der Kathedrale wegen der antiken Säulen und prächtigen Kapitäle — zum klaren Beweife, dafs fie, wie die ähnlich ausge-ftatteten Bauten in Jerufalem und Bethlehem, Rom und Byzanz zu den älteften Kirchen der Chriftenheit gehört. Wilde (Narrative of a voyage 1844 p. 351 377) erkennt in den Ruinen die alte Pau-linuskirche. Die herrlichen Ornamente und blanke Marmorfrag-mente, welche ich ans Skulptur-Mufeum in der neuen Deutfchen

Kaiferftadt abgeordnet, liefern als Ueberrefte des erften Baues für fich den fprechenden Beweis. Der Baumeifter der grofsen und berühmten Bafilika hat offenbar das Parthenon ftudirt.

Erft zwanzig Jahre nach der Einweihung diefer Kathedrale, oder im dreifsigften der Regierung Conftantins 336 wurde die hei-lige Grabkirche nach Theodoret I, 30 ganz fertig, der Pilger von Bordeaux fchreibt 333 itin. 7. modo facta est — beinahe vollendet. Diefe Säulen waren nicht durch Bögen verbunden *), fondern die

---

*) Diefe Bogenfprengung kommt zuerft in Diokletianspalaft zu Spalato vor. Auch St. Stephan u. Sergius in Gaza hatte drei Apfiden, das Mittelfchiff trug eine Kuppel, die Säulen waren durch Bogen verbunden. Erbaut um 400 wurde diefe Hauptkirche fchon 634 in eine Mofchee verwandelt.

Kapitäle mit Platten überdeckt, worauf die Wandmauer laftete, fie mufsten darum enge ftehen. In Bethlehem, wo derfelbe Fall gegeben ift, beträgt der Abftand nur fieben Fufs, die Säulenhöhe achtzehn. Aus den Stücken und nach all dem Umfturz und der

Von der goldenen Pforte zu Jerufalem.

Verfchleppung läfst fich diefs nicht mehr ermeffen. Von der Kathedrale in Tyrus zog der Kirchengefchichtfchreiber Eufebius im Verein mit dem Concilvätern 336 zur Einweihung der Conftantinifchen Kreuzkirche und Anaftafis nach Jerufalem.

XXVI. Arianisches Concil in der Manara. Origenistische Streitigkeiten 335 n. Chr.

Bifchof Paulinus ift im Sendfchreiben des Arius an Eufeb von Nikomedia, feinen Hauptanhänger, nebft dem Kirchengefchichtfchreiber als verläfsiger Arianer angeführt. (Theodoret I, 5. 7. 27. 30). Bereits 335, zwanzig Jahre nach der baulichen Vollendung diente die tyrifche Kathedrale zur Concilskirche, ftatt der vorher hierzu beftimmten von Cäfarea, wohin Athanafius aus Furcht vor Eufebius fich nicht wagte.

Wie kaum eine andere Religions-Genoffenfchaft wird die Chriftenheit durch alle Jahrhunderte, und auch in diefen unferen Tagen durch Dogmenftreit zerrüttet. Chriftus felbft hatte fein Leben an den Kampf gegen den orthodoxen Pharifäismus gefetzt, welcher die Gerechtigkeit in Beobachtung von Gefetzesvorfchriften legte, die Tugend von der ftrengen Erfüllung der Priefterfatzungen oder Kirchengebote abhängig machte. Die Lehre des göttlichen Meffias kennt keine Religion ohne Humanität, die Sittlichkeit beruht in der Erfüllung der Menfchenpflicht gegen einander. Die Reinheit im Gedanken, Worten und Werken, welche fchon Zoroafter betont, entfcheidet und unterfcheidet den Chriften, die Werke des Gefetzes find nichts nütze. Der Heiland ftellt den barmherzigen Samariter als Beifpiel auf, der felbft dem Feinde Gutes thut, indefs Priefter und Leviten blofs beten und den Menfchen feinem zeitlichen Schickfal überlaffen. Jefus fordert nicht, das der Kuthäer, den die hohe Synagoge verketzerte und verbannte, erft feinen Glauben ändere und all die im biblifchen Kanon mit der Zeit aufgeftellten heiligen Bücher annehme — aber diefs ward nur zu früh in Ver-

geffenheit gebracht und die kirchlichen Synoden werden zum
Tummelplatz rein katechetifcher Kämpfe.

Die philonifche Logoslehre oder der Neoplatonismus, ver-
treten im Evangelium Johannis, hat den Chriftianismus über die
jüdifchen Meffiaserwartungen hinaus gehoben, aber zugleich der
theologifchen Spekulation Thür und Thor geöffnet. Alexandria
war der erfte Sitz einer chriftlichen Philofophenfchule, und Origenes ihr originellfter Vertreter. Sein Hauptfatz war, dafs er,
nach dem Vorgang feines Lehrers Clemens von Alexandria
in deffen Pädagogen, den göttlichen Logos als den Erzieher
des Menfchengefchlechtes von Anfang erklärte. Sein Grundgedanke ift: dafs alle λόγια der Phönizier, Perfer, Griechen, d. h.
die Vielheit der Mythologien, worin das Gottesbewufstfein der
Heidenwelt feinen Ausdruck gefunden, ihr Ziel in Chriftus erlangten,

Gebälkornamente.

mit anderen Worten: dafs nicht nur der Mofaismus, fondern die
Religion der Patriarchen und das gefammte Heidenthum feinen
Abfchlufs im Chriftenthum erreichten. Leffings »Erziehung des
Menfchengefchlechts«, 1780 ift in ähnlichem Geifte gefchrieben.
Der geiftreiche Bifchof Alexander von Aelia, welcher die erfte
Bibliothek anlegte, die auch Origenes benützte, öffnete dem Ver-
folgten eine Zufluchtftätte. In Tyrus lag diefer »demantene«
Lehrer, wie ihn die Schule nannte, unter Decius im häfslichen
Gefängniffe, die Kette um den Hals und die Füfse im Stock; im
erften Jahre des Kaifers Valerian erlöfte ihn der Tod von allen
Nachftellungen. Origenes' Standpunkt ift der eigentlich katholifche,
fo fagen wir mit Schelling; aber Bifchöfe die nie eine Bibliothek
gegründet, ja nie ein wiffenfchaftliches Werk gelefen, fitzen zufammen und verurtheilen jetzt wie damals, und — Origenes ift
dann ein überwundener Standpunkt!

Auf den Concil zu Chalcedon 451, welches die zwei Naturen

in Chriftus ftatuirte, tagten vierzig Bifchöfe, die weder lefen noch
fchreiben konnten. Wie mufste bei allem Mangel an Bildung die
Theologie gedeihen! Am ärgften ging es her, wo das Mönchthum
ins Spiel kam. Man braucht nicht über die heidnifchen Verfolgungen fich zu entrüften, denn die Fanatiker in der byzantinifch-
römifchen Kirche haben ungleich mehr Opfer aufzuweifen als Nero,
Decius und Diokletian zufammen. Heute möchte man Origenes
aus dem Grabe auferwecken, um ihm die wiffenfchaftliche Vermittlung zwifchen Glauben und Wiffen und die hiftorifche Be-
gründung der Dogmatik zu übertragen.

Nachdem der römifche Senat unter Kaifer Theodofius I, 391
auf Veranlaffung des Bifchofs Ambrofius mit Stimmenmehrheit die

Tragfteine.

Abfetzung der olympifchen Götter dekretirt hatte, wie der Convent 1793 die Entthronung des dafür erhöhten Chriftengottes —
gelangten Juftinian und Kaiferin Theodora vollends zum Ziele, indem fie auch noch die taufendjährige Philofophenfchule in Athen,
wovon taufendjährige Geiftesbildung der Menfchheit zu Theil ward,
zu fchliefsen befahlen und fo thatfächlich erklärten, das Chriftenthum bedürfe keine Philofophie.

Dazwifchen fallen die Verfolgungen gegen die Origeniften; noch
300 Jahre nach feinem Tode hat das ökumenifche Concil zu Konftantinopel 553 auf Andringen diefes oder jenes Mönchs fünfzehn
ganze Sätze des fcharffinnigften aller Kirchenlehrer verurtheilt!
Origenes, oder wie ihn die heutigen Tyrier nennen, Oreigenes, liegt
hier unter den Ruinen der Kathedrale begraben, nachdem ihn die
Orthodoxen von Land zu Land verfolgt und zu Tode gehetzt hatten.
Origenes wurde auf dem V. allgemeinen Concil zu Konftanti-

nopel 691 wegen der Lehre von der Präexiftenz und Wieder-
bringung verdammt. Damals nahm fich noch Rom feiner an*).

Die Kirchenverfammlung von Nicäa 325 erklärt zuvörderft
den zweieinigen Chriftengott, das II. ökumenifche Concil zu Chalcedon 381, wieder in Konftantinopels Nähe, »erweitert das Nicänifche Symbol über den heiligen Geift.« Verfolgen wir immerhin den hiftorifchen Hergang, um vielleicht die biblifche Exegefe
von den Feffeln der Dogmatik zu befreien. Um zu wiffen, wer
Gott ift, müfste man er felber fein; was wir uns zu Bewufstfein
bringen, ift die Sonne mit den Augen einer Fliege angefchaut. Wir
find viel zu klein, um mit unferer Anerkennung und den über-
fchwänglichften Opfern der Anbetung den Allmächtigen fo befonders
ehren zu können; unfere Stellung im Univerfum ift fo unbedeutend,
dafs wir fammt unferem Planeten Tellus noch nicht das Gewicht
vom taufendmillionften Theil eines Sandkorns im Verhältnifs zum
Himalaya ausmachen. Wir felber fcheinen in diefem elenden Leben
von Oben fo wenig beachtet, dafs uns der Begriff der Vorfehung
oft unfafsbar wird.

Origenes fafste Gott als Weltfchöpfer von Ewigkeit her. Wie
kann der Sohn als Schöpfer wieder in die Kategorie der Gefchöpfe
gehören, frug Arius. Bifchof Marcellus von Ancyra, einer der
ftandhafteften Vertheidiger des Nicänifchen Symbols, ward wegen
dunkler Ausdrücke entfetzt. Sein Schüler Diakon Photinus fafste
den Logos nicht als Perfon, fondern als Kraft; wann der Sohn dem
Vater die Herrfchaft zurückgegeben, werde der Logos fich wieder
von ihm trennen. Apollinaris von Laodicea der Jüngere lehrte:
wie der Menfch nach Plato σῶμα, φυχή und πνεῦμα fei, habe ftatt
des menfchlichen der göttliche πνεῦμα Jefu eingewohnt. Alle
Arianer leugneten die befondere Gottheit des Geiftes, felbft die

---

*) Papft Vigilius erkannte die Verfammlung nicht an, und Gregor M. fchreibt:
quod in hac Synodo de personis tantummodo, non autem de fide aliquid gestum —
et in rebus historicis infallibilitas concilii non statuenda sit. Auguftin c. Donat. II: Et
ipsa concilia plenaria saepe priora a posterioribus emendari. Hormisdas, Papft von
514—523, erklärte die Redensart: „Einer aus der Dreieinigkeit ift gekreuzigt worden",
für Ketzerei. Erft Kaifer Anaftafius liefs das Trisagion mit dem Zufatze fingen;
„Der du für uns gekreuzigt worden bift", aber das Volk erhob fich wider die euty-
chianifche Lehre der Einen höheren Natur in Chrifto. Die Griechen brachten πάσχω
mit Pafcha in Verbindung und fo wurde diefes als Leidensfeft aufgefafst.

Semiarianer nannten ihn ein blofses Gefchöpf: war doch die Lehre vom Geifte bisher nur nebenbei berührt worden*).

Ambrofius führt als überzeugenden Beweis der Rechtgläubigkeit der Bifchöfe zu Nicäa an, weil ihre Zahl 318 durch das Kreuz (300) und die Zahlenbuchftaben des Namens Jefu (18), ausgedrückt werde! Achtzig verwarfen, aber 318 billigten das consubstantialis, fagt Hilarius: foviel als Abraham Knechte hatte! Doch fügt er offenherzig bei: »Wir wiffen, dafs feit der Kirchenverfammlung von Nicäa nichts gefchrieben wird als Glaubensbekenntniffe. Jedes Jahr, jeden Monat werden neue angenommen, die angenommenen mifsfallen und werden vertheidigt, die vertheidigten verdammt. So fucht man den Glauben, als gäbe es keinen.« Andrerfeits wurde das Athanafifche Symbol, welches I. Joh. V, 7 noch in

Architektonifche Wunderblume.

der Bibel nachgetragen ift, von Gennadius von Marfeille († 495), dem Fortfetzer des Hieronymus, in den Tagen des Vincenz von Lerinum noch für das delirifche Machwerk eines Trunkenen erklärt. Gregor von Nazianz fchreibt: »Sie ftreiten und rennen in das Schisma und veruneinigen die ganze Welt um der Bifchof-ftühle willen. Die Dreieinigkeit ift ein blofser Vorwand für ihre Zänkereien, die wahre Urfache aber ein unglaublicher Geift von Zwietracht.« Bei dem bekannten Parteiwefen der Bifchöfe überliefs Conftantin die Entfcheidung über die ihm zugefchickten Anfragen — einem Laien**)! — Die Marianiten am Concil zu Nicäa nahmen aufser dem höchften Gott noch Chriftus, und feine Mutter wie die Nazaräer als Ruach an. Den Hebräerfchriften verdankt Muhammed die Anfchauung, Maria fei die dritte Perfon in der chriftlichen Dreieinigkeit.

Eine Hauptaktion diefes inneren Glaubenskrieges fpielt fich

---

*) Alzog, Univerfalgefch. d. chriftl. Kirche IV. Aufl. 283. 1171. Nach Jakob Böhme nimmt Chriftus den Stuhl des aus der oberften Reihe der Engel vertriebenen Lucifer ein. Ganz alt lautet das Pfingftlied:

Du bift der Paraklet genannt,
Vom höchften Gott herabgefandt.

**) „Der die neue Religion fchuf", meint Baftian. Der Menfch S. 303.

335 in der Kathedrale von Tyrus ab. In diefen geweihten Räumen,
welche auszugraben mir der Beruf ward, tobte der heife Kampf
wider den Befchlufs der Synode von Nicäa. Sechzig Arianifche
Bifchöfe erhoben hier ihren ftürmifchen Proteft gegen das Dogma
der Wefensgleichheit Chrifti mit Gott im Himmel. Allerdings erkannten fie ihn als zweiten Adam, ja im altteftamentlichen Sinne
als Gott, wie die Richter Elohim heifsen *).

Lernen wir den Standpunkt der Arianer kennen, fo hielten
fie feft, dafs Chriftus fich fort und fort als den Abgefandten
von Oben kund giebt, der nicht von fich felbft komme, fondern nur
ausrichte, was ihn der Vater geheifsen, und fein Zeugnifs durch
Thaten bekräftige! »Der welchen Gott gefandt hat, redet Gottes
Wort, und Gott giebt feinen Geift nicht befchränkt.« Joh. III, 34.
V, 18. »Die Juden trachteten ihm nach dem Leben, weil er gar
Gott feinen Vater genannt und fich Gott gleichgeftellt hatte. Jefus
verfetzte: »Der Sohn kann nichts von fich felbft thun; der Vater
hat den Sohn lieb und weift ihm Alles, was er thut, er wird ihm
wohl noch gröfsere Werke zeigen. Ich vermag nichts aus mir
felbft zu wirken. Wenn ich allein von mir zeugte, fo wäre meine
Ausfage nicht giltig. Aber es ift ein Anderer, der Vater, der mich
gefandt hat. VII, 28. Ich bin nicht von mir felbft, fondern der
Wahrhaftige ift es, der mich gefandt hat. VIII, 13 f. Da fprachen
die Pharifäer: Du zeugeft von dir felbft, alfo gilt es nichts. Jefus
antwortete: Ich weifs, woher ich komme und wohin ich gehe. Es
fteht in euerem Gefetze: »Das Zeugnifs von zwei Menfchen ift
wahr.« Nur bin ich nicht allein, fondern ich und der Vater der
mich gefandt hat.«

Hieraus könnte man fchliefsen, der Herr habe den Vater ver-
menfchlicht! Sie verftanden nicht, dafs er Gott feinen Vater
nannte; daher fprach Jefus: Wenn ihr den Menfchenfohn werdet
erhöhet haben, werdet ihr erkennen, dafs ich es bin und dafs ich
nichts von mir felbft thue, fondern rede, wie mich der Vater ge-
lehrt hat.« Darauf entgegneten die Juden: nicht wegen eines guten
Werkes hätten wir Luft dich zu fteinigen, fondern ob der Gottes-
läfterung, dafs du, ein Menfch, dich felbft zu Gott machft. Jefus

---

*) Joh. X, 34 f. Pfalm LXXXI, 16. CXXXVIII, 1. Ex. XXI, 6. XXII, 8. 9. 28.
I. Sam. XXVIII, 13. Vgl. bene Elohim Gen. VI, 2. I. Joh. III. 9 f.

erwiderte: Steht nicht in eurem Gefetze (Pfalm LXXXI, 6): »Ihr
feid Götter! Wenn nun die Schrift die Götter nennt, an welche
Gottes Auftrag ergangen, wie könnt ihr zu Dem, |welchen
der Vater geheiligt und in die Welt gefandt hat, fagen:
Du läfterft Gott, weil ich ausfprach: ich bin Gottes
Sohn.« Thue ich nicht die Werke des Vaters, fo glaubt mir
nicht; thue ich fie aber, fo erkennt, dafs der Vater in mir ift und
ich im Vater bin.«

Wie fprechend tritt diefs im Gleichnifs vom Hausvater hervor,
der feine Knechte in den verpachteten Weinberg fchickt, um die‘
Früchte zu empfangen, zuletzt aber feinen einzigen Sohn, Matth. XXI,
33. Jene mifshandeln und werfen fie hinaus, es find die Propheten;
den Sohn und Erben aber tödten fie, nämlich den Meffias. Als
folchen legitimirt fich Jefus vor den Samaritern wie Juden, denn
der Ausdruck Sohn Gottes kam nach der Sprache der Talmudiften,
dem Gefalbten des Herrn zu. (Joh. IV, 25. 29. VII, 26. IX, 35).
Der Menfchenfohn erniedrigt fich und wird erhöht zu Gottes Sohn;
er erfleht die Verherrlichung, die ihm zuerkannt war, da der Vater
vor der Weltgründung ihn geliebt. XVII, 24. — Dabei ift Satz für
Satz von der Sendung die Rede, und die Erhöhung als Löhn zu
erkennen, weil er Gott auf Erden verherrlicht, denn ohne den
Menfchen hat Gott keine Herrlichkeit hienieden. Er verfpricht den
Geift, der Alles lehrt und erforfcht, auch die Tiefen der Gottheit,
(I. Kor. II, 10), fomit als Tröfter dem Menfchen eigen werden foll.
Diefer Geift aus Gott ift nicht mit ihm Eins. »Nehmet hin den
heiligen Geift, welchen ihr die Sünden vergebet« u. f. w., heifst
es fchon vor der Geiftesfendung. Perfönlich ift er hierbei wohl
nicht gedacht. Joh. XX, 22.

Aeufserft merkwürdig fpricht Chriftus vom Weltgerichte. Mark.
XIII, 32: »Jenen Tag und die Stunde weifs niemand, weder die
Engel im Himmel noch der Sohn, fondern einzig der Vater.«
Matth. XXIV, 36 hat hier allerdings den Sohn ausgelaffen. Und
wieder heifst es: »Der Vater hat das Gericht dem Sohne übergeben,
damit Alle den Sohn ehren, wie den Vater, der ihn gefandt hat.«
Diefen Satz, Joh. V, 22. führt Paulus I. Kor. XV, 24 f. aus: »Er mufs
herrfchen, bis er alle feine Feinde unter feine Füfse gelegt hat.
Dann ift das Ende da, wo er das Reich Gottes dem Vater übergeben
wird. Wann ihm aber Alles unterworfen ift, wird auch der Sohn

felbft Dem, der ihm Alles untergeben hat, fich unterwerfen, damit Gott Alles in Allem fei.« Noch zum Abfchied fleht er im Hohenprieftergebete XVII, 21: »O dafs alle Eins feien, wie du, Vater, in mir und ich in Dir! Dafs auch fie in uns feien und die Welt glaube, dafs du mich gefandt haft!« Hier wird niemand auf die Einheit der Apoftel mit Gott den Schlufs ziehen, nur die Kindfchaft Gottes ift allen gefichert. Chriftus erklärt fich aus Gott geboren und damit unfündhaft.

So predigt Paulus Apoftelgefch. XIII, 32. »Gott hat, indem er Jefum auferweckte, die Verheifsung erfüllt: Du bift mein Sohn, heute habe ich dich erzeugt.« (Von einer ewigen Zeugung aus feinem Wefen ift hier keine Rede!) Der Weltapoftel nennt Kol. I, 15 den Sohn den »Erftgebornen aller Creaturen« (πρωτότοκος τῆς κτίσεως, Erftling der Schöpfung); in ihm, dem Ebenbilde Gottes,

Confolen.

und für ihn ift Alles gefchaffen, der Vater hat uns in fein Reich verfetzt, er ift das Haupt des Leibes, der Gemeinde, der Erftgeborne von den Todten.« Er ift der Prädeftinirte, vom Vater zur Verherrlichung beftimmt, ehe dann die Welt und bevor Abraham war (Joh. VIII, 58; XVII, 5). — Prototyp Alles Gefchaffenen, wie die Juden den Adam Kadmon dachten. Paulus geht noch weiter und fchreibt Phil. II, 6: Chriftus habe die göttliche Geftalt in fich ausgeprägt, und konnte als freiwilliges Gefchenk nicht als Raub fie zur Schau tragen; aber weit entfernt fich Gott gleichzuftellen, habe er fich felbft entäufsert und Knechtes-Geftalt angenommen. — Die deutfche Ueberfetzung: »fofern er göttlicher Natur war,« entfpricht nicht dem ἐν μορφῇ θεοῦ ὑπάρχων, denn Gott kann feines Wefens fich keinen Augenblick entkleiden.

Chriftus erklärt fich für den Gefandten des Vaters. Der Angelos war heilig, wie ein Priefter. Herodes hält bei Jof. Ant. XV. 5, 3 über den Gefandtenmord der Araber eine Rede:

»Sie haben gegen unferen Gefandten verübt, was wider alles Völker-
recht bei Griechen und Barbaren ift, indem fie fie felber tödteten. Die
Herolde waren bei den Griechen heilig und unverletzlich; uns aber
find die fchönften Lehren und heiligften Gefetze durch Gefandte von Gott gebracht. Welche Schmach ift darum fo grofs,
als Gefandte zu morden« Hebr. II, 2 und I. Tim. II, 5. »Es ift ein
Gott und ein Mittler zwifchen Gott und den Menfchen,
der Menfch Jefus Chriftus, der fich felbft zum Löfegeld für
alle hingegeben.« III, 20. »Das Gefetz ift von Engeln gegeben durch die Hand des Mittlers. Nun ift der Mittler
nicht eines einzigen, Gott aber ift nur Einer.« — Als Mittler,
μεσίτης, fafsten die Perfer den hauptumftrahlten Mithras (unferen
Mit-Odin?), die Juden den Metathron oder Thronengel Michael
(quis ut Deus), der die Gebete der Sterblichen Gott aufopferte.

Die Apoftel und Chriften der erften Jahrhunderte wufsten
jedenfalls nichts von drei göttlichen Perfonen. Die älteften Väter
Juftin, Irenäus, Polykarp, Ignatius, Clemens und Tertullian treten
keineswegs als Zeugen dafür auf. Schreibt doch Paulus I. Kor.
VIII, 4 f. »Wir wiffen, dafs kein anderer Gott ift als der Eine.
Wir haben als einzigen Gott nur den Vater, von welchem
alle Dinge find, und nur Einen Herrn Jefus Chriftus, durch den
Alles und auch wir find.« XV, 47. Der erfte Menfch ift von der
Erde, alfo irdifch, der zweite vom Himmel, alfo himmlifch. Der
Weltapoftel nennt Gal. I, 3. 4 Gott den Vater, und unfern Herrn
Jefum Chriftum den Erlöfer.

Man konnte die Arianer offenbar noch nicht auf die Beweis-
ftelle für die Dreifaltigkeit I. Joh. V, 7 verweifen: »Drei find, die
Zeugnifs geben, im Himmel, der Vater, das Wort und der heilige
Geift, und diefe Drei find Eins.« Auch die Taufformel auf die
drei Namen fteht erft im Nachtrag bei Matth. XXVIII, 19, und fo
wenig bei Markus wie bei Lukas. Petrus predigt Apoftelgefch.
II, 38 nur: »Es laffe fich jeder taufen im Namen Jefu Chrifti,
zur Vergebung eurer Sünden, fo werdet ihr den hl. Geift empfangen.« Paulus aber meldet den Römern VI, 3 f. »Wiffet ihr nicht,
dafs wir alle in Chrifto Jefu getaufte, auf feinen Tod getauft find.
Wir find durch die Taufe mit ihm begraben, damit, wie er durch
die Herrlichkeit des Vaters auferweckt wurde, auch wir im neuen
Leben wandeln. Wir müffen bedenken, dafs unfer alter Menfch

mit gekreuzigt wurde.« Man könnte fchliefsen, da der Vater und
Geift nicht mit geftorben find, noch auferftanden, könne auch die
Taufe auf ihren Namen nicht ftatt haben — doch das find Schlüffe.
Den Galatern fpricht der Weltlehrer III, 26 zu: »Ihr alle feid Kin-
der Gottes durch den Glauben an Chriftus Jefus. Denn fo viel euer
getauft find in Chrifto, die haben Chriftum angezogen.« In
Chriftus ift Gott Menfch, und durch die Auferftehung der Menfch
Gott gleich geworden, er fitzet zur Rechten des Vaters. Jeder
einzelne foll Sohn, oder wie Maria Tochter Gottes werden, damit
wir in ihm und demfelben Vater Eins feien. Joh. XVII, 21. »Der
Geift Chrifti, der lebendig macht, der Geift deffen, der Jefum von
den Todten erweckte, der nicht ein Geift der Knechtfchaft ift, gibt

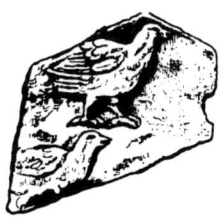

Taubenreliefs.

Zeugnifs unferem Geifte, dafs wir Kinder Gottes find. Diefer
Geift Gottes, der uns einwohnt,« Röm. VIII, 9 f. ift wohl
nicht perfönlich gedacht!

Ueberrafchend war mir im nahen Gartenhaufe das der Bafilika
entnommene Bild der Taube, wohl vom Sims der Taufkapelle
nach Matth. III, 16 aufzufinden und vom Boftandfchi zu erwerben.
Aufserdem gruben wir ein Relief mit zwei Tauben aus. Ich deute
fie nicht nach Herodot II, 54 auf die priefterlichen Jungfrauen, wie
fie vom ägyptifchen Theben zur Oafe des Ammun und nach Dodona geflogen, fondern auf Columbarien oder die Grabftätte, wo
nicht auf das Taubenopfer Luk. II, 24, eine geeignete Darftellung
für den Ort der Ausfegnung der Wöchnerinnen.

Adam heifst bei Lukas III, 38 der Sohn Gottes. Der
Meffias ift der zweite Adam, alfo gebührt auch ihm der Titel,
der Satan ftellt ihn damit IV, 3 auf die Probe. Jefus nennt fich

von vornherein den Menfchenfohn. Joh. III, 13. Bift du Chriftus, der Sohn des hochgelobten Gottes? frägt der Hohepriefter. Mark. XIV, 61. Sohn Gottes, aber nicht minder Knecht
oder Diener Jehovas hiefsen die Juden ohne weiteres den Meffias.
Daher befchuldigt fie Muhammed (Sure IX, 30), auch Esra für
Gottes Sohn gehalten zu haben, und Sure V, 116 legt der
Prophet von Mekka Jefu die Frage vor, ob er je zu einem Menfchen gefagt habe: »Nimm mich und meine Mutter für zwei Götter neben Gott.« Er betheuert Sure V, 77. »Das find die Ungläubigen, welche fprechen: Gott ift der Dritte von Dreien.«

Ueber diefen Standpunkt, welcher zuvörderft die Hebräer-
chriften einnahmen, erhoben fich die alexandrinifchen Helleniften
aus der philonifch-neuplatonifchen Philofophenfchule,
welche die volle Offenbarung des Logos in Jefus feftftellte. Sohn
Jehovas ift der Ehrenname des Gottgefandten und Gefalbten des Herrn oder des Meffianifchen Königs, und,
wie die Ebioniten erklärten, moralifch, jedoch nicht phyfifch zu
erklären (Epiph. XXX, 18). Auch Menahem, »Tröfter«, war ein
Beiname des Meffias. Aber Athanafius begnügte fich nicht im
Sinne Chrifti das Wort zu faffen, fondern als Gezeugten.

Den Aegyptiern fchwebte noch immer Ifis mit dem göttlichen
Sohne Horus als Theotokos oder Madonna mit dem Chriftkinde
vor. Auch Memnon oder Mi-Amun, d. h. Liebling Amun's, ift
eigentlich Sohn Gottes. Mit dem Namen Theotokos ift die Mythologie fchrankenlos ins Chriftenthum eingebrochen und überfluthet mehr und mehr die Fundamente. So lautet hieroglyphifch
der Lobgefang des Königs Entharios (Darius II.) im Tempel zu
Hib: »Voll Freude ift das Herz der Gottesmutter ob ihres Sohnes
Horus (Apollo).« Ifis heifst die Alte, die Gottesmutter von Hib*).

Wahrlich, uns leuchtet nicht mehr ein, wie fieberhaft in der
Apoftelzeit überall Gottes Erfcheinungen nachgejagt wurde. Als
Herodes Agrippa im Königsornat zu Cäfarea eine Rede hielt, fiel
das Volk ein: Das ift Gottes Stimme und nicht die eines Men-
fchen. Und da Paulus und Barnabas zu Lyftra auftreten, ruft die
Menge: Das find Götter in Menfchengeftalt! und die Priefter des
Jupiter wollen dem Barnabas als ihrem Gott einen Ochfen opfern

---

*) Brugfch-Bey. Reife nach der Oafe el Khargeh.

(wenn Lukas nicht übertreibt), während Paulus als Redner für Hermes paſſirt. Dieſe Manie ging mit dem alten Heidenthum zu Grabe. Die Hellenen unterſchieden die Götter, welche dem Schickſal unterlagen, vom Allweſen, das wir den ewigen Schöpfer nennen. »Die Götter muſs man anerkennen und ihnen dienen, ſpricht Hierokles im Commentar zu Pythagoras, aber von ihnen den höchſten Gott wohl unterſcheiden, als ihren Urheber und Vater. Und der Dienſt, welchen man ihnen erweiſt, muſs ſich auf den Schöpfer allein beziehen, der richtig als Gott der Götter zu bezeichnen iſt, weil er der Herr Aller und über Alle ausgezeichnet iſt.« Dieſem gebührte Anbetung adoratio, den Unterweſen, die nichts aus ſich ſelbſt können, Verehrung, veneratio *).

Den Heiden war der Titel deus geläufig und einfach für Todte gebraucht. Conſtantius verbot den Götzendienſt, liefs aber ſeinen Vater Conſtantin noch unter die Götter aufnehmen, kraft ſeiner Würde als Pontifex maximus. Unter Conſtantin brach der helleniſche Geiſt mit Macht in die Kirche herein und ſiegte zu Nicäa über den abſtrakten Judaismus. Wer ſagt uns, ob Athanaſius mit ſeinem Anhang Jeſum gleich als den Schöpfer Himmels und der Erde angeſehen wiſſen wollte? Auf einer Reihe von Concilien wurde der ἱερὸς λόγος oder die Chriſtuslegende bald ſo, bald anders fixirt und das Dogma in's Intereſſe der Staatspolitik gezogen. Dem ſubſtantiellen Einwohnen der Gottheit widerſagten die Hebräerchriſten, überhaupt ſind wir auf Götter nicht mehr ſo hitzig.

Zu Nicäa wurde die Gottheit, die bis da im unſichtbaren Lichte

---

*) »Es gibt vier Propheten, die von den vier Geſchlechtern der Erde verehrt werden, ſagte Kublai-Chan zu Marko Polo: Chriſtus, Mohammed, Moſes, Sakjamuni. Ich verehre alle vier und bitte den höchſten unter ihnen, dafs er mir helfe.« Er vergafs noch andere vier, nämlich Hermes Trismegiſtos, den Offenbarer altägyptiſchen Gottesglaubens, Orpheus, den Propheten der Nordvölker, Zarathuſtra, dem Ahura-Mazda ſein heiliges Geſetz anvertraute, um es den Kindern des Lichtes mitzutheilen und ihn ſchliefslich zu ſich aufzunehmen, endlich Confuce, den chineſiſchen Religionsſtifter, deſſen Tugendlehre noch all die Millionen ſeines Volkes beherrſcht. Sein Zeitgenoſſe, Buddha, entging ſo wenig wie Zoroaſter der Verhimmelung, obwohl er für die perſönliche Gottheit keinen Platz in ſeinem Syſtem hat. Dazu halfen die groſsen Concilien unter Kaiſer Acoka, dem buddhiſtiſchen Conſtantin. Karl d. Gr. war ebenfalls nicht glücklich, als er den Ausgang des hl. Geiſtes vom Vater durch den Sohn von der Synode zu Frankfurt diktiren liefs — zur gröfsten Verwunderung des Papſtes Leo III., der ſeinen Proteſt dagegen auf einer Erztafel in der Vatikaniſchen Baſilika anſchlug.

thronte, menfchlicher aufgefafst und ins Fleifch herabgezogen,
Elohim ift geworden wie einer von uns. Athanafius erfchien mit
40 afrikanifchen Bifchöfen, theils gehorfam den kaiferlichen Mahn-
briefen, theils in der Hoffnung, das Symbolum von Nicäa mit dem
ὁμοούσιος aufrecht zu erhalten, zum Concil in der Paulinuskirche
— aber Eufeb von Cäfarea nahm den Vorfitz ein. Priefter Ma-
karius von Alexandria wurde fogar militärifch und in Ketten her-
beigefchafft. Nun widerhallte es von Anklagen: der Patriarch habe
den Bifchof Arfenius morden laffen — bis diefer mit einmal
lebend unter die Väter trat, Paulinus erklärte, ihn zu kennen (?).
Sodann follte Athanas einer Frau Gewalt angethan haben, fo die
Anklage, um einen Grund zur Abfetzung zu haben; als aber diefe
ausgefprochen ward, verliefsen Paphnutius von Theben und
Maximus von Jerufalem mit Proteft den Kirchenfaal*). Auf
Eufebius' Betrieb wurde Athanafius indefs von den ver-
einten Bifchöfen abgefetzt und durch den erften chriftlichen
Kaifer nach der weftrömifchen Kaiferftadt Trier verbannt; die dortige Paulinuskirche mag daran erinnern. Conftantin rief jedoch die
exilirten Arianer zurück und fetzte fie wieder in ihre bifchöflichen
Stühle ein. Das Jahr darauf, 336, erfuhr das Concil feine Verlegung nach Jerufalem, als die Einweihung des hl. Grabtempels vor
fich ging.

Nachdenklich über die erfchütternden Scenen, die in diefen
Räumen gefpielt, fetzte ich mich auf die hervorragendfte der geftürzten Portalfäulen, durch welche einft die verfammelten Väter
gefchritten waren. Wer hat eine Vorftellung davon, wie die Welt-
und Kirchengefchichte fich geftaltete, wenn das Glaubensftatut des
Concils in der Manara von Kaifer und Reich aufrecht erhalten
blieb? Arius, der unbeugfame Widerfacher des neuen Nicänifchen
Dogma's, nahm fchon im nächften Jahre, 336, an einem cholera-
artigen Anfall nach Wunfch der Byzantiner ein rafches Ende.
Wie mag Hieronymus fprechen: »Die Welt erftaunte, dafs fie
über Nacht arianifch geworden!« Mit wenigen Ausnahmen war
359 der ganze Epifcopat Arius' Lehre zugethan. Athanafius, der
bald im Triumphe auf feinen Stuhl zurückkehrte, gibt Zeugnifs,

---

*) Eufeb. vita Conftantini IV, 42. Die Verhandlungen Harduin I, 539 sc. Manfi
II, 11. 23.

dafs Papft Liberius den Drohungen weichend der arianifchen Lehre zugeftimmt und feine Wiedereinfetzung in Rom durch die Unterfchrift eines häretifchen Bekenntniffes erkauft habe.

Ift es Zufall, dafs eben wir Alamani die berühmte Concilskirche ausgraben follten? Gerade die Deutfchen haben den Rückfchlag am fchwerften empfunden. Die früheft bekehrten Stämme der Germanen, vor allen die edlen Gothen, dazu die Vandalen, waren Arianer, und fanden wegen ihrer Anhänglichkeit an diefes Glaubensbekenntnifs den Untergang. Sie erlagen dem Schwert der Kirche in der Hand der Byzantiner und wurden bis zur Ausrottung hingefchlachtet. Bifchof Ulfilas, unfer erfter Bibelüberfetzer, geboren 313, wurde mit das Opfer diefes Kirchenftreites, wohnte 383 der Verfammlung in Conftantinopel bei, fiel unter das Urtheil der Verdammnifs und ftarb gleich darauf noch im felben Jahre.

Hätte das antitrinitarifche Lehrprincip fich behauptet, wie es unter dem Vorfitz des erften Kirchengefchichtsfchreibers Eufebius hier in Tyrus durchgekämpft wurde, der Islam wäre nie emporgekommen! Diefer exiftirt nur in Folge der Tugenden, welche der Byzantinismus in und mit der Kirche begangen hat. Das Chriftenthum ift nicht im Stande, dem Islam die Spitze zu brechen, deffen Bekenner, ob Araber, Perfer oder Türken, bei gleichem Glauben und gleicher Schrift verfchiedener Sprachen fich bedienen. Mit dem Concilbefchluffe von Nicäa büfste die Religion Jefu die Möglichkeit ein, fich zur wahren Katholicität zu erheben oder die Religion der Zukunft zu bleiben. Alsbald rebellirte das Morgenland gegen die Triasidee, der ausfchliefsliche Geift der Semiten vertrug fich nur mit dem Alleinigen. Beim Küffen des fchwarzen Steines fpricht der Pilger: »Gott ift Einer, der ewige Gott. Er zeugt nicht und ift nicht gezeugt, kein Wefen ift ihm gleich.« Das millionenfach täglich in drei Welttheilen wiederholte Gebet: La ilahu ill Allah! ift nur der unausgefetzte Proteft gegen das Symbol von Nicäa. Muhammed ift der fiegreiche Vertreter des femitifchen Henotheismus, der faft ohne Widerrede Eingang gefunden, fo fehr waren Syrer, Aegypter, Klein- und Grofsafiaten der byzantinifchen Dogmenzänkereien müde.

Muhammed wurde, was fein Name ausfpricht, als der Erfehnte begrüfst, oder als Achmed, der Verheifsene, der Tröfter und Pa-

raklet, gepriefen, ja der Koran nimmt fich heraus, dem Propheten
von Nazaret die Ehre zu geben und gegen die Mifsdeutung feiner
Lehre und Perfon Verwahrung einzulegen. So lehrt mit Nachdruck
Sure III: »Allah ift es, der das Gefetzbuch Mofis und das Evangelium Jefu den Menfchen zur Unterweifung gegeben hat, jetzt
aber fendet er durch dich den Koran. Nur er ift Gott, er der
Mächtige und Weife.« Gegen die Dreieinigkeit ift befonders CXII
ausdrucksvoll. In der Offenbarung, welche Muhammed die Braut
unter den Suren nennt, heifst es: »Allah ift Gott! ich fage mich
los von Allem, was ihr ihm beigefellt. Die Wefen, die ihr neben
ihm anbetet, erfchaffen nichts und find von felbft erfchaffen. Die
Götzenbilder find todt, er ift der lebendige.« Vom Euphrat bis
Andalufien erklang Gezetter der Einheitsbekenner über den Irr-
wahn der drei Götter. So fingt Ibn ul Akbar, und hinwieder
1275 Abu Omar:

> Wollt ihr durch Chriften euch verhöhnen laffen,
> Die an drei Götter glauben und uns haffen?

Vielgötterei macht ebenfo der Dichter Farazdak, der eine
lofe Zunge hat, den Chriften zum Vorwurf.

Der Islam ift nur die Metamorphofe des Arianismus, hervorgegangen aus dem Streben nach nationalem Religionsleben und
gefördert durch die Auflehnung gegen Glaubenszwang. Der Gno-
ftizismus wie die arianifche Confeffion wurden weniger mit geiftigen Waffen überwunden, als durch byzantinifche Staatsge-
walt todtgefchlagen. Wer bürgt dafür, dafs beide Religions-
philofophien nicht noch einmal aufleben und eine Zukunft haben?
In aller Stille, fcheint es, geht der germanifche Völkertheil Europa's, müde des romanifchen Dogmengetriebes, einem neuen Arianismus entgegen, worin Chriftus als Gefandter Gottes und Träger
der Offenbarung die Stellung einnimmt, die ihm die Menfchheit
willig gönnt. Die Muhammedaner behandeln wir als Ungläubige,
und fie geben uns ´den Vorwurf zurück. Gleichwohl nennt Muhammed Chriftus den gröfsten aller Propheten mit der Bemerkung,
dafs die Apoftel, Evangeliften und erften Chriften keine Dreifaltigkeit behauptet hätten.

Ein Jahr alfo nach der Synode in Tyrus ftarb plötzlich
Arius, der Repräfentant der hiftorifch-kritifchen Schule von An-

tiochia, wie man glaubt und auch Leffing urtheilt, an Gift. Die
Manara trägt nicht die Schuld an feinem Tode und der grauen-
haften Zerrüttung der Kirche: die hier ftattgefundene Synode dero-
girte mit voller Autorität die Nicänifche, deren Befchlüffe das
Aushecken weiterer Dogmen nöthig machte, und durch immer neue
Spitzfindigkeiten die Chriftenheit verwirrte. Sektenhafs und Glau-
benskrieg find die Folge der trotz Widerrufes fchliefslich doch
durchgeführten Theologie — bis zum jüngften Dogma der paffiven
wie aktiven Deipara immaculata. Die Synode zu Arles, von
Papft Liberius angeregt, unterzeichnete 353 mit dem päpftlich
Gefinnten Vincenz von Kapua an der Spitze die Verurtheilung
des Athanafius: nur Bifchof Paulinus von Trier widerftand. Warum
konnte es bei diefer päpftlichen Beftimmung nicht bleiben? Hiftorifch betrachtet war die Synode von Nicäa die fruchtbare Mutter
feindfeliger Zwillinge. Selbftverftändlich ergab fich nun die Frage
über das Verhältnifs der göttlichen zur menfchlichen Natur, über
einen oder zwei Willen in Chriftus. Wenn diefer Joh. IV, 32
fpricht: »Meine Speife ift, dafs ich den Willen deffen thue, der
mich gefandt hat« — fo ift er doch himmelweit entfernt, feinen
Willen dem göttlichen gleich zu achten. Aber der Hof zu Conftantinopel entfchied in Sachen des Glaubens, diefs trieb die Unterthanen, ihrer Stammverfchiedenheit zugleich durch religiöfen
Widerfpruch Ausdruck zu geben, und die Monophyfiten und
Monotheleten, fowie die Neftorianer, welchen der Ausdruck
Gottesgebärerin das gröfste Aergernifs gab, bereiteten fo dem
Islam den Weg. Schien es doch, als ob die erneute Patriarchenreligion gegenüber der aufdringlichen kirchlichen Hofreligion
einem Bedürfnifs der Menfchheit entgegenkomme.

Es gibt für die Ausbildung des Chriftenthums zur Dogmenreligion keinen wichtigeren Mann als den erften chriftlichen Kaifer.
Was der Staatsallmacht förderlich fchien, wurde im Augenblick
zum Dogma erhoben, von chriftlicher Gefinnung keine Spur! Conftantin, den die griechifche Kirche für heilig erklärte, liefs feinen
Schwiegervater Maximian, feinen Schwager Licinius und Neffen
Licinian, feinen hoffnungsvollen Sohn Crifpus und die eigene Gattin Faufta hinrichten. Darin fieht Libanius ein fchweres Familien-
verhängnifs für verübte Tempelräubereien. Vordem warf er die
Fürften der Franken, Ascarich und Regais den Beftien vor. Sein

Nachfolger Conftantius liefs den Vater Julians, deffen älteften Bruder Gallus und noch fieben Vettern, ja feinen eigenen Sohn Chlorus 326 hinrichten und nur den 8jährigen Julian am Leben, kein Wunder, wenn diefer als Kaifer dem Chriftenglauben abfagte. Bifchof Hofius von Cordova fprach den Conftantin von feiner Familien-Mordfchuld los, nachdem kein heidnifcher Priefter fich dazu verftanden. Trygäus bei Ariftophanes verfchiebt die Einweihung in die Myfterien zur Sündenvergebung bis ans Lebensende. Ebenfo nahm Conftantin erft auf dem Todbette die Taufe, und zwar von der Hand des Bifchofs Eufebius von Nikomedia, welcher den Cäfar Julian erzog, den Arius in Nicäa vertheidigte, den Athanafius in Tyrus abfetzen half und an die Spitze der Arianer getreten war, die

Mufchel-Ornament.　　　　　　　　Paviment.

nach ihm Eufebianer hiefsen. Diefs dient zum Beweife, dafs der orthodoxe Kaifer felber an das Dogma von Nicäa nicht glaubte, fondern es nur zur Förderung kaiferlicher Autorität oder als Regierungsprinzip bevorzugte.

Ammian Marcellin urtheilt XXI, 16: Kaifer Conftantius vermifchte die chriftliche Religion, welche in fich abgefchloffen und einfach ift, mit weibifchem Aberglauben, und indem er, ftatt fie nüchtern anzufchauen, fie durch Grübeleien verwirrte, rief er fehr viele Spaltungen hervor, denen er durch Wortftreitigkeiten reichlich Nahrung gab, fo dafs durch die Haufen von Prieftern, welche von allen Seiten zu den fog. Synoden eilten, um die Uebereinftimmung herzuftellen, das öffentliche Fuhrwerk völlig abgenützt wurde. Der Streit über das Verhältnifs der göttlichen und menfchlichen Natur in Jefu fei unnütze Grübelei.

Nicht Rom, fondern Byzanz ift der Mittelpunkt des erften chriftlichen Weltreiches, und fofort nach Uebertragung des Herrfcherfitzes nach der Siebenhügelftadt am Bosporus rivali-

fūrte diefe mit der alten Heidenftadt an der Tiber. Unbeirrt vom
Senat und römifchen Verfaffungsftaat vermochte hier der politifche wie kirchliche Byzantinismus zu gedeihen. Conftantin und feine Nachfolger begünftigten die fromme Sage, um einen
blendenden Nimbus um fich zu verbreiten, und liefsen zu diefem
Zwecke kirchliche Heiligthümer aus dem gelobten Lande fammeln,
ja felbft der redfeligen Mythe den Mund öffnen. Conftantinopel
war gefügiger als das durch feine hiftorifchen Erinnerungen im
Selbftbewufstfein gekräftigte Rom, und der Cäfarapapismus
ward fertig. Kein Monarch hat auf die Verweltlichung der Kirche
und die Fortbildung des Dogmatismus mehr Einflufs geübt.

Tragftein.   Tragftein.   Sims.

Das Chriftenthum wurde durch die Aufnahme der Trinitäts-
lehre und des Gekreuzigten in die Gottheit erft recht den Juden
ein Aergernifs, den Heiden eine Thorheit — wie noch den Moslemin. Wenn das Dogma der Offenbarung Chrifti entfpricht und
der Erlöfer vom Joche des Mofaismus wirklich eine unbegreifliche
Glaubenskirche geftiftet, fo haben wir die Folgen als gottgewollt
hinzunehmen: wie aber Concilbefchlüffe zu Stande kommen, erlebten wir fattfam beim Vatikanum, was nachdenklich machen
mufs. Gregor von Nazianz äufsert auf die Einladung zu einer
Synode: »Ich fliehe jede Zufammenkunft der Bifchöfe, denn noch
nie habe ich einen guten Ausgang erlebt, fondern im Gegentheil
gefunden, dafs fie die Uebel nur vermehrten. Die Streit- und
Herrfchfucht, welche da walten, ift kaum zu befchreiben.« Noch
1054 fchreibt Leo IX. an Cärularius: »Mehr als neunzig Härefien
haben die Griechen im Laufe der Zeit ausgebrütet, um ihre jung-
fräuliche Mutter, die katholifche Kirche, zu fchänden.« (Manfi XIX,
639). Der Glaube als blofses Gnadenwerk, das Credo quia ab-
furdum find keine Motive zur Völkerbekehrung und fetzen den
göttlichen Funken im Menfchen tief herab. Wer die Weltgefchichte

Rahmen der Manara fpielte, wo die Verfammlung, wie Fabricius,
Frieden oder Krieg im Schofse trug. Der Byzantinismus gewann
die Oberhand und die Folge war, dafs zuletzt die römifche Kaifer-
macht vom afiatifchen Boden weggefegt und über das Dogma der
Trinität der Islam triumphirte. Beide Welttheile konnten für das
Chriftenthum nicht mehr zurückerlangt werden, gleich als ob diefes
die Kraft zu falzen eingebüfst hätte.

Noch drei andere Synoden tagten in der Manara Angefichts
des Grabmals von Origenes, deffen Apologie Eufebius in fechs
Büchern fchrieb, wovon nur das erfte noch vorhanden ift. Hier verfammelten fich die chriftlichen Kirchenhäupter nämlich fchon 332
gegen die Aegyptier, 448 zur Unterfuchung gegen Bifchof Joba
von Edeffa, und 451 wegen Errichtung einer neuen Kirchenpro-
vinz zu Beirut*). — Die Wahrheit ift die Tochter der Zeit, aber
nicht der Autorität, fpricht Baco von Verulam.

---

*) Nicephor. Callift VIII, 49. 50. Terzi Tiria sacra p. 69.

folut widerfprechenden Synoden erhellt zugleich der Werth der
Theorie der Episcopalen von der Unfehlbarkeit der Kirchenfyno-
den, denn das in der Folge verworfene Concil von Tyrus hat trotz
aller Einwendungen ebenfoviel Anfpruch auf Anerkennung, wie
das Nicänum: auf beiden Verfammlungen war hauptfächlich der
Wille des Kaifers mafsgebend. Während diefer übrigens die
bifchöflichen Synoden als ihr Pontifex Maximus nur leitete, befahl
fchon fein Sohn Conftantius einfach dem Concil von Mailand 355
die femi-arianifchen Lehre anzunehmen, weil diefs fein Wille fei.
Das Imperium tritt nicht mehr als Schutzmacht, fondern als kirchliche Obrigkeit auf. Gleichwohl erlag die vermittelnde Auffaffung
der gottvollen Doktrin des Athanafius. Schon drei Jahrhunderte
nach Nicäa beginnt die Aera der Hedfchra, für Afien und Afrika
ftellte fich nach unfäglichem Dogmenzwift das Bedürfnifs
einer neuen Religion heraus, und abgefehen von Alexanders
Welteroberung, gleicht nichts dem Siegeslauf, womit der Islam
die Länder bis Indien und zu den Pyrenäen gewann. Die byzantinifchen Hoftheologen zu Nicäa haben Muhammed vorgearbeitet,
ja diefer Mann erfchiene nicht fo aufserordentlich, hätte er nicht
die Völker vorbereitet gefunden und fo ihm das Schickfal Alles
in die Hand gefpielt. In Diokletians Tagen zählte die chriftliche
Kirche kaum den zehnten, ja zwanzigften Theil der römifchen Bevölkerung, während der Islam in Einem Jahrhundert die Südwelt
eroberte und das religiöfe Gewiffen der Völker einfacher befrie-
digte, ftatt mit noch fo viel Dogmen, wozu fich der Muhammedaner nie bekehrt. In Indien bekennen den Koran über vierzig
Millionen, unfere Miffionäre gewinnen mit all den unter der englifchen Herrfchaft Zugewanderten niemand. Was ift der Grund,
weshalb das Morgenland, fowie Afrika fich fo ablehnend gegen das
Chriftenthum verhält, und dagegen Syrer, Perfer und Hindu, wie die
Araber und Aegypter fich im Islam heimifch fühlen? Offenbar der
unfruchtbare Katechismus oder die byzantinifchen Spitzfindigkeiten,
die der Hof und die Hofconcilien der Welt oktroyirten. Bifchof
Sandoval urtheilte, unter den Hunderttaufenden von Morifkos, die
man zwangsweife gleich durch Befprengung taufte, waren nicht
fechs aufrichtige Chriften. Viele behaupteten nachher, fie feien
von keinem Waffertropfen getroffen worden.
    Es war eine Zeit, wo fozufagen die Weltgefchichte im engen

Rahmen der Manara fpielte, wo die Verfammlung, wie Fabricius
Frieden oder Krieg im Schofse trug. Der Byzantinismus gewan
die Oberhand und die Folge war, dafs zuletzt die römifche Kaifer
macht vom afiatifchen Boden weggefegt und über das Dogma de
Trinität der Islam triumphirte. Beide Welttheile konnten für da
Chriftenthum nicht mehr zurückerlangt werden, gleich als ob diefe
die Kraft zu falzen eingebüfst hätte.

Noch drei andere Synoden tagten in der Manara Angeficht
des Grabmals von Origenes, deffen Apologie Eufebius in fech
Büchern fchrieb, wovon nur das erfte noch vorhanden ift. Hier ver
fammelten fich die chriftlichen Kirchenhäupter nämlich fchon 33
gegen die Aegyptier, 448 zur Unterfuchung gegen Bifchof Jobs
von Edeffa, und 451 wegen Errichtung einer neuen Kirchenpro
vinz zu Beirut*). — Die Wahrheit ift die Tochter der Zeit, aber
nicht der Autorität, fpricht Baco von Verulam.

---

*) Nicephor. Callift VIII, 49. 50. Terzi Tiria sacra p. 69.

XXVII. Umbau der Kathedrale zur Kreuz- und Krönungskirche unter dem Metropoliten Petrus 1158.

ottfried von Bouillon zog an Tyrus Mauern vor-
über. Er hatte für Heinrich IV. in der Schlacht bei
Merfeburg fiegreich geftritten und den Gegenkönig Ru-
dolf im Kampfe erfchlagen, als gleichzeitig die Hohenzollern zu Pavia für den in Canofsa gedemüthigten Kaifer ein-
ftanden. An der Spitze der kaiferlichen Truppen war der edle
Herzog von Lothringen in Verfolgung Gregors VII. in Rom eingezogen, gleichwohl als weitberühmter Held auf dem Concil zu
Clermont 1095 zum Feldherrn des erften Kreuzheeres erkoren?
Das ganze Gelingen des Unternehmens hing mit feiner grofsartigen
Perfönlichkeit zufammen. Er war ein Mann von ftrategifchen An-
lagen, und nicht ohne die gegenfätzliche Stellung der Seldfchuken
und Aegyptier auszunützen, zog er vor Jerufalem. Er war eine
poetifche Natur und mit feinen beiden Brüder felber Gegenftand
der Volksdichtung. Weisheit und Muth kamen feiner Phantafie
zu Hilfe und die Glaubensbegeifterung war grenzenlos.

Tyrus war eine zu ftarke Feftung. König Balduin I. wagte
1112 eine viermonatliche Belagerung; aber wie wohl die erfte und
zweite Mauer durchbrochen war, mufsten die Kreuzkämpfer ab-
ziehen, ihre Thürme wurden durch faracenifches Feuer verbrannt.
Erft am 11. Februar 1124 erneuerte Balduin II. den Angriff, der
Zwiefpalt des damascenifchen Befehlshaber, welcher ein Drittel
der Feftung für fich behauptete, mit dem ägyptifchen Commandanten, und die Hilfe der Venetianer, die fchon am erften Kreuz-

zug fich mit 200 Schiffen betheiligten, kamen ihnen zu ftatten, indem diefe vom 15. Februar bis 27. Juni, wo die Citadelle oder das Caftell der fieben Thürme fiel, von der Seefeite operirten, ja ihre Galeeren ans Ufer zogen und das Werkholz zu dem Belagerungsthürmen und Wurfmafchinen lieferten. Dafür war ihnen nach dem Vertrage von Acre, der am 1. Juli 1277 erneuert wurde (Wilken VIII, 666), ein Drittel an Beute und Befitz in allen zu erobernden Seeplätzen gefichert. Zwei Drittel gehörten dem Königreiche, wie vordem Damaskus ein Drittel, deren zwei der Chalif von Aegypten, inne hatte.

Nun begannen die Chriften einen Umbau der Kathedrale, welche fo nahe der Stadtmauer gelegen, bei der wiederholten, langwierigen Belagerung leicht Schaden genommen haben konnte. Tyrus war ein reiches Bisthum, verfichert Wilbrand von Oldenburg 1212 (peregr. II, 15). Ohne Zweifel war es der Erzbifchof, zugleich Kanoniker vom heiligen Grabe, welcher mit oder ohne Beihilfe der Jerufalemer den Umbau des Metropolitandomes bewerkftelligte. Bezeichnend wurde fie auf den Titel zum heiligen Kreuz in Jerufalem eingeweiht*). Kaifer Heraklius hatte das von den Perfern eroberte Marterholz im Frieden zurückerhalten: die Kreuzkönige führten diefes Palladium mit in die Schlachten. Johannes von Würzburg beftätigt um die Mitte des 12. Jahrhunderts den Glauben damaliger Zeit, dafs in Konftantinopel und der Auferftehungskirche in Jerufalem das Holz der Erlöfung zu fehen fei. Nachdem es in der Unglücksfchlacht von Hattin 1187 verloren gegangen, offenbarte ein Tempelbruder den Platz wo es vergraben worden, man fand es aber trotz dreitägigen Suchens nicht. Und nun follte Saladin es herausgeben. Später trug der Patriarch das Chriftuskreuz als Siegespanier gleichwohl wieder bei der Heerfahrt den Chriften voran. Im XII. Jahrhundert beftand auch in Akka eine Kirche des heiligen Kreuzes, zum Grabmünfter in Jerufalem gehörig (Cartulaire p. 145); darin fand der Titularkönig Graf Heinrich von Champagne fein Grab. Auf der Weft-

---

*) Tafel und Thomas Urk. d. älteren Handels- u. Staatsgefch. Venedigs in den Fontes rer. Austriac. II. 13 S. 365 Post triviam S. Crucis Archiepiscopatus Tyri. Nach Bericht des Giorgio Marfigli, venet. Bailo, vom Okt. 1243. Auch Belemet in der Nähe der Stadt befafs ein Kreuzkirchlein. Prutz Phöniz. 273. 280. 340.

feite von Tyrus, alfo wohl in der Gegend des heutigen Franziskanerhofpizes, befafs dann das heilige Grabklofter ein Haus.

Wir haben leider keine Nachricht über den Zuftand der alten Bafilika, nach fo vielen, binnen 840 Jahren erfolgten Zeitftürmen, auch keinen Anhalt, dafs fie je zur Mofchee diente. Den mächtigen Säulen der Paulinuskirche ward nun ein Gewölbe aufgeladen und der klaffifche Bafilikenftyl foweit verlafsen. Die geradlinige Balkenlage mit leichter Deckenconftruktion entfprach weniger den an fchwere Bauweife gewöhnten Franken, nach dem in der Lombardei und am Rheine längft der romanifche Styl ins Leben getreten war. Mochte das Dach verfallen, der Feftigkeit der Säulen vertraute man, fonft hätte man fie nicht überwölbt, was zum Gegenfchub einen Vorbau über das alte Atrium erforderte — den noch erhaltenen dreifachen Chor, über das alte Portal hinaus. Da es fich um keinen Neubau handelte, ift von diefer Kirchenfabrik in den Urkunden nicht befonders die Rede: aufserdem müfsten wir unvermeidlich darüber Angaben haben. Bekanntlich bietet der Holzplafond oder die offene Eindachung keinen Schutz gegen Zerftörung des ganzen Gebäudes durch Feuer, wie noch 1823 der Brand der Pauluskirche in Rom erwies; auch die Bafilika des heiligen Grabes war 614 ein Raub der Flammen geworden. Als in Mainz 1009 die eben eingeweihte Kirche durch Feuer zerftört ward, vermied man beim Neubau die Holzdecke und lud ein maffives Gewölbe dem Bau auf.

Ueberbaute man fo das Langhaus und die Seitenfchiffe, fo verband fich damit die Nothwendigkeit, das Säulenfyftem durch Pfeiler zu erfetzen, die dem Schub und Hub der Wölbung Stand hielten, auch die Verftärkung der Aufsenmauern durch Streben und Sprengbögen. Dafs dies beim neuen Bau in Tyrus verfäumt ward, mufste fich nur zu bald ftrafen. Ein fchwerfälliges Kirchengewölbe auf einfache Säulen zu ftützen, kommt' in der Architektur nicht vor! Man vergleiche das Säulen- und Pfeilerfyftem in dem bis zur Mitte des XII. Jahrhunderts fertig geftellten heiligen Grabdom, welch' fefter Anfatz und durchgreifender Aneinanderfchlufs! Selbft die nicht grofse Jeremiaskirche zu Abu Gofch aus der Zeit des lateinifchen Königreichs Jerufalems hat Pfeiler. Aus diefem Gefichtspunkte allein ift fchon nicht zu denken, dafs die tyrifche Kathedrale des XII. Jahrhunderts neu erbaut war. Der Baumeiſter half ſich mit gegoſſenen Mauern von ſechs Fuſs Dicke, nebſt Vorſetzſteine, einem äuſseren Rohbau, welcher gegen die Herrlichkeit der Säulen im Inneren ärmlich genug abſticht.

Vor allem galt es die Kathedrale neu zu orientiren, ſo daſs der Prieſter, der nicht länger hinter dem Altare ſtand, vor demſelben gegen Oſten gewandt celebrirte. Dieſs geſchah durch den Anbau der dreifachen Apſis am Platz des früheren Atriums. Ebenſo wurde der heilige Grabmünſter in Jeruſalem durch die Kreuzkönige umgebaut und erhielt einen Chor gegen Morgen, wo früher die Kreuzbaſilika ſtand. Der Dom zu Augsburg, wie auch die Katharinenkirche zu Oppenheim erfuhren eine ähnliche Umkehr durch den Hochbau eines entgegengeſetzten gothiſchen Chors gegen Norden, unter Verlängerung des Hauſes, ſo daſs die beiden Thürme nun völlig in die Mitte genommen und die Erzthüren ſeitwärts gerückt ſind. Die drei Schiffe des alten Paulinusdomes, wo die Seitenhallen nach der Regel die halbe Breite des Hauptſchiffes maſsen, liefen nun in einen dreifachen Halbrund aus, wovon das mittlere, doppelt gröſsere Halbrund, wie in den biſchöflichen Kirchen zu Lydda und Samaria nach auſsen vorſpringt, und nicht, wie in Abu Goſch, mit den anderen gleich abſchlieſst; auch enthält ſie die Niſche für die erzbiſchöfliſche Kathedrale mit herumgeſchlungenen Rauten oder roher Zickzack-Verzierung, ohne Aufwand ausgeführt. Der Thron ſtand ſechs Stufen über das Presbyterium erhöht, und ein ſteinerner Baldachin mit Chriſtus und zwölf Apoſteln deckte ihn, wovon wir noch die eine Figur eroberten.

Zwei Treppenthürme flankirten den Anbau, der Eingang war nun von Nordweſt. In Folge dieſer veränderten Gebetsrichtung und Altarſtellung im Chor gegen Morgen muſste das Baptiſterium auf der rechten Seite im Nebenſchiff ſich finden — und ſo traf es ſich auch. Wie zu Jeruſalem die ſüdöſtliche Harammauer zugleich die Stadtgrenze bildet, iſt es nach dieſen beiden Seiten mit der Kathedralmauer in Tyrus der Fall, ſo daſs ſie ſchlieſslich zur Stadtvertheidigung dienen mochte. Das nun nothwendig erhöhte, auch mit Regenrinnen verſehene Dach der neuen Kathedrale muſste über ganz Tyrus hervorragen, wie der Hochbau noch heute.

Lichtdruck v. Dr. C. Stürenburg, München.

Kathedral-Ruine zu Tyrus von Aussen.

löfte das Räthfel: es find die Colonnen welche in der Bafilika des Paulinus den majeftätifchen Anblick der mittleren Doppel-pforte gewährten*). Die letzt' entdeckte ftand in der Mitte. Aufser Stand, fie beim Umbau der Kathedrale von Ort und Stelle zu rücken, liefs man fie ftehen, fo dafs fie in der Kreuzritterkirche den Querbalken und das Presbyterium vom Langhaufe fchieden, worin das Volk fich zum Gebete und Anhören von Gottes Wort fammelte.

Der Name des Maurermeifter bei diefer Reftauration ift nicht auf uns gekommen, vielleicht war es ein Kanoniker, jedenfalls kein grofser Architekt, fonft hätte er mehr Vorficht gebraucht, auch dafs die Stadt wegen der häufigen Erdbeben fprüchwörtlich war, fcheint er nicht gewufst zu haben. Eine Kuppel fetzte er über die Kreuzung des Querfchiffes mit dem Langhaus allerdings nicht. Das Erdbeben vom 29. Juni 1170, welches Tripolis zerftörte, warf in Tyrus einige Feftungsthürme nieder. Aber ehe noch ein Men-fchenalter verging, ftürzte 1202 der Hauptbau zufammen, wir gruben bald ein paar Gewölbefchlufsfteine unter dem Schutte am Boden aus.

Während der lateinifchen Königsherrfchaft war die Hauptkirche von Tyrus auf den Namen: zum heiligen Kreuz von Jerufa-lem benedicirt, weil man dasfelbe mit in den heiligen Krieg mitführte. Erzbifchof Peter von Tyrus trug das Kreuz in der glorreichen Schlacht des 15. Juli 1158 an der Römerbrücke beim Ausflufs des Jordan aus dem See Gennezaret, worin König Balduin III. über die Heerfchaaren Nureddins triumphirte. Vielleicht wurde in Folge diefes Sieges und gewiffermafsen ex voto die Kathedrale in Tyrus umgebaut und zum heiligen Kreuz benannt. Nahe dem Jordan-ausfluffe bei Kadis heifsen die Ueberrefte des damaligen Lagers noch heute Dekakin el Frandji, »Magazine der Franken.« Sofort vermählte fich der König mit Theodora, Tochter Ķaifer Manuels, der ihm ein treuer Bundesgenoffe ward; aber fchon am 10. Febr. 1162 raffte ihn der Tod hinweg.

Santa Croce in Jerufalemme zu Rom wurde von der Kaifermutter Helena in drei Schiffen von gleicher Höhe erbaut,

---

*) Meinestheils erklärte ich fchon in der 1. Aufl. meines gröfseren Reifewerkes 1863, II. 408. das Säulenpaar für die Hauptftützen des Portals.

die durch zwei Reihen koloffaler Säulen mit geradem Gebälk gefchieden waren. Die Seitenwände liefsen durch zwei Reihen Fenfter übereinander Licht in den Raum, die unteren reichten bereits
an den Boden. Die heilige Helena hatte dorthin Partikel vom
Chriftuskreuze geweiht: in Tyrus war für denfelben Kirchentitel
ein ähnlicher Anlafs. Wilhelm der Gefchichtfchreiber der Kreuzzüge celebrirte hier: aber feine Nachfolger und Vorgänger, wie
der erfte Gründer der Bafilika, Bifchof Paulinus find an Ort und
Stelle längft in Vergeffenheit gerathen. Juffuf Aga gab uns die Verficherung, der ältere Tempel fei von den Venetiern, der fpätere durch
die Cruciati erbaut. Das Volk hier zulande kommt von der Verwechslung der Phönizier mit den Venetianern nicht ab. Diefe befafsen übrigens, wenigftens als Marfigli 1243 feinen Bericht fchrieb,
in der Nähe der Kathedralkirche zum heiligen Kreuz zwei Bäder,
welche der Commune jährlich 165 Byzantiner abwarfen. Ueber
das Alter der umgebauten Metropolitankirche fteht nur das Eine
als frühefte Thatfache beurkundet: Im Jahre 1162 wurde Amal-
rich I. von Jerufalem, Balduins III. Bruder, in Tyrus mit Maria
Comnena, Urenkelin des Kaifers Manuel von Conftantinopel gekrönt.
Sie war alfo noch vor dem Verlufte Jerufalems zugleich Krönungs-
Kathedrale.

Beim Kreuzzuge Barbarofsas wurde 1190 die einftige Syno-
dalkirche zum kaiferlichen Grabtempel beftimmt. Auch
nachher war fie zur Inthronifation erwählt. (Wilh. v. Tyr.
XX, 1) Hugo von Cypern empfing am 24. Sept. 1269 hier die
Salbung. Aber alsbald nach der Erftürmung von Akka (18. Mai
1291) liefs der fiegreiche Sultan von Damaskus und Aegypten,
Malek el Afchraf das von den Chriften im erften Schrecken auf-
gegebene Tyrus demoliren. Die Chriften find in Tyrus und der
Umgegend nie ganz ausgeftorben, und hielten die Namen Manara
und Kathedrale richtig bis auf unfere Tage feft. Da der dreifache
Chor und die ganze Südwand zugleich zur Stadtmauer dient, wandelte Fahreddin, der berühmte Drufenfürft, bei feiner Erhebung
gegen die Pforte um 1610 unfere Kathedrale fogar in eine Vefte
um. Daher rühren noch die Schufslöcher in den Apfiden. Der
franzöfifche Conful von Sidon, Marquis d'Arvieux erwähnt 1660
der paar in einer gröfseren Kirchenruine aufgeftellten Kanonen, nachdem die Türken fie in ein Fort umgefchaffen. Befonders fiel ihm

eine Colonne mit herzförmigem Durchſchnitt am Boden gelegen als ſeltſam auf, 1658. Der Britte Maundrell erwähnt 1697 des Oſtendes einer grofsen Kirche mit einem, unter den Trümmern ſtehenden (ſteckenden!) Pfeiler, er hielt ſie für die Kathedrale des mittelalterlichen Tyrus. Der Italiener Mariti nimmt dabei auf die Paulinuskirche bei Euſeb X, 4 Bezug, die alle andern in Phönizien an Schönheit übertraf, und ebenfalls dreiſchiffig war, 1767. Natürlich vertraten Robinſon und Graf Vogué dieſelbe, durch die Ueberlieferung gerechtfertigte Anſicht, und Dr. Prutz kann nicht umhin (Phöniz. 151. 313. 320) den »intereſſanten Bau, der bisher allgemein für die Kathedrale galt — auch Manara nennen ſie die Einheimiſchen, zu den gröfsten und prächtigſten ganz Syriens« zu rechnen, genau wie Euſebius die Baſilika des Paulinus ſchildert.

Unſer Befund ergab, dafs das Kirchengebäude keineswegs von Menſchenhänden zerſtört wurde, ſondern durch einen von Südweſten erfolgten Erdbebenſtofs über den Haufen fiel, ſo zwar, dafs die Säulen mit dem Ruck des Poſtaments nach dieſer Richtung fielen. Wie die Geſchichte meldet, erlitt Tyrus am 20. Mai 1202 ein ſo furchtbares Erdbeben, dafs die Stadtthürme bis auf drei zuſammenſtürzten, und wie ſollten die durch den Gewölbebau ſchwer belaſteten Säulen der Kathedrale blofs gewankt und nicht gefallen ſein! Im nördlichen Seitenſchiff gruben wir allein noch einen Altar, dazu die Grabtafel eines franzöſiſchen Ritters Barthelme Chain vom Jahre 1266 aus. Dort wurde der Gottesdienſt am längſten fortgeſetzt. Das Chorgewölbe kam nachträglich durch das Erdbeben 1837 zum Einſturz.

Innenraum der Krönungskirche der letzten Kreuzkönige in Tyrus.

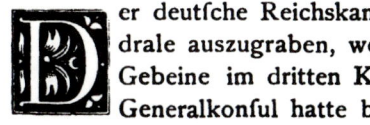

Felfenfteig von Ras el Abiad.

XXVIII. Ausgrabung der Kathedralruinen 1874.

Der deutfche Reichskanzler gab den Auftrag, die Kathedrale auszugraben, wo nach allen Berichten Barbaroffa's Gebeine im dritten Kreuzzuge beigefetzt worden. Der Generalkonful hatte bereits die erften Arbeiter am Platze verfammelt, als wir ankamen. Wir waren pünktlich bis auf Tag und Stunde aus Europa eingetroffen, fo ging es denn an's Werk. Am 8. Mai 1874, dem erften Tage nach unferem Einritt in Tyrus, wurde mit vorerft 67 Arbeitern, unter Aufficht des Kavafs Selim, eines charakterfeften Türken aus Beirut, der Angriff begonnen. Juffuf Aga geleitete uns mit grofsem Gefolge an den Bauplatz, wo es zunächft an die Zerftörung der 32 Steinhäufer ging, deren Bewohner als Eindringlinge wandern mufsten. Bei ihrer Anfiedelung hatte die Kirche zum Steinbruche gedient, jetzt galt es auszuräumen. Aber Freitag ift ein Unglückstag: die erfte Begegnung war eine graufame. Einer der Infaffen hatte feine Familie mit dem gröfseren Theil des empfangenen Kaufpreifes vorausgefchickt, und war unvorfichtig Nachts mit dem Refte in die Berge nachgefolgt, als im engen Felfenftieg von Ras el Abiad ihn Beduinen überfielen, halb todt fchlugen und ausraubten. Mit Blutrunften am Kopfe und Körper, wobei ein Auge verloren fchien, in zerfetztem blutigem Gewande ftellte er fich uns vor. Wer trug mit die Verantwortung? Von vornherein ftand unfer Anfehen auf dem Spiele. Sofort nahm ich die Umftehenden zu Zeugen, verfprach ihm den vollen Erfatz des Verluftes und nach der baldigen Heilung das Amt eines Auffehers mit der Hälfte mehr Gehalt, als die gewöhnlichen Arbeiter. Da ging ein Murmeln durch die Reihen: »Es find Deutfche! die Deutfchen halten ihr Wort!« und unfere Autorität war befeftigt. Diefe Araber mit orientalifcher Erziehung benahmen fich mit natürlichem Anftand und brachten in den nächften Tagen voll Aufmerkfamkeit uns Rofen. Noch höher ftieg mein Anfehen, als verlautete, dafs mein jüngerer Begleiter mein eigener Sohn fei.

Eigene Mittheilungen aus der Tradition zu gewinnen, liefs ich mir den älteften Mann von Tyrus, Hadfchi Kereim, vorführen. Er war von den Bergen herab nach Sur gekommen, als erft 13 Häufer ftanden. Wann das war und wie hoch fich fein Alter belaufe, das gab zu einem intereffanten Streite Anlafs, indem bald diefer, bald jener Anhaltspunkt in der Erinnerung auftauchte, bis fein Leben auf 112 Jahre feftgeftellt ward. Bei feiner Ankunft ftieg man noch die Treppen bis zur Höhe der Kirche und glaubte als dunklen Punkt im Meere gegen Abend die Infel Cypern zu fehen. Unter der Kirche fei fo viel Raum, wie oberhalb, wollte er wiffen, und die von der Höhe niedergeftürzten Gewölbemaffen im Chore ftützten allerdings die Vermuthung einer Krypte, darum liefsen wir hier zuerft graben. Von Katakomben wollten andere wiffen, weil die Kirche über dem Leichnam eines Bifchofs (Oriunos) oder Königs (Frederik) erbaut gewefen fei.

.Ein Feigenbaum nahm die Stelle des Hochaltars ein, und wirklich kam fchon am zweiten Tage das Stück vom Altartifch, eine glänzende Marmorplatte mit drei Fufsanfätzen, in Vorfchein, wozu fich bald ein Säulchen im Schutte fand. Auch die drappirte Büfte eines Cäfar (?) mit abgefchlagenem Gefichte lag ziemlich oberflächlich — die Drappirung entfpricht wohl der römifchen Zeit. Heute wollte man wiffen, drei Pflafter lägen übereinander und die vereinzelten Platten rührten vom oberften her. Ein innen hohler Mauercylinder, das Stück von einer Wafferleitung, ftiefs uns auch ein Stück oftwärts aufser der Manara auf, oder rührte die Walze von der Ummauerung einer Säule her? Dazu kam aber ein Brunnenhals bei 7 Meter Tiefe, wie ich ausdrücklich in meinem Tagebuch verzeichnete. Säulen von verfchiedenem Kaliber folgten.

Ich hatte meine Freude daran, mich in diefes Volk hineinzufinden. Freitags fchritt unfer Werkführer, Selim, des Confuls Kavafs, regelmäfsig zum zweiftündigen Morgengebete nach der nahen Mofchee, wie es einem rechtfchaffenen Türken ziemt. Abdallah, der Mohr von prächtigem Wuchfe, verfah feine Stelle. Die Araber machten fich weniger aus dem Beten, die Metuali's blieben ganz weg. Maroniten wie Griechen liefsen fich Sonntags in ihren befcheidenen Kirchen fehen. Man fah wohl, der Türke als Mann von Charakter fühlte fich zum Gebieter geboren. Selim führte wohl den Kurbatfch als Zeichen der Autorität, brachte ihn aber nie in Anwendung. Der Fall wird wohl felten vorkommen, dafs ein Auffeher im Ernfte von feinem Kurbatfch Gebrauch macht, wie jener Aegyptier gegen den läffigen Hebräer (Exod. II, 11), wefshalb ihn Mofes zornentflammt todtfchlug. Die Leute waren ohnediefs zum Erftaunen fleifsig und froh, etwas zu verdienen. Der fyrifche Araber liefse fich auch Schläge nicht gefallen, die der lammfromme Aegyptier geduldig hinnimmt, ja der geftandene Mann, wenn gleich nicht Häuptling, redet den Pafcha nicht felten: Mein Bruder! an und fagt ihm derbe Wahrheiten ins Geficht. Mit vier Piaftern oder einem Franken Tagelohn nahm der gewöhnliche Mann vorlieb, der Auffeher mit fechs: man ftaune! Ein Schwarzer, deffen Fleifs mir auffiel, meldete fich bei mir um einen Bakfchifch, und war damit zufrieden: freilich dankte er mir nicht, denn feine Sprache hat für Dank kein Wort. Sonnabends war Zahltag. Die Arbeit begann regelmäfsig mit Sonnenaufgang und endete mit Sonnenuntergang. Mittags fetzten fie während der gröfsten Sonnenhitze, indefs wir uns fchlafen legen mufsten, ein paar Stunden aus. Wie viele diefer braven Burfche werden im jüngften Kriege ihr Leben auf dem Schlachtfelde eingebüfst, oder, wie immer, elend umgekommen, den Leib Wölfen, Hunden und Geiern zum Frafse gelaffen haben!

Was geniefst fo ein Arbeiter bei der Glut des Tages und all
der Anftrengung? Wenig und das Wenige gut! läfst fich eigentlich nicht fagen. Heute wie morgen ungegorene Ofenzelten, vier
bis fechs fo flachgewalzte Brode, eines zu fünf Para, die der Hälfte
unferes Pfennigs gleich kommen, genügen dem Burfchen zur Sätti-
gung. Geröftete Getreidekörner, auch Piftazienkerne ergänzen die
Nahrung, und mit fichtbarer Luft, Bifs für Bifs, liefsen fie rohe
Gurken fammt der Schaale ohne Effig und Oel fich fchmecken
wie eine Delikateffe, fie find allerdings feiner als die unfrigen.
Noch fo unreife Aprikofen thun ihnen gut, ebenfo halbreife Oliven,
deren fie bis 40 Stück und darüber vertragen, während der Franke
ungern ein paar mit ranzigem Gefchmack verkoftet. So wenig ift
ihr Gaumen wählerifch, ihr Magen ketzerifch. Bei folcher Koft
und im lumpigen verftaubten Baumwollanzuge find diefe Menfchen
feelenvergnügt, es lebt fich in den Tag hinein und vor dem Sterben
fcheint fich keiner zu fürchten. Wir bekamen nie, auch nicht den
leifeften Verdrufs damit, oder fahen fie etwa unter einander un-
einig, wie europäifche Arbeiter. Sie ftreiten fich, fo fcheint es
wenigftens, wenn fie auch gefellig fich unterhalten; denn der Araber
kann nur fchreien und kreifchen, unfere Kehle hielte diefs nicht
aus, bei grofser Hitze zumal geht es in Stadt und Land daheim
gar kleinlaut her. Was fo der Araber leiftet, ift ftaunenswerth,
der urkräftige Albanefe nimmt einen Anlauf und fetzt oder
legt fich bald wieder nieder. Auch die auf einfache Speifen an-
gewiefenen Neger und felbft der nur von Reis genährte Hindu
vermag Anftrengungen zu ertragen, denen jeder Europäer in dem
heifsen Klima erliegen müfste: aber fie find immer nur paffiver
Natur. Bootsleute am Ganges ziehen in mechanifchem Gleich-
fchritt das Schiff flufsaufwärts von Morgens fechs bis Abends
fieben Uhr in der brennendften Sonnenhitze, ohne fich andere Ruhe
zu gönnen, als zwei- oder dreimal auf zehn Minuten ein Pfeifchen
Tabak: felbft das Frühftück wird auf Abend verfchoben. Aber
bei jeder aktiven Willensäufserung erlahmt die Muskelbewegung,
z. B. bei Holzhacken, Feldarbeit. (Baftian, Der Menfch 67).

Montags 11. Mai wurde ein Knopf vom ehernen Chor-
gitter gefunden. Die Rautenfteine an der Nifche der Kathedra
und am Fufsboden der drei Chöre brachten mich auf den Gedanken, ob nicht Robinfon, der von kannelirten Fenfterfimfen

ſpricht, ſein Tagebuch falſch geleſen habe. Die Arbeit ging luſtig, d. h. unter arabiſcher Phantaſie von ſtatten. Ob die Jungen Quader bis zu drei Centner Gewicht (sic!) ſich auf den Rücken laden liefsen oder die Erde in Binſenkörben hinausſchleppten, immer wurde geſungen: »Jetzt tragen wir den Stein weg! Nun haben wir den Schatzſtein gefunden, aber der Schatz bleibt noch immer aus. Wir wollen tiefer graben, Jallah!« Schatzſtein heiſst der Inſchriftenſtein, weil er nach ihrem Wahne den Franken den Ort andeutet, wo der Hund begraben liegt. Und unter brüderlicher Umarmung, Händeklatſchen und rythmiſcher Improviſation kehrten ſie zurück. Ihre Zahl war auf 91 geſtiegen, alle benahmen ſich willig, froh nur den Hunger zu ſtillen. In Tyrus, das einſt alle Meere befuhr, gibt es heute keinen Verdienſt: von Wohlthaten der Staatsökonomie erfährt das Volk hier nichts. Auch eine Wittwe geſellte ſich dazu, ein Beweis der äuſserſten Armuth.

Dienſtags langten zwölf amerikaniſche Schubkarren, Hauen und Schaufeln von Beirut an, die erſten, die den heutigen Tyriern zu Geſicht kamen. Der Jubel darüber war grofs, ſie rauften ſich um die Ehre, und ſchnell hing einer der neuen Arbeitsmaſchine, welche ſeinen Schultern die Laſt abnahm, den Schellenkranz eines Eſels an. Der Araber hat für Karren, Karoſſe kein Wort, er adoptirt dafür Caruſcha; trägt ihm doch Alles das Kameel oder auf kleinen Strecken ſein Rücken. Heute traf Ibrahim Paſcha mit dem Maire von Beirut ein und ſtieg bei Juſſuf Aga ab, um uns ſofort den Beſuch offiziell zurückzuerſtatten. Das Feſtmahl beim Mamluken ſetzte die halbe Stadt in Bewegung. Seinen artigen Antrag, ihn nach Merdſch Ajun, der Marſche- oder Marſyaswieſe am oberen Jordan, zu begleiten, wo er unterwegs die Mudirate unterſuchte, lehnten wir dankend ab. Heute kam die Treppe im Hauptchor mit vier Stufen in Vorſchein.

Mittwoch 13. Mai reiſte der General-Konſul und ſeine Schweſter ab, vom Kaimakam bis el Babuk begleitet. Dafür erſchien der Paſcha mit grofsem Gefolge am Zerſtörungsplatze, wo der Häuſerabbruch fortgeſetzt wurde; auch der Feigenbaum im Chor neigte ſich unter Hauwerkzeugen, die der Pfahlzeit Ehre machten. Die zu zerbröckelnden Mauerſtücke erwieſen ſich mit Aſchenmörtel gekittet, ſteinhart, und wurden vom Maurermeiſter mit dem ſchweren martello zertrümmert. Mittlerweile trat Colonne um Colonne aus dem Schutte hervor: die Zahl der Arbeiter ſtieg jetzt auf 110.

Donnerſtag 14. Mai feierte ich im Stillen meinen 25jährigen Hochzeitstag. Einſt Maienblüthe, Roſenhag, nun aber Blitz und Donnerſchlag. Die Glocken läuteten das Feſt Chriſti Himmelfahrt, ein. In der Manara fand ſich die Inſchrift Marescalcus, in Schriftzügen des XIII. Jahrhunderts, ſchon früheren Reiſenden bekannt und wohl als Grabplatte an der rechten Kirchenmauer befeſtigt. Iſt der in Tyrus reſidirende Marſchall Filangieri, Kaiſer Friedrich's II. Statthalter in Syrien, auch hier geſtorben und begraben? Wer dieſer Marſchall war, bringt vielleicht der Zufall an den Tag. Man lud uns in die Moſchee ein, an der vorüber wir durch das enggeſtrickte und verwickelte Gaſſennetz von Tyrus täglich den Weg zur Manara machten. Der Moslem läſt nicht von der ſchon bei den alten Juden üblichen Sitte, alle Grabkapellen, wie auch die Moſcheen auſen und innen weiſs zu tünchen. Weiſs macht weniger heiſs! Auf der Höhe des Minaret trafen wir Vogelhäuschen, wie Staarneſter zur Hegung der Sänger der Lüfte; auch gegen Hunde iſt der Moslem auffallend gefühlvoll. Auf der Gaſſe ſpielten Kinder mit Thierknöcheln, das älteſte kindliche Spiel der Menſchheit. Ein Knabe von acht oder neun Jahren ging völlig nackt umher, die Hitze wurde freilich bald afrikaniſch: mit vierzehn Jahren heiraten ſie. Heute machte ich die Bekanntſchaft des Führers, der Renan bis Kefr Birim bei Safed geleitet hatte, wohin auch ich trachtete. Endlich hatten wir jetzt nach Wegſchaffung von 6 bis 8 Fuſs tiefem Urbau auf das Kirchenpflaſter im Chor niedergegraben.

Es war Freitag 15. Mai, aber die Metuali halten keinen Feiertag. Am Vorabend hatten die Frauen, in weiſse Tücher gehüllt wie wandelnde Geſpenſter, den Friedhof beſucht, der gleich ſüdlich an die Manara ſtöſst, und in einer fortlaufenden Reihe Stufengräber beſteht, gleich als ob das Grabmal des Cyrus bislang ſeine ärmlichen Nachbilder gefunden. Die werthvollſten Grabſteine rühren von der Dilapidation der Kathedrale. Wir fanden die Eckfäule rechts vom Hauptchor im Seitenſchiff zu Boden geſchleudert, daſelbſt hofften wir auf ein Gewölbe zu ſtoſsen. Statt deſſen brachte hier Dr. Prutz, begierig auf den eingebildeten Markuslöwen von Venedig zu ſtoſsen, am Sonnabende das Piedeſtal mit dem

Kreuz zwifchen A und Ω in Vorfchein, was den Titel der hl. Kreuz- oder Grabkirche von Jerufalem beftätigt.

Samftag 16. Mai gruben wir eine fcheinbar höchft wichtige Infchrift aus: EX SA, zu der nur die Bruchftücke fehlten, um — Rex Saleph oder Saladinus zu ergänzen. Pia desideria.

Im Grunde kamen mir feit geftern auf die fortgefetzte forg-fältige Erkundigung etwas niederfchlagende Nachrichten zu Ohren. Vor einem Jahrzehnt erzählte Bulus Schamate, unfer Gaftfreund, habe der vorige. Sultan von der Hochmauer der Kathedrale die Steine zum Bau der Kaferne nach Beirut verbringen laffen. Dafs Dfchezzar Pafcha unter vergeblicher Anftrengung felbft die Doppel-kolonne fortfchaffen wollte, ift noch weniger vergeffen.

Eine ausgiebige Plünderung verübte erft der Nachfolger Soli-man Pafcha (der franzöfifche Renegat Selves), welcher 4000 weife Marmorplatten zu einer Elle Länge von dem füdnördlich 120 Schritte langen, 90 breiten Vorplatz im Often der Manara, deffen Umfang durch das Rechteck der Stadtmauer bezeichnet ift, zur Mofchee nach Akka fchaffte. Bei diefer Gelegenheit ftiefs man auf drei Sarkophage mit der Infchrift la fille de roi de Tyre, und der andern Jacob commissaire de l'église — in arabifcher Sprache: fie follen noch im Grunde liegen. Unfer Nachbar, der 80jährige[*]) Khalil Homfe erzählte: »Vor 55 Jahren war ich Soliman Pafcha's Schreiber; diefer fagte zu mir: »Grabet.« Man fand ein Steinwerk mit fechs Stufen, darin waren vier eiferne Stangen befeftigt, wie zu einem Vorhang, oberhalb Chriftus mit dem Kreuze und die Apoftel. Aufserhalb der Kirche, 3—4 Ellen tief, kamen drei arabifche Infchriften in Vorfchein, die erfte lautete: Sett l'Areise 1250, d. i. Signora delle Spose. Die zweite: Asad es Sebach, protectore della Chiesa di Sur 1245. Die dritte: Filio de Sebach 1230. Die Leute nahmen 4000 Marmorplatten weg. — Wer ift diefe Königstochter von Tyrus? Diefe Plattform über den heuti-gen Chor hinaus ift mit ein Beweis, dafs da das Atrium der alten Bafilika war und die Kirche ihre Orientirung änderte; fpäter diente

---

[*]) Der Mann lebte fo mäfsig, dafs er eine Flafche Wein, die ich ihm fpäter verehrte, erft in Zeit eines Monats auszutrinken erklärte. Er trat mir ein paar wurm-zerfreffene byzantinifche Heiligentafeln von 5—600jährigem Alter ab, und trug mir fogar die Ehre an, Taufpathe bei der Niederkunft feiner angeheirateten Enkeltochter zu werden.

der Platz zum Paradies oder Ort der Gräber. Mehemet Ali's Statthalter, Soliman, nahm auch den erzbifchöflichen Stuhl weg, der mit fechs Antrittsftufen bis dahin in der Chornifche geftanden. Man fah im Fufse noch Oeffnungen für die Eifenftäbe, welche etwa den Baldachin von weifsem Marmor ftützten.

Auch die Kathedra wurde nach Akka gefchleppt, doch unfer Suchen darnach in der grofsen Mofchee und den Vorhallen erwies fich fpäter umfonft.

Aber auch der Wali von Damaskus hatte von der berühmten Kathedralruine in Sur vernommen, und beauftragte 1860 den Kaufmann Michel Fara, nun Agente del Fanale, in der Kirche felber Ausgrabungen vorzunehmen. Wir waren alfo leider nicht die erften Todtengräber an der denkwürdigen Stätte. Er ftiefs auf zwei koloffale Särge ohne Infchrift: fie follten fogar im Grunde ftecken. Ich liefs nach diefer eingezogenen Erkundigung zuvörderft im rechten Seitenfchiffe durch den hier lockeren Schutt 13 Fufs tief graben, bis wir auf das noch theilweife erhaltene Kirchenpflafter ftiefsen.

Montags ruhte die Arbeit, und wir machten einen wiffenfchaftlich äufserft lohnenden Ritt in das Vorland von Tyrus. Ich mufs von der Ehrlichkeit der Einwohner Zeugnifs geben, nie hörten wir von einem Einbruch, und ohne Thürverfchlufs liefsen wir in leicht tragbaren Koffern, ich bei 300 Napolend'or, in der Kammer ftehen, die nur Läden, keine Glasfenfter hatte und wo der Vorplatz allen zugängig war, unfere Vertrauensfeligkeit ward nicht getäufcht. Tyrus, einft die reichfte Stadt der Welt, deren Bürger Fürften glichen, ift dabei jetzt fo arm, dafs Mann und Weib in gefchliffenen und zerriffenen Baumwollkleidern geht; man trägt die Gewandfetzen, bis fie vom Leibe fallen. Dfchingis Chan hat allerdings einft verordnet, dafs keiner feiner Unterthanen ein Gewand ablegen dürfe, fo lange noch ein Stück am Körper halte. Der offizielle Dragoman trug fo abgefchoffenen Anzug, dafs der letzte Tropfen Farbe längft in der Wäfche geblieben war. O Stadt des kaiferlichen Purpurs!

Lichtdruck v. Dr. C. Stürenburg, München.

Doppelsäule aus Sienit vom Portal der Basilika des Paulinus in Tyrus.

XXIX. Der Sarkophag des Origenes 253 n. Chr. Aeltester Taufstein.

ontag den 18. Mai um die dritte Morgenftunde kam im Kreuzbau am rechten Seitenfchiff, halb im Boden verfenkt, ein blendend weifser Marmorfarg zu Tage, leider! die weggetrümmerten Stücke lagen dabei. Diefes leuchtende, wie Alabafter durchfcheinende Geftein trifft man nur in Aegypten, die Sarkophage im Serapeum zu Memphis find auch davon.

Vom Sarkophag des Origenes.

Doch nein, das war kein Sarg, wie wir den Schutt forgfältig aushoben, ergab fich ein Becken in Form des länglichen Kreuzes mit drei Stufen an beiden Enden zum Hineinfteigen. Wohlan! der ältefte erhaltene Tauffftein zum Untertauchen. Wie fchade, dafs demfelben barbarifch mit dem Hammer die Wände eingefchlagen waren — aus Aberglauben und Goldgier. Man habe ihn fo gefunden, erklärte der Meifter, der für Fara arbeitete, — vielleicht zu feiner Entfchuldigung. Hätte ich doch fchon vor 30 Jahren das Grabfcheit zu Handen gehabt und die Vollmachten befeffen. Was nützte es jetzt, wenn ich auch alle Theile fammeln liefs.

Die Kundgabe der Entdeckung zog mir felbft aus Amerika Zufchriften zu, wo der auch in Italien gereifte Architekt und Kunftfchriftfteller, der uns bald in München befuchte, Mr. R. G. Hatfield aus New-York mich oder vielmehr meinen Sohn um die genaue Zeichnung anging, um den Taufftein der Paulinus-Bafilika an die Spitze feines Werkes über altkirchliche Baptifterien zu ftellen. Im kümmerlich erhaltenen Patriarchendom zu Aquileja findet fich ein Taufbecken gleich einen Brunntrog. In Altbayern find die noch übrigen Taufkapellen zu Frauenwörth im Chiemfee wie zu Mühldorf und einige Taufkirchen regelmäfsig oktogon. Die Baptifterien

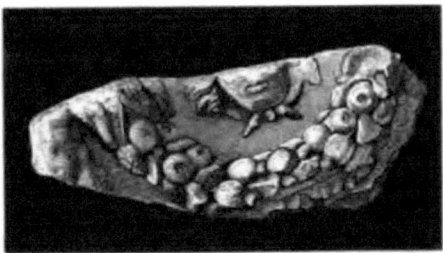

Vom Sarkophag des Origenes.

von Florenz, Pifa, Padua, Brescia, letzteres von Theodolinde gebaut und 1637 abgebrochen, dienten bis ins XV. Jahrhundert zu Taufftätten der Kinder mittels Untertauchens am Ofter- und Pfingftfamftage, unter den Augen des Bifchofs, nur in Todesgefahr tauften die Pfarrer unter der Zeit in ihren Kirchen oder zu Haufe, und während der Peftzeit wurden in allen Kirchen Tauffteine erlaubt. Unfer Tauftrog war wegen der geringen Tiefe von dritthalb Fufs bei fechs Fufs Länge nicht wohl zum Untertauchen von Erwachfenen geeignet, alfo von Anfang auf die Kindertaufe in der bereits chriftlichen Stadtgemeinde berechnet, welche die Mittel zu dem bedeutendften Bafilikenbau der erften Chriftenheit aufzubringen vermochte. Wie gerne hätte ich diefes Unikum in das chriftliche Mufeum in Berlin befördert.

Auf zwei Steinfärge wollte Michel Fara bei feinen Auffchürfungen geftofsen fein. Das hellglänzende Marmorbecken, worin der Neophyt das Bad der Reinigung empfing, galt alfo für den einen

Todtenbehälter. Von dem anderen eigentlichen Sarkophag trieb ich zum Glück noch zwei der verſchleppten Planken auf, von gelblichem Kalkſtein mit von geflügelten Genien getragenen Feſtons und dem Meduſenhaupt auf jeder Seite als Sinnbild der Todeserſtarrung. In Rom findet man nicht blofs antike Särge, ſondern

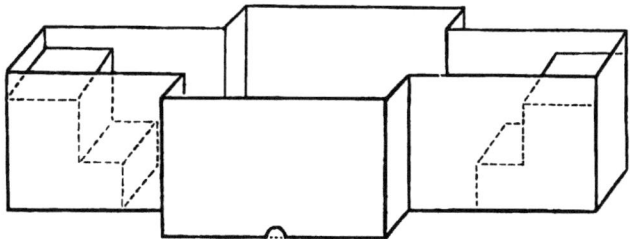

Tauftrog der älteſten Chriſten.

ſogar all die Marmorwannen aus den Thermen zu chriſtlichen Grabſtätten in Tempelhallen verwendet. Urſprünglich für eine Ecke beſtimmt trug unſer Sarkophag nur auf zwei Seiten Relieffe.

Schon in den erſten Tagen unſerer Anweſenheit ward ich auf dieſe Grabrelieffe und eine geradezu klaſſiſche Skulptur mit Pflanzenornament, wohl vom Chorſims der Baſilika des Paulinus aufmerkſam. Sie lagen im geſchloſsenen Hofraum eines an die Ma-

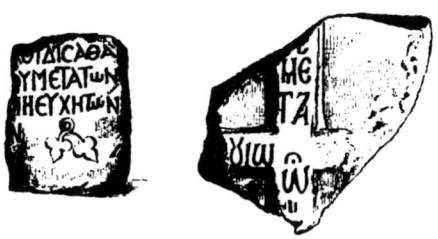

nara ſtoſsenden ſoliden Araberhauſes, und es war mir durchaus nicht gleichgiltig zu erfahren, woher der Mann zu dieſen Sachen gekommen? Er hatte ſie als herrenloſes Gut ohne Arg aus der Kathedrale, als man diefs und das ausgrub, herübergenommen und an der Hoftreppe hinterlegt. Das ſtimmte ſelbſt der Oertlichkeit noch zu Kaufmann Fara's nachträglichem Bericht. Wer war in

17*

dem griechifchen Sarge nach urchriftlichem Gebrauche in der alten
Kirche der Ehre einer pomphaften Beifetzung theilhaft geworden?
Die Gefchichte meldet von Einem, urkundlich noch lange nach
dem Einfturz der Kathedrale bis zur Zerftörung der Stadt erhaltenen und von unterrichteten Reifenden aufgefuchten Grabmale
— des berühmten Kirchenlehrers und zugleich im Martyrium be-
währten Glaubensbekenners Origenes! Profeffor Piper, Confer-
vator des chriftlichen Mufeums in Berlin, erklärt in der Zeitfchrift
für Kirchengefchichte 1876 diefe Forfchung nach dem Grabe des
Origenes und deffen Fund allein der Expedition nach Tyrus werth.

Wir ftehen in der Manara unter den Ruinen des dritten Kirch-
baues, in allen behauptete Origenes' Grabmal feinen Platz. Hieronymus erwähnt im Briefe an Pammachius, es feien bei 150
Jahre, feit Origenes in Tyrus zu Grabe gegangen. Von da bleibt
diefs in den Pilgerfchriften über Tyrus die wichtigfte Meldung.
Antonin fpricht 570 vom Erdbeben, welches im 23. Regierungsjahre Juftinians, 550, die ganze fyrifche Küfte erfchütterte, Byblos,
Trieris (Plin. V, 20) und Berytus umkehrte und in letzter Stadt
bei 30000 Einwohner erfchlug. Auch Sidon ftürzte zum Theil zufammen, Tyrus ift nicht erwähnt. Eugefippus oder Fratellus fchreibt
1155, und Johann von Würzburg 1165 wiederholt: Tyrus Origenem
celat tumulatum. Der berühmte Wilhelm von Tyrus, von Geburt
ein Britte, der feit 1174 hier Erzbifchof im Palafte an der Nordfeite der Manara feine muftergiltige Gefchichte der Kreuzzüge bis
zum Jahre 1184 fchrieb, erwähnt ausdrücklich: »Tyrus bewahrt
noch den Körper des Origenes, wovon man fich durch
den Augenfchein überzeugen mag.«

Aber auch nach dem Einfturz der Kathedrale 1202, und dem
Ende der Kreuzzüge gab Tyrus das Andenken an den geteierten
Todten nicht auf. Graf Burchard von Magdeburg 1283 theilt mit
I. 2, 5. »Origenes hat dafelbft in der Kirche des heiligen
Grabes feine Ruheftätte, von einer Mauer eingefafst: ich fah felbft
die Infchrift (cujus titulum ibidem vidi). Dort find auch Säulen
von Marmor und anderem Stein von einer Gröfse, dafs
es zum erftaunen ift.« Die heutigen Einwohner behielten fein
Grab allerdings nicht mehr vor Augen, ihnen ift Oreines oder
Oriunos eine halb mythifche Perfon; aber follten wir nicht doch
unter dem zwölf und mehr Fufs hoch angehäuften Schutt der

Kathedrale die Grabftätte des Kirchenvaters auffinden? Bevor der Weli von Damaskus Auftrag gab, war bis zu unferer Ankunft hier im Innern der zweimannshohe Schutt nicht weggefchaufelt.

Wir fuchten allerdings nach einer ganz anderen Gruft und fetzten indefs unfere Ausgrabungen fort. Sieh! da kamen die zier-lichften Gurten und fcharf profilirten Rip-pen in Vorfchein, die nicht zum grofsen Gewölbe pafsten, mit rothem Stab und blauer Hohlkehle. Ueber dem altkirchli-chen Taufftein hat alfo im mittelalterlichen Bau eine reizende Taufkapelle geftan-den, worin fich die Kunft der fortge-fchrittenen Architektur in der erften Hälfte des XII. Jahrhunderts erfchöpfte. Im Ueber-

gangsftyle von der romanifchen zur gothifchen Architektur hin-geftellt mochte diefs reizende Sacellum neben dem niedlichen Altar eine Sehenswürdigkeit der Kathedrale bilden; dafs es in's rechte Seitenfchiff, ftatt auf die Linke zu ftehen kam, hing mit der veränderten Orientirung der Metro-politankirche zufammen. Hier alfo blieb der Sarkophag des vielverketzerten Orige-nes ftehen, und ift fein Gebein auch in Staub zerfallen, fo lebt doch fein Geift noch in feinen Schriften fort. Drei Meter vom Säulenfufs im rechten Chor kam eine zierliche Rofette mit der Unterfchrift: Hoc est sepulcr. zu Tage — neue Schickfals-tücke, die uns den Namen des Beftatteten vorenthielt. Am Mauerende im linken Kreuzbalken wurde ein roher Sargdeckel ausgegraben, auch that fich der Zugang

zur Treppe auf, aber elf Fufs hoher Schutt mufste befeitigt werden, die letzten Anzeichen einer Gruft fchwanden, ob auch da oder dort eine Oeffnung im Boden fich ergab.

Stammgenoffen einer ganzen Völkerfamilie fammelten fich um uns, felbft ein Kabyle erfchien, alle begierig nach Arbeit, da es im Morgenlande felten etwas zu verdienen giebt. Zur Controle der Liften und weiterer Aufficht nahm ich Céfare Falkone, den

Sohn eines Arztes auf, der hier wie in Akka kaum fein Brod fand.
Im Ganzen fand ich diefe ärmlich lebenden Arbeiter fo ehrlich, dafs
es mich rührte, als einer mir ein gefundenes türkifches Goldftück
von ein paar Befchlick Werth einhändigte — wofür ich ihm freilich den Preis in Silber zurückgab.   Man mufste fie nur zu behandeln wiffen, um anftandsvolle Zuneigung zu gewinnen.

Bei der Anfpannung fo vieler Arbeitskräfte wurde endlich mit
Gewifsheit das Mofaikpflafter des urfprünglichen Kirchenbodens
erreicht, wozu diefer Taufort gehörte.   Auch ein prächtiges ko-
rinthifches Kapitäl trat aus dem lockeren Erdreich hervor, ganz
jener Zeit entfprechend, fpätgriechifch und noch den älteften
byzantinifchen Bauten eigen.   Abends fammelte fich immer halb
Tyrus am Bauplatz, befonders die Frauen, ihre Neugier zu be-
friedigen, und die Züge bewegten fich von Ort zu Ort, die neuen
Ausgrabungen zu muftern.   Juffuf Aga brachte Grüfse vom Pafcha
zurück, den er nach Galiläa begleitet hatte.

Dienftag 19. Mai wurde der achteckige, in Rofettenform
ausgehauene Gewölbeftein der Taufkapelle aufgehoben, und
trotz des Gewichtes von ein paar Cantar durch einen jungen Araber, dem die andern beim Gang taktmäfsig accompagnirten, zurück
ins Wächterhaus getragen.   Um den Kopf das Tragband, über
dem Kreuze am Rücken ein Lappen als Unterlage, zwei Burfche
zur Haltung des Gleichgewichts an den Seiten, und die Laft bewegte fich bis ans Ziel; eine folche Leiftung kommt im Abendlande
nicht vor.

Mittwoch 20 Mai kam endlich der beftellte Weintransport
von Beirut.   Wer möchte es glauben: ganz Tyrus befitzt keine
Weinfchenke!   Der Moslem pflanzt keine Reben, obwohl die Ab-
hänge des Libanon hier fo fehr dazu einladen; er fcheint fich felbft
des Traubengenuffes zu entfchlagen, und die Chriften halten es
ebenfo.   Kaffe und Limonade bilden dafür Erfatz.   Von der
Sinaihalbinfel waren die Photographen Bonfils aus Beirut eingetroffen und nahmen unfere ausgegrabenen Steinornamente und erworbenen Skulpturen und Figuren auf.   Die grelle Sonne gab das
weifse Geftein nur blind und blendend in der Negative wieder, die
Aufnahmen geriethen fchlecht und recht (theuer), dafs ich fie in
Berlin wiederholen liefs.

Donnerftag 21. Mai that fich zuerft ein Grab auf, das fich in

Mitte des Transfepts nur mit Tuffplatten bedeckt durch Stein-
fetzung gebildet zeigte.   Kinnlade und Knochentheile mit Kalk,
vielleicht fchon einmal geöffnet, auch kamen Nägel vor, zum Beweis, dafs der Todte in einer Kifte zur Ruhe gelegt war.   Was wir
noch von Leichen fanden, lag in der Linie des Hauptchores, ein
Zeichen, dafs fie nicht zufällig durch Araber eingefcharrt wurden.
Jetzt waren wir daran den Schatz zu heben, denn nach orienta-
lifchem Dafürhalten ift ein Grab, um das fich Franken kümmern,
immer ein Schatzhaus: wie wunderte fich Grofs und Klein über
unfere Gleichgiltigkeit!   Warum haben auch die Alten die Gräber
der Könige und Helden Schatzhäufer benannt!   Der Kaimakam,
ein Stocktürke, der fogar zum Verkehr mit den Arabern eines
Dolmetfch bedurfte, kam fortwährend an den Platz, und verficherte
uns aller erdenklichen Dienfte, liefs aber feinen Offizier halbe Tage
lang auf Infpektion zurück; denn wie bei Dr. Schliemann's
Ausgrabungen in Troja war auch in unferem Ferman feftgefetzt,
dafs die Hälfte vom Funde edler Metalle dem Sultan eigen fein
follte.   Ein Mann hielt die Nacht durch die Grabwache, aber was
follte uns ein Körperfund ohne Schwert und fonftiges Merkmal?
Humbug zu treiben ift nicht deutfche Art, lieber verzichteten wir
auf ein Ergebnifs unferer nächften Miffion.

Freitag am 22. Mai wurde der Altar im linken Chor aufgedeckt, mit Antrittsftufen von feinftem weifsen Marmor, die nur
wegen des darüber eingeftürzten Gewölbes geborgen geblieben
und nicht zu den Grabmälern aufsen am Todtenhof der Mutaweli
dienen mufsten.   Hierzu kam im Mittel des Querfchiffes oder vor
dem Hauptchor eine fragmentarifche weife Marmorplatte mit der
Gravirung von zwei Kreisausfchnitten, nebft Fufs- und
Mantelftück erhoben.   Wie eine Grabplatte von altdeutfcher
Arbeit und die Vertiefung mit Gold und rother Farbe ausgefüllt
— dem Charakter des XII. Jahrhunderts entfprechend!   Ach der
neuen Neckerei des neidifchen Schickfals, das uns nur Bruchftücke
gönnte!

XXX. Inschriften und weitere Skulpturen.
Die drei Riesencolonnen.

amſtag 23. Mai ſchrieben wir die erſte mit Datum 1266 verſehene Inſchrift ab, die 12 Fuſs vom Altar im linken Seitenſchiffe neben prächtigen Marmorſtufen erhoben ward, ſie lautet:

Am Vorabende der Pfingſten belebte ſich der Weg am ſüdlichen Strande mit Spaziergängern, natürlich Chriſten, denn der Moslem geht nicht »Luftriechen.« Die Seebriſe wehte uns erfriſchend an, welch eine prächtige Promenade! der Hermon und Libanon, noch tief in Schnee gehüllt, dämmerten in blauer Ferne. Auf der Stadtſeite bewegten ſich getrennt die Frauen in weiſsem Kattun bis über den Kopf verhüllt. Hier wirkt kein euro-

päifches Beifpiel auf die fociale Annäherung der Gefchlechter in
der Oeffentlichkeit. Kinder fpielten Verlobung, andere fchaukelten
fich. Ein Sänger zum Tamburin erheiterte das Volk in der Gaffe,
wo fonft der Zuckerbäcker, dem Seiler ähnlich, feine füfsen Stangen zog. Der Moslem hält überall mit dem Chriften Feiertag, da
er nicht zu arbeiten pflegt, ebenfo der Jude. Die Frauen bewegten fich aus Neugier am liebften nach der Manara, befahen uns
Franken und was ans Licht gekommen, und ruhten in Gruppen
fich aus, das Gewand allein wirkte nicht malerifch.

Dienftag 26. Mai, nach beiden Pfingfttagen, kam die dritte
Riefenfäule aus dem Gewölbefchutt hervor, die durch den Erd-
bebenftofs das Rückgrat gebrochen hatte, dafs fie in zwei grofse
und mehrere kleine Trümmerftücke zerfiel. Sie war nicht herz-
förmig, wie die beiden andern, ftand alfo im berühmten Propyläon
der Paulinuskirche in der Mitte, beide Eingänge des Hauptportals
zu trennen, bis fie auf die Kante geftürzt in mehrere Stücke
zerfplitterte. Ungewifs, wozu fie dienten, liefs ich anfangs keinen
Tag ohne die Frage vergehen, ob nicht etwa vier Kuppelträger
in Vorfchein kämen, obwohl bei der Höhe der Kathedrale mit
den ftärkften Säulen nichts ausgerichtet war. Ich und mein Sohn
wiffen ausdrücklich und ganz beftimmt nur von drei ftaunens-
werthen Kolonnen, die in der Zufammenftellung genau zum Doppel-
portal paffen. Richtig fchreibt Freund Prutz (323. 329. 340 f.)
übrigens: »Man hat alles Recht, anzunehmen, dafs diefe Säulen
urfprünglich einem phönizifchen, dann einem griechifchen oder römifchen Tempel angehört haben, und erft
aus den Trümmern des letzteren in den chriftlichen
Kirchenbau herübergenommen worden find.« — Vielleicht
gehörten fie fchon dem Melkarttempel an, und wurden im Nillande
fo hergerichtet.

Nur die Erfchütterung von ganz Tyrus 1202 erklärt es, dafs
vom Einfturz der Kathedrale keine befondere Meldung auf uns
gelangt ift. Die Gewölbefteine aus der Höhe find zuerft durch
uns wieder gehoben worden. Auch kamen zwei Steinkugel-
fragmente in Vorfchein, wohl doch aus der Kreuzritterzeit, wie
wir in der nahen Villa fie trafen. Ungleich älter dünkte mich, da
ich vor Monatsfrift ähnliche Sarkophage in Ravenna gefehen, in
Marmor nachgeformte Ziegelplatten zur Bedachung eines Ritter-

Sarkophages. Endlich führte Juffuf Aga uns felbft in ein Gewölbe
feines Schloffes zu einem Infchriftenftein, der in gothifchen Buchftaben grofsmächtig zu lefen gab: BR ... NATIV . I . CRIST .
MC... Welches Jahr nach Chrifti Geburt und wem der Denk-
ftein vermeint war, blieb wieder unbekannt.

Mittwoch 27. Mai entwickelten fich mehr und mehr die herrlichen Säulen, welche das Hauptfchiff von den Nebenhallen trennten, auch ergaben fich in der Nähe des Tauffteines mehrere Blei-
ftücke, offenbar von der Bafilika des Paulinus, welche fo
ausgegoffene Quadermauern enthielt — an einen fpäteren Bau ift
nicht zu denken. Dazu kamen intereffante kleine Kapitäle (S. 213`,
und abermals ein Hauptgewölbe-Schlufsftein in Vorfchein.
Ein Steinfcherben bot dürftige Schriftrefte: OBER. ein zweiter
verftümmelte Buchftabenzeichen.   Die Zahl der Arbeiter war auf
117 geftiegen.

Donnerftag 28. Mai kam Selim in Eile mit der Freudenbotfchaft, es fei ein Löwe gefunden. Alfo der Markuslöwe, was habe
ich immer gefagt, rief triumphirend Freund Prutz, der durch nichts
von dem vorgefafsten Gedanken abzubringen war, das von einem
einzigen Leutpriefter (plebanus) verfehene Kirchlein San Marko in
Tyrus (wie in Akka) müffe die Gröfse des Markusdomes in der
Lagunenftadt gehabt haben.   Kopffchüttelnd eilte ich zur Stelle:
es war ein Lamm mit dem Kreuze, die etwas ausgefchweifte
Darftellung des Lammes Gottes, eine magere Arbeit.   Der Löwe
von Venedig müfste Flügel haben und kein Kreuz: diefer gut drei
Kantar fchwere Schlufsftein vom Mittel des Gewölbes im Langhaufe wurde, wünfchte ich, nicht nach Berlin gefchafft. Rechts im
Seitenfchiff hatte fich eine Oeffnung mit fcheinbaren Skulpturen
im Anfchlufs an die Säulenftellung gleich hinter dem Taufftein ergeben; nach Befeitigung des Bodenpflafters kam eine Steinplatte
von dritthalb Fufs Länge, zwei Breite, mit offenbaren Fresken,
blauem Mantel und beiderfeits rothen Conturen heraus.

Ausdrücklich erkannten wir auf diefer Steintafel ein Fresko-
bild mit blauem und rothem Gewande. Eufebius erwähnt freilich
keines Gemäldes, fo wenig wie Hieronymus ep. 60 bei Schilderung
der Nepotianifchen Bafilika.   Das lag im Geifte der Kirchenväter.
Tertullian fchreibt gegen Hermogenes c. 1, er habe aufser andern
Laftern auch noch das des Malens an fich.   Der Teufel habe die

Künfte der Bildnerei, Malerei und alle darauf zielenden Darftel-
lungen von Gefchöpfen erfunden. (Aecht jüdifch!) Wir fträuben
uns umfonft wider das Zeugnifs, dafs felbft der geiftreiche Clemens
v. Alexandria in feinen malerifch betitelten Stromata VI Maler und
Bildhauer in Eine Reihe mit Räubern ftellt, da fie dem Schöpfer
die Ehre raubten. Von Epiphanius, dem Judenfohn, wollen wir
nicht reden, der in feinem Fanatismus auf Cypern ein Vorhang-
bild in Stücke rifs; verbot doch St. Bernardus in den Ciftercienfer
Kirchen felbft das künftliche Mofaikpflaftern. Vielleicht gehörten
dem Presbytefium oder noch der alten Kirche die zierlichen
Mofaikftücke von weifsem und rothgefprenkeltem Marmor, die

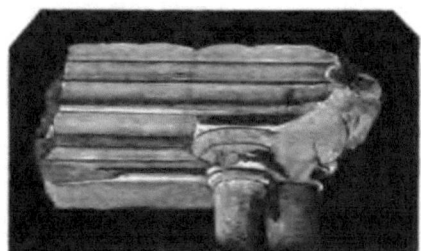

Vom Altartifch der Bafilika des Paulinus.

1 Zoll lang, 3 breit, andere mit dreieckigen Spitzen in einander
griffen.

Freitags 29. Mai kam nordweftlich im Hintergrunde der Kathedrale nach der Stadtfeite die Thürfchwelle von 14 Fufs
Breite zu Tage, es war einfach eine antike Säule platt gehauen
und in den Grund gelegt; auch kam andern Tages ein Stück
vom Thorbogen und ein Pfeilerfockel vor. Die Südfeite liefs
keinen Eingang erkennen. Hieraus ergab fich nicht undeutlich,
dafs fchon beim Umbau der Kathedrale die füdliche Stadtfeite minder oder gar nicht mehr bewohnt war. Die an der
Abendfeite in die Manara eingebauten Häufer waren gut funda-
mentirt, hier fand fich noch älteres Bauwerk vor; dabei fchliefst
die Kirche mit einer Mauerwand ab, worin ein Thorrahmen nur
pro forma angelegt ift. Von meinem Schiffer oder Fifcher aber
erwarb ich aufser den werthvollen Antiken (S. 99 f.) eine Infchrift-
tafel: Hic requiescit Godefridus preces — die mich fo ungewifs
liefs, wie die meiften früheren.

Samſtag 30. Mai entdeckten wir im Kreuzbalken linkerhand hinter der Apſis ſich vertiefend einen Brunnen im Naturfels, zum Beweis, dafs wir auf dem Grunde der alten Felfeninfel ſtanden. Die Kammer war mit der Richtung gegen Norden 14 Pik oder Ellen lang, 8 breit, und 4, mithin wenig über Mannesgröfse hoch, auch ellenhoch Waffer darin. Diefs iſt der Kanal zu dem Becken im Atrium mit reichem Sprudel, wovon Eufebius X, 40 bei der Paulinuskirche fpricht. Das jetzige Kreuzfchiff mit dem dreifachen Chor war alfo vom einftigen Vorhof eingenommen. Das Waffer mufste vom Stadtbrunnen hergeleitet fein. Der Kirchenboden konnte vor 15 Jahrhunderten nicht niedriger liegen, jener in dem Seitenfchiffe, obwohl die Säulen auf einer Mauer auffetzten, war nicht höher als im Hauptfchiff. Eine Seitenthüre führte offenbar in die Sakriftei, und den anftofenden erzbifchöflichen Palaſt mit den Wohnungen der Stiftsherrn. Dort hat Wilhelm von Tyrus 1174—1184 die Gesta Dei per Francos gefchrieben, ein Meiſterwerk von hiftorifcher Kunft, wie das vorangehende Mittelalter nichts Aehnliches aufzuweifen hat. Doch wer denkt noch feiner in Tyrus?

An der Weftfeite diefer Querapfis erhob ſich ein quadratifcher Einbau von fünfthalb Fufs (1 1/3 Meter) in Würfelform, nicht grob, eine einfache Sargplatte. Weffen Gebeine haben hier feiner Zeit geruht, der Raum war leer. Wandnägel ftaken umher. Solch eine Anlage habe ich in keinem Dome noch wahrgenommen, es nahm ſich wie eine proviforifche Beifetze aus, dabei durfte aber der Sarg nicht grofs fein! Zugleich liefsen wir hier, aufserhalb des Kirchenraums, in Gegenwart des Kadi drei Gräber mit Gebeinen eröffnen, wobei die Fliegen rafch zufprachen, den letzten Leim aus den Gebeinen zu faugen.

Montag 1. Juni rechneten wir unter Zahlung von 95 1/2 Napoleon mit unferem Phönizier, Habib, ab. Der Herr Generalkonful hatte den vertrauteften Krieger und früheren Geleitsmann (Sabtieh) von Beirut entfandt, um die Koften für die Ausgrabungen zu decken, welche ſich fchliefslich auf 30 Napoleon oder 3600 Piafter in der Woche, für die ganze Zeit auf die unbedeutende Summe von 16000 Piafter beliefen, dazu 300 Napoleon für die 32 Steinhäufer. Zwei weitere Gräber wurden aufser der Kathedrale neben denen der vorigen Woche geöffnet, auch ergab ſich der

Reft einer Regenrinne in der Kirchenmauer. Ein Sarkophag-deckel mit rundlichem Kreuzftabe am Firfte und vier franzöfifchen Lilien in den Ecken konnte obigem Chevalier von Chayn angehören, nur fchien er dafür klein.

Es fehlte nicht an mannichfacher Abwechslung. Der Ruf von unferer Expedition hatte fich weithin in Syrien verbreitet, und fo erfchien ein Engländer, uns dabei als Auffeher behilflich zu fein; wir dankten verbindlich. Ein bayerifcher Soldat, Jof. Gerhard, der vor Sedan geftanden, wies mir den Abfchied mit der Unter-fchrift des Commandanten von der Tann, und ward mit einigen Befchlik (türkifche Mark) und ein paar Schuhen nach Jerufalem ent-laffen. Es gibt gewiffe Orientbummler, die von Zeit zu Zeit ihre Tour wiederholen, von der Milde der Türken und Araber leben und lieber manchmal darben, als arbeiten. Zwei Tage fpäter kam eine amerikanifche Karawane von 14 Köpfen, geführt von Prof. James Strong, Director des theologifchen Seminars zu Madifon. Sie nahmen zuerft Einficht von dem ganzen Plane der ausgegrabenen Kathedrale, und den zu Tage geförderten mächti-gen und prächtigen Säulen, die im Vergleich mit den vielberühm-ten und bis Aachen entführten Säulen von Ravenna fiegreich den Vorrang behaupten, brachten ihre photographifche Aufnahme zu Stande und fchieden mit der heiligen Verficherung: Vous avez faites une grande découverte. Wir reiften fpäter vereint nach Ephefus.

Der glänzende Empfang, welchen wir deutfche Gelehrte an der fyrifchen Küfte gefunden, die ungewöhnliche Thätigkeit, die wir in Tyrus entfalteten — die Zahl der Arbeiter war zuletzt auf 153 geftiegen! hatte den Botfchafter des Sultan Moskow beun-ruhigt, und als wir bereits auf dem Rückwege waren, langten in Eile noch ruffifche Confulatsbeamte an, um an Ort und Stelle über den Zweck der deutfchen Invafion nähere Kunde zu fchöpfen und Bericht zu erftatten.

Wer ein Haus baut, foll nach Fügung des Schickfals nicht felten darüber fterben, und wer fo umfangreiche Ausgrabungen unternimmt, mag von Glück reden, wenn es ohne Unfall abgeht. Wir entgingen einer grofsen Gefahr, ohne eine Ahnung zu haben. Ich hatte die Sienitkolonnen möglichft frei legen laffen und die 28 Fufs lange, Meter dicke Doppelfäule lehnt im Grunde nur an

einem Baumftrunke, die zweite von 18 Fufs Länge hat eine minder gefährliche Pofition.   Aber von den Porphyrfäulen des füdlichen Seitenfchiffes ftreckte die eine ohne Unterlage ihren Fufs
faft in die Luft, und fiehe da, der Sprung, den fie beim fpröden
Korn durch ihren Sturz vor 672 Jahren erfahren, kam durch die
Ueberlaft plötzlich zum Bruche, in der Nacht hatte der riefige
Cylinder fich abgelöft und zu rollen begonnen: gefchah es am
hellen Tage, wir wären unter dem Gewichte vieler Tonnen wie
Pappendeckel zufammengeprefst worden! Die Vorfehung hatte
fichtbar über uns gewacht: wie Glas war die Säule abgefplittert.
Heute Dienftag 2. Juni eröffneten wir eine Tranchée im Hauptchor: es war eine Maulwurfsarbeit, die zu nichts führte, und wenn
wir die ganze Kirche unter dem Tempelpflafter durchwühlten, von
baulicher Struktur war nichts zu entdecken.   Nur vor dem Chor
ergaben fich noch Sepulturen.

Mittwoch 3. Juni wurde zum Schlufs in der Diagonale vom
Hochaltar, 5 Fufs rückwärts vom früher entdeckten, 16 Fufs hinter
dem Transfept, ein Grab aufgedeckt, wobei das Haupt gegen
Weften, die Füfse gegen Often lagen: das Gerippe war ganz
erhalten. Dazu fand fich noch ein Ring, aber nur klein und von
Erz; ferner an der Nordmauer im Transfept ein roftiges Crucifix
von Eifen. Fünf Fufs hinter dem vorigen thaten wir ein zweites
Grab mit completem Skelet auf, felbft die Haare waren noch
kenntlich, und fchwarzer filberdurchwirkter Ornat deckte
die Glieder.   Es kann nur das Grab eines Erzbifchofs oder
Kanonikers fein: ich liefs es wieder eindecken, ohne etwas daran
zu zerftören.   Damit fchloffen wir unfere Ausgrabungen.

Graf Vogué, gegenwärtig franzöfifcher Botfchafter in Conftantinopel, ftützt fich, les églises 372, auf Abbé Michon Voyage
relig. en Orient, Par. 1853, welcher beim erften Planentwurfe der
Kathedrale von Tyrus 70 Meter Länge, 22 Breite angibt, und beftimmt hiernach das Längenmafs zu 250 Fufs bei 150 Breite, das
Querfchiff fpringt ihm rechts wie links um fünf Meter oder 18 Fufs
vor — was nicht richtig ift.   Die Hauptmauer, aufsen und innen
von Quadern gefügt, in der Mitte aber gegoffen, d. h. mit Brocken
und Cement eifenhart ausgefüllt, hat eine Dicke von 6 Fufs.   Wir
felbft mafsen das Langhaus vom weftlichen Eckpfeiler bis zum
Beginn des Transfeptes 47,15 Meter, alfo 155 Fufs, das füdnörd-

liche Querfchiff 30,90 Meter, wobei der Vorfprung nach aufsen nur je 3,70 beträgt. Dazu 10,90 die weftöftliche Tiefe des Transfeptes, die Chorräume bis zur Apfis 5,60 Meter, und ebenfoviel die Hauptapfide, während die Nebennifchen 2,70 bei 5,40 Breite. Diefs ergibt 68,35 Meter (Dr. Prutz fchreibt 69,15, wohl mit Hinzunahme der Nifche für die Kathedra): die Gefammtlänge beträgt demnach 225 Fufs. Nichts gewiffer, als dafs wir als Abkommen der Kreuzritter die Infchriften lafen, wo die alten Kämpen bei der Vertreibung durch die Moslemin ihre Schätze verborgen hatten.

XXXI. Kaiser Friedrichs I. Kreuzzug und Tod.

ie Pforten des Aufgangs fuch' ich immerdar, wo die ftar-
ken Gefchlechter wohnen, fpricht Görres in der Wid-
mung der deutfchen Volksbücher an Clemens Brentano.
Und vor der Springwurzel wich das Thor von Erz auseinander, er trat auf den fpiegelglatten Kryftallboden, die Bahn
brach nicht, fein Streben war ja rein, und er kam tief in des Domes
Grund, in die dämmernde Kapelle, wo Friedrich Barbaroffa fafs.
Mir, dem Jünger war vom grofsen Kanzler bei der neuen Gründung
des Reiches die Aufgabe geftellt, den Dom, wo der Kaifer Rothbart zur Grabesruhe eingegangen, aus dem Schutte zu graben, um
womöglich deffen Gebeine zu erheben.

Jerufalem war in die Hand Saladins gefallen, die Hauptftadt
des lateinifchen Königreichs überlieferte am 2. Okt. 1187 die Schlüffel
dem fiegreichen Sultan des muhamedanifchen Morgenlandes. Da
erhob Deutfchlands gröfster Kaifer als Schirmherr der Chriftenheit
das Reichsbanner zum dritten Kreuzzuge. Geboren auf der Veits-
burg im Ravensburgifchen 1121 hatte er bereits 1147 den Heeres-
zug unter feinem Oheim Konrad III. mitgemacht und war bis vor
Damaskus gelangt, auch in die heilige Stadt eingezogen. Damals
fchlug Ludwig VII. mit den franzöfifchen Baronen zu Tyrus Lager,
und vereinigte fich am 24. Juni 1148 zu Palma am Wege nach
Accon mit König Konrad und Balduin III. Peter v. Barce-
lona ftarb als Erzbifchof von Tyrus am 1. März 1164. Ihm folgte
Friedrich de la Roche ein Lothringer, und ebenfo grofser
Kriegsmann als ungelehrter Geiftlicher. Wilh. v. T. (XIX, 6. XXI,
4. 9) berichtet von deffen Reife zu Kaifer Friedrich und an die

Höfe von England, Frankreich und Sicilien, um Hilfe aus dem
Abendlande herbei zu ziehen, er ſtarb aber ſchon den 30. Okt. 1173
zu Nablus. Der König von Jeruſalem hatte an Barbaroſſa Ge-
ſchenke überſandt, darunter goldene mit Moſchus gefüllte Aepfel.
Inzwiſchen verboten die Päpſte den Handel mit den Saracenen
mehrmals, zuerſt 820 Leo V. Alexander III. verabredete ſolch ein
Verbot in Venedig mit Friedrich I., und die Lateranſynode verkündete es im nächſten Jahre 1179. Doch wurden Schmuggler von
Rom abſolvirt.

Im Jahre 1184 kam Erzbiſchof Wilhelm von Tyrus, der in der
Grabkirche zu Jeruſalem am 8. Juni 1174 die Weihe empfangen,
zur Betreibung des neuen Kreuzzuges ſelbſt in das Abendland,
unterhandelte im Namen Gregor's VIII. mit den Monarchen von
Frankreich und England, und wohnte der Unterredung Kaiſer
Friedrich's mit Philipp Auguſt bei. Urban III. ſtarb am 20. Okt.,
zwei Tage nachdem Jeruſalems Fall in Rom bekannt ward. Barbaroſſa I.*) war nach der Schilderung von Italienern, eine feine
Geſtalt mit beſonders zarten Händen, rothem Bart und etwas über
mittlerer Statur. Seine Miene ſprach ein wohlwollendes Lächeln.

Am 24. Juni 1177 war der Friedenskuſs zwiſchen Barbaroſſa
und Alexander III. in Venedig gewechſelt und die Verſöhnung
zwiſchen Staat und Kirche eingeleitet. Friedrich I. eröffnet mit
der Jahrzahl 1188 die Reihe der Kaiſer in den Glasgemälden
des Domes zu Goslar, nun in der Stephanskirche, aber mit
arabiſchen Ziffern des XV. Jahrhunderts, ſo daſs an Aehnlichkeit
ſo wenig wie bei den neuen Fresken im Römer zu Frankfurt zu
denken iſt. Dagegen brannte 1159 der Dom zu Freiſing ab, und
das Portal, ein Prachtwerk der Plaſtik mit den faſt zwei Fuſs hohen,
aus Kalkſtein gemeiſelten Bildniſſen Friedrichs I. und der Beatrix,
gehört ſofort dem Neubau an. Sighart ſchreibt (Dom zu Freiſ.
49 f.) »Dieſe Relief-Bilder ſind als die einzig ächten Porträte jenes
groſsen Kaiſerpaares für den Geſchichtskenner wie Patrioten, aber
zugleich für die Geſchichte der Kunſt von Gewicht, weil der Charakter dieſer Skulpturen von einer bisher nicht genug anerkannten

---

*) Sein Enkel Friedrich II. ſoll die Benennung noch früher führen. Der Name
des Barbaresken-Corſaren, wider welchen Karl V. ſeine Flotte führte, iſt Baba Urudſch,
welcher auf den jüngeren Bruder Cheireddin überging. Erſt die Spanier haben daraus
Barbaroſſa gemacht.

Höhe diefer Kunft in jener Zeit zeigt. Barbaroffa fitzt auf einem
goldenen Stuhl, deffen Füfse Adlerkrallen bilden, bekleidet mit
einer Stahlrüftung und rothem, gelbverbrämtem Leibrock. In der
Linken hält er das Szepter der Macht, das in eine Lilie endet, auf
dem Haupte die dreifache Krone mit der auf beiden Seiten herab-
hängenden Spange. Das mehr hagere Geficht, in welchem der
Ausdruck des durchdringenden Verftandes, des Ernftes und der
Majeftät mit dem der Milde und einer gewiffen Melancholie ge-
paart erfcheint, und das ein röthlicher kurzer Bart umfäumt, ift ein
Meifterwerk der Plaftik zu nennen. Ihm gegenüber fehen wir die
Geftalt der Kaiferin Beatrix auf dem Knauf eines Säulchens, wie
eine Blume fich erhebend, ein wundermildes Frauenbild. Sie trägt
ein, in einfachen Falten fich abfenkendes goldbefäumtes, lilienbe-
fäetes Gewand, den goldenen Reichsapfel (!) in der einen Hand,
während die andere auf der Bruft ruht*). Mit dem Ausdruck inniger
Sehnfucht und Andacht wendet fie fich zum Altar und bringt ihren
Antheil am Dombau gleichfam dem Allerhöchften zum Opfer.«
Friedrich beftieg den Thron 1152, der Neubau des Domes begann
fchon 1160, im nächften Jahre erhob fich das Gebäude wieder.
Da er Beatrix bereits 1153 ehelichte und fie hier noch jung erfcheint, ift er als erfter Vierziger dargeftellt, und diefe Jahrzahl
giebt die Infchrift an. Das Kaiferpaar mag wohl den reichften
Beitrag zum neuen Dom geliefert haben. Bifchof Albert, der hinter Barbaroffa fteht, war der Nachfolger Otto des Grofsen, des
kaiferlichen Oheims, der den zweiten Kreuzzug mit Friedrich
mitgemacht, und wohnte auch 1159 dem Reichstage bei. Beatrix
foll die Reliquien des heiligen Sigismund nach Freifing gebracht
haben, und befchenkte ebenfo reichlich den Speyerer Dom, worin
fie ruhen follte, und in wunderbarer Demuth fie nur Beatrix pecca-
trix fich nennt. Von ihr rührt, wie Meichelbeck I, 356 bekräftigt,
die wunderbar werthvolle Weihwafferfchaale, aus einem einzigen
Stück Chryfolith, welcher an vier Seiten Eidechfen zur Handhabe
dienen, fowie der Weihwedel mit aus Einem Smaragd beftehenden
Hefte. Diefe einzig erhaltenen treuen Bildniffe des edlen Kaifer-
paares ftehen mit Grund diefem Buche über die Expedition zum
Wiederfund feiner Gebeine voran.

---

*) Es fcheinen vielmehr zwei Brode als Symbol der Freigebigkeit.

Der Prophet von Mekka ſoll bereits über die germaniſchen Hilfsvölker der byzantiniſchen Kaiſer geſprochen haben: Hütet euch vor den Gelbhaarigen und Blauäugigen, ſie ſind die ärgſten Feinde des Islam. (Röhricht 503). Ritterlich den Krieg erklärend, ließ der Kaiſer an Saladin zuerſt die Aufforderung ergehen, Jeruſalem und das heilige Kreuz zurückzuſtellen, ſonſt werde das römiſche Reich, ja der ganze Erdkreis gegen ihn zu Felde ziehen. Nicht ohne einen Anflug von Satire erklärte Saladin ſich zur Ausantwortung des heiligen Kreuzes (das ja längſt nicht mehr ächt exiſtirte!) gegen die Auslieferung von Tyrus, Tripolis und Antiochia bereit.

Vier Stunden von meiner Bergheimath in der Abtei Tegernſee im bayriſchen Hochlande wohnte Friedrich Barbaroſſa der Aufführung des älteſten einheimiſchen Dramas: »Vom Ende des römiſchen Reiches und der Erſcheinung des Widerchriſt« bei. Der Grundgedanke iſt aus Paulus zweitem Brief an die Theſſaloniker II, 3, daß erſt der Sohn des Verderbens ſeine Heerſchaaren entfalten müſſe, bis die Erneuerung des Reiches Chriſti vor ſich gehe. Darunter waren die Saracenen verſtanden, die Schaubühne enthüllte den Tempel von Jeruſalem, der Abgeſandte des lateiniſchen Königreichs richtete ſeine Mahnung zur Befreiung des heiligen Grabes an den anweſenden Kaiſer, als käme er wie ein anderer Peter der Einſiedler unmittelbar aus dem gelobten Lande. Das Spiel von mehreren hundert Perſonen aufgeführt wirkte mächtig auf die nationale Begeiſterung bei aller religiöſen Freiſinnigkeit, wie ſie die Kreuzzüge verbreiten halfen.

Chriſten wie Saracenen entrichteten in den Kreuzzügen den Zehnten als Gottesſteuer für den heiligen Krieg. Jetzt wurde ſelbſt in Frankreich und England der Saladinszehent ausgeſchrieben, und in Deutſchland von jedem an ſeinem Vermögen erhoben, der nicht mitzog; nur Waffen, Bücher und Edelſteine blieben ungeſchätzt (Wilken V, 19. VIII, 515). Der Kaiſer beauftragte im Frühjahr 1190 ſeinen Sohn Heinrich, er möge alle ausſtehenden Summen durch den kaiſerlichen Bankherrn in Venedig nach Tyrus einſenden (Ansbert 32). Im 68. Lebensjahr ſchiffte der Held Ende Aprils 1189 ſich an der Spitze von 150000 Streitern in Regensburg ein, mit ihm hatten die Minneſänger Reimar der Alte, der edle Hartmann von der Owe, und Ritter Friedrich von Hauſen

18*

fich das Kreuz an den Kriegsmantel geheftet. Die Familie Owe
befitzt noch vom Dichter des Iwein den Fingerring, den diefer
einem im heldenmüthigen Kampf erfchlagenen Saracenen abgenommen. Als aber der von Haufen am 6. Mai 1190 bei Verfolgung turkomannifcher Horden vor Vinimil (Philomelium = Ak
Schehr) fiel, erhob das ganze Heer die Wehklage, er ward in einem
Obftgarten begraben. Bifchof Wolfher von Paffau zog mit Barbaroffa. Da feine Mannen im Kreuzzug fo wacker ftritten, erhielten
die Paffauer den blutrothen Wolf ins Wappen. Der Andechfer
Bertold IV., feit 1180 Herzog von Croatien und Dalmatien, ent-
faltete im Kreuzzug Barbaroffas das Banner des dritten Heerhaufens,
der grofsentheils aus feinen Leuten gebildet war, und ftritt mit
Macht und Ruhm gegen Byzantiner und Türken, vermählte auch
unterwegs eine Tochter dem Beherrfcher von Serbien. Er fah mit
Wenigen feines Volkes die Heimat wieder. Er verübte bei Phi-
lomele Wunder von Tapferkeit, und hier zeigte fich Ritter Georg
auf weifsem Rofs unter der bayerifchen Reiterei und wurde fogleich erkannt*).

Merkwürdig zogen die Dichter jener Zeit mit ihrem Saitenfpiel regelmäfsig mit zum Kampfe gegen die Saracenen aus:
fo franzöfifcherfeits Guiot von Prouvins, der Sänger des heiligen
Graal und Vorläufer Wolfram von Efchenbachs, unferes deutfchen
Dante; dann Jeaufre Rudel, der Provençale und der »Singer und
Dichter« Johannes Gallus, genannt von Würzburg, geborner Franzofe und Kanoniker in letzterer Stadt. Das Kreuzfchwert vermähl-
ten mit der Leyer die Minnefänger Walther von der Vogelweide,
wie Gottfried von Strafsburg, Hildebolt von Schwangau und der
deutfche Ulyffes Oswald von Wolkenftein, endlich auch der weltberühmte Ritter Tannhäufer, der auch auf der Trausnitz bei Landshut zu Hofe ging. Der Minnefänger Albrecht von Johannsdorf
machte den Kreuzzug 1217 unter Erzherzog Leopold von Oefterreich, oder unter Kaifer Friedrich II. mit.

Der Klôfenaere, deffen Walther von der Vogelweide, fein
Nachbar, viermal gedenkt, ift Ortulf II. von Claufen bei Säben, Hof-
kaplan Friedrichs I., Domherr zu Brixen. Er kehrte vom Morgenlande

---

*) Neidhart von Reuenthal der Lyriker des XIII. Jahrh. foll mit vielen bayer.
Landsleuten dem Kreuzzuge Erzherzog Leopolds 1217—19 fich angefchloffen haben.

glücklich.zurück und ftarb als Probft im Benediktinerftift Innichen.
Ebenfo treffen wir Challintin oder Kalden Pappenheim auf diefer
Fahrt. Ludwig von Helfenftein (nun Erembert oder Ehrenbreit-
ftein) war mit im Kreuzheer, und fah im Traum vor der Schlacht
von Ikonium St. Georg felbft an der Spitze einer heiligen Schaar
dem Kreuzheer zu Hilfe kommen*).

Der Graf Ernft III. von Gleichen machte 1188 diefen Kreuzzug gleichfalls mit, brachte aber eine fchöne Türkenfrau Melechfala
zurück, während feine Gemahlin Ottilie von Orlamünde noch lebte,
und beide haben in Einem Grabe in der Peterskirche zu Erfurt Ruhe
gefunden. Kaifer Friedrich I. hatte Karl den Grofsen zum Vorbilde genommen, liefs deffen in Verfall gerathene Paläfte wieder herftellen, befonders den in Ingelheim, ja ihn fogar durch den von ihm aufgeftellten
Papft heilig fprechen. Im Glauben der Nation, welche den alten
Gott nach dem Often gegangen glaubte, hat der Reichsgründer
den erften Auszug zur Befreiung des heiligen Grabes unternommen
und war wunderbar nach Aachen heimgelangt. Aber in dem
Augenblicke, wo jetzt der Heldengreis den Fufs über Deutfchlands
Grenze fetzte, mufste man gewärtigen, dafs er lebend nicht wieder-
kehre, denn eine Kreuzfahrt war kein gewöhnlicher Feldzug, und
in feinem Alter unter der fyrifchen Sonne nur zu leicht todtbrin-
gend, auch wenn er mit keinem Heere fich fchleppte. Die rumä-
nifchen Fürften Peter und Afan wollten den grofsen Kaifer mit
einem Heere von 40000 Bulgaren und Rumänen unterftützen, wenn
er den romanifchen Kaifer Ifak II. vom Throne ftofse, Friedrich
wies fie ab. Am 17. Mai 1190 fchlug Barbaroffa die gewaltige
Schlacht bei Ikonium, welche Leffing al fresco im Schloffe
des Grafen Spee zu Heltorf 1829, Julius von Schnorr in der
neuen Königsburg zu München im Saal der Hohenftaufen grofsartig vorführt. Es war ein Sieg der ganz Afien erfchütterte, fo
dafs Saladin felbft für den Fortbeftand feiner Herrfchaft zitterte,
die bedeutendfte Schlacht in allen Kreuzzügen; kein Wunder, wenn
das Andenken an den gefürchteten Ferderik noch heute bei den
Orientalen fich erhalten hat. Der Kern des Kreuzheeres machte
fich mit 6000 frifchen Rofsen beritten. Wie es heifst kam der
Rothbart mit bayerifchem Kriegsvolk nach Klein-Armenien, und

---

*) Er kehrte heim, nicht fo fein Bruder Graf Gottfried von Spitzenberg, der
letzte Kanzler Barbaroffas und die Seele des Kreuzzuges (1184—1190).

fie verftändigten fich mit dem Volk in ihrer Sprache — wie Hieronymus den kleinafiatifchen Galatern gemeinfames Idiom mit den

Berghang am Cydnus oder Calycadnus.

Trevirern zufchreibt. Um fo fefter behauptete fich die Sage, die
Bajuvarier feien aus Armenien gezogen.

Schon hatte Saladin den Auftrag gegeben, das eben erft nach
dem Siege zu Hattin eroberte Kaftell und die Mauern der Stadt

Meerbufen von Seleffie an der Mündung des Selef, wo Barbaroffa ertrank.

Tiberias dem Erdboden gleich zu machen, auf dafs die Deutfchen
fich darin nicht feftfetzten — als die Botfchaft von Barbaroffas Tod

der Ausführung in den Weg trat. Mit Freuden erreichte das
Kreuzheer am 30. Mai bei Laranda die Grenze des chriftlichen
Armeniens, und fah nach langer Zeit wieder die erften Kreuze auf
den Feldern (Ansbert 70). Friedrich dachte, nachdem die Franzofen fo viele Lehensherrfchaften in den Ländern des Oftens begründet, feinerfeits den Baron Leon von Armenien mit der Königs-
krone zu belehnen, um auch deutfches Machtgebiet im Orient zu
befitzen; diefer follte in Seleucia an der fteinernen Brücke über
den Salef mit dem Kaifer zufammenkommen. Es war ein be-
fchwerlicher Marfch, denn Cilicien ift ein rauhes »Bergland« (Che-
lek Jof. XI, 17). Dort an der Küfte liegt auch Ajacium, wovon
Ajaccio, auf Corfika, die Stadt des modernen Ajax fich herleiten
mag.

Sonntag 10. Juni zogen die Kreuzfchaaren auf mühfamem Ge-
birgswege ins Thal des Salef nieder: fchon lag S e l e u c i a (Selevke)
das Ziel des Marfches vor Augen. Barbaroffa trennte fich an dem
Unglückstage mit geringem Gefolge vom Heere gleich des Morgens, um nach dem Vorfchlag von Eingeborenen auf kürzerem
Pfad die Höhen hinabzufteigen; fo abfchüffig aber war der Steig,
dafs Bifchöfe und Fürften auf Händen und Füfsen krochen, wie
Ansbert meldet, alfo an die fteilen Felfen fich haltend hinabklettern
mufsten. Auf ebenem Platze angelangt, gewann der Kaifer zu
Pferd durch den reifsenden Salef fchwimmend glücklich das andere
Ufer, und nahm unfern dem Punkte, von wo künftig die Schienenbahn nach dem Euphrat auslaufen foll, das Mittagmahl. Lechzend
von Hitze und vom vergoffenen Schweifs innerlich bis auf das
Mark ausgetrocknet, wollte er ein Flufsbad nehmen, die Seinen
widerriethen es ernftlich (oder beriefen fich wenigftens nach dem
entfetzlichen Ausgang auf ihre entfchiedene Abmahnung), nur zwei
Knechte begleiteten ihn.

Er legte feine Kleider ab und wagte fich hinein. Es war elf
Tage vor dem Sommerfolftiz, als der todmüde und vor Glut lech-
zende Frankenkaifer, als ob er noch jung wäre, fich in die Strö-
mung einliefs, die im Vergleich zur äufseren Luftwärme ihn plötzlich erkalten machte. Augenblicklich ermattet (lassitudine fessus)
nnd feiner Kräfte nicht mehr mächtig trieb der nicht im Gewühl
der jüngften Schlacht, wohl aber dem naffen Elemente erlegene
Triumphator dahin. Ob er an einen Stein geftofsen, wie es heifst,

oder nicht, in dem fluthendem Strom war an Schwimmen nicht wohl zu denken; ein plötzlicher Schlaganfall· lähmte die erfchöpften Glieder, und der Körper ward nicht wie der eines Schwimmenden fortbewegt. Diefs gewahrend fprengte ein Reitersmann rafch in die Fluth nach, erfafste den Kaifer und zog ihn mit Hilfe eines Dritten ans Ufer. Er gab kein Lebenszeichen mehr — nur die Beftürzung, dafs der weltberühmte Monarch ein fo unpoetifches Ende genommen, und der Wunfch, er möge doch nicht fo unvorbereitet aus der Welt gefchieden fein, liefs ihn bis zu Abend oder gar einen vollen Tag noch leben. Bei ähnlicher Unvorfichtigkeit hatte der jugendliche Alexander im kalten Cydnos oder Calycadnos, wohl demfelben Salef fich faft den Tod geholt, und nur der in Tarfus vom Arzte Philippos, einem Akarnanier ihm auf Leben oder Sterben gereichte Trunk bewahrte ihn bei feiner Jugendkraft vor dem Erliegen.

XXXII. Schicksal des todten Barbarossa. Bestattung der Gebeine in Tyrus.

er vermag bei der Schreckensbotfchaft fich die Ver-zweiflung des Heeres vorzuftellen, das plötzlich das Haupt des Reiches, feinen fiegreichen Führer eingebüfst hatte! Einige gaben Alles verloren und fuchten fchon des andern Tages bei Tarfos Schiffe zur Heimkehr. Tageno (Tegno), Kanoniker zu Paffau, der fich mit feinem Bifchof, Die-pold, dem Kreuzheere angefchloffen, ftarb in Tripolis, hinterliefs aber fein Manufcript. Neben ihm meldet Ansbert, die öfter-reichifche Quelle über diefen Kreuzzug*), Friedrich, der Schwaben-herzog, habe den Leib des Vaters nach Tarfus überführt und dort die Eingeweide beigefetzt, aber in einem königlichen Grab-mal zu Antiochia bei St. Peter die weitere Beftattung vorge-nommen.

Es ift die denkwürdige ältefte Kirche der Heidenchriften, ge-gründet von dem erften Stadtbürger Theophilus noch bei Lukas' Lebzeiten, der aus der Metropole ftammte. Darin war dem Petrus von allem Volke eine Kathedra errichtet, wie es in den Recog-nitionen X, 71 heifst; Origenes in Luc. nennt den Ignatius als Nach-folger. Chryfoftomus fchreibt: die alte Kirche in Antiochia, worin er felber lange gepredigt, fei von Petrus gegründet. Kaifer Julian liefs diefe eigentliche Metropole von Syrien und Afien

---

*) p. 73. Dux Sueviae sumens corpus patris secum ad Tarsum Ciliciae civitatem deduxit, ubi intestina ejus cum magna reverentia reposuit .... Antiochiae regia sepul-tura, ut decebat, et inconsolabili planctu in cathedrali ecclesia principis apostolorum Petri reliquum corpus ejus reposuerunt.

fchliefsen (Amm. Marcell. XXII, 13). Wilhelm von Tyrus endlich bezeugt IV, 9 nach alter Tradition: diefelbe fei von dem
nämlichen »mächtigften Theophilus« erbaut, welchem Lukas das
Evangelium und die Apoftelgefchichte widmete; ja nach Johannes
Damafcenus hatte der aus Antiochia gebürtige Evangelift für den
Optimaten, feinen Patron, fogar ein Marienbild mit Farben in
Wachs (à tempera) auf Sion gemalt. In diefer Patriarchalkirche
im heutigen Antakia ruht das Herz des grofsen Barbaroffa bis
auf den heutigen Tag.

Ende Juni waren die, felber zu Skeletten abgemagerten, Kreuzfahrer in der Hauptftadt des römifchen Orients angelangt, und
wurde zugleich das von den Beinen gelöfte Fleifch des Kaifers
unter feierlichem Gepränge in einem Marmorfarkophag vor
dem Peters-Altar beftattet. Der fpätere Bifchof von Utrecht,
Graf Wilbrand von Oldenburg*), fah 1211 das kaiferliche
Grab, welches deffen Fleifchtheile einfchlofs, alfo ein Befund
fchon 21 Jahre nach dem fchrecklichen Vorfalle. Saladin fürchtete
für Damaskus und wollte beklommenen Herzens eben gegen
Barbaroffa aufbrechen, als die Todesmeldung von Seite des Sultans von Ikonium und des armenifchen Katholikos bei ihm ein-
traf. Ibn el Atîr erklärt: »Wäre nicht durch Allah's gnädige
Fügung für uns der Melek el Alaman geftorben, in dem Augenblick, als er in Syrien einfallen wollte, fo hätte man in fpäteren
Tagen von Syrien und Aegypten fagen können: Hier herrfch-
ten einft die Moslimen!«

»Euer Kaifer ift ertrunken!« riefen von den Wällen von Akka
die Belagerten den Chriften zu und begingen die Botfchaft mit
»Fantafie«. Markgraf Konrad von Montferrat eilte vom Lager
nach Antiochia; unter feiner Führung fchlug Herzog Friedrich
mit den Heerestrümmern den Landweg über Laodicea (Latakia)
nach Tripolis ein, das fie am 3. September oder bald darnach
erreichten. Hier fchifften fie fich ein; jedoch der heftige Sturm

---

*) peregr. XIV, 17. In hac ecclesia monstratur cathedra b. Petri. Illic etiam
requiescit in marmoreo sarcophago caro — pie memorie — Frederici Imperatoris. Roger
Hoved in Savile Scriptor. rer. anglic. p. 65. Viscera et cerebrum et carnem suam aqua
coctam et ab ossibns separatam in civitate Antiochiae. Vgl. Brompton in Selden
Script. hist. anglic. p. 1165. Vgl. Gottfried's v. Bouillon Sarkophag in d. h. Grabkirche in meinem Jerufalem. I. Aufl. I, 377. II. Aufl. 483.

zwang ſie zur Umkehr. Erſt nach einigen Tagen ſetzten ſie die
Fahrt fort und landeten in Tyrus, wo Graf Adolf von Holſtein
heimkehrte. Am 7. Okt. gelangten ſie bis Akkon. Herzog Friedrich nahm die Partei des Markgrafen, welcher Eliſabeth, die
Schweſter der verſtorbenen Königin Sibylle, ehelichte und ſo ſeinen Anſpruch an die Krone begründete.

Nach Vartans armeniſchem Bericht über Barbaroſſa's Tod:
Son corps fut transporté à Sis. Sis iſt Mopſueſtia, die Hauptſtadt
Leons, des von Barbaroſſa deſignirten Vaſallenkönigs. (Vielleicht
iſt aber Sir-Sur zu leſen.) Der Geſchichtſchreiber Saladins, Bo-
haeddin, dagegen theilt c. 69 mit: der König der Alamanen
habe in einem kalten Fluſſe bei Tarſus ſein Ende gefunden, worauf
man ihn in Eſſig auskochte, das Gebein (in loculum) in eine
Kiſte packte und zum Transport in die heilige Stadt be-
ſtimmte. Dieſe Vorhaben beurkundet auch Viniſauf*), der
Kaplan des Richard Löwenherz*). Da dieſe Uebertragung nicht
ausführbar erſchien, ſetzte man die koſtbare Lade in der tyriſchen
Kathedrale bei. Benedikt von Paterbury II, 89 ſchreibt: »Der
ganze Körper ward in Stücke zerſchnitten, das Fleiſch gekocht, die
Gebeine herausgezogen, Fleiſch und Gehirn in Antiochia beſtattet,
das Skelett aber bis Tyrus mitgenommen und hier beigeſetzt.
Daſſelbe bezeugt Wilhelm von Newburgh II, 37: Post multam
excoctionem ossibus a carne sejunctis caro quidem in apostolicae
sedis ecclesia conquiescit, ossa vero Tyrum per mare ducuntur
transferenda Hierosolymam.

In Medien wurden die Leichen erſt mit Wachs übergoſſen,
in den Königsgrüften von Paſargada beigeſetzt, nachdem man das
Fleiſch von den Knochen gelöſt. Cyrus erfuhr demnach wohl
eine ähnliche Entfleiſchung, doch iſt die gleiche Sitte der perſi-
ſchen Stammesbrüder längſt in Vergeſſenheit gelangt, und ſo heiſt
dieſe Behandlung der Leiche merkwürdig eine Beſtattung nach
deutſchem Brauch. Dieſelbe erfuhr auch der auf der Heimfahrt von Ptolemais vor Cypern zu Schiff verſtorbene Landgraf
Ludwig von Thüringen, Gemahl der hl. Eliſabeth, indem man

---

*) Itiner. Ricardi I, 36 enthält: »Corpus Caesaris Antiochiam deferendum magni-
ficentia regali exornant. Ibi autem post multam excoctionem ossibus a carne sejunctis, caro quidem in apostolicae sedis ecclesia conquiescit, ossa vero Tyrum per mare
ducuntur transferenda Jerosolimam.

deſſen Fleiſchtheile auf der Inſel begrub, das Skelett aber vor
den Seeleuten verbarg und unverletzt nach dem Kloſter Reinharts-
brunn zur Ahnengruft brachte. Das nämliche Schickſal traf nach
der groſsen Peſt, welche Barbaroſſa's Heer 1167 in Rom befallen
hatte, den Reichskanzler, Erzbiſchof Reinald von Köln, ebenſo
Biſchof Daniel von Prag. Auch von Herzog Leopold von
Oeſterreich leſen wir, es ſeien nach ſeinem Hinſcheiden in Unter-
italien ſeine ossa delata more Teutonico in Teutoniam, et caro
apud Cassinum cum honorificentia delata.

Erſt Papſt Bonifaz VIII. verbot für immer, Leichen in Wein
oder ſonſtwie auszukochen, wie man bei Biſchöfen und Fürſten
verfuhr, die in der Fremde geſtorben, wie der Chronograph von
Weingarten bemerkt. Dieſer zeigt ſich übrigens weniger unterrichtet, wenn er das Skelett des Kaiſers von ſeinem Sohn Friedrich nach Akkon mitnehmen läfst; als der Schwabenherzog nach
Friſt eines halben Jahres vor den Mauern der belagerten Feſtung
ſtarb, verlautet mit keinem Worte, dafs man ihn neben ſeinem
Vater beſtattete, was doch natürlich ſchiene; wohl aber iſt aufge-
zeichnet, dafs der Ritter Adalbert von Hiltenburg mit ihm
in Eine Grube verſenkt ward. Herzog Friedrich von Schwaben
verlieh dem Deutſchorden bei deſſen Gründung in Akkon Beſitzungen in und um Heilbronn, und der ſchwäbiſch-fränkiſchen
Ritterſchaft iſt weſentlich die Chriſti- und Germaniſirung Preuſsens
zu danken. So zogen aus die Ritter von Windiſch, die Zollr
kamen wenigſtens näher. Die Thatſache der Beiſetzung des Hauptes und der Gebeine Barbaroſſa's in der Kathedrale zu Tyrus wird
beſonders durch engliſche Autoren verbürgt, und ſteht feſt für
Raumer Hohenſt. II, 437, Wilken IV, 143 u. A. wie für uns.

Seltſame Fügung des Schickſals, dafs die phöniziſche Kapi-
tale, welche in alter Zeit die Reliquien des Herakles Melkart in
der heiligen Lade als Palladium verwahrte, nun den Leib des
deutſchen Heldenkaiſers aufnahm. Da man Balſamirung nicht
kannte, wurde die Skelettirung ſo barbariſch nach deutſcher Sitte
vollzogen, bei andern Nationen aber wenigſtens der Kopf vom
Schlachtfeld mitgenommen. Ungleich gröſser iſt die Barbarei, dafs
man aus erſchlagener Feinde Schädeln den Minnetrank genoſs, und
bis in die Gegenwart mit denſelben als Hirnſchaalen von Heiligen
ebenſo verfährt! Die Gebeine der Vorfahren ſo zu entfleiſchen und

zu verwahren ift ein Brauch aus uranfänglicher Zeit, und erhielt
fich nicht nur bei den Indianern bis zur Entdeckung Amerika's,
fondern die Chinefen in Californien fchaben noch heute das
Fleifch von den Leichen, um ihre Todten in die Heimat China zu
verfenden *).

Man könnte fagen, diefe Sitte geht ins mythologifche Alter
zurück und hatte einft religiöfe Bedeutung. Ino wirft den Melikertes in einen fiedenden Keffel, und ftürzt fich mit dem Leichnam des Knaben ins Meer; von da hiefs fie Leukothea, er Palämon (Apollodor III. 4, 2). Sie gehört als Kadmus' Tochter und
Athamas' Gattin vor allem Tyrus an. Diodor, der Polyhiftor,
fchreibt III, 62: »Es befteht noch die Sage von einer dritten Geburt des Dionyfos, wonach er ein Sohn des Zeus und der Demeter wäre, den die Erdenföhne zerfleifcht und gekocht, Demeter
aber, indem fie die Glieder wieder zufammenfetzte, von neuem
geboren hätte.« Die göttliche Mutter bringt das fchlagende Herz
ihres von den Giganten zerriffenen Sohnes dem himmlifchen Vater
zum Opfer dar: der Gott von Nyfa heifst davon Zagreus, »der
Zerftückte«. Ebenfo wird Ofiris' Leichnam von Typhon und
feinen Gefellen zerftückelt, aber von Ifis wieder gefammelt und
das fehlende Glied von Holz ergänzt. Medea hat nicht nur Cre-
theus' Sohn von der Tyro, den greifen Äfon in den zauberifchen
Dreikeffel geworfen, fondern ihren eigenen Gemahl, Jafon, gefchlachtet und gekocht, um ihn zu verjüngen, dazu ihren Bruder,
Abfyrtos, in Stücke zerfchnitten. Auch Pelias' Töchter kochen
ihren Vater, nachdem fie die Wiederbelebung an einem Böcklein
verfucht, aber Medea, die Heilende, läfst ihn unerweckt.

Diefs erinnert wenigftens an Pelops, der gekocht den Göttern zum Mahle vorgefetzt ward, wobei Demeter wirklich die
Schulter verzehrte; aber Klotho erfetzt diefelbe durch Elfen-
bein — fowie kirchliche Heiligenknochen manchmal Ergänzung
fanden. Pythagoras erfcheint dem Luftdurchwandler Abaris als
wiedergeboren mit goldener Hüfte. Diefe Confervirung der Reliquien hängt mit dem religiöfen Glauben an die Wiedergeburt
zufammen, und mit unferer Erklärung hebt fich das fchauerliche
Mifsverftändnifs, als ob man den Leib lebendig gekocht und das

---

*) Leipz. Illuftr. Zeitung 1875, Bild S. 480.

Fleifch verzehrt habe: jedenfalls geht der Kannibalismus in die Urzeit zurück. Nach dem Rigveda, dem älteften Buche der Menfchheit,
foll der Todte in der Welt der Pitri oder Altväter mit feinem
ganzen Körper wieder erftehen. Daher die Sorgfalt, womit die
Pharaonen ihren Leib in Pyramiden verwahrten, um ihn bis zum
Tage der Neubelebung nach Ablauf der 3000 jährigen Wanderung durch die Seele wieder finden zu laffen. Auch den Deutfchen galt das Knochengerüfte, dem kein Bein gebrochen oder
entfremdet werden follte, für das Medium der Auferftehung — fo
uralt und urfprünglich ift der Glaube an die Urftände des Leibes.

XXXIII. Nationalsage vom Rothbart.

ie hat ein Heldenkönig bei allen Nationen höhere Achtung genoffen. Wälfche wie Deutfche, Griechen und Britten beklagten gemeinfam feinen Hingang. Niemand wollte in der Ferne an fein plötzliches Verfchwinden glauben. Haben wir doch das Wort Jans des Enenkels:

> Dâ von ift waerlich noch ein ftrît
> In Walhenlant über al.
> Die jehent mit grôzem fchal
> Daz er fî erftorben
> Und in ein grap verborgen.
> Er lebe noch in der welte wît.

Omar drohte, jeden zu tödten, der fage: Muhammed fei geftorben! und fo wollte man in unfern Tagen an Napoleons Tod auf Helena nicht glauben, wo er, wie der alte Saturn, auf der äufserften Infel im Weltmeer entfchlafen. Wie der Orientale auf die Wiederkehr des Mehdi hofft, der bis zum Tage der Erwartung in einer Höhle fchläft, fo trat Barbaroffa im Geifte feiner Nation an die Stelle eines früheren Rothbart, welcher in Bergestiefe eingegangen einft hervortreten, die Entfcheidungsfchlacht fchlagen und die Deutfchen wieder zum erften Volke der Welt erheben follte. Eine Reihe alter Götterberge macht darauf Anfpruch, dafs der grofse Kaifer in der Tiefe entfchlafen fei. Friedrich foll der in der wüften Burg Kyffhäufer •oder im hohlen Berge bis zum jüngften Tage fchlummernde Kaifer heifsen um des Friedens willen, den er in der Chriftenheit herftellt. Er foll die Meerfahrt machen und das hl. Grab gewinnen, dann aber der dürre Baum in Griechenland (!) grünen und das goldene Zeitalter anheben. In der Kaiferpfalz von Tilleda, nächft dem Kyffhäufer, weilte Friedrich I. wiederholt, zudem föhnte fein Sohn, Heinrich VI., 1194 da mit Heinrich dem Löwen fich aus*).

Die Raben gehören Wodan an, die über den Berg fliegen, darum fitzt auch Kaifer Otto mit dem rothen Bart im Kyffhäufer. Im Odenberg, wie im Gudensberg und im Udensberg oder Untersberg fitzt Kaifer Karl; im Guckenberg bei Gmünden ift er mit feinem ganzen Heere verfunken. Auch in dem tiefen Brunnen auf der Burg zu Nürnberg fitzt er. Vom erften Friedrich rückte die Sage auf den zweiten fort, wie von Karl d. Gr. auf Karl V. Endlich foll Barbaroffa noch in einer grofsen Felshöhle bei Kaiferslautern, auf den Burgen Trifels und Hagenau fchlummern.

Im »Volksbüchlein vom Kaifer Friedrich 1519. Ein warhafftige Hiftorii von dem Kayfer Friedrich, der erft feines Namens, mit ainem langen rothen Bart, den die Walhein nennten Barbaroffa,« ift erzählt, er habe Jerufalem zehn Tage und Nächte geftürmt, endlich durch Zuthun eines bayerifchen Müllersfohnes (der Verfaffer ift ein Bayer) unter der Fahne des Bundfchuh's eingenommen. Dann verräth Papft Alexander (III.) den Kaifer an den Sultan; beim Bade in einem Fluffe Armeniens, um die Hitze des Leibes zu kühlen, wird er fammt feinem Kaplan gefangen und vor den Sultan gebracht, nach Jahresfrift aber für 100,000 Dukaten Löfegeld befreit. Niemand wufste, wo er hingerathen. Den dürren Baum aber, woran er feinen Schild hängen wird, laffen alle Sultane fleifsig behüten.

---

*) Wie Voigt meint, Deutfche Kaiferfage in Sybels Hift. Zeitfchr. XXVI, 160; Moritz Haupt, Zeitfchr. für deutfches Alterth. V, 250. Die Ausgabe von Simrock II, 227 läfst den fagenhaften Kaifer beim Bade in Armenien in des Sultans Gefangenfchaft fallen, fammt feinem Kaplan. Saladin, der ein Mamluk und abgefallener Chrift war, erkennt ihn durch Vergleichung eines Bildnifses, welches ihm deffen Feind, der Papft, verfchaffte, und hält ihn in Babylon gefangen. Umfonft harren die Seinen auf die Rückkehr, fie halten ihn und feinen Begleiter für ertrunken, wählen nach Monatfrift neue Hauptleute und ziehen mit gewaltigem Heere heim. Dort fteht ein falfcher Friedrich mit rothem Barte auf, das Reich aber harrt feiner Wiederkehr ein volles Jahr und will keinen anderen Kaifer erküren.

Im Gedichte Johann Schradins 1546 wird »der edle Schwab im roten Bart durch den mörderifchen pfaff in Rom« verrätherifch ertränkt. Nach Georg Sabinus fchlummert er in der Felshöhle bei Kaiferslautern und wird feinen matten Leib nicht eher dem Tode übergeben, bis Jerufalem wieder in der Chriften Hand ift. Arx vetus est, primus fundasse Lotharius illam fertur. Man könnte an Lauterburg denken, meint Voigt S. 168 = ohne auf den Chroniften von Lauterberg fich zu befinnen. »Er wartet auf den alten Kaifer, er macht Schulden auf den alten Kaifer,« fagt ein fchwäbifches Sprüchwort bezüglich Barbaroffa's Wiederkehr.

Die Bibliothek zu St. Bonifaz in München bewahrte einen fchmalen Quartband, worin die Rede Erwähnung fand, welche der Erzbifchof bei diefer feierlichen Verfenkung in der Kathedrale von Tyrus gehalten*). Der gutunterrichtete Mariti beruft fich 1765 auf die Chronik des Paolino di Piero von Florenz, dafs Barbaroffa in der »gothifchen« Hauptkirche zu Sur fein Grab gefunden: der unterfcheidende Ausdruck für Bafilika, byzantinifche, romanifche und germanifche Baukunft ftand ja auch für Leffing und Göthe noch nicht feft. Aus dem Munde des Volkes fchöpften Robinfon und Smith die Sage, hier fei das Begräbnifs eines deutfchen Königs. Indem ich im Hofpiz zufprach, und als Gegenftand unferer Nachforfchung die Zeit der Kreuzritter angab, kam der Pater Guardian von felbft auf den berühmten Kaifer zu fprechen, von deffen Grab auch ein Buch von Luigi im Convict zu Beirut handle, ja als er am 16. Mai in die Manara kam, äufserte er, wie die Mitglieder des deutfchen Generalkonfulats die beftimmtefte Hoffnung, — wir würden zum Grabe Barbaroffa's gelangen.

Unter den Schuttmaffen der Kathedrale follten wir 1874 die Erhebung der für die deutfche Nation fo hochwichtigen Gebeine Barbaroffa's bewerkftelligen. Die mittelalterlichen Grabmäler der Kreuzritter, z. B. der auf Säulenfüfsen erhöhte Sarkophag Gottfried's von Bouillon, geben uns das Bild des Barbaroffafarges im Petersdom zu Antiochia. Aus den Gräbern der Steinzeit entwickelte fich das Fürften- und Rittergrab. Unter folchen in

---

*) Seltfam hat fich feit meiner Rückkehr, indefs Abt Haneberg Bifchof von Speyer geworden und einen Theil der Bibliothek dahinnahm, das von ihm mir vorgewiefene Exemplar noch nicht wiedergefunden.

Kunftftyl überfetzten Dolmen brachte man früher Todten-
opfer auf der flachen Steinplatte zum Jahresgedächtnifs dar. Derlei
Dolmen gelten bei den Khaffias iri Oftbengalen für ein Schutzdach
über der Afche der Verftorbenen. In Tyrus wurde das kaiferliche Gebein wegen der hier drohenden Kriegsläufe und weil man
fie nicht da belaffen wollte, bis auf weiteres in der Kathedrale
beigefetzt. Der weftliche Vierecksraum im linken Querfchiff von
1 Meter 80, wie Prutz 327 felbft notirt, nicht grofs genug für
einen Mannesfarg, fcheint wie dazu gemacht, zum Martyrion der
koftbaren, in der Lade mitgebrachten Reliquien zu dienen.

Die Sepultur mit dem kaiferlichen Gebein blieb vielen ein Geheimnifs. — Auffallend ift nur, dafs Burchard von Magdeburg 1283
wohl auf das Grabmal des Origenes aufmerkfam ward, nicht aber des
titulus Kaifer Friedrich's erwähnt, was doch der Zeit nach fo nahe
lag und fo frifch im Gedächtniffe der Menfchen leben konnte,
da er wirklich da ruhte. Das Erdbeben vom 20. Mai 1202 rüttelte
die Kathedrale in Tyrus, wie auch die Feftung Akka zufammen
und erfchütterte förmlich diefen Stützpunkt der Frankenherrfchaft
in Syrien. Diefs Ereignifs, fchon zwölf Jahre nach Barbaroffa's
Beftattung, legte deffen Grabmal blofs: wer dachte ihn in Sicherheit
zu bringen? Unter Erzbifchof Konrad von Mainz waren die deutfchen Kreuzfahrer zur Fortfetzung des von Barbaroffa begonnenen
Unternehmens bereits in Akkon gelandet 1197, als Kaifer Heinrich VI, der in Syrien in die Fufsftapfen feines Vaters zu treten
verfprach, rafch mit Tod abging.

Spricht auch nur eine leife Wahrfcheinlichkeit für das Ver-
bleiben der Gebeine in Tyrus, fo legt diefs meinen Vorfchlag
dem Reichskanzleramte als Ehrenpflicht nahe: die Kathedrale
von Sur als Nationaleigenthum zu erwerben. Ebenfo
empfahl ich, zum Andenken an den grofsen Hohenftaufen in
Tyrus, der Mutter der Säulen, zwei Sienitcolonnen aus dem
kaiferlichen Grabmünfter auf den Schlofsplatz der neuen deutfchen
Kaiferftadt zu verpflanzen über hohem Piedeftal, gekrönt einerfeits
mit dem deutfchen Reichsadler in Erz, andererfeits mit dem
preufsifchen Wappenriefen. Tyrus entfandte den Werkmeifter
Hiram, der die Säulen Boas und Jachin ebenfo monumental vor
dem Jehovatempel aufftellte, wie fie vor dem Melkartheiligthum
der Felfenftadt und ihrer Tochter, der »heiligen« Gades, ftanden.

Sie find das Symbol der Solftitialfäulen vor den Sonnentempeln,
oder der Grenzfäulen der Erde, alfo, wie in den fpanifchen Colon-
naten ein Reichsbegriff für die Machtausdehnung und
den Einflufs der Herrfchaft bis zu den äufserften Grenzen. In diefem Sinne verfetzte der Doge Michiel (Dominico
Michaelis), der zur Einnahme von Tyrus 1124 mit der venetianifchen Flotte fo wefentlich beigetragen, die beiden grofsen Granitfäulen von Tyrus nach der Piazetta von Venedig, wo fie mit
dem geflügelten Markuslöwen und dem Drachentödter gefchmückt
find. Von der Klofterkirche St. Saba in Akkon ftammen die beiden Marmorpfeiler am Eingange des Baptifteriums von San Marko,
die mit griechifchem Monogramm nach Sprache und Schrift einer
altchriftlichen Kirche angehören*). Auch Padua und Ravenna behielten von der Herrfchaft Venedigs her die beiden Säulen.

Ein ftarkes Regiment darf immerhin die Phantafie der Völker
anregen, und dann find die von uns ausgegrabenen Riefenfäulen
keinesfalls werthlos. Allerdings brachte Mehemet Ali die Nadeln
der Kleopatra auf dem Wege der Schenkung weder bei Franzofen
noch Engländern an den Mann, es fehlte an den Mitteln des Transportes: erft jüngft hofft man diefelben aufnehmen zu können.
Aber Säulen von Ravenna find über die Alpen bis Aachen ge-
wandert, und wie bald wird die Gelegenheit zu folchen Erwerbun-
gen vorüber fein, wie z. B. die ftattlich erhaltenen, herrenlofen
Sienite zunächft am Meeresftrande im Hintergrund·des Franzis-
kaner-Hofpizes in Tyrus dazu einladen!

Nicht unerheblich war trotz mancher Unterlaffung die Ausbeute unferer Expedition: es füllten fich fünfzehn Kiften, deren
Inhalt dem antiken und chriftlichen Mufeum in Berlin zu ftatten
kam. Da ich das Gelüften der Araber nach dem in den »ge-
goffenen Säulen« verborgenen Golde genugfam kennen lernte, liefs
ich kurz vor unferer Abreife, am 30. Mai Mittags, in der Manara
laut und offen verkünden: diefe Chörbet oder Ruinen, die wir
mit einander durch Ausgrabung erforfchten, gehörten einem chriftlichen Dfchami (Heiligthum) an; diefe Säulen feien nunmehr Eigenthum der Alamani oder des Sultan Pruffian. Wehe dem, der fie
befchädigen oder zerfchlagen wollte, er werde unfehlbar todt ge-

*) Cicogna Inscr. Venet. I. 215 nebft Abbild.

fchoſſen! Der· ehrliche Kavaſs Selim wiederholte dieſs dem Corps der Arbeiter nachdrücklich, und ein Araber aus Algerien, der in Paris in Garniſon geſtanden und den Krimkrieg mitgemacht, demonſtrirte mit Mund und Händen, daſs man keinen Spaſs verſtehe, er habe das mit angeſehen: Tuez! Tuez! — Die Leute machten groſse Augen, und alle nickten: »Wohl verſtanden!«

XXXIV. Die Deutschherrn.
Fraglicher Rücktransport der Gebeine
Barbarossa's nach Speyer.

ie fieben Städte um die Ehre der Geburt des Homer, fo ftreiten nicht viel weniger fich um die wenigftens partielle Beftattung der körperlichen Reliquien Barbaroffa's, und zwar nach der Chronik von Lauterberg die Stadt Selef, das heifst wohl Seleucia, um die Beifetzung der Inteftina, Antiochia um Herz und Fleifch, Tyrus, Speyer, Akkon und Sis um die Gebeine.

Die Chronik des Klofters Lauterberg bei Halle, als deren Verfaffer ein Mönch Konrad angenommen wird, bietet die merkwürdige Notiz, Barbaroffa's Gebeine feien nach Speyer zurückgebracht und dort in's Grab gelegt worden*). Nun befinden fich genug Kaifergräber im Dome der Salier, aber dafs der grofse Hohenftaufe darunter fei, ift neu. Und doch ift der Chronift überall gut unterrichtet. Er allein bietet z. B. die Nachricht, dafs Friedrich I. mit Heinrich dem Löwen zu Partenkirchen (in loco Bartenkirche) die verhängnifsvolle Zufammenkunft gehabt, die dem trotzigen Welfen den Verluft der bayerifchen Lande eintrug. Der Chronift ift felbftändig genug, und reportata fcheint nicht zur vorläufigen Beifetzung zu paffen, fondern enthält eine ganz neue Nachricht über die Rückbringung der Gebeine nach dem Kaiferdom am Rheine.

---

*) Chron. montis Sereni 1190 Germ. sp. 51 A. Translatus est a militibus in civitatem Seleph, ubi et intestina ejus humata sunt, corpus vero Antiochiam delatum ibique elixatum est, et caro quidem in ipsa civitate terrae tradita, ossa vero Spiram reportata et tumulata sunt. cf. Vinisauf. II, 266. Mannhardt German. Myth. 73. IV. 126.

In diefem Falle erfolgte die Uebertragung zu Schiff, und dafs wir keine nähere Urkunde darüber haben, leuchtete vollftändig ein. Diefelbe konnte nur auf geheimnifsvollem Wege gefchehen wegen des den Matrofen feit dem höchften Alterthum einwohnenden Aberglaubens, dafs ein Leichnam dem Schiffe Verderben bringe. Philoktet, der nach Trojas Eroberung Pelops Schulter zurückholte, fcheiterte bei Euböa; diefe Nachricht ift uns als bedeutungsvoll aus dem höchften Alterthum erhalten. Landgraf Ludwig von Thüringen, der nun doch zu Reinhardsbrunn ruht, war bei feiner Kreuzfahrt in Tyrus gelandet und von feinem Vetter Konrad von Montferrat freudig empfangen worden. Der Heimtransport feiner auf Cypern entfleifchten Gebeine war nur möglich, indem man fie den Seeleuten verheimlichte und ftatt feiner einen Sarg mit Steinen ins Meer verfenkte, da das Schiffsvolk in dem Wahne lebte dafs eine Leiche Sturm erwecke. Als der ältefte Leichnam der Menfchheit, die Mumie des Menkera, nachdem Colonel Wyfe 1837 die berühmte Pyramide aufgefchloffen hatte, nach dem Britifchen Mufeum übergeführt werden follte, überfiel das Fahrzeug in der Nähe der Balearen ein wüthender Sturm, und der mit feiner Entdeckerehre betheiligte Lieutenant mufste dem ungeftümen Begehren der Mannfchaft nachgeben und den koftbaren Sarkophag dem Meere überlaffen, die Mumie indefs verbarg er und brachte fie glücklich ins Londoner Antiquarium. Einen andern Fall aus der Neuzeit bietet nach meiner Erinnerung der Lieutenant Dale, welcher 1848 mit Lynch die gelungene Expedition nach dem Todten Meer unternahm. Von Rechtswegen mufs eben nach vielfacher Erfahrung jeder fterben, der den See von Sodom befährt, und Dale hauchte in Folge des Klima's und der nothwendigen Ueberanftrengungen des Geiftes wie Körpers in Beirut feine Seele aus. Aber die Schiffsbemannung rebellirte wider den Verfuch des Seecapitäns den Sarg an Bord zu bringen, er mufste in Beirut begraben werden. Wurde nicht Herzog Friedrich von Schwaben bei der erften Einfchiffung der väterlichen Gebeine in Tripolis vom Seefturm überfallen und zur Umkehr gezwungen?!

Von Barbaroffas Sohn und Nachfolger, Kaifer Heinrich VI, der in Italien ftarb, heifst es, wie hier, an einer einzigen Stelle: trans alpes portatus est. Wurde der Rothbart in der Kathedrale von Tyrus erhoben, um nach Deutfchland gebracht zu werden, fo

konnte es nur geſchehen, wenn kein Bootsmann, vielleicht nicht
einmal der Schiffsherr, der jedenfalls kein Deutſcher war, um das
Geheimniſs wuſste. Aber die Franken dachten Tyrus ja nicht auf-
zugeben: erſt der Fall von Akka am 18. Mai 1291 trieb ſie ſturm-
ſchnell in die Flucht, und nun wurde die ſeit 1124 behauptete See-
ſtadt vom ägyptiſchen Sultan Melek el Aſchraf bis auf den
Grund zerſtört. Als, von ſeinem Vorgänger Eyub gerufen, die
Türken aus Charesmien unter Huſameddin Barka Chan gegen die
Chriſten in Paläſtina einbrachen, und Jeruſalem gewannen, erbrachen
ſie die Gräber Gottfrieds von Bouillon, Balduins und aller
in der heiligen Grabkirche beigeſetzten Kreuzkönige und verbrannten die Gebeine, im Auguſt 1244.

Die Stiftung des Deutſchherrnordens wird ſchon von Friedrich II., auf ſeinen Groſsvater, den erſten Barbaroſſa zurückgeführt,
der den Johannitern und Templern und ihren wälſchen Pullanen
einen deutſchen Orden an die Seite ſetzen mochte. In Jeruſalem
beſtand bereits 1128 ein deutſches Spital. Herzog Friedrich von
Schwaben wollte vor Akka in der neben dem alemaniſchen
Hoſpiz errichteten Kirche begraben ſein. Er ſelbſt hatte dem Feld-
lazaret eine dauernde Wirkſamkeit geſichert, durch ſein Anſehen
den deutſchen Orden mit begründet; ſein Kaplan Konrad und
Kämmerer Burkhard ſtanden ihm bei. Eine an's Land gezogene
Kogge (Kajük) wurde von Kaufleuten, Pilgern aus Lübeck und
Bremen unter Leitung Siegebrand's zuerſt für Kranke eingerichtet.
In Tyrus wurden die Deutſchherrn nicht mächtig, während die Venetianer ein gutes Drittel der ganzen Stadt beſaſsen. Der Titularkönig von Jeruſalem, Heinrich von Troyes ſchenkte dem deutſchen
Hoſpital im April 1195 ein Haus mit Garten und Grund zu Se-
dinum, dem eine Stunde öſtlichen Schaddene, ſo daſs Tell Maſchuk genau halbwegs liegt*). In Tyrus und Sidon beſaſs der
Orden je drei Gärten, auch Zuckerplantagen bei Sidon, woran noch der Nahr ez Zacharany erinnert (S. 87). Im Jahre 1222
erwarb der deutſche Orden im nordöſtlichen Theil von Tyrus
zwiſchen dem Meer und Johanniterſpital, bis zur Gaſse der Gerberei (die heute im vormaligen Hoſpiz ſelber iſt), ein Haus, dann
einen Garten auf dem Sand.

---

*) Vgl. Prutz, Beſitzungen des Deutſchen Ordens im heil. Lande. 16. 31. 59. 63.
aus Phönicien 288.

In der Aufforderung an die Chriftenheit zur Unterftützung des Baues von Montfort in Galiläa, nun Kalaat Karn, nennt Gregor IX. 10. Juli 1230 die deutfchen Ordensritter neue Makkabäer. Aber fie waren bei der Landestheilung zu fpät gekommen, und weit entfernt, ein Anrecht an die Kathedrale und den dem Schutze des Königreichs anheimgeftellten Schrein mit des Kaifers Gebein zu haben, verloren fich die paar Landsleute fchiff- und fteuerlos in der Gefammtbevölkerung. In Akka, nächft dem Grabe des Zweitgeborenen Barbaroffas, des Schwabenherzogs Friedrich erhielt von vierzig Kriegern, die fich zufammenthaten, der erfte den Ritterfchlag von König Guido, die andern durch deutfche Fürften, wie zwei alte Fresken in der Ordenskirche zu Griefftädt darftellen. Der Herzog von Mafovien rief die Ritter gegen die wilden Preufsen zu Hilfe, und aus fo kleinen Anfängern in der Hohenftaufenzeit unter der fchwarzweifsen Fahne geftaltete fich Deutfchland von Neuem, um das Werk der Hohenftaufen frifch aufzunehmen.

Aber vielleicht liegt beim Mangel weiterer Urkunden was wir fuchen unter der Erde geborgen, forfchen wir im Dome der Salier nach. Quer durch den Königschor, unmittelbar vor dem Stiftschor finden fich, fchon von Konrad II. angelegt von Nord nach Süd zwei Reihen fenkrechter Gräber je zu fechs von grofser Tiefe, acht Schuh lang, vierthalb breit mit fchweren Steinen gefüttert, ohne Gewölbe, von einer einzigen Deckplatte gefchloffen. Der Domgründer liegt in der Mitte, die Füfse gen Often gekehrt richtet er das Haupt der Sonne zu. Vor der Verwüftung 1689 deckten Marmorfarkophage die Ruheftätten der Kaifer, worauf fie mit Krone und Schwert, einen wachfamen Löwen zu Füfsen aufgebahrt, ruhten, und Eifengitter umfchloffen die Gräber; aber die Franzofen glaubten, es liege der Schatz des heiligen römifchen Reiches da begraben, riffen alles nieder und durchwühlten wie Mordbrenner zuvörderft die Gruft Kaifer Albrechts, deffen Gebeine fie, aus Verdrufs nichts zu finden, im Schutte zerftreuten. »Gleiches Schickfal traf die Kaiferin Beatrix, des Domes Wohlthäterin. Desgleichen erbrachen fie noch andere Gräber, raubten die Särge, den Schmuck und was fie fonft an Metall fanden. Bei den Kaifergräbern aber ftanden fie bald von weiterem Nachwühlen ab, weil die Mühe zu grofs, (fie lagen zwölf Schuh tief unter den

Sarkophagen), die Ausbeute weniger lohnend fein mochte. Was die Flamme nicht verzehren konnte, die fteinerne Unterlage der Altäre verfank unter ihrer wilden Fauft, alle Zierathen fchlugen fie herab. Möglich ift, dafs fie in Kaifer Albrechts Grab filberne Krone und Szepter, gewifs aber, dafs fie das Begräbnifstäfelchen und die vergoldete kupferne Krone der Kaiferin Beatrix gefunden, desgleichen einen eifernen Degen« *).

Die Franzofen fcheinen Speyer als Wiege des Proteftantismus die bleibende Zerftörung zugedacht zu haben, zehn Jahre lag es förmlich wüfte, die Bürger zerftreuten fich nach Frankfurt, Heidelberg und Strafsburg. Das Domgewölbe war eingeftürzt. Die Annahme völliger Zerftreuung der Gebeine ift gleichwohl nichtig; denn Kaifer Karl VI. liefs fchon 1739 nachforfchen, welchen Umfang die Zerftörung genommen. Man fuchte unter Anleitung einer Franzöfin La Veau nach dem Eingang in der Krypta und durchbrach die Mauer von Oft und Weft, umfonft! worauf man 29. Juli vor dem Kreuzaltare grub: wieder umfonft! Endlich kamen die Arbeiter in den Königschor zwifchen der erften und zweiten Treppe, und hoben die Steinplatten linkerhand ab, wenn man die erfte Treppe hinauf ift, ftiefsen hier auf Gebeine und einen Grabftein von fchwärzlichem Marmor, acht Schuh lang, vier breit, ohne Infchrift, ein Stück war abgefchlagen. Da gaben die Arbeiter viele Knochen, Schulterblätter, Rippen, Arm- und Fufs- röhren, und einen Kopf heraus. Subrektor Litzel griff darnach, betrachtete ihn und fprach: »Diefen Kopf kenne ich, er ge- hört dem Kaifer Albrecht, und diefen Hieb hat ihm der von Palm gegeben.« Der Kopf war über dem linken Auge durch die ganze Hirnfchale gefpalten, dritthalb Zoll lang. Bei dem Kopfe fand man einen zerbrochenen Degen, die Klinge daumenbreit, oben mit Gold eingelegt; ferner verfaulte Tannen- bretter von einem Sarge und eiferne Bänder mit Nägeln, womit der Sarg zugefchlagen war, auch ein Stück eiferne Kette, andert- halb Schuh lang. Nebenan zur Rechten fand man einen fteiner- nen Sarg nur wenig befchädigt, und in diefem nach Litzel's An- gabe Adolf von Naffau, deffen Grab von den Franzofen nicht erbrochen wurde.

---

*) Geifsel, Kaiferdom zu Speyer III, 49. 263. Gefchichte der 'Bifchöfe von Speyer I, 268 f.

Nach diefen Entdeckungen gruben die Arbeiter auf der rechten Seite des Königschors und ftiefsen in einer Tiefe von 12 Schuh auf ein ganzes unbefchädigtes Grab, in welchem fie, nachdem fie die Steinplatte abgehoben, einen ganz erhaltenen bleiernen Sarg entdeckten: in diefem liegt Philipp von Schwaben.   Auf Befehl des Cardinals Schönborn wurde das Weitergraben unterfagt, man legte die Gebeine mit dem zerbrochenen Degen in ein Kiftchen von Eichenholz und verfenkte diefes in Albrechts Grab, legte den

Kaiser-Gräber		Kreuz † Altar.		im Königschore.	
6	5	4	3	2	1
Heinricus V †1125 mai 23. Filius hic.	Heinricus IV †1106 aug. 7. Pater hic.	Heinricus III †1056 oct. 5. Avus hic.	Conradus II †1139 juni 4. Proavus jacet isthic.	Gisela †1043 feb. 17. Hic pro avi conjux.	Bertha †1088 dec. 27. Hic Henrici senioris.
	Stuhlbrüder-			Stühle.	
12	11	10	9	8	7
Sybodo II. Bischof. †1314 jan. 12.	Beatrix †1184 sept. 17. Albertus †1309 april 30.	Agnes † ? oct. 8. Adolphus † 1298 juli 2.	Rudolphus †1291 juli 15.	Conradus III Bischof. † 1224 märz 24.	Philippus †1208 juni 21.

St. Anna † Altar.

Marmorftein darüber, ebnete die Erde und fügte die Platten darüber zufammen, wie zuvor.

Litzel, der unter andern Monographien eine »Befchreibung der kaiferlichen Begräbniffe im Dome zu Speyer«, und »Nachricht von Kaifer Albrechts I. dreimaligem Begräbnifs« hinterliefs, ift Augenzeuge, dafs alle Gräber, bis auf das Albrechts, unverfehrt blieben, die Kaifer fo nahe beifammen liegen, dafs eine nur vier Finger breite Steinwand zugleich zu zwei Gräbern dient, dafs die Gräber von gehauenen Steinen gebildet find, welche Särge von

Holz und diefe wieder andere von Blei umfchliefsen. Ottokar
von Horneck fchildert noch Kaifer Rudolfs Sarkophag:

> Ein kluger Steinmetz ein Bild fauber und rein
> Schön hat gehauen aus einem Merbelftein.
> Wer das wollt fchauen, der müfst' ihm das jehen,
> Dafs er ein Bild hat gefehen u. f. w.

Derfelbe hat fich 1812 auf der Schuttftätte des 1689 mit nieder-
gebrannten Johanniterhofes wiedergefunden, ift aber von Sand-
ftein, die Hände über die Bruft gefaltet, und liegt nun wieder am
Platze. Von einer nachträglichen Beifetzung der Gebeine Barbaroffa's und einen darüber errichteten Steinfarge meldet aber die
Domchronik nichts. Woher hat der Mönch von Lauterberg feine
Nachricht, oder ift ftatt Spiram vielmehr Tyrum transportata zu
lefen? Wer erwartete nicht vielmehr Barbaroffa an der Seite feiner
Gemahlin Beatrix in Einem Steingrabe beigefetzt zu finden; aber
gerade diefes ward aufgedeckt und unzweifelhaft der von Mörder-
hand gefpaltene Schädel des zweiten Habsburgers entdeckt. König
Ludwig I. von Bayern nahm den Gedanken der Eröffnung der
Kaifergrüfte in Speyer wieder auf, und dafs Bifchof Weis das An-
finnen ablehnte, beklagte am meiften fein Domkapitular Remling.
Gegenwärtig böte die Auffchliefsung von Reichswegen keine
Schwierigkeit.

Durch den Befitz der Reliquien des grofsen Hohenftaufen wäre
die Ehre des Domes namhaft erhöht, und wir greifen nicht zur
Ausflucht, um die Volksfage von der Wiederkehr des Rothbartes
aus dem Morgenlande zur Erneuerung des Reiches nicht zu ftören,
habe man den in profaifcher Stille erfolgten Rücktransport ver-
fchwiegen. Die Gebeine find in Tyrus verfchwunden, und die
dortige Kathedrale geht darum uns um fo näher an und follte
Nationaleigenthum werden.

XXXV. Sonstige Kirchen- und Religionsgebräuche. Musikalisches.

ördlich der Manara, deren koloffale Kirchenruine im Munde der Chriften nur die Kathedrale heifst, und bisher von den Reifenden nie für etwas anderes erkannt wurde noch in Zukunft angefehen werden wird, ftiefs Pococke 1738 auf die Ruinen des erzbifchöflichen Palaftes, und fpricht dann noch von einer Johanneskirche. Wir felbft befuchten längs der Stadtmauer den engen Hofraum des alten Johanniterfpitals, wo eine Gerberei befteht (Wilhelm v. Tyr. XIII, 13 gedenkt des Tanariasthurmes bei der Stadtübergabe 1124). Vom Markgrafen Konrad meldet die Gefchichte, dafs er in Tyrus, nachdem Saladin felbft den kühnen Helden bereits als König von Jerufalem anerkannt, am 28. April 1192 auf der Gaffe von einem Affaffinen überfallen und mit dem Rufe: »Du follft weder Markgraf noch König fein!« niedergeftofsen ward. Man trug den Verwundeten in die nächfte Kirche, aber das Unglück wollte, dafs auch der Mörder fich dahin geflüchtet hatte und ihm mit dem Dolche vollends den Reft gab. Wir dürfen diefen fchmerzlichen Vorfall hierher verlegen, denn nach Vinifauf V, 26 ward Konrad bei den Hofpitalitern beftattet. Der Scheich al Dfchebal liefs Richard Löwenherz wiffen, der Markgraf von Montferrat fei wegen verweigerter Herausgabe feines Eigenthums erdolcht worden. Jolande, Tochter Konrads, wurde 1209 die Gemahlin Johanns von Brienne, Königs von Jerufalem und Kaifers zu Konftantinopel und Mutter Jolanden's, der Gattin Friedrichs II. D'Arvieux gedenkt noch der Kirche im Norden der gröfseren Kirchenruine (der Kathedrale).

Aufserdem befaſs Tyrus an Kirchen nichts Erhebliches. Wilhelm v. Tyr. II. gedenkt einer griechiſchen Marienkirche, Mariti traf dafür eine griechiſch-unirte und nicht unirte St. Georgskirche. Ein Kirchlein auf den Titel Sankta Maria befaſsen auch die Deutſchherren, und jener Theodorich von Sarepta, deſſen Haus zu Tyrus 1195 in ihren Beſitz kam, iſt vielleicht derſelbe Dietericus, deſſen Denkſtein wir im groſsen Chan zu Sidon erwarben. Pococke erfuhr von einer Thomas- und Johanneskirche, letztere natürlich im Johannitergebäude, auch von zwei oder drei weiteren, nicht alten Kapellenruinen. Bei der gegenſeitigen Eiferſucht der Nationalitäten und Handelsſtädte ſonderte jeder Theil ſich auch kirchlich ab. Genua gründete natürlich eine Laurentiuskirche; ihm fiel das eine, Venedig das andere Drittel des Hafenzolls zu. Piſa befaſs ſogar Ras el Ain mit allen Gebäuden und Mühlen, auch Tel Habiſch (Talobje), dazu in der Stadt ein Fondaco nebſt Kirchlein über der Wölbung der Stadtpforte, d. h. dem heutigen Landthor, von wo eine Gaſſe der Venetianer dem Hafen zuführte, an deſſen Thurm die Lagunenſtadt ein Anrecht hatte; Mariti traf noch ein Hafenthor. Venedig befaſs ſogar drei kleine Kirchen; die eine war dem Seepatron St. Nikolaus geweiht und mit dem gleichnamigen Kirchhof dem Lagunenbisthum Jeſolo eingepfarrt. Die andere, St. Jakob, war dem Biſchofe von Torcello untergeordnet und bildete mit Buden und Gewölben, d. h. dem unteren Theil, einen Fondaco (fonticus, πανδοχεῖον) zur Niederlage von Kaufmannsgütern. Obenauf war das Bethaus, wie man diefs noch in der Nähe des Landungsplatzes zu Akka trifft. Ich befuchte da die Maronitenkirche, zu der man eine Treppe hinanſteigt, wie in den Oberſaal zur Apoſtelzeit I, 13. Dazu kam noch San Marko, doch ſtieſsen wir nirgend auf etwas von geflügeltem Markuslöwen, der doch in Rhodus überall ſichtbar wird.

Auch in Beirut befaſsen die Venetianer ein San Markokirchlein, dem Biſchof von Caſtello in den Lagunen untergeben — alſo keine eigene Parochie! ebenſo in Akka am Hafen, dazu wohl auch in Afkalon, wo ihnen gleichfalls der dritte Theil der Stadt zugeſprochen war. San Marko in Tyrus hätte mit Einem Leutprieſter (plebanus) kaum eine Erwähnung gefunden, wäre es nicht von der Juriſdiction des tyriſchen Erzbiſchofs exemt und darum ein Stein des Anftofses gewefen. Das Freiburger Diözefan-Archiv X, 186 gibt die Erklärung: »Leutpriefter, plebanus, hiefs ein Geiftlicher, der an einer Kapelle der (oder?) Nebenkirche die Seelforge verwaltete, bald mit der Amtsgewalt eines Pfarrers, aber ohne deffen rechtliche Stellung, bald mit befchränkter Vollmacht und Abhängigkeit von der Hauptkirche.«

Der Name Markuskirche hatte für die Phantafie unferes Freundes Prutz etwas fo Beftehendes, dafs er gleich an den Umfang des Domes zu Venedig dachte und die Kathedrale dafür nahm. Aber auch ein St. Peter beftand in Tyrus; foll man dabei nicht an die Gröfse der Peterskirche in Rom denken? Ach diefe Communekirchlein hatten nicht einmal den Rang heutiger Gefandtfchaftskapellen, und wozu follten die Kaufleute einen fo gewaltigen und koftfpieligen Tempel bauen? Dafür wäre noch eher Akka der Platz gewefen, welches viel bedeutender war.

In Venedig weifs in und feit den Kreuzzügen kein Menfch von einem koloffalen Gegenbild ihres Markusdomes, und doch find die Berichterftatter der Republik allzeit die forgfältigften. Ein Bau von folchem Umfang mufste viele Jahre und ungeheuere Summen in Anfpruch nehmen, und war für die feit der Stadteroberung auf ungewiffe Zukunft eingebürgerten Kaufleute zwecklos. Hauptkirche mit einem Domherren-Kapitel war die Kathedrale auf der vom Hafenverkehr abgelegenen Stadtfeite, die gröfste Kirche in Syrien. Das Markuskirchlein, mit Einem Expofitus!!! war fo grofs und fo klein wie die Kapellen der Genuefen und Pifaner auch; bei diefem Dutzend Bethäufern mit jeweiligem Kaplan ift auch nicht entfernt an die Manara zu denken? Schon die mannigfachen Grabinfchriften in lateinifcher, franzöfifcher, griechifcher, auf Platten und Särgen in arabifcher Sprache, beweifen, dafs es fich um die gemeinfame Kathedrale, nicht um eine Nationalkirche oder gar ein Privatgotteshaus handelt. Wenn es fich nicht um einen urälteften Bau, ein fortwährend beftandenes Heiligthum an der gleichen Stätte früge, woher rühren die intereffanten Baubeftandtheile byzantinifch-griechifcher Architektur?

San Marko erhielt in Tyrus und Akka von Papft Innocenz IV. (1243—54) die Immunität, wurde auch mit einer Donation vom

Dogen Vitalis Michael *) 1164 bedacht, und ftand von der Hafeneinfahrt links neben dem Thor und der Gaffe des Maëftro (juxta
portam Magiftram ad introitum ejus juxt aportum ad latus sinistrum)
— alfo wo die Venetianergaffe mit ihren Buden bis zum Stadtthor hinauflief. Zum Bau wurde ein freier Platz in diefer Gaffe,
und vom Dogen der Ertrag des Backofens und 300 Byzantiner angewiefen, welchen der König als Fixum für den Hafenzoll
der Pilger immer auf Peter und Paul entrichtete. Die paar Okka
Oel reichten für die Kirchenlampe wohl das ganze Jahr hin. Vier
Kaufftände waren beim Palazzo des Bailo, vier andere von da bis
zum Markuskirchlein aufgefchlagen, dann folgten noch Buden und
Bänke bei der Loggia. Diefe venetianifchen Krämer, wenn fie noch
fo andächtig waren, füllten doch nie die Manara aus, worin wir
allein 32 Häufer niederriffen. Alles drängte fich dabei um den
Hafen. Die Manara nimmt ein ganzes Stadtviertel ein, fie
erbaute man nicht in einer Gaffe. Links ift dem Morgenländer
Norden, denn er wendet fich dem Often zu und berechnet die
Situation. Links von der Hafeneinfahrt bezeichnet jedenfalls die
Nordoftfeite; was follten die Handelsleute mit einer Kirche und
Waarenniederlage am entgegengefetzten Stadtende? Und wozu
die prächtige Taufkapelle? Ohne rituelle Kenntnifs läfst fich
hierüber gar nicht reden. Das Markuskirchlein konnte fpurlos
vergehen, wie das anftofsende, zum hl. Grabklofter in Jerufalem
gehörige Haus; die Metropolitankirche dagegen wechfelte nie
ihren Platz, und mufste in Ehren und in Andenken bleiben, fo
lange es in Tyrus noch ein bewohnbares Haus gab. Pococke
erwähnt ausdrücklich, dafs bei feinem Dortfein 1737 ein begrenz-
ter Theil der Kirche den wenigen chriftlichen Einwohnern noch
zum gottesdienftlichen Gebrauche diente. Wenn die Manara nicht
die erzbifchöfliche Metropolitan-, Concils- und Krönungskirche einfchliefst, wohin wäre diefelbe denn gekommen? Und warum gilt
die »ftattliche Kirchenruine, welche die einftige Gröfse
diefes Baues nur fehr unvollkommen ahnen läfst, bisher
allgemein für die einftige Kathrale?« fragen wir Herrn Prutz

---

*) Tafel Urk. I, 140; II, 365 f. Sepp Paläftina II, 437; II. Aufl. 526. Prutz
Phönic. 73. 270. 283. 299. 311. 340 f. Amalfi befafs fchon im IX. Jahrhundert in
Conftantinopel eine eigene Kirche.

mit seinen eigenen Worten (314. 320). Der Kampf der Welfen und Gibelinen wurde ins Morgenland verpflanzt, als 1231 Friedrich II. seinen Marschall Richard Filangieri ohne weiteres als kaiserlichen Statthalter nach Syrien sandte, der sich Tyrus ausliefern liefs, und Venetianer und Pisaner auf seine Seite zog; aber die Genuesen halfen Balian von Ibelin, welcher sich Beiruts bemächtigt hatte und behaupteten sich siegreich zur See.   Die einheimischen Barone eiferten für ihre eroberten Gerechtsame gegen die neuen königlichen Machteinsprüche, und stützten sich dabei auf den Papst.   Vom Sturme verschlagen gelangte der Marschall in den Hafen von Tyrus, als sein Gegner sich bereits in der Stadt befand; um auch die Burg zur Uebergabe zu zwingen, stellte der Herr von Ibelin den gefangenen Vater seinem Sohn Lothar Filangieri drohend mit dem Strick unter dem Galgen vor.   Damit war auch die Machtstellung der Venetianer unter ihrem Bailo in Tyrus für immer vernichtet.   Ein Seesieg der vereinigten Venetianer und Pisaner unter Tiepolo und Zeno über die Genuesen in den Gewässern von Akka am 24. Juni 1258 zwang diese, sich unter den Schutz Philipps von Montfort nach Tyrus zurückzuziehen, wohin sie nun ihr Consulat verlegten. Und doch hat sich von ihrer Lorenzokirche nicht eine Spur erhalten.

Als Venedig durch Vertrag vom 1. Juni 1277, der unter Vermittelung der Hochmeister der drei Orden mit dem Herrn von Tyrus, Johann von Montfort, zu Stande kam, die durch dessen Vater Philipp der Republik abgenommenen Besitzungen in und aufser der Handelsstadt wieder erhielt, »gelobte Johann von Montfort zunächst die (von Philipp und den Genuesen zerstörte) Markuskirche sammt der davor befindlichen Loggia und dem Campanile wiederherzustellen oder doch wenigstens den Venetianern das dazu nöthige Geld zu zahlen.«   Die Restauration der gröfsten Kirchenruine Syriens in der Manara mit ihren drei Riesenkolonnen und Dutzend prächtigen Sienitsäulen, byzantinischen Kapitellen und dem Baptisterium, das eben die Kathedrale charakterisirt, würde niemand unter einer Million ins Werk setzen. Ja was sage ich? schon die Baugerüste würden diese Summe verschlingen! Wo der Doge den Ertrag eines Backofens zum ersten Bau angewiesen, unter Hinzufügung prekärer 300 Byzantiner aus dem seit König Fulko's Tod 1143 nicht mehr er-

legten Hafenzoll, mochte von Wiederherstellung auf Koften eines
Ritters die Rede fein; daraus läfst fich aber auch auf die winzige
Kapelle fchliefsen, die auch irgend einem Pfarrer oder Bifchöflein
in den Lagunen zugehörig fein mochte. Dafs Wilhelm von Tyrus
die Exiftenz eines folchen Kirchlein gänzlich ignorirt, darüber
wundere ich mich nicht; ohne den Anfangs des XIII. Jahrhunderts
erhobenen Streit über die Jurisdiction wüfsten wir ja bereits überhaupt nichts über diefe venetianifche »Hauptkirche«.

Während wir die Grundmauern der alten Kathedrale aufdeck-
ten, war der Erzbifchof im Begriff, eine neue, dreifchiffig und nur
zu hoch für die fchmale Anlage zu bauen. Ein Geftrick mit Stangen und faft bis zur Decke aufgefchichtete Steinpfeiler mufsten das
mangelnde Holzgerüfte erfetzen. Ich hielt es für angezeigt, ihm
40 Quader nach Auswahl von denen, die wir aus der Manara
hinausgefchafft, zum Neubau zu überlaffen. Cardinal Confalvi war
weiland Erzbifchof von Tyrus in partibus. In der griechifchen
Kirche lieft der Priefter nicht täglich Meffe, der tägliche Dienft
befteht in Matutin und Vefper. Grundfätzlich verfäumte ich den
Kirchenbefuch nicht, denn der Orientale hält fehr darauf, dafs der
Franke feine Religion zeige; aufserdem ift er felber fchuld, wenn
man ihn für einen Framafun oder Freimaurer hält und kein Vertrauen zu ihm hat. Da Freund Prutz diefs in den Wind fchlug,
galt er für einen Anfarieh oder Heiden. Die ganze Verfammlung
fchien erbaut, als ich am 10. Mai mit meinem Sohne in Begleitung
unferes Hausherrn die Maronitenkirche betrat. In vorderfter
Reihe ward uns der Platz angewiefen, waren wir doch zur Zeit
die Höchftgebietenden in Tyrus, wofür wir natürlich den Sammel-
teller gebührend bedachten. Den 17. Mai wallten die Chriftinen
in weifsem Ueberwurf ohne Schleier zur Kirche; die Moslema
geht nie ohne Geficthsvorhang, der wohl felten eine Schönheit
verbirgt. In der lateinifchen Kirche kauerten die Frauen im
Vordergrunde am Boden, denn Stühle gibt es nicht; befonders
nett gewachfen find die Knaben, die mit verfchränkten Armen
knieten. Dagegen bergen fich die Maronitinen und Griechinen
in ihrer Kirche hinter einem Holzgitter im Rücken der Männer.

Sonntags 24. Mai befuchten wir den griechifchen Gottesdienft
im befchränkten Raume, gleichwohl hielt man uns Stühle am
Altar bereit. Zum Unterfchied von uns lateinifchen Chriften lieft

der Grieche die Andacht nicht aus dem Gebetbuche heraus, fondern die Verfammlung intonirt das Kyrie und betheiligt fich am
Cult; der Priefter tritt nicht aus der Gemeinde heraus, wie bei uns.
Der Erzbifchof und zwei Affiftenten celebrirten gemeinfam, ein Laie
ohne Chorhemd und Kennzeichen verlas als Diakon das Evangelium: ein Knabe ftand unter und bildete ein lebendiges Mefspult
für den Ceremoniar. Bei den fortwährenden Räucherungen wurden wir gehörig bedacht. Eigenthümlich befremdete mich hier,
dafs man den Akt der Wandlung in der Meffe der Maroniten wie
Rumi kaum bemerkte, noch gewahrte man etwas von erhobenem
Kelche, woraus dann das Communionbrod mit plattem Löffel genommen wurde. Der Opferteller ging herum und fand reichliche
Spende, befonders von folchen, welche das Nachtmahl empfingen.
Der Segen wurde mit dem Madonnenbilde ertheilt, was
mir fehr auffiel, und diefes mit dem Chriftkinde auf dem Schoofse
zum Küffen gereicht. Die Frauen nahmen die Communion durch
das geöffnete Holzgitter, was an das Sprechzimmer in einem
Klofter erinnerte. Warum heifst Paulus die Frauen in der Kirche
verfchleiert fein wegen der Engel?*) Ein heiliger Engel erträgt
den Anblick eines unverfchleierten Weibes nicht, nach arabifcher
Anficht. Muhammed erprobte fo an Kadidfcha, dafs ein guter
Engel ihm offenbare, denn da ihr Schleier fiel, floh diefer.

Jefuitifcher Einflufs reicht übrigens auch bis zu den Unirten,
und wie ärgerte ich mich über den Ungefchmack! Das Herz Jefu
war zweimal im Bilde an der Wand zu fehen — folch anthropo-
morphe Romantik verdanken diefe Griechen den Lateinern. Würden wir noch, wie die Alten, die Leber als Sitz des Lebens auf-
faffen — man verzeihe das Wort! — fo müfste man jetzt die drei
heiligen Lebern verehren. Der patriarchalifche Moslem hat vor
jeder folchen Darftellung des Göttlichen einen entfetzlichen Ab-
fcheu: in ihren Augen finken wir dadurch zu gemeinen Götzen-
dienern herab. Aber haben die französifchen Nonnen fchon im
Mittelalter das præputium Chrifti zum Gegenftande der Verehrung
genommen, warum follten fie jetzt nicht der Herzensandacht fich
zuneigen? Ja ihre ganze Nation foll unter das Patronat diefes für

---

*) I. Kor. XI, 10 f. Aus Verachtung entfchleiert fich die Saracenin vor dem
Feiglinge, anzudeuten, dafs fie ihn für keinen Mann halte. J. Arnold der Islam 34.

die roheste Vorstellung ausdrucksvollen Symbols der höhern Liebe
gestellt werden, und — niemand widersetzte sich dieser die Kirche
beschämenden Absurdität! Wie reimt sich diefs zu der Forderung
Christi: »Gott ist ein Geist, und die ihn anbeten, sollen ihn im
Geist und in der Wahrheit anbeten?« Vom himmlischen Vater ist
bald nicht mehr die Rede. Da möchte man lieber im Parthenon,
in dem Tempel der göttlichen Sophia auf der Akropolis seine
Andacht verrichten, oder mit Scipio den capitolinischen Tempel
zum Abendgebete betreten. Gestehe man sich's nur in aller Demuth: solcher trivial sinnlichen Entartung gegenüber scheint der
Muezzin noch lange berechtigt, sein La ila ill Allah melodisch in
die Lüfte zu rufen, und der andächtige Mohammedaner dieses sein
einziges Dogma zehntausendmal in den Moscheen herzumurmeln,
bis das Abendland sich wieder besinnt, zu Gott Vater im Himmel,
statt zu den Herzen Jesu, Mariä und Joseph zu beten. Mir wenigstens kehrt sich immer das Herz um, so oft ich bei den heiligen
Personen das Herz so recht metzgermäfsig zur Brust heraus-
hängen sehe.

Ein neuer Brauch war die abendliche Maiandacht, aber nur
für das männliche Geschlecht eingeführt durch den Erzbischof,
welcher der Vatikanischen Synode beigewohnt hatte. Wie aber
war ich überrascht, als beim Abgesang 30. Mai mir eine Lieder-
weise aus der Kindheit zu Ohren klang! ich hatte sie freilich schon
auf dem Zuge von Bologna nach Ravenna aus dem Munde eines
fahrenden Sängers oder lustigen Musikanten, sodann in San Bene-
detto bei Loretto vernommen. Die wunderliche Melodie erklang
vor Zeiten beim siebenjährigen Schäfflertanz in Altbayern,

und wurde wohl nie auf Noten gefetzt. Auf meine Erkundigung hiefs es, diefer Rythmus fei aus Italien herübergebracht, in Rom üblich — wie und wann kam ˙er nach Bayern, Salzburg, Freiburg i/B., Frankfurt? denn ganz Süddeutfchland kennt den Todtentanz oder die fieben Sprünge, um urfprünglich das Volk nach der Peft, d. h. Winterzeit aus den Häufern zu locken, wie es heifst, und Alt und Jung fang auf der Gaffe zur Schwegelpfeife mit: Gredl mit der Butten, wie viel gibft mir Eier? u. f. w. Die Gredel ift Gridh, die Todesgöttin, die Buten ($\beta v \vartheta \acute{o} \varsigma$, dolium Saturni), Bild des Abgrundes — wie wenn der Tanzrythmus der Büttner noch von den römifchen Saliern herrührte?

Doch wer weifs, ob diefe Tonweife nicht fchon beim Fefttanze am Brunnen von Tyrus in älteſter Zeit erklang? Am Fefte Simchath Thora, der »Gefetzesfreude« zum Schluffe des achttägigen Laubhüttenfeftes, fangen die Juden, bevor Mendelsfohn und Haidn die Synagogenmufik beeinflufsten, diefelbe Melodie wie im Schäfflerreigen.   Ein Fackeltanz fand aber auch im Tempelhofe zu Jerufalem ftatt. Wer Vieles bringt, wird Manchem etwas bringen.   Diefs ift das Wenige von meiner jüngften Reife, was ich den Mufikern als Gabe beftimme.

Reifen führt zu Vergleichen zwifchen fremden und heimifchen, alten und neuen Zuftänden. Wer nie über die Grenze des engeren Vaterlandes gekommen, findet daheim Alles vortrefflich. Wir chriftlichen Abendländer find fo von uns felbft eingenommen, dafs wir der morgenländifchen ̓Civilifation wenig Rechnung tragen und über den Islam ungerecht urtheilen, fo lange wir ihn nicht als die uralte Patriarchenreligion erkennen.   Der Fatalismus ift ein Verhängnfis, aber als Fatalift fpricht auch Paulus fich aus, wenn er den Menfchen mit einem Töpfergefchirr in Gottes Hand erklärt, und der Gnadenlehrer Auguftinus wie Calvin ftützten fich darauf. Der Türke mit feiner ftoifchen Ruhe ift der ehrlichfte Menfch von der Welt, der Hindu der anfpruchlofefte: aber mit dem Chriftenthum kann man ihm nicht beikommen. Er will keinen neuen Gott einführen, und kein Prophet ift ihm aufgeftanden mit der Erklärung des Paulus: diefe Religion fei »den Juden ein Aergernifs, den Heiden eine Thorheit.« Der Ifraelit fühlt fich dem Muhammedaner näher verwandt als dem Chriften.   Der

Glaube an den Einen und allmächtigen El oder Allah erfordert
nicht das Bekenntnifs eines Auguftinus: Credo quia absurdum.

Dem Orient ift nicht mit veränderten Glaubensfor-
men, fondern nur mit gefellfchaftlichen Reformen auf-
zuhelfen. Der Moslem ift für die Fortfchritte des bürgerlichen
Lebens empfänglich, aber nicht für eine Dogmenreligion. All
unfere Miffionäre geftehen, dafs noch nie ein Muhammedaner aufrichtig Chrift geworden; die Bekehrungsverfuche in katechetifcher
Hinficht dürfen aufgegeben werden. Er hat Civilifation, aber eine
orientalifche. Der Augenfchein überzeugt, dafs der Morgenländer
einfacher und natürlicher, unfer fociales wie religiöfes Wefen dagegen gefchraubt und bis zur Unnatur erkünftelt ift. Seltfam
herrfcht bei all den Völkern, wo die Wafchungen Religionsgebot
find, von den Hebräern angefangen, die Unfauberkeit vor: hier
find fie gegen uns Europäer im offenbaren Nachtheile. Ihre Stifter
müffen die angeftammte Untugend ins Auge gefafst haben. Der
Araber wäfcht noch weniger die Kinder, darum ftöfst man fo
häufig auf den widerwärtigen Augenflufs, ja ausgeronnene Augen
und Gefchwüre. Die Jugend würde noch mehr verwelken, wenn
nicht die arabifche Mutter die Pflicht, ihr Kind zu ftillen, jahre-
lang übte, wozu freilich Natur und Klima fie beffer befähigen.
Sie nimmt ihren Säugling überall hin mit; bei wem könnte fie ihn
zu Haufe laffen? ftillt ihn vor aller Augen auf der Gaffe wie im
Gotteshaus, und niemand hat ein Arg dabei, ja, die Kirche wird
zur wahren Kinderftube und Säuglingsanftalt, aus allen Ecken fchreit
und quiekt es, bis die Kleinen durch den natürlichften aller
Schnuller zufrieden geftellt werden. Das ift eben auch eine
Uebung der Andacht, wie man die Dinge anfieht, nur keine von
der Kanzel verkündete, denn im Orient (auch in Spanien und
Südamerika) predigt der Priefter nicht.

Von Intereffe war mir in der Manara am 18. Mai die Erfcheinung eines jungen Negers aus Darfur von plaftifcher Schönheit,
Abdullah oder Said mit Namen. Regelmässig waren 15—20
Schwarze an der Arbeit, und ich habe bei keinem, weder Araber
noch Mohren eine Unanftändigkeit wahrgenommen: Abdallah,
unfer zweiter Werkführer nach Selim, war ein abeffinifcher Chrift.
Der Herkunft aus Centralafrika mich zu vergewiffern, ftellte ich
die Frage, ob er nichts von fränkifchen Papa's wiffe? »Bei Allah«,

verfetzte jener, »sie sind todt, alle todt!« aber das Schulhaus stehe
noch. Ich wußte es nur zu gut, denn ich habe die Geschichte der
centralafrikanischen Missionen zu Chartum und Gondokoro
geschrieben*), welche Stationen als verlorene Schildposten der
römischen Kirchenpolitik in fünfzehn Jahren 1848—1862 allein 56
Missionäre, meist Oesterreicher, zum Opfer forderten und nothwendig aufgegeben werden mußten! Was sind 56 gebildete Deutsche
werth, und nicht Ein Schwarzer ist »bekehrt«. Drücken wir uns
deutlich aus: das Salz der Erde ist taub geworden! das dogma-
tische Christenthum kann Europa kaum mehr behaupten, ge-
schweige, daß es die Welt unterwerfe.

»Vielleicht in nicht ferner Zukunft wird der Strom der Jahrhunderte die Religion des Islam, deffen Völker sich selbst und
ihre Cultur überlebt haben, vom Erdboden hinwegspielen.« So urtheilt der vielkundige Graf Schack**); ich jedoch glaube dies nicht.
Nordafrika zählte einst 300 Bisthümer! Das Christenthum soll erst
1075 in Tombuktu dem Islam erlegen sein, zog um Mitte des
XIV. Jahrhunderts sich aus Nubien zurück, und weicht zur Zeit
in Abessinien langsam der Religion Muhammeds, welche der
Lebensweise der Afrikaner weit mehr angemessen ist. Auch in
China dringt sie ein, und die Ponthay gelten für äußerst ehrlich
und sittenstreng. Der Islam breitet sich fort und fort aus; unter
Baber 1526 fiel die Hauptmacht in Indien an muhammedanische
Fürsten. Die mehr abrahamitische Lehre des Propheten gelangte
schon 1203 im Reiche Atschin auf Sumatra zur Herrschaft, ferner
1253 in Malakka. 1478 verdrängte sie den Buddhismus auf Java
und kam 1512 nach Celebes. Die kleine Moschee auf Dolo, einer
zu Neu-Guinea gehörigen Insel, ist die entfernteste im Osten. Seit
der Entdeckung der Nilseen wenden die Anwohner sich jetzt —
dem Islam zu.

---

*) Mein Paläftina I. Aufl. II. Kap. 48. »Unglück der deutschen Miffionen am
oberen Nil.« Vor zehn Jahren stiftete Monsgr. Lavigerie in Algier eine Congregation
zur Bekehrung Innerafrika's, und eben, März 1878, sollen zwölf Miffionäre mit näch-
stem Packetboot über Suez nach Sansibar abgehen, um am Tanganjika und Nyanza
Station zu nehmen, später zwölf andere folgen. Die evangelische Miffion umspannt
die ganze Erde und zählt Anfang 1878 bei 2300 Mitgliedern, 24 Millionen Mark werden jährlich darauf verwandt. Hunderttaufende wurden im Laufe dieses Jahrhunderts
bekehrt oder doch auf den Werth des Menschenlebens aufmerksam gemacht.

**) Poefie und Kunst der Araber II, 383 f. Peschel, Völkerkunde 322, 535

Schon Ibn Batuta 1352 fand in Sudan den Islam verbreitet. In Bornu herrscht sogar der größte Fanatismus, und bis Timbuktu ist alles Volk muhammedanisch. Wunder thut dabei die arabische Sprache. Ein Gallastamm um den andern bekehrt sich, und in Malabar kaufen oder rauben Moslimen Kinder der niederen Klassen, um sie im wahren Glauben zu unterrichten, auch bestehen dafür Schulen. Genau so verfahren die christlichen Missionäre in China, nur machen die Glaubensboten Muhammeds mehr Proselyten, als die noch so bekehrungseifrigen Christen und Buddhisten zusammen, und wo der Islam einmal Wurzel schlug, wurde er nicht mehr ausgerottet — in Spanien nur mit dem halben Ruin des Staates. Die Türkei, Persien und Marokko, drei Kaiserreiche gehören ihm an, und die Kaiserin von Indien beherrscht 42, Holland im indischen Archipel einen großen Theil unter seinen 20 Millionen. Ihre Gesammtzahl beträgt immerhin 200 Millionen, und das Gebiet, welches sie beherrschen, ist ungleich größer als die Länder der Christenheit.

Der junge Mann war das Racenbild eines Innerafrikaners: welch' prächtiger Kopf und kräftiger Gliederbau, Nase aufgeworfen und stumpf, die Lippen wulstig und doch nicht unangenehm — mir that es leid, daß er andern Tages mit seinem Kameraden nicht in Arbeit trat. Der Schwarze ist in der weiten muhammedanischen Welt keineswegs ein verachtetes Glied der Gesellschaft, er imponirt durch Energie und selbst vermöge seiner Geisteskräfte. Ganz Sudan heißt das »Land der Schwarzen«, und sie sind Moslimen, werden aber demungeachtet von arabischen Händlern geraubt. Sie halten dafür, Muhammed sei als Südaraber ebenfalls schwarz gewesen; die Weißen nennen sie Rothohren.

Acht Tage später lud eine junge Negerin aus Darfur, die wie eine Prinzessin sich in der Manara niedergelassen, von ebenso stattlichem Wuchse, mich ein, sie zu kaufen. Die dunkle Hautfarbe hebt den Eindruck des Nackten auf und kommt der Schamhaftigkeit zu Hilfe. Bevor die provencalischen Trouvadours die Frauenminne besangen, haben islamitische Dichter in zartester Weise dieselben verherrlicht, ja selbst Frauen dichteten und doch steht heute die Frau so tief. Der Einfluß georgischer und cirkassischer Mütter hat, wie die Griechinen im Harem des Padischa, die herrschende Race unter den Türken verschönert. Dasselbe gilt

bei den Persern, und die ägyptischen Araber sind durch die man-
deläugigen Abessinierinen veredelt, die schon das Vorbild zur byzantinischen Madonna gegeben. Die Schönheit dieses schwarzen Paares legte mir die Antwort
jenes Jollofen nahe, welcher über den Grund der Stattlichkeit in
seinem Negerstamm befragt, diese leicht erklärlich fand, denn die
schlecht aussehenden würden zu Sklaven ausgesucht und auf den
Markt gebracht. Haben nicht Abraham und Moses sich schwarze
Töchter zu Frauen gewählt? Diese Kethura wollte ihre Lage als
künftige Herrin verbessern, sie kannte wohl ihren Werth und
sprach: Effendi, kaufe mich! Ich frug: Was ist dein Preis? »Hundert Napoleon.« Der Sklavenhandel ist durch den Hat Humaium
im ganzen Reiche verboten, sagte ich. Ach nein! entgegnete sie,
in Akka kaufe man noch Mädchen, sie wisse das von einer Ge-
nossin! und nichts schien ihr natürlicher, als auf diese Art zu einem
Herrn zu kommen. Die Umstehenden betheuerten die stillschwei-
gende Fortdauer des Menschenhandels. Nichts ist gewisser: er
wird in Hodeida und Dschedda ohne Scheu betrieben, und wirft
zugleich den Zollbehörden erheblichen Bakschisch ab. Dabei
dürfen Raja keine moslimischen Dienstboten halten, wohl aber
Sklavinen oder — Jüdinen, der Sittlichkeit halber! Wie aber
die arabischen Händler aus Yemen an der afrikanischen Küste
Menschenraub und blutigen Mord üben und die ägyptische Regierung die Augen zu solchen kaufmännischen Geschäften der
Kairiner zudrückt, wissen alle Afrikareisenden. In Alexandria
konnte ich 1846 zwei Mohrenknaben je zu 100 Thalern kaufen,
und in Kairo kleine Mädchen für blosse Reiskost.

Den 21. Mai hatten wir Abends einen amerikanischen Missio-
när, Mrs. S. Poud, zum Gaste, der aus Mesopotamien kam. Er
erzählte von seinem fünfjährigen Aufenthalt zu Mosul, Bagdad,
Nisibin und Diarbekir, von der entsetzlichen Abgestorbenheit der
dortigen Landschaft, dass man fünf und mehr Tagreisen in den
Marschen, einer unabsehbaren Ebene, reise, ohne nur einen Baum
zu sehen, ja sich glücklich preise, Morgens einen Chan mit etwas
Wasser zu finden und dann liegen zu bleiben. Wegen der gräss-
lichen Hitze ist ja nur an ein Fortkommen bei Nacht zu denken.
Lebensmittel, Zelt und Diwan packt man nothwendig auf Kameele.
Von Mai bis November glüht das Firmament über Sinear ehern,

die Luftwärme fteigt auf 39⁰ R.   Ungeheure Strecken des einft
fo belebten und hochgefitteten Mefopotamiens find nun beängfti-
gend ftill.   Der Wind weht Sandwolken über die fetten Marfchen,
und keine Hand fetzt den Uebergriffen der Ströme Schranken.
Die räuberifchen Kurden behaupten mit ihren Dörfern die Höhen.
Durch die Wüfte zieht fich nach den babylonifchen Kanalland-
fchaften bis zu den Dattelufern von Basra ein weitläufiges Ruinen-
gebiet mit möglichft barbarifchen Bewohnern.   Schal el Arab, der
vereinigte Euphrat und Tigris bildet die feuchte Grenze des
Perfer- und Türkenreiches,   Bagdad   den   muhammedanifchen
Stapelplatz und Basra den Exporthafen von Datteln, Pferden und
Perlen.

Ganz unglaublich ift der Verfall der dortigen Länder.   Da
gibt es keinen Strauch, keine Hütte, keinen Flufsdamm; das frucht-
barfte Erdreich, wo vor 3000 Jahren blühende Weltmonarchien beftanden,   bietet heute nirgends Nahrung.   War nicht Naharaina
oder Adiabene,   das Land der beiden Ströme einft angebaut wie
Holland?   Getroft!   neue Staaten werden entftehen,   wenn
erft eine Schienenbahn an den Euphrat führt!   Die Welt
verdankt den Bruch mit der Roheit und dem Zelotismus, wie das Auf-
hören des kraffeften Aberglaubens der Berührung mit den Arabern,
indem der Chrift fah, dafs hinter den Bergen fogar humane Menfchen lebten.   Der Einbruch der Araber brachte Licht in die
mönchifche Finfternifs, in welche das Abendland zu verfinken
drohte.   War doch das vernünftige Denken durch die Scholaftik
im Rückgange.   Darum wehren wir uns in diefer Zeit religiöfen
Unverftandes auf Leben und Tod gegen das Vatikanifche Dogma
vom unfehlbaren Papfte, welcher der Menfchheit allein die Glau-
benswahrheiten zu definiren hätte!   Der Verfall katholifchen Geiftes-
lebens wäre damit und unter Zuhilfenahme neuer Prophetinen un-
ausbleiblich.   Die Wiederherftellung der Wiffenfchaft und Cultur
ging von den Arabern aus, die Scholaftiker lernten erft aus ihren
Ueberfetzungen den Ariftoteles, Euklid und Ptolemäus kennen.
Erftatten wir ihnen den Dank durch die Mittheilung abendländifcher Erfindungen und unferes überwiegenden Bildungsfortfchrittes.
O dafs wir den Orientalen mehr Cultur und weniger Cultus brächten!   Das Morgenland hat die ftaatenbildende Kraft
eingebüfst, nur ihre Religion hält diefe Stämme noch zufammen;

der Türke achtet felbft jeden fremden Glauben, darum refpektire man auch fein patriarchalifches Herkommen.

Donnerftag 28. Mai war ein chriftliches Begräbnifs. Nach dem Ableben blieben die Frauen neben dem Sterbelager fitzen und hoben die Todtenklage an. Freunde und Bekannte kamen zu Befuch und fetzten fich jammernd daneben — wir hatten denfelben Fall neben unferer Wohnung vom Dache aus vor Augen, was lebhaft die Szene in Bethanien uns vergegenwärtigte Joh. XI. El Wulwaly*) nennen die Einheimifchen heute die Trauerklage, welche die Frauen unmittelbar nach dem Verfcheiden mit gellenden, Mark und Bein durchdringenden Tönen beginnen, um das Lob des Verftorbenen in einer bis zur Beftattung fortgefetzten Weheklage zu fingen. Die Männer eilten mit dem Todten nur fchnell zu Grabe, die Frauen kehrten von der Kirche heim, wo die Ausfegnung ftattgefunden. Mit dem Schweifstuche fich über den Kopf fchlagend unter lautem Schmerzensrufe: »Ja Abujjâ!« »o mein Vater;« kam die Hauptklägerin durch die enge Gaffe herab an unferen Fenftern vorüber. Man konnte von diefer lauten Schmerzensäuferung nicht ohne Rührung Zeuge fein. Die Trauer um einen geliebten Todten dauert ein volles Jahr, wie bei den Hebräern und uns Deutfchen — in Bayern hat wenigftens die Mutter das Vorrecht, fo lange betrauert zu werden.

Für die erwiefene Ehre des Kirchenbefuches bedankte fich nicht blofs der Priefter der Maroniten, fondern der griechifche Erzbifchof fchickte eigens feinen Stellvertreter, fich für die hohe Aufmerkfamkeit verpflichtet zu erklären; als ich aber über Pfingften zwei Tage paufirte, zankte der Guardian mich aus, weil weder in Italien noch Spanien die zweitägige Feier hergebracht fei.

---

*) Jalemos, Sohn Apollo's und der Calliope, ift der perfonificirte Klagegefang עֹז Alamoth, Almuth.

XXXVI. Standes- und Volksleben in Tyrus.

er Empfang Ibrahim Pafcha's bei Juffuf Aga gab zum erften Feftabend am 12. Mai Anlafs. Im Vorplatz lagen prächtige Teppiche zur Gebetsverrichtung an den verfchiedenen Tageszeiten ausgebreitet, und man mochte bei dem zahlreichen Zufpruch leicht Andächtige von verfchiedener Hautfarbe treffen. Bei diefem Gaftmahle liefen europäifche und arabifche Sitten fich den Rang ab. Aufsen im Vorplatze fpielte die runde Manfaf ihre Rolle, die mit allen Speifen auf einmal befetzte meffingene Tifchplatte, welche der Beduine bei feinen Raubzügen nie erbeutet. Wie viele Hungrige kauerten am Boden, ein Beweis der opulenten Gaftfreundfchaft, um fich dann zu Tanzbewegung zu erheben. Wir fafsen im Innern zur Seite des Pafcha im Lywân, (Alaiwân die Halle), dem nach einer Seite offenen Diwan, und geruhten unfere Tugenden durch Improvifatoren preifen zu laffen. Der Hausherr felbft behielt fein Alltagsgewand an, um als Dienender zu erfcheinen, und fetzte fich erft auf Befehl des Pafcha. Vor wie nach dem Mahle wufch man die Hände und trocknete fie an goldgeftickten Tüchern — der Brauch erhält fich aus der Zeit, wo man die Finger zu Efswerkzeugen benutzte. In Perfien pflegt der Vornehme und fein Gaft bei der Mahlzeit mit in Warmwaffer getauchten Tüchern das Geficht zu benetzen, und auch aufserdem von Dienern auf diefe Weife fich abkühlen zu laffen.

Im Ganzen waren 111 Perfonen, und dabei machte der Araber den Eindruck eines fehr bildungsfähigen Menfchen, wie es feine Sprache beweift. Den Schlufs bildete die Produktion eines Mohren, der bald als Affe, Löwe oder fonftiges Thier fich benahm, faft zu derb für die hohe Gefellfchaft, doch ländlich fittlich. So pflegte man im Mittelalter an Höfen der Könige dem Bärenfpiel

zuzusehen, wie wir im Ruodlieb des Tegernsees Dichters Frou-
mund lesen. Ein edles arabisches Spiel bildete einst der Wettstreit
zwischen zwei Sklavinnen, Harun al Raschid's, einer weisen und
einer schwarzen, die gegenseitig ihre Vorzüge priesen, im Recitativ. Seitdem aber die arabischen Frauen ganz aus der Gesellschaft
zurückgetreten, ist diese mehr verwildert und um den Hauch von
Anmuth und feiner Sitte gekommen.

Bei Gastgelagen wird regelmäsig ein Sänger gedungen und
trägt beim monotonen Klange des Hackbrettes ebenfalls meist
Improvisationen vor. Im Hintergrunde stimmten die Frauen in-
zwischen mit gellendem Ehî ihre Preislieder an: »O Pascha, wie
grofs ist deine Macht! Ehî! O Kaimakam, wie weise regierst du
die Stadt! Ehî! O Jussuf Aga, was bist du für ein reicher Mann.
Ehî!« Bald machte mich Ibraham Pascha aufmerksam, dafs wir
als Gäste selber Gegenstand des Gesanges seien. Horch der An-
sprache! O ihr Franken, wie weit seit ihr hergekommen, welche
Ehre erweiset ihr unserer Stadt. Ehî! ihr Franken, wie reiset ihr
die ganze Welt aus. Was für gescheidte Leute seid ihr, möge es
euch bei uns gefallen!« Bei Verlobungen, wozu wir wiederholt die
Einladung annehmen mufsten, üben sich die Frauen in solchem
Wettgesang, der regelmäsig mit schrillender Intonation beginnt
und im undulirenden Tonfall ausgeht.

Eine Zeit lang waren wir förmlich die Herren von Tyrus. Als
Ehrengäste der Stadt wurden wir zu allen Festlichkeiten beige-
zogen und hatten den Vorrang. So galt es Montag 18. Mai einer
griechischen Verlobung beizuwohnen: der Zug bewegte sich mit
Lichtern vom Hause der Eltern des Bräutigams zu dem der un-
sichtbaren Braut, mag auch bis zur Erlangung der Reife die Ehe
noch ein oder zwei Jahre hinausgeschoben werden. Die öffentliche Theilnahme sichert den Contrakt, der im inneren Gemache
besiegelt ward, die Unauflöslichkeit auch ohne Civilregister oder
Beglaubigung durch den Kadi. Der Papas betete ein Vater Unser
über den Verlobungsring und zündete dann gemächlich seine Cigarette an der meinigen an. Scherbet wurde herumgeboten und
zwar uns vor dem Papas. Beim Abschied dankte der Vater der
Arus unter der Thüre recht herzlich für die Ehre, die wir durch
unsere Theilnahme seinem Hause erwiesen. Der arme Bräutigam
bekommt die ihm vom Himmel bestimmte an diesem für sein

Leben entfcheidenden Tage nicht einmal zu fehen: der Vater
richtet Alles aus. Von Entlobung, wie fie befonders am Rheine
fo vielfach eintritt, ift hier keine Rede, eher kommt es zur Ver-
ftofsung der Frau. Dafs die Verbindungen einzig durch Verftän-
digung unter den gegenfeitigen Eltern zu Stande kommen, hat
ebenfo fein Gutes wie Schlimmes, wie bei uns die Ehen in Folge
einer vorübergehenden Laune oder Verirrung feitens des Mannes.
Unfere Unfitte bringt mit fich, dafs häufig die ehrenwertheften
Familientöchter unbeachtet bleiben. Wie löblich wäre der Mittel-
weg, dafs die gegenfeitigen Eltern fich erft über die mögliche
Zukunft ihrer Kinder verftändigten, und dann ihren Anlafs gäben,
fich — durch freie Wahl zu finden.

Schliefslich ging es zur Phantafie, d. h. Tanz bei arabifcher
Mufik mit Tamburin und kleiner Pauke, zurück ins erfte Haus.
In Europa kennt man keinen Tanz ohne Begleitung anmuthiger
Frauen, anders hier. Wo Bildung und Erziehung fehlt, büfst auch
die körperliche Erfcheinung alles Anziehende ein. Wer fein Leben-
lang eingekäfigt der Bewegung und Leibesübung entbehrt, verliert an Taille, und wie foll der Rythmus des Gliederbaues fich
entwickeln? Im Morgenlande tanzt der Mann für fich allein, wie
ich bei Verlobungen und Hochzeiten als Ehrengaft hier wiederholt Zeuge fein konnte. Die arabifche Mufik befteht in abge-
meffenem Trommeln auf der Handpauke, faft wie es die Bären-
führer bei uns zu Lande zu halten pflegen. Dazu lieben die
Anwefenden mit ausgeftreckten Armen zu klatfchen, als gälte es
mit diefer Handarbeit die Caftagnetten zu erfetzen. Inmitten der
Sitzenden erhebt fich der Tänzer, um auf engem Raume die zier-
lichften Körperwindungen und Armbewegungen auszuführen. Plötzlich wirft er wie entzückt die Blicke zur Höhe, einige Schritte vorwärts und wieder rückwärts, graciöfes Gefticuliren mit der Hand
ift alles; endlich fetzt er fich auf die über einander gefchlagenen
Beine zur Ruhe, um, wie unfer Selim, als erkorener Tänzer und
»Freund des Bräutigams« für mehrfache Production den Ap-
plaus der Zufchauer zu ärnten — bis ein anderer zu gleicher Pan-
tomime aufftand. Frauen und Mädchen aber erhoben ihr Salahit
oder den modulirten Jubelruf: Ehî leleleli! Er bildet den
Gegenfatz zur Trauerklage el Welwele.

Am 20. Mai des Abends war das Verlobungsfeft der Tochter

Juffuf Aga's mit Abdelkadr Dara, der durch Verwendung des deutfchen Confulats vom Kriegsdienft frei geworden. Zum Danke wurden wir ganz befonders ausgezeichnet. Der griechifche Erzbifchof holte uns an der Spitze feiner Trabanten ab, um fich beim Mamluken freundfchaftlich einzuführen; denn er hatte früher fogar deffen dreijährige Verbannung erwirkt, aber der Aga kehrte mächtiger zurück, und ftellte fich als Haffer der Franzofen und ihres Günftlings auf unfere Seite. Ich nahm Stellung, indem ich den Kaimakam zwifchen mir und dem Erzbifchof fitzen liefs, gegenüber fetzte fich der kluge Kadi. Der Schech nahm den religiösbürgerlichen Akt vor, der Prokurator und Vater des Bräutigams waren zugegen. Muhammed, der Prophet, verlieh der Trauung keinen religiöfen Nimbus. Sie bleibt Familienfache und die moslinifche Vermählungsfeier nimmt keinen kirchlichen Charakter an; der Iman, Molla oder Schech find beim Abfchlufs des Ehecontrakts höchftens als bürgerliche Obrigkeit anwefend. Caffé chriftiano mit Milch, und turco ohne folche in kleinen Taffen wurde angeboten, ich zog letzteren vor. Der Tanz der Jünglinge, je eines oder zu zweien, womit die Feier endete, entwickelte wieder den fchwungvollen Wuchs der Männer.

Am achten Tage erftattete uns der reiche Türke einen zweiftündigen Befuch für die Ehre unferer Anwefenheit bei feinem Familienfefte — dem Orientalen ift die Zeit nicht Geld, er weifs kaum, wie er fie todtfchlagen foll. Sonntags 31. Mai fandte der Mamluk uns drei Wachskerzen, um der Hochzeit eines feiner Diener beizuwohnen, die er grofsmüthig felber ausrichtete. Chriften wie Muhammedaner ziehen nach patriarchalifcher Sitte bei Anbruch der Dunkelheit mit Lichtern aus, um das Brautpaar einzuholen. Der Bräutigam, ein fchöner Jüngling, ging zwifchen zwei Freunden, wovon als der eine unfer Kavafs Selim erkoren ward. Die Fackeln flammten durch der Gaffen lange Zeile, auch ein Feuerrad, mit Lichtern befteckt, drehte fich im Kreife. Zwei Krieger mit Schild und Schwert, zufällig ein Moslem und ein Chrift, in Tracht und Schlachtgewandung einem vergangenen Jahrtaufend, ja dem fernften Orient angehörig, eröffneten unterwegs wiederholt den Kampf, als gelte es, dem jungen Manne fein Glück ftreitig zu machen. Auch bei den Garro's und Kols in Mittelindien geht der Einführung der Braut ein Schein-

gefecht voran. (Lubbock Civil. 89.) Die ganze Stadt war vom
Gefang und dem Klang der arabifchen Trommel allarmirt; über
der Thüre am Haufe, wo der Zug hielt, kreuzten fich zwei Schwer-
ter, und die Ritterlichkeit erforderte, dafs der Glückliche nur der
Gewalt zu weichen fchien und, von den Freunden gedrängt, rückwärts die Schwelle überfchritt. Die dem Bräutigam kreuzweis über
den Kopf gehaltenen Säbel find gegen den böfen Blick, der in
der Hochzeitnacht fo gefährlich ift. Auffallend gedenkt auch der
Prophet von Nazaret Mark. VII, 22 des mal d' occhio für Neid,
Matth. XV, 19 ift aber der Ausdruck abfichtlich weggelaffen.

Nun folgte der Einzug der Braut mit ihren zehn oder mehr
lampentragenden Jungfrauen, wie aus dem Gleichnifs im Evangelium bekannt, mit anzufehen. Die heutige Zeffe oder pro-
zeffionsweife Einführung der Braut wie des Bräutigams ging
ebenfo in Chrifti Tagen vor fich; der Orient hat von feinen Sitten
in 2000 Jahren kaum etwas geändert. Eigentlich follte fie nicht
deffelben Weges gehen, wie bei ihrem Einzug aus Saida; uns zu-
lieb aber bewegten fie fich am Telegraphenamt vorüber, wo wir
die Holde im rothen Schleier uns von idealer Schönheit vorftellen
konnten. Bei Juffuf Aga ging es fofort wieder zum Tanz, ohne
Dame. Der Beifall der Hörer und Zufchauer gibt fich hier wie
im Nillande in einem abfälligen Aaaa zu erkennen.

Wie uns Einiges hier patriarchalifch anheimelt, fo müffen wir
Anderes mit in den Kauf nehmen. Was die Erzväter, was Mofes
und die Propheten in Hinficht auf das Frauengefchlecht fich für
Rechte herausgenommen haben, wollen auch die Anhänger der
Religion Abrahams, die Moslimen fich nicht nehmen laffen. Möge
ja der Eunuche verfchwinden; aber das rafche Welken der Frauen,
je näher der Mittagslinie, thut dem Erfatz durch Jüngere Vorfchub.
Nicht leicht wird die füdöftliche Welt über den Standpunkt hin-
wegkommen, fondern natürlich finden, dafs bei Lebzeiten auf Sara
eine Hagar im Ehebette folge — viele bedünkt diefs beffer, als
Parifer Sitten. Solches gilt freilich nur von den Vornehmen, Männern
wie unfer Mamluk. Es gibt im Islam nicht den Unterfchied von
natürlichen Kindern, alle find legitim, wenn auch nicht berechtigt
zur Erbfolge, ein Gefetz, das auch in Abrahams Haus galt.

Kakifcala am weifsen Vorgebirge von Sur.

XXXVII. Ausflug in die Umlande. Die Kreuz=
ritterburg el Burdsch.

Den letzten Sonntag benutzten wir beide zu einer lohnen=
den Promenade nach den naheliegenden Tempel= und
Burgſtätten von Tyrus, während Freund Prutz nach
Iſkanderun am Fuſe des Capo bianco hinüberritt. Der
Morgenländer arbeitet in der Regel ſo wenig wie der Spanier.
Am 17. Mai, beim erſten Ausritt nach Tell Maſchuk, war indeſs
männiglich in der Aernte und die Schnitter kamen mit ſenfenartigen
Sicheln entgegen, deren Form an die älteſten ehernen Schnitter=
werkzeuge erinnert. Die Leute trugen uns Aehrenbündel zum
Kaufen und unmittelbaren Eſſen an, ſo lange der Kern noch
weich iſt; geröſtet gilt die friſche Waizenfrucht ſchon gar für eine
Delikateſſe. Unwillkürlich erinnerte es an den ſabbatlichen Gang
durch das Aerntefeld, wobei die Jünger die Aehren zwiſchen den

Händen aushülſten (Luk. VI.) Aehren im Vorübergehen zu eſſen gilt ſo ſehr für Recht eines jeden, daſs ein Araber, der ſolches wehren wollte, öffentlich am Bazar gerügt würde und ſich wegen Ungaſtlichkeit neben ſeinen Stammgenoſſen nicht halten könnte.

Auf ſandigen Pfaden erreicht man zuvörderſt den Kanal, halb- wegs bis Maſchuk*), der noch unterſchiedliches Mauerwerk und Bogenfüſse des früheren Aquäduktes zeigt, bis wir nebenbei einen Sargdeckel gewahrend zur Mühle gelangten. Die Leitung nord- wärts heiſst Ain Abrian, »Ueberwaſſer«. Ehedem beſaſs auch Venedig hier Mühlen, deren eine 140 Byzantiner Pacht er- trug, und hatte für ein Drittel Waſſerrecht ein Drittel des Kanals zu unterhalten. Ein ihm gehöriges Caſale Batiole iſt das heutige Bêt Wulai halbwegs von den Hochquellen nach Kabr Hiram. Das. Cartulaire p. 56 gedenkt eines Klöſterleins, Casale Derina supra magnum fortem, de quo procedit conductus aquarum. Es iſt wohl das heutige Deir Kanon nächſt Ras el Ain, Caſale Dair Ram, Derreme beim dortigen Rama, alſo das Höhenkloſter geheiſsen.

Sieben Generationen dauerte in den Kreuzzügen die Völker- wanderung nach Oſten. Das Lehensſyſtem wurde ins Morgenland verpflanzt und die eroberten Länder zu Feudalſtaaten umgewandelt. Ohne Unterſchied verloren Chriſten wie Moslimen ihre Ländereien an die erobernden Kreuzritter und wanderten fort oder ſanken zu Knechten herab, weshalb die Syrer, wenn ſie auch von Maſſen- mord unberührt blieben, die Araber und Türken zurückwünſchten. Daher gab es ſo viele Guaſtinae oder Wüſten. Auf den venetia- niſchen Caſalien in der Gegend von ·Tyrus führten Gaſtaldionen die Aufſicht über die ſyriſchen Landbauern, doch waren ohne Unterſchied des Glaubens auch Pächter zugelaſſen. Von Apulien ziehen ſich bis ans adriatiſche Meer bei Bari u. ſ. w. die ausge- breiteten Tratturen von 800 italieniſchen Quadratmeilen, Weide für Schafe und Rinderheerden, die auf breiten Feldſtraſsen daher- ziehen, hinter ſich den Treiber zu Roſs mit dem Stachel. In den Weiden erheben ſich kleine graue Pyramiden mit einem Schorn- ſtein an der Spitze, Oefen für Schafkäſebereitung.

Wir ſchritten den Weg nach Burdſch el Schemal weiter, und ſahen uns mit einmal altteſtamentlicher Cultur gegenüber.

---

*) Come in giardino überſetzte den Namen unſer Begleiter Céſare Falcone.

Tyrus weift mehr als Einen Cincinnatus auf, der vom Pfluge weg Diktator oder König geworden; vielleicht aber haben wir richtiger zu verftehen, dafs jeder Fürft Angefichts des Volkes Pflügeramt übte *). Ofiris und Apollo find Erfinder des Ackerbaues und der fchönen Künfte, Dfchemfchid hat auch die Schiffahrt und Weinkultur erfunden und mit goldenem Pflugfcheit gefurcht. Wenigftens mufste im Alterthum der König einmal die Hand an den Pflug legen, allem Volke zum guten Beifpiel. Im Wandbild zu Theben fchneidet Ramfes Miamun, umgeben vom ganzen Hofftab, mit goldener Sichel eine Aehre. Gewifs beftand ähnlicher Brauch in Phönizien. Der chinefifche Urkaifer Schinnong, einer der mythifchen fünf Herrfcher, heifst »der göttliche Ackersmann« im Namen. Am 23. des dritten Monats ift nach Huc (das chinefifche Reich II, 185) feierliche Frühjahrsceremonie, wo der Pflug des Kaifers Hand ziert, dafs der Sohn des Himmels drei Furchen zieht gleich Triptolem. Auch in Peru zieht der Inka mit feinem Hofe an einem Fefttage von Cuzko aus, und durchfurcht dem Volke zum Beifpiel in Aller Gegenwart die Erde mit goldenem Pfluge. Bekannt ift der böhmifche Bauernkönig Przemisl. Nach uraltem Herkommen der Sultane zog noch Abdul Aziz am 6. Juli 1861 in Bauerntracht nach der Säbelumgürtung mit einem Ochfengefpann eine Furche und fäete.

Diefs gefchieht alfo heute noch, wenngleich nicht in Tyrus, wohl aber fteht hier der Ackerbau noch auf der Stufe wie vor 3000 Jahren. Stiefsen wir doch am Rückweg von Kana auf einen Mann, der den Pflug auf dem Rücken trug; das Eifen an der Sterze wog etwa ein paar Pfund, den Boden zu ritzen, nicht zu ackern; eines Rädergeftelles bedarf es fchon gar nicht. Freilich ift der Pflugfcharr der Portugiefen ebenfo primitiv und leichtfchulterig, wie die Oechslein fchwache Thiere find, fo dafs auch jetzt ein Milo von Kroton oder fonft woher fie auf die Schulter nähme. Hier gewinnt man im beften Fall eine Anfchauung vom römifchen Pflug, wie ihn Virgil Georg. I, 169 f. befchreibt.

Tyrus verehrte den Herakles, ift aber noch heute ein Augiasftall, feine Gaffen find nicht ausgemiftet. Augias galt für den

---

*) Vgl. Gesta Apollonii regis Tyrii metrica ed. Duemmler Berol. 1877, Prescott, Gefch. v. Peru II, 100. Sepp, Paläftinawerk II. Aufl. II, 789.

Erfinder der Felderdüngung, aber die Araber hegen das
Vorurtheil, der Dünger verbrenne die Äcker, und laſſen allen Auswurf in der Stadt. Vor den Dörfern liegt in Maſſe unverwendete
Bodennahrung. Wenn die Kultur, die alle Welt beleckt, und nun
ſich auch auf die Türkei erſtreckt, nur etwas gründlicher aufräu-
men würde. Wir meinen diefs buchſtäblich, ſo wie der vorige
Paſcha von Jeruſalem eines Tages die Verordnung erlieſs: jedes
Pfund Unrath auf der Straſse müſſe vom nächſten Hausbeſitzer
mit einem Piaſter aufgewogen oder beſeitigt werden. Welche
Agrikulturzuſtände, wo man ſtatt des Ackers um ſo üppiger
die Gaſſe düngt! Haus und Straſse und jedes öffentliche Plätz-
chen werden dadurch zum Miſtplatz ſelbſt in renommirten Städten;
dazu liegt das Hundegeſindel überall im Wege, und wartet geduldig ab, daſs Kameele, Pferde und Eſel darüber hinſchreiten,
ohne daſs die Hundeſeele darunter leidet. Es iſt uns unbegreif-
lich, wie das Volk, das ſelber kaum Brod zu eſſen hat, dieſe
biſſigen Beſtien nicht zur Hälfte ausrottet, ſtatt ſolches Elend täglich vor Augen und unter den Füſsen zu haben. Nur beim Tabak-
bau wollen einige ſich endlich von der Richtigkeit des Liebig'ſchen
Lehrſatzes überzeugt haben: daſs man dem Grund und Boden
ſelber zuerſt Nahrung geben müſſe, wenn man etwas von ihm verlangt. Der türkiſche Bauer jammert über den hohen Zehnt von
$12\frac{1}{2}$ und noch mehr Procent der Ärnte. Aber er würde gar
nichts bezahlen, wenn er die Regierungsforderung mit dem enor-
men Verluſt bei der Aernte deckte. Nichts lohnt ſich beſſer,
als das Geſchäft der Ruth; denn, wie man mir verſicherte, leſen
arme Frauen ſechs bis ſieben Kel (zu 24 Rotteln) oder halbe
Centner Getreide mit Leichtigkeit. Ich ſelbſt konnte mich von der
Auswanderung der Städterinnen zur Aehrenleſe überzeugen.
Der Libanon läuft hier in ſanftgeſchwungene Hügel mit breiten Thalmulden aus; auf einem hervorragenden Felshöcker liegt
el Burdſch, das wir von Tell Maſchuk in $\frac{1}{2}$ Stunde erreichten. Der
Araber hat das fränkiſche burgum, Burg, wie unter Vermittelung
der Hebräer Kasr für castra (auch casale!) ſich ſprachlich angeeignet. Am Fuſse der Anhöhe zog eine alte Frau Waſſer aus
einer Ciſterne mit doppelter Oeffnung, und gab uns, obwohl Me-
tualin, auf Verlangen zu trinken. Auf halber Höhe gelangten wir
in eine antike Grabhöhle, welche aber, wie ſo häufig, ſpäter in

einen Viehstall von 15 Schritt Durchmesser erweitert ward und feit Olims Zeit von schuhtiefen Mifte starrt. Eine lange Mauer läuft am Berghange hin, das Vorwerk ift aber noch kananäifcher Art mit fugengeränderten Steinen, wie man fie im Infelfort von Sidon, überhaupt an den älteften Ortslagen im Lande als ficheres Merkmal von 3000- bis 4000jährigem Beftande vor Augen hat. Das Thurmviereck mifst bei 40 Fufs Länge, und einzelne Quader bis 7 ½'. Offenbar die Kreuzritter, vielleicht der deutfche Orden, haben die triangulären Cafematten im Innern angelegt, die nach Einem Gefichtswinkel in Schufsfcharten auslaufen. Welcher Gewalt bedürfte es, die Maffe daliegender Steinwürfel von ihrem erften Lager zu entfernen, und wer hat die Zerftörung verübt?

Die heutigen Bewohner haben von alledem keine Ahnung, und ein Volk ohne Gefchichte ift, als hätte es nie gelebt. Die Jungen wiffen nicht einmal, wie alt fie find, und die Metualikinder nahmen hier die angebotenen Orangen nicht, weil fie von religiös Unreinen kamen, oder weil fie vor fo feltenen Fremden Scheu hatten. Wie man bei fernen Infulanern, bei den Bewohnern am Nordpol, überhaupt bei Stämmen findet, die felten fremde Menfchen fehen, trafen wir da an Frauen und Kindern, die ja aller Gefellfchaft entfremdet find, bei der Begegnung unwillkürlich die Lachmuskeln erregt. Der Luxus, mit Henna die Nägel an Fingern und Zehen zu färben, reicht bis in die Zeit des Chufu hinauf, ebenfo das Blaumalen der Augenlider, um den Blick ftechender zu machen. Wir fahen die jetzigen Infaffen wie Miftkäfer eingeniftet, und ihre präparirten Kothfladen (Gelle) an allen Wänden zum Trocknen angeklebt. Auch der Inder braucht den Mift als Brennmaterial, ftatt feine Felder damit zu düngen; der Perfer macht Feuer und kocht Speifen und Getränke damit, dafs dem Europäer faft übel wird — nachdem Alexander der Grofse durch Onefikritos von den Cypreffenwäldern eine Flotte gebaut und das Land zuerft abgeholzt hat. Vielleicht gelangte man auf diefe Weife zur Erfindung des Stahles. Thierifche Excremente härten das Eifen, Kameeldünger als Brennmaterial diente den Aegyptern wegen der Kohlenftickftoffverbindung, aus Meteoreifen Stahl zu bereiten. Die Pferde der Araber find mit Eifen- oder Stahlplatten befchlagen, mit einem runden Loche in der Mitte, und doch klettern fie wie die Katzen.

Der Beduine ſchämt ſich Brod zu bauen, ſein edles Roſs füt-
tert er mit Gerſte, im Winter mit Gras, aber daheim auch mit
Datteln und Roſinen, wonach ſie ganz närriſch begehren, und wenn
es gilt, mit Kameelmilch; die halbe Okka kauft er willig dem
Fohlen zum Tranke, die ganze der Stute. Er genügt ſich ſelbſt
und will Wüſtenbewohner bleiben; dabei iſt kein Kameel in Hed-
ſchâz ohne den an Lederriemen hängenden durchlöcherten Muſchel-
kranz — wider den böſen Blick. Sie blenden darum auch wohl
ſo ein armes Thier. Ein patriarchaliſches Herkommen unter den
Arabern iſt, eine Stute nie ganz zu verkaufen, ſondern das halbe
Eigenthum ſich vorzubehalten, ohne jedoch auf Nutznieſsung vor-
erſt mehr Anſpruch zu erheben. Auf dieſe Weiſe kommt man
billig zu einem edlen Roſſe: man bezahlt nämlich den halben
Preis und ſichert dem Verkäufer das erſte Füllen zu, manchmal
auch noch das zweite — ein Hengſtfüllen hat weniger Werth.
Dabei hat der Käufer die Wahl, das Füllen zu behalten und das
Mutterpferd zurückzugeben. Geht das Thier zufällig zu Grunde,
ſo büſst der Käufer keinen Schaden, ja manchmal iſt der Beduine
nobel genug, ſeinem Partner eine andere Stute ohne neue Zahlung
zu überlaſſen. Kraft dieſes Herkommens hatte unſer ſpäterer Führer einen prächtigen Renner für nur 16 türkiſche Lire oder Pfunde
erworben. Dieſer Brauch fehlt uns, iſt aber für die Araber eine
Wohlthat. Aber dieſe Europa ſo nahe wohnenden Grenzaraber
bauen den Acker und verlangen nach beſſeren Zuſtänden, ohne
ſich aus eigener Kraft dazu erheben zu können. Welch verſchie-
dene Culturen haben hier im Laufe der Zeiten ſich berührt: die
ägyptiſche, aſſyriſche, griechiſch-römiſche und arabiſch-türkiſche.
Die Kreuzzüge kehren nicht wieder, wohl aber wird europäiſcher
Einfluſs Phönizien emporbringen.

Kühle Lüfte wehten da oben wohlthuend von der See her
und der Ausblick nach Land und Stadt war köſtlich. Ueberall
waren die Dreſchtennen im freien Felde im Gang; wir paſſirten
deren ein halbes Dutzend am Wege nach Burdſch el Kuble
hinüber, das durch einen Wadi abgegrenzt in der Felſenwandung
nur trockene Ciſternen wies. Auf allen Feldern wurde gedroſchen,
freilich nicht mit Dreſchmaſchinen, ſondern mit dem Dreſchſchlit-
ten, מְגָרָה חָרוּץ. Dieſer geht, von Ochſen oder Pferden gezogen,
im Kreiſe und iſt auch in Spanien, Sicilien und Nordafrika üblich.

Aus fchweren Holzbohlen gefügt, die der Burfche noch mit feinem Gewicht befchwert, unterhalb mit Kiefeln gepflaftert, rührt er noch aus der Steinzeit. Tribulatio rührt von tribulum, der Drefchmafchine, die fcharfkantig das Getreide zermalmte, indem der Rofsknecht fich darauf ftellte. Contritio, Zerknirfchung, bietet daffelbe Sinnbild von contero.

Der carpenta ferrata ift II. Sam. XII, 31 gedacht. »David führte die Ammoniten von Rabba heraus, legte fie unter eiferne Wagen und zerfchnitt fie mit Zacken und Keilen, auch verbrannte er fie in Ziegelöfen. So verfuhr er mit den Kindern aller ihrer Städte.« So fpricht der Herr und Gott Ifraels zu feinem Volke Jef. XLI, 14. »Fürchte dich nicht, ich helfe dir. Sieh, ich habe dich zum fcharfen neuen Drefchwagen gemacht, der Zacken hat, dafs du follft Berge zerdrefchen und zermalmen und die Hügel zu Spreu machen. Du follft fie zerftreuen, dafs fie der Wind wegführe und der Wirbel verwehe.« Welch ein altteftamentliches Culturbild erweckt der Anblick diefer Drefchmafchine.

Es ift noch ganz und gar die tabula lapidibus aut ferro asperata des Varro (de re rust. I, 51. 52), die trahea bei Columella (II, 20. 21), womit man nach Vergil (Georg. I, 164), das ausgebreitete Getreide entkörnte und das Stroh in Häckfel zerfchnitt. In Tyrus mufs diefelbe urfprünglich heimifch gewefen fein, denn die Römer empfingen von der Tochterftadt Karthago diefs plostellum punicum. Der Drefchflegel, flagellum, wurde nur zum Drufch von Hülfenfrüchten verwendet. Die osmanifchen Bauern gebrauchen zu diefer Mafchine noch Flintfteine, fcharf wie Mefferklingen; in Aegypten heifst fie Noreg. Auffallend ift fie jetzt noch in Schweden üblich; in unferem Deutfchland bedurfte man das Langftroh für Dach und Gemach, um darunter und darauf zu fchlafen *).

Waren auch im Abendlande folche Drefchwagen oder Reibfchlitten aus der Steinzeit üblich, fo erklärt fich das maffenhafte Vorkommen prähiftorifcher Feuerfteinfplitter ftellenweife nicht blofs von der Fabrikation von Flinsmeffern oder Klingen, fondern der in Dreieckform oder kunftlofe rohe Stücke zerfchlagene Flintftein diente zur Pflafterung der Drefchwalze, alfo zum

---

*) Dr. Much Die prähiftor. Feuerfteinmeffer und Drefchmafchinen.

Ackergeräthe, wie es heute noch in Syrien, Anatolien und Rume-
lien, oder fagen wir lieber im ganzen altosmanifchen Reiche im
Betriebe ift.

Alles Getreide wird hier auf dem Acker enthülft, und es gibt
keine andere Tenne als den Steinboden, dazu weder Wagen noch
Scheune, fondern Kameele und Efel tragen die Körneraernte heim
oder zu Markte. Wenn der Reiche im Evangelium feine Vorraths-
kammern vergröfsern oder erweitern will, fo find unter ἀποθῆκαι
Luk. XII, 18 nicht Scheuern und Magazine in unferem Sinne gemeint, denn woher nähme der Orientale dazu das Holz oder die
Dachung, fondern von flafchenartigen Kellerräumen oder mit einem
Stein verfchliefsbaren Cifternen ift die Rede. Bir el Gama, Korn-
brunnen, ift der treffende femitifche Name; in Hauran heifsen diefe
Fruchtbehälter Kawara.   Tacitus erwähnt auch folcher Getreide-
gruben, specus subterranei bei den Germanen.   In Ungarn fieht
man fie wie Riefenflafchen über Mannshöhe drei und vier neben
einander innerhalb der Gehöfte, der Hals ift mit einem Steine gefchloffen.

Drefchen, gothifch thriskan, ahd. dreskan, ift verwandt mit
treten, in der Bedeutung tanzen, wie fie italienifch trescare, prov.
trescar, altfranzöfifch trescher mit fich bringt, wobei tresche der
Reihentanz heifst.   Der Aerntetanz hing gewiffermafsen mit tri-
tura, dem Austreten des Kornes, zufammen.   Wir fahen keine
Drifcheln angewandt, die von Männern ohne Schwengel in Schlag
verfetzt werden.   Die ftärkften Kameele ftanden und lagerten ge-
halftert, um in weiten Blahen das Korn fortzufchaffen, das durch
diefe Art Ausdrufch zur Spreu zerriebene Stroh dient ihnen zum
Futter.

Es ift lange her, dafs fich die Ifraeliten vom Stamme Afer
bei den Tyrofidoniern als Schnitter verdingten.   Von Getreide-
zufuhr aus Paläftina lefen wir noch Apoftelgefchichte XII, 20.

Das gröfsere Burdfch fteht Juffuf Aga, das kleine dem Kopti
oder Conful des nun in Europa genug bekannten Schah von
Perfien zu.   Der Beherrfcher des Sonnenreiches hat fich zurück-
gezogen vom Mittelmeer, er regiert nicht mehr Lydien noch
Aegypten, noch bedroht er Griechenland — ein befcheidener
Agent verfieht Gefchäfte in Vorderafien. Alfo der Guardiano des
Schah Afchem oder perfifchen Sonnenkönigs lud uns in feine

Bafthütte, ein breites Standzelt aus Latten mit Tapeten gegen die Sonne, mit Diwan und Strohmatten an der Erde, ein, und erquickte uns mit einem Trunk Waffer. Der Mudir erhebt heute den Zehent (Defetina), wie ehedem der Zöllner, vorher darf die Aernte nicht eingeheimft werden. Vor diefer Sommerwohnung klopften die Aehrenleferinnen mit hölzernen Hämmern auf Kameelhäuten oder Bocksfellen die leicht gefammelten Garben aus, wovon die Hälfte ihnen verblieb. Man nehme diefs als Genrebilder aus dem arabifchen Volksleben, das für mich immer etwas anziehendes hatte, weil hier das patriarchalifche Alterthum zu uns fpricht, und wir fo vielfach an Bilder aus dem alten wie neuen Teftament gemahnt werden.

Tfchiflik heifst türkifch fo ein Landgut, Mezraa, Mizra, arabifch das Saatfeld, daher diefer Name fich gleich ein paarmal öftlich von Beirut, nördlich bei Akka und hier fich wiederholt. Es ift eine Drefchflur mit oder ohne Meierhof, gleich füdöftlich vor unferen Augen und weithin aufserhalb Kana. Inmitten diefer Ländereien hatten die tyrifchen Patrizier auch ihre Felfengräber. In nächfter Umgebung liegt Gowar en Nahal, die Grube der Palmen, dann Burdfch el Dfcharne, wo nach Erklärung unferes Mamluken drei Zeichen die Stelle vergrabenen Geldes angeben. In Griechenland, wenigftens auf den Infeln, vermauert man die Infchriftfteine lieber, damit die Fremden nicht erfahren, wo Schätze vergraben find. Schatzzeichen nennt fie der Araber und träumt überall von verborgenen Reichthümern, die der Franke, der einft hier geherrfcht, wieder auffuche und fchon zu finden wiffe. Wie belauerte man uns auf Schritt und Tritt, wo wir Grabungen machen würden!

Die Seeherrn von Venedig, die würdigen Nachfolger der Phönizier, hatten hier im Umlande Lehengüter, Meiereien, Mühlen und Weinberge zu vergeben. So fafs der franzöfifche Ritter den Cayn, deffen Grabftein wir in der Kathedrale vorgefunden, als Feudalherr zu Kafar Debaal oder Dibbal bei Ain Baal, eine ftarke Stunde öftlich von Sur. Kafar de Baal bezeichnet Baalsdorf*).

*) Solche venetian. Cafalien find Menfara, nun Manfura, eine Stunde füdlich von Ras el Ain. Melequie, das heutige Maalik an unferem Wege (vgl. Muallaka S. 74). Diefs Mualla, Bergfpitze, wiederholt fich merkwürdiger in Molibokus, Malchen. Mahallie fcheint Nehali bei Mafchuk (vgl. Nehalal für Mehalal, Mahlul Jof. XIX, 15.)

Schon Ofeas IX, 13 fchildert die Fruchtbarkeit des Hinterlandes von Tyrus. »Ephraim ift wie eine Baumpflanzung auf der
Au anzufehen, fo fchön wie Tyrus« — diefer Ausfpruch des Propheten bezieht fich auf die Fruchtgärten bis Ras el Ain. Nur die
Haine vor Joppe bieten heutzutage einen Vergleich. Rinderheerden
und Wanderzüge von Böcken und Schafen bildeten zwifchen den
Caktushecken unfer Gefolge heimwärts. Selbftverftändlich treibt
der Fellah fein Vieh dem Waffer nach, und Felder und Auen
fchmücken fchon in Hellas fich im Winter mit Grün, während
die Sommerglut Alles ausdörrt. Aber bei der viermonatlichen
Schneekälte 1873 bis 74 ging das meifte Vieh ohne Futter an
fchrecklichem Hunger zu Grunde. Die Türkei ift ein kranker
Staat und auf die Länge unhaltbar wie — der Kirchenftaat war.
Es fehlt an einem freien Bauernftande. Die orientalifche
Frage gipfelt in der Bauernfrage, d. h. der Befreiung von Grund
und Boden, der Aufhebung der Hörigkeit.

Hanoe ift Hanawe bei Kana, und Mezarha noch Mezraa bei Sur, Zacharie aber von
der Zuckerrohrpflanzung benannt.   Für Cafale Theiretenne wird Dorf Tayrzina bei
Tibnin genannt.   Johie, Joie ift Juweia bei Dêr Antar; Sedequie, nun Sedakin, füdlich
von Kana Sur, Fokai, jetzt Fakiye. Contarene, der fürftliche Familienname fchreibt
fich von el Kantara, d. i. Brücke. Jordei heifst noch fo; Torneza nun Tarmus, Lambra
jetzt el Amran, el Mumieh aber Almeneh.   Aus Bafilie wurde Bazurie, aus Remedieh
nun Rahmediyeh, Tyr Dube ift Tell ed Duba, Anderquiva aber Deir Kîfa, und Cafale
Batiole nun Dorf Batulije bei Kana.   Ebenfo ift Kafardani das 4 Stunden öftlich ge-
legene Kafar Dunin, Homehite unfer Hamodiye bei Dibbal, Deir Chanon nach Dêr
Kanon, Hanofie aber el Halafiye, wohl von der Steinthüre an Gräbern benannt. So
viel wüfste ich aus den Verzeichniffen bei Prutz, Phöniz. 270. 276. 278. 281. 285. 407
zu deuten.

Aegyptifcher Tempel zu Ras en Nakura bei Tyrus.

XXXVIII. Abschiedsfest in den Salamonischen Gärten.

enan, dem die franzöſiſche Regierung 100 Legionäre zur Verfügung ſtellte, um zwei Monate und 30 Tage unter der Glut der ſyriſchen Sonne hier und zu Kabr Hiram zu graben, konnte nicht mehr ſchaffen als wir. Die Hitze ſtieg mehr und mehr, 23⁰ im Schatten war wenig, (Fraas zählte am 14. Juni 1875 ſogar 30⁰ in Beirut); aber in der Waberlohe der Manara war es kaum auszuhalten. Natürlich trugen wir den Krempenhut mit weiſen Binden umwunden, und hier begreift ſich die Nothwendigkeit des Turban, die uraltorientaliſche Kopfbedeckung, weil er die Schläfe gegen den Sonnenſtich ſchützt, was das Fes nicht leiſtet. Auf Cypern weiſen ihn Bildwerke nach.

Da die Hitze zunahm, wanderten wir jeden Abend, wenn die Arbeit zur Neige ging, ans Meer hinab, zu den Waſſergrotten, die ſo maleriſch den Felſenbau durchſetzen, um unterzutauchen. Die täglichen Meerbäder kräftigten mich nicht wie ehedem, vielleicht griffen ſie mich an; ich beſorgte Koma, und fühlte die Nerven ſo verſtimmt, daſs ich momentan in Thränen ausbrechen konnte, was mir ſonſt nicht gleichſieht. Nachts erſetzten unzählige, unſichtbare Mücken die Qual des Sonnenſtiches, und Bernhard, der die Hände unverhüllt gelaſſen, trug eine blutige Rinde auf der Haut davon *). Ein Uebelſtand lieſs ſich nicht mehr gut machen: der

---

*) Wo der Menſch ſterben ſoll, da tragen ſeine Füſse ihn hin, iſt ein hebräiſches Sprüchwort. Wie gehſt du doch ſo geringſinnig fort, hatte die ſtarkmüthige Mutter geklagt, als ich zum erſtenmal 1835 an den groſsen Bach, das adriatiſche Meer, auszog. Aber mein einziger Bruder Bernhard kam nicht geſund heim; er ſtarb in Folge zurückgetretenen Fiebers, — welch ein Verluſt für das Elternhaus und ich ſage noch:

grofsherrliche Ferman war allzufpät ausgefertigt: wir konnten ſtatt im Herbſt oder Frühroth des Jahres, erſt im Mai ans Werk gehen, während die Gefellfchaft in Olympia die Arbeit am 13. Mai 1876 einſtellte und fieber- und typhuskrank nach Corfu flüchtete. Wir hatten zum Schluſſe die Ausgrabungen mit 153 Mann forcirt (eine heilige Zahl Joh. XXI, 11), aber zugleich die Gewifsheit erlangt, Barbaroſſa's Gebeine in der alten Kathedrale von Tyrus nicht mehr vorzufinden! Darum lehnte ich das Anerbieten unferes entgegenkommenden deutfchen Botfchafters von Eichmann, Geld nach Bedarf aus der Reichskaffe in Conftantinopel zu fchöpfen, dankend ab. Wir beide hatten noch gar nichts in Anfpruch genommen und begnügten uns fchliefslich mit dem Paufchquantum von je 800 Thalern, den Erlös von 150 Thalern für Steine mitgerechnet. 2000 habe ich bei der Fortfetzung der Reife durch Paläſtina und für die Heimkehr aus meinem Säckel darauf bezahlt. Das ganze namhafte·Unternehmen hat, meinen Aufwand von 6000 Mark nicht in Anfchlag gebracht, dem Reiche die Koſten von 1000 türkifchen Lire oder 100,000 Piaſter, d. i. 6000 Thaler Koſten verurfacht, mehr nicht! und diefs bezahlte fich mit der Kunſtausbeute und den intendirten zwei Sienitkolonnen.

Donnerſtag 4. Juni nahmen wir die Abrechnung vor, und es gab unter den Arbeitern nur traurige Geſichter. Die Abſchiedsbefuche gingen mit denfelben Förmlichkeiten vor fich, dabei galt es, beim Kadi ein Gnadenwort einzulegen für einen der bis zuletzt geduldeten Hausgenoſſen in der Manara, welcher, ſtatt einfach darum zu bitten, fich Holz von den demolirten Steinbaracken angeeignet hatte und dafür im Kerker lag, ja — der Arme! auch

---

für die Gemeinde! Sollte ich diefsmal Gefahr laufen, den gleichnamigen Sohn nicht mehr zurückzubringen, oder erfahren was Kiepert betroffen, der feinen Aelteſten im hochgelegenen Jerufalem bei 44⁰ in der Sonne, 29⁰ im Schatten, Anfangs Juni 1870 todtkrank am Typhus zurücklaſſen mufste! Dr. Roth, mein alter Studienfreund, auf deſſen Grab auf dem äufseren Zion ich eine Blume pflückte, war in Hasbeya am Gehirntyphus erlegen. Wir waren mit unferem Conful im Hôtel Mediterranean in Jerufalem zu Tifch, als der englifche Ingenieur Drake, Commandant der Paläſtina-Vermeſſung, vom ägyptifchen Sumpffieber angeſteckt, im felben Haufe fein Leben aushauchte. Duveyrier veröffentlichte fchon Anfangs 1875 im Bulletin der franzöf. Geographifchen Gefellfchaft ein Verzeichnifs von 178 europ. Reifenden, die während diefes Jahrhunderts auf Foifchungsreifen in Afrika ihr Leben einbüfsten; feitdem iſt noch der Tod Munzingers, Ed. Mohrs, Barth von Harmating u. A. zu beklagen. Ihre Zahl durch unferen Tod abfichtlich zu vermehren war nicht nothwendig.

noch Bufse zahlen follte. Dem Kaimakam ftellten wir das Zeugnifs aus, dafs er uns Deutfchen in Allem Schutz und Vorfchub
geleiftet, um ihn gegen jede Verantwortung zu fichern.

Der Kaimakam lud fofort durch Cirkular den Medfchliffi
oder Gemeinderath von Tyrus auf Mittag zum feierlichen Schlufs
in die Manara, wo zum erftenmal, vielleicht feit Barbaroffa's Tod,
die deutfche Reichsfahne auf dem Rumpfe des vorderen Thur-
mes aufgepflanzt war, gegenüber der ottomanifchen. Ein Araber
hatte wie eine Katze an dem Abfturz der Chormauer hinankletternd
das Kunftftück vollbracht und beide Bandieren zur günftigen Vor-
bedeutung in den reinen Lüften flattern laffen. Auf ftolzem
arabifchem Schimmel und der prächtigften Schabrake kam der
alte Janitfcharenhäuptling, nun Stadthauptmann angeritten. Nach
altarabifcher Sitte ift der Schimmelfchweif am Ende mit Henna
gefärbt oder goldfärbig, was die Natur fonft auf minder fauberem
Wege bewirkt. Dazu gefellte fich der Oberrichter und all die
Würdeträger von Tyrus zur feierlichen Verfammlung in der Kathedrale; alle überragte an Gröfse und Anfehen Juffuf Aga der
Mamluk: die Schaar der Arbeiter behauptete zum letztenmal das
Feld ihrer Thaten im Chorraume.

Der Kaimakam gab den Wink, eine ausgefertigte Urkunde zu
verlefen, worin die Stadt ihre hohe Befriedigung über das Erfcheinen von Abgeordneten der grofsen deutfchen Nation
ausfprach, und nach vielem Anpreifen, dafs wir fo viel Gutes
gethan und zum Ruhme von Sur die alte Gefchichte ergründet, fehnlich unfere Wiederkehr und Anknüpfung bleiben-
der Beziehungen gewünfcht, auch, was mir charakteriftifch erfchien,
uns fchliefslich das Lob gefpendet ward: »Sie haben alles bezahlt!« O dafs alle Kleinftaaten und Grofsmächte, vor allen die
türkifche, diefs von fich fagen könnten! Jedenfalls war in Folge
diefer Expedition der deutfche Name weiterhin in Syrien verbreitet; die Unternehmer aber find mit der Anerkennung zufrieden,
dem ruhmvollen Vaterlande keine Unehre gemacht zu haben.

Des Abends fand auf Veranftaltung unferes mächtigen Gaft-
freundes und Befchützers Juffuf Aga in feinem Antheil der Su-
leimanifchen Gärten ein grofses Waldfeft ftatt, wozu über hundert Gäfte geladen waren und wir auf prächtigen arabifchen Roffen
abgeholt wurden: wer hätte je ein fchöneres Thier geritten! So-

fort erging an mich als Aelteften und Führer der Expedition die Anfrage: ob wir ala franco oder ala turco, europäifch oder arabifch fpeifen wollten? Natürlich arabifch! mit der Bitte, dafs der Gaftgeber, der fich fonft ausfchlofs, auch perfönlich daran Antheil nehmen möge! Sofort wurden Lämmer und Hämmel gefchlachtet: bei der Tödtung jedes Thieres fpricht der Moslem den Namen Allah, fonft darf er es nicht effen. Dann ward gekocht und gebraten, und während all der Vorbereitungen zum Mahl, einer Zeit von vier Stunden, die Gefellfchaft durch einen berufenen Improvifator aus Saida und arabifche Fantafia, Mufik mit Hackbrett und Tabaruka oder Handpauke unterhalten. Ein von uns preisgegebenes deutfches Lied fand fchlechterdings keinen Anklang! Es ift, als ob das Ohr des Morgenländers durch Brufttöne unangenehm berührt wird. Er fingt und hört nur fingen aus der Kehle und welch ein Naefeln in griechifchen und armenifchen Kirchen, wie in den Synagogen! Die Abfchliefsung gegen weiblichen Umgang hat den Tanz und Gefang fiftirt, urfprünglich war es im Morgenlande nicht fo. Ein vierftimmiger Gefang macht jetzt die Araber Gefichter fchneiden, was denn das fei, dafs der eine hoch, der andere nieder intonire. Dagegen bezaubert fie Blechmufik, Clavier und Aeoloticon oder die Orgel, wenn fie anders einer Kirche nahe kommen. Um die Mufikkapelle von Kriegsfchiffen zu hören, kamen die Einwohner bis von Nazaret nach Akkon und ftaunten. Die japanefifche Gefandtfchaft, welche vor einigen Jahren Europa bereifte, hielt das Stimmen der Violinen und Clarinette für das Schönfte bei dem ihnen zu Ehren veranftalteten Concerte. Auch die chinefifche Mufik kennt nur den Takt und keine Melodie. Der Orientale hat den Gehörfinn nicht genug ausgebildet. Die Araber kannten zu Omars Zeit noch gar keinen Gefang, aufser das Recitativ des Kameeltreibers. Wir find die Alten, unfere Vorfahren waren Kinder.

Auch unfer Gefichtsfinn hat fich verfeinert. Homer nennt die Wolken und das blaugrüne Meer noch πορφυρόεις, wie ein Gewand. Die alten Sprachen kennen nur drei Farbenunterfchiede, und Xenokrates wie Ariftophanes wiffen blofs von einem dreifarbigen Regenbogen. Abraham Geiger hat Recht, »dafs in den Liedern des Rigveda, dem Avefta, den biblifchen Schriften, den Homerifchen Gedichten und dem Koran nicht nur der Himmel nicht, fondern überhaupt nichts blau genannt ift.« Der Phönizier trägt feinen Namen der Rothe, von der Blutfarbe, im Gegenfatz zum Neger. Andererfeits bezeichnet Purpur die Feuerfarbe, wie δαφοίνεος; der Aethiope aber ift der verbrannte. Die Aegyptier verwandten zuerft mehr Farben und Namen *). Der Birmane und die Rothhaut unterfcheidet eigentlich nicht zwifchen grün und blau, und hat für roth und gelb daffelbe Wurzelwort. Die Netzhaut des Urmenfchen war noch zu ftumpf, um die vom Roth fich unterfcheidenden Lichter zu differenziren und ins Spektrum aufzunehmen. Das Auge hat erft mit dem Fortfchritt der Cultur feine Empfindlichkeit gefteigert und fich allmählich an weitere Variationen der Farbentöne gewöhnt. Keineswegs das Licht der Sterne ift verändert, fondern die fprachliche Bezeichnung für die Farben ift feit dem klaffifchen Alterthum eine andere geworden. Auch die Geruchsnerven haben ihre Empfindlichkeit gefteigert und das Widerliche abzuftofsen, Düfte und Arome angenehm zu finden.

Nicht minder gehört ein gebildetes Ohr dazu, um die Tabulatur der Töne zu verfolgen, und aus der Monotonie zur reinften Coloratur aufzufteigen. Der Naturmenfch fingt eigentlich gar nicht, oder fein Gefang entbehrt jeder Modulirung, nehmlich der Fähigkeit, die Stimme in Melodien ausklingen zu laffen und durch das Gefetz der Harmonie zu beherrfchen, oder unfere Opernmufik und Symphonien zu verftehen. Darum bedünkt den Franken, als ob der Araber mit feinen rauhen Kehllauten und Gurgeltönen immer heiferen Halfes fei, und ihr Krächzen klingt mit dem Saitenfpiel und Getrommel wie das Räufpern der Mufikinftrumente, bevor die Ouverture losgeht.

Tyrus überbot fich, uns jede Art Auszeichnung zu erweifen, die natürlich unferem Gebieter und Vollmachtgeber, dem Kaifer und Reichskanzler, zukam. Auch durch Tänze follten wir unterhalten werden. Mein junger Céfare Falcone führte zierlich die Romaika aus. Der europäifche Gefellfchaftstanz ift gegenwärtig verwildert, der morgenländifche zum Theil aus der Wildheit nie

---

*) Ἐρυθρός ift nicht hellroth, fondern dunkel, ῥοδοδάκτυλος aber foll der Rofenfarbe entfprechen, während ξανθός, nach Gladftone's »Farbenfinn«, braungelb bedeutet, Κύανός heifst eigentlich dunkel, nicht gerade blau; χλωρός bezeichnet fahl und felbft ockergelb, nicht eben grün. Caeruleus charakterifirte nicht klar das Himmelblau. Pindar fpricht von veilchenfarbenen Haaren, Virgil vom bläulichen ftygifchen Rachen.

herausgekommen. Welch ein Geftampfe! Der Teufelstanz zu
Kandy auf Ceylon vor dem Prinzen von Wales 1876 kann nicht
gräfslicher und thierifcher gewefen fein. Die Schafhirten unferes
Mamluken traten vor, wahre Räubergeftalten, nahten ihrem Gebieter in Ehrfurcht und drückten feine Hand an die Stirne. Nun
aber begann eine Szene wie aus altkananäifchen Tagen; denn im
Often hat das fociale Leben feit Jahrtaufenden fich kaum geändert.
Rauh bellend, als hätten fie es den wilden Thieren abgelernt, mit
viehifcher Kraft fich rechts und links fchiebend, dann in un-
heimlichen Sätzen vorfpringend gaben diefe rauhaarigen Beduinen
in ihren zottigen Schlafmänteln, die fie auch am Tage am Leibe
fchleppen, Augen und Nafen etwas zu koften, unter der einzigen
Befriedigung, doch nicht in ihre Hände gefallen zu fein. Ihr Jahr-
lohn, 450 Piafter oder 100 Franken, fchien mir annehmbar.

Bis Alles dampfte, ja überkocht und verbraten war, ergingen
wir uns in den Gärten und befchauten die Seidenwurmhütten
im Innern, die fchon vor 1300 Jahren beftanden [*]), wie diefe nütz-
lichen Thierchen fich einfpinnen und in ihr Grabhemd wickeln.
Frauen fafsen vor der Thüre und drehten je eine oder zu zweien
am Mühlfteine, wie es Matth. XXIV, 21 heifst — kaum dafs fie
fchüchtern zu den vorübergehenden Fremdlingen aufzublicken
wagten. Welch ein Erdenparadies zaubert hier das überquellende
Waffer unter dem fyrifchen Himmel ins Leben! Ein Boftandfchi
reichte uns Mifchmifch oder Aprikofen, die eben der Reife ent-
gegengingen, aber feit den Kreuzzügen bedenklich Amazza-Fran-
chi, Frankentod heifsen, weil ihr reichlicher Genufs Fieber und
blutige Profluvien bewirkte. Auf einmal kamen uns jedoch er-
fchrockene Geftalten mit Blicken und Händen abwehrend entgegen, wir waren dem Harem des Mamluken, nichts ahnend, nahe
gekommen und wichen nun fchnell zu den Maulbeerbäumen im
Vordergrunde aus, deren Früchte nicht zu den verbotenen gehörten. Der Herr des Gartens ermunterte die fränkifchen Effendis
zu pflücken und liefs bald Teller voll daumengrofser Maulbeeren

---

[*]) Antonin fchreibt 570 c. 2. Tyrus civitas habet homines potentes: vita pes-
sima, tanta luxuria, quanta dici non potest, gynaecea publica, et olosericum. et diversa
genera telarum. Aus einem Freudenhaufe in Tyrus holte Simon der Magier die Helena,
welche er als Bild der gefallenen und zurückgebrachten Weltfeele mit fich führte; fie
fpielt die urfprüngliche Genoffin des Fauft vor der Griechin.

durch die Runde gehen. Zur Klärung der Situation trug der Kampf mit einer fchwarzen Schlange bei, welche die Diener des Aga verfolgten, bis der unheimliche Gaft todt uns zu Füfsen gelegt wurde. Endlich liefs der Hausherr anfragen: ob es genehm fei, die Mahlzeit einzunehmen? Auf einer ungeheuren, zierlich gravirten Meffingfchüffel, der felbft von Räubern heilig gehaltenen Manfaf (mensa) wurde das ganze gebratene Thier fervirt. Des Weines, den wir unfererfeits fpendeten, enthielten fich nur die Türken. Wer zählt all die Gebäcke und Gedecke unferes arabifchen Tifches! Es war freilich geforgt, dafs auch die Dienerfchaft beim Nachtifche fatt ward.

Nach der Mahlzeit nahm mich Juffuf Aga beifeite, ficherte mir Schreiben an den Pafcha von Akka und an Kiamil Pafcha von Jerufalem zu, fprach viel von unbegrenzter Verehrung für das ruhmreiche Alamanye, und dafs wir wiederkehren und hier eine deutfche Niederlaffung gründen follten. »Sieh hier meinen Reichthum, äufserte er mit durchdringendem Blicke: aber ich bin viel gehafst! Ein leifer Verdacht, eine ungerechte Anklage kann mich den Kopf koften!« Hierbei machte er zweimal das Zeichen des Kopfabfchneidens. Da klopfte ich ihm auf die Schulter mit den Worten: »Der Mann, der nächftens einen deutfchen Orden tragen wird, trägt auch fein Haupt in Sicherheit!« Das Wort elektrifirte ihn, er zog fofort ein arabifches Schreiben an den Kaifer aus dem Bufen, unterfiegelte ein zweites vor unferen Augen an den Fürften Bismarck, und zeigte grofse Befriedigung, nächftens Schutzbefohlener des Deutfchen Reiches zu werden. Wie kommen wir Abendländer doch zu der pharifäifchen Entrüftung über den barbarifchen Charakter der Türken? Ferne fei, dafs ich mich zum Lobredner der alten und neuen Regierung in ihren Finanznöthen, zum Vertheidiger der graufamen Pafcha- und Pächterwirthfchaft aufwerfe, worunter die Moslimen aber ebenfo wie die Chriften zu leiden haben. Wer hat denn in dem Türken das wilde Thier aufgeregt und gereizt? Wer hat die Fackel des Fanatismus angezündet? Und gab und gibt es unter den Chriften der Türkei keine Kopf-, Nafen- und Ohrenabfchneider? z. B. die Czernagorzen? Den Pafchas ift jetzt die Gewalt über Leben und Tod abgenommen, die Rechtspflege ift natürlicher und artet nicht in blofsen Gefetzesformalismus aus, und Erpreffungen kom-

men überall vor. Ueber religiöfe Unduldfamkeit können die Chriften aller Confeffionen wahrlich nicht klagen, da ihnen die Muhammedaner in Ausübung ihrer Religion eigentlich von jeher nur
wenige, rein äufserliche, Schranken fetzten, wie z. B. in Bezug auf
Kirchenbau, Glockengeläute u. dgl., und nur die Chriften unter
einander fich bekämpften und bekämpfen. Jedenfalls wird Rufsland in beiden Beziehungen auf die Türken nicht den erften Stein
werfen dürfen. Ich brauche nur auf Polen und die Oftfeeprovin-
zen, auf den Kaukafus und Chiwa hinzuweifen, und auf den Umftand, dafs unfere proteftantifchen Prinzeffinnen, um der Ehre
einer Verbindung mit ruffifchen Grofsfürften würdig zu werden,
ihren Glauben abfchwören müffen — urtheilt ein Correfpondent
der A. All. Z. 29. Sept. 1877.

Was aber den Fanatismus des Moslem betrifft, fo habe ich
denfelben im Leben nur als Ergebung in Gottes Willen und Führung kennen gelernt, nie aber als Beweggrund zu abfichtlicher oder
als Anftofs zu unabfichtlicher Verwilderung, als Trieb zu Verbrechen, als Hindernifs fittlichen Handelns oder fittlicher Beffe-
rung. Da bedrohen uns der Darwinismus und der Materialismus
in ihren letzten auf das Leben fich beziehenden Folgen mit einem
unendlich gefährlicheren Fatalismus, wie wir täglich im civilifirten
Europa fchon wahrnehmen können, das überhaupt in die barba-
rifche Türkei weit mehr von Laftern als chriftlichen Tugenden
eingeführt hat. Hievon konnte ich mich ebenfalls überzeugen und
hörte nur zu oft es von Türken beklagen, von diefen Barbaren,
unter denen ich weder Schwindler, noch Gründer, noch Lebens-
mittelverfälfcher, noch Rauf- und Trunkenbolde, noch Coeurbuben
und Nihiliften, noch fo viele Diebe, Räuber und Mörder fand wie
in vielen chriftlichen Ländern Europa's und befonders in deren
Hauptftädten.

›Aber die Türken find Eindringlinge und werden, als dem
Islam verfallen, fich nie reformiren laffen!‹ Wer hat fie denn ein-
dringen laffen? Die in Grund und Boden verkommenen byzantinifchen Herrfcher, die ihre Völker nicht minder ausfaugten, er-
niedrigten und entnervten, als die fchlimmften Sultane, und das
byzantinifche Chriftenthum, das zu geifttödtenden Formen erftarrt
war, neben dem der Islam wahrlich noch von Lebenskraft ftrotzte,
aus welchem auch nie ein Lourdes oder Marpingen auftauchte!

Wer hat die Araber zuerft die Germanen des Südens genannt? Die Halbinfel Arabien, viermal fo grofs wie Deutfch-land, ift ebenfalls eine vagina gentium. Die Wüfte ift fruchtbar geworden und hat ihre Bewohner über weite Länder ausgegoffen, fo dafs fie felbft bei den Säulen des Herakles nicht ftille geftan-den. Der Islamite hat fein Zelt über drei Welttheile ausgefpannt, indem er den einen Pflock in Mittelafien befeftigte, den andern bis zum Fufse der Pyrenäen vorrückte, den dritten in Weftafrika in den Boden klopfte. Ebenfo haben die Gothen und Germanen, die Kinder Odins, ihre fkandinavifche Heimat verlaffen, find aus den Bergthälern und Waldesklüften im Herzen Europa's vorge-drungen, das Schwert in immer weiterem Kreife fchwingend und die romanifche Bevölkerung niedermähend, bis fie die Pyrenäen überfchritten und in Nordafrika fich feftgefetzt, andererfeits die Häfen der kimmerifchen Halbinfel zu Ausfallsthoren gegen die afiatifchen Länder gemacht hatten. Wie verfchieden find gleich-wohl beide Nationen! Die eine drang in religiöfer Begeifterung vor und vollzog den Ausfpruch des Koran: »Das Schwert ift der Schlüffel zu Himmel und Erde!« Das Religionsgefetz des Islam ift vom Propheten aus der Mitte Arabiens ausgegangen, hat alle Stämme geeinigt und mit Begeifterung bis zum Fanatismus ent-zündet. Die deutfchen Völkerfchaften fehen wir durch die Bande des Blutes mehr entzweit als zufammengehalten. Odin ift Kriegs-gott, aber feine Anhänger nehmen willig die Religion der Befieg-ten an, fie erkennen die Ueberlegenheit der fremden Landesgott-heit an und werden von den Unterworfenen geiftig überwunden. Und nicht blofs diefs! Die Araber find vermöge ihrer Sprache welterobernd, fie haben von Jemen aus über den Libanon und Taurus hinaus bis an den Kaukafus, über den Euphrat bis tief nach Indien hinein ihre Zunge zur vorherrfchenden gemacht und, was an ein Wunder grenzt, mit leichter Mühe und ohne vielen Widerftand felbft die Nation von urältefter Bildung, die Aegyptier, förmlich aufgefogen, und alle Länder bis zum Atlantifchen Ocean mit ihrem Volke, mit gleicher Rede- und Denkweife erfüllt. Die Deutfchen dagegen haben gegenüber den gebildeteren Romanen auch fprachlich die Waffen geftreckt: die Oft- und Weftgothen, die Vandalen und ein grofser Theil der Sueven vermochten die im weiteften Umfang in Befitz genommenen Länder nicht ebenfo

geiftig zu bewältigen; durch das reine Blut der germanifchen
Stämme verftärkten vielmehr Italien, Gallien und Hifpanien ihre
Volkskraft. Karl der Grofse hatte an dem Hofe des Longobarden-
königs Defiderius, deffen Name fchon fo fremd klingt, das bereits
wälfche Element zu bekämpfen, welches nach immer neuer Sammlung heute bereits von Mezzo tedesco und Mezzo lombardo nichts
mehr wiffen will, fondern unabläffig vordringend die Sprachgrenze
bis an den Brenner auszudehnen gedenkt.

»Ich will ihn zu einem grofsen Volke machen, zu einer un-
zählbaren Menge,« heifst es vom Stammvater der Hagarener fchon
Gen. XVI, 10 f. Ihre Halbinfel allein ift fo grofs wie das ganze
Römerreich unter Auguftus, und auf hundert Thronen haben fie
aufserhalb geherrfcht, von Indien bis zum atlantifchen Meere die
alte Welt überfluthet, ohne je unterjocht worden zu fein. Ihre
Sitten find patriarchalifch, ihre Religion die des Abraham, einfach
und ohne Dogmen aufser dem Bekenntnifs des alleinigen Gottes,
wird fich behaupten bis zum Ende der Zeiten. Affyrer und Baby-
lonier, Perfer und Römer haben fie nicht bezwungen und kein
Feind ift je ins Innere der Halbinfel gedrungen. Vor den Aegyptiern und Phöniziern haben fie ihre Jugend bewahrt, ja das Nilland wie Syrien mit ihrem Blute aufgefrifcht, wie die Deutfchen
die Länder der Romanen mit frifchem Volke erfüllten. Griechen
und Römer find nicht mehr die alten, wohl aber die Kinder Ismael
und Israel, diefe felbft in der Zerftreuung. Der Islam ift der geiftige Ausdruck der Wanderftämme der Wüfte, und Muhammed ihr
Typus. Was ift von der Religion der Deutfchen übrig? Kaum
noch Sagen und Bräuche! Dagegen find alle monotheiftifchen Sy-
fteme von Abraham ausgegangen und beherrfchen die Welt.
Haran, die Heimat des Erzvaters, hat fich nie fremdem Dienfte
ergeben.

Germanen und Araber treten völkerbezwingend auf, aber diefe
haben es im Grunde weiter gebracht als wir, denn fie verftanden
die Nationen fich zu affimiliren, während die edelften deutfchen
Stämme in den Romanen aufgingen und fich verloren. Schlank
gewachfen, kerngefund und nüchtern von Haus aus, ift der femitifche Stamm bei feiner patriarchalifchen Lebensweife ftehen geblieben, ohne im wefentlichen etwas an der alten Einfachheit zu
ändern; er ift noch derfelbe wie vor taufend und anderhalbtaufend

Jahren. Freilich find die arabifchen Stämme feit Saladin in fo-
cialer Bildung zurückgegangen! Fürwahr, die dortige Welt unterfcheidet fich von uns dadurch, dafs fie der bürgerlichen und befonders ftaatsbürgerlichen Einrichtungen nahezu entbehrt; kaum
die roheften Handwerkzeuge kennt und von Mafchinen mit und
ohne Pferdekräfte fich nichts träumen läfst. Höchftens wird der
Läufer in der Mühle von einem Pferd oder Efel in Bewegung gefetzt. Niemand wird dem Araber den Ruhm eines Philofophen
ftreitig machen, wenn es anders von Lebensweisheit zeigt, fo
wenig als möglich zu brauchen. Der Mantel, den er trägt, ift zugleich fein Bett und feine Decke — genau fo, wie es fchon im
Buch Exodus XXII, 26 heifst: »Wenn du von deinem Nächften
ein Kleid zum Pfande nimmft, follft du vor Sonnenuntergang es
ihm wieder geben; denn das Gewand ift die Schlafdecke für feine
Haut.« Ich habe mich anfangs gewundert, warum der Beduine
immer den fchwerfälligen, fchwarzweifs geftreiften Mantel von
Ziegenhaaren mit fich fchleppt, der ihm in der Jahreshitze fo läftig
fallen mufs, wie eine Mönchskutte. Es ift eben fein »Auf und
Nieder,« wie man bei uns fagt. Er braucht weder Kifte noch
Kaften, hat auch keine Hütte, um etwas zu verbergen, und mufs
feinen Befitz nehmen, wie er geht und fteht. Mit dem Städter
und dem Fellah in den Dörfern ift es allerdings etwas anderes:
aber keiner trägt hier ein Bedenken in zerfetztem Baumwollftoff
von bunter Färbung einherzugehen. Selbft der Reichfte und Vor-
nehmfte macht fich nichts daraus, fich mit blofsen Füfsen, in deren
oberer Krufte man Rüben bauen könnte, unter feine Gäfte zu
fetzen und die Honneurs zu machen. Naturalia non funt turpia.
Dafür könnte der Araber fich in die Bruft werfen. Dfchingis-
chan ftellte es unter die Reichsgefetze, kein Kleid abzulegen, ehe
es von felbft in Fetzen zerfalle. Was mufste ich nicht alles mit
anfehen! Die höchfte Obrigkeit, vergegenwärtigt in der Perfon des
Kaimakam, entkleidete fich vor einer Verfammlung von hundert
und mehr Perfonen, um die religiöfe Wafchung im nächften Bäch-
lein vorzunehmen, wo zu derfelben Zeit vielleicht oberhalb eben
ein anderer einem menfchlichen Bedürfniffe nachgekommen ift.
Sokrates trug kein Hemd am Leibe und fchnäuzte fich in die
Finger. Die Sokratifche Methode befolgen auch die Araber, und
wie Diogenes weifs jeder aus der hohlen Hand zu trinken.

Den Werth des Trinkwaſſers lernt man erſt da kennen, wo man die Reiſeſtationen nach Brunnen eintheilen muſs. Man füllt den unglacirten Krug, deſſen Inhalt durch Verdunſtung an der Sonnenhitze erſt recht kühl wird, ſtopft die Oeffnung mit Lorbeer zu und hängt ihn an den arabiſchen Sattel. Aber der Körper trocknet bei der Tagesglut ganz aus, Mann und Roſs dürſten. Wo immer ein lebendiges Rinnſal oder eine Waſſerſammlung in der Ciſterne iſt, gibt es noch heute Streit zwiſchen den Hirten und Fellah-Weibern, wie in Jakobs und Moſis' Tagen. Doch erwarte man ja nicht, daſs auch nur eine einfache Vorrichtung zum Waſſeraufzug ſich irgendwo finde — der Brunnenkranz zeigt die Einſchnitte in Stein von der ſeit Jahrhunderten fortwährenden Reibung der Stricke, womit jeder Theil das Waſſer herauholt. In Tyrus iſt der berühmte Stadtbrunnen von ſolcher Ergiebigkeit, daſs die Frauen vorne, die Männer rückwärts unabläſſig ſchöpfen. Aber lieber darbt die Stadt einen Tag oder mehr, während der Waſſerfluſs von zerbrochenen Krügen gereinigt werden muſs, als daſs man eine Rolle mit metallenem Schöpfer zum Aufzug anbrächte. Das iſt orientaliſche Fahrläſſigkeit. Die erſehnte Quelle iſt oft nach vielen Reitſtunden erreicht, aber das Waſſer riecht nach der Anweſenheit von Roſſen und Kameelen oder Laſteſeln — einen Brunnen zu faſſen findet ſich niemand veranlaſst. Wie oft ſchrack ich zuſammen vor einer offenen Ciſterne, die, wenn man ein Ruinenfeld durchſucht, ſich plötzlich aufthut! Sie iſt von Diſteln und Dornen überwachſen: mit einmal gewahrt man die Oeffnung zu Füſsen, ein falſcher Tritt und man kann hineinſtürzen. Grauenhaft iſt ſchon die Vorſtellung, in einem ſolchen unterirdiſchen Felſenkerker, ungehört von Menſchen, verſchmachten zu müſſen. In Griechenland hat die Regierung unter König Otto trockne Ciſternen zu Gefängniſſen benützt. Aber abſeits vom Verkehr ſo elend umkommen zu müſſen, wie aus da und dort gefundenen Gebeinen ſich ergibt, iſt ſchauerlich. Lieber ſtelle man Terrainunterſuchungen nicht ohne Begleitung oder Vorwiſſen Anderer an.

Seltſam vermeidet der Morgenländer unter den Lebensmitteln vor allem das Kuhfleiſch. Der Abſcheu iſt nicht nur den Hindu's eigen, welche in Rückſicht auf Zucht und Milch den Genuſs desſelben für die denkbar ſchwerſte Sünde erachten. Die militäriſche Nöthigung, Kuhfett im Dienſte verwenden zu ſollen, gab 1866

hauptfächlich den Anlafs zum Aufftand gegen die brittifche Herrfchaft. Der Brahmine am Ganges hält diefe animalifche Koft für
fo verächtlich, wie wir das Verzehren von Menfchenfleifch. Die
Aegyptier und Phönizier hätten eher Menfchen- als Kuhfleifch
gegeffen, fo meldet Porphyrius de abstin. II, 11. Nachdem ihnen
längft Ofiris die Anthropophagie abgewöhnte (Diodor I, 14), dachten
fie gar nicht daran, das Vieh in der Noth zu fchlachten, fondern
verkauften es an Jofeph um Brod. Urfprünglich afs nur der Pharao und fein Hofftaat Fleifch. Gleichwohl erwähnt die Bibel
σιοιστά, im Stalle gefüttertes Vieh, im Gegenfatz zu Rindern der
Weide, βόες νομάδες (I. Sam. V, 3; I. Kön. IV, 23.)

Plato leg. VI, 22 gedenkt: »Während man ehedem nicht einmal vom Rinde effen durfte, fehen wir jetzt Menfchen geopfert.«
Enthaltung von Kuhfleifch war uralte Satzung. In Damaskus bekam
man früher nur Hammel; vor Schweinen hat aber der Moslem
noch fo arge Scheu, dafs ein Fleifcher, den Nachts die Wache
faffen wollte, nur zu rufen brauchte: ich bin's, der die Schweine
fchlachtet! — fo liefen die Soldaten davon. Nur gezähmt liefert
die Kuh Milch, in den Pampas nur Fleifch und Haut, fo dafs der
»Gründer« Law und die auf Rahm und Butter gewinnende franzöfifche Miffiffipi-Gefellfchaft fich von vornherein verrechnete.

Bezüglich der Thierwelt befolgt alfo der Araber die uralte
Praxis, fich der Schlachtung möglichft zu enthalten. Die Vorwelt
brachte das Lammesopfer am Frühlingsfeft und genofs Fleifch
nur einmal des Jahres. Die Nachwirkung ift noch in Hellas fühl-
bar, da die griechifche Kirche mit Faftenpatenten das ganze Jahr
hindurch das Volk auf dem Wege der Rechtgläubigkeit und künftigen Seligkeit erhält. Der Araber fchlachtete bisher kein Rind,
wie fie alle, die chriftlichen nicht ausgenommen, auch keinen Wein
geniefsen. Man denke: in einer Stadt wie Tyrus, dem Venedig
des Alterthums, mufsten wir, felbft bei Gaftgelagen die uns zu
Ehren veranftaltet waren, den vom Libanon und aus Cypern be-
zogenen Rebenfaft beifteuern, während ganze gebratene Lämmer
aufgetragen wurden. Erft die deutfchen Coloniften in Jaffa und
Kaipha bieten das Fleifch der Kühe, Kälber, Schweine und Ochfen,
ftatt alleiniger Hämmel und Ziegen, feil. Aber was gefchieht
denn mit dem gröfseren Hornvieh? wird man fragen. Antwort:
man läfst es an Alter und Krankheit oder vor Hunger umkommen,

denn der Araber weifs auch kein Heu zu machen. Ein deutfcher
Oekonom verficherte mir, dafs in der Ebene Esdrelon allein jährlich an 20,000 unferer Wagenladungen Futter für Rinder und Roffe
zu Grunde gingen, weil niemand zu mähen weifs, höchftens türkifche Officiere die Cavalleriepferde in der Ebene grafen, und gegen Verabreichung eines Bakfchifch den deutfchen Bauer einheimfen
laffen, fo viel er will. Welche Zuftände! Die Thiere, die ich
gleichwohl für zahlreicher hielt, als vor dreifsig Jahren, haben
wenig Gewicht, denn fie werden das halbe Jahr elend mit Stoppeln
hinausgehungert, bis wieder Gras wächft. Wenn feine Rinder fallen,
dann erhebt der Moslem laute Klage über fein Unglück, und bedeutet man ihm: er fei felber Schuld, weil er nicht für gehörige
Nahrung Vorforge treffe, fo erwiedert er willig: »Die Wahrheit ift
in deiner Hand!« ändert aber an feiner Fahrläffigkeit nichts. Und
was gefchieht mit all dem nicht zu Schlachtung gelangten Vieh?
Antwort: es wird an Ort und Stelle, wo es erliegt die Beute der
Hunde und Schakale, fowie nächtlicher Aasgeier, die binnen 24
Stunden fich fo gründlich in den Körper hineinfreffen, dafs bald
nur noch die Knochen übrig find. Die Beftattung findet im Magen
der grinfenden Beftien ftatt. Die Schakale erfahren von ihren
Brüdern dasfelbe Schickfal, und laffen nur ihren Pelz und das Gebein zurück.

Der Menfch hat kein Recht über das Leben der Thiere, ift
orientalifcher Religionsglaube. Die Erde ift des Herrn und der
Menfch nicht Eigenthümer darauf, fondern nur in die Lehennutzung
eingefetzt, er hat eine höhere Heimat. Der Beduine wandelt über
den Sand der Wüfte hin, er weifs nicht wo er zur Welt kam, noch
auch die Stätte wo er feinen Vater oder Stammbruder in den
Sand verfcharrt hat. In den lichten Sternen des Firmaments ift
er beffer bewandert als in der irdifchen Geographie. Wo der
Menfch blofs Nutzniefser, aber ja nicht freier Eigenthümer ift, läfst
er Grund und Boden in dem Zuftande wie er ihn vorgefunden
oder ererbt hat. Der Araber bewahrt noch die Natur des Noma-
den: er baut keinen Weg, er kennt keinen Wagen. Der Magen
des Kameels fondert eine grünliche nicht übel fchmeckende Flüf-
figkeit ab, die man aber nicht Waffer nennen kann: der Araber
koftet fie allerdings wenn das Reitthier fällt. »Die Kameele find
unfere Eifenbahnen,« fagte mir auf deutfch ein elaftifcher Tur-

banträger. Man fieht fich auf Landreifen zu Pferd angewiefen, was,
ein paar Wochen fortgefetzt, doch erftaunlich ermüdet. Hier liegt
ein Stein im Wege, dort fperrt eine Felsplatte den Pfad; mit
einiger Anftrengung der Arme, mit ein paar Hammerftreichen wäre
das Hindernifs befeitigt und der Umweg vermieden. Diefs zu
thun fällt den Eingebornen gar nicht ein, fie machen den Ritt im
Zickzack, die Wanderung in allen möglichen Windungen; haben
fie es doch fchon feit Jahrtaufenden fo gehalten. In Chrifti Tagen
find Roffe und Maulthiere in diefelben tiefen Löcher getreten,
worin fie noch heute die Füfse zu brechen drohen: wie viel Zeit
gehörte dazu diefe Stapfen nach rechts und links auszuhöhlen!
Der Franke vertraut auf den ficheren Gang feines Thieres, aber
es gleitet auf der glatten Steinplatte aus und ftürzt unter ihm den
Abhang hinab, ja überftürzt fich zum zweitenmal auf fchlacken-
hartem, nicht witternden Fels, dafs dem Reiter die Rippen krachen
und der Hals in Gefahr kömmt, wie mir's felber gefchah. »Bereitet den Weg des Herrn und machet feine Fufsfteige
eben. Die Hügel follen abgetragen und die Thäler eben werden!«
So lautet die Stimme des Rufers in der Wüfte vom erften Anfang im Evangelium. Diefe Aufgabe erfüllen wohl die chriftlichen
Völker, aber der Ruf ift von den nichtchriftlichen Morgenländern
überhört. Ohne das Pferd und das Schiff der Wüfte ift der Araber
nicht zu denken.

XXXIX. Sehnsucht der Tyrier nach einer deutschen Colonie.

ine neue Zeit bricht für die Länder des Oftens an, und fchon nach zehn Jahren dürften auch die gefelligen Zuftände, wie wir fie hier wahrheitsgetreu fchilderten, eine wefentliche Umgeftaltung erfahren haben. »Wann kommt ihr denn endlich?« rief man fchon vor dreifsig Jahren dem Franken in die Ohren, der mit einigem Anfehen oder, wie es in dem damals noch nöthigen Pafsport hiefs, als »eine in der Welt berühmte Perfon« hierzulande auftrat. Es ift diefelbe Stimme die einft dem Völkerlehrer Paulus im Traumgefichte zu Troas zurief: »Komm herüber und hilf uns! (Apftg. XVI, 9) nur mit dem Unterfchied, dafs diefer Ruf nicht mehr von Europa, fondern von Afien ausgeht und uns Europäern zu Ohren tönt.

Den Fufsftapfen des Grofsfultans und Khedive, die nach dem Abendlande pilgern, folgt der Schah von Perfien: ihr Kommen hat keinen andern Sinn als unfere vorgerückten Zuftände kennen zu lernen, und auszufprechen: »Kommt herüber und helft uns!« Dabei nahm der Grofsherr aber noch Fäffer voll Nilwaffers mit, wie es heifst, um feine relig. Handwafchung· vorzunehmen oder das unreine Trinkwaffer in den Ländern der Franken zu meiden. Europa hat die Aufgabe die Afiaten zu erziehen und dem Volke, das bei feinen antediluvianifchen Zuftänden fchrecklich verwahrlost, zu einem mehr menfchenwürdigen Dafein zu verhelfen. Befonders ftrecken die Araber verlangend die Hände aus, und fehnen fich nach den focialen Wohlthaten, welche die Franken ihnen bieten können. Eben wir Deutfche find nun als das vor-

herrschende Volk im Abendland angesehen und willkommen geheifsen. Die tonangebende Weltmacht mufs auf diefes Verlangen
nothwendig hören.

Heute ift auch für den roheften Türken jene Barbarei ein
überwundener Standpunkt, welche der Vater unferes Mamluken
unter Achmed Dfchezzar Pafcha erlebte, indem diefer glückliche
Vertheidiger von St. Jean d'Acre gegen Bonaparte's wiederholten
Anfturm ein paar widerfpänftige Soldaten im Keffel kochen und
von feinem rebellifchen Regimente verzehren liefs. Davon wird
jetzt noch in ganz Syrien erzählt. Hier war der vom Stifter des
Chriftenthums ertheilte Befehl: »Effet was man euch vorfetzt,« etwas fchwer zu erfüllen. Aber manche skythifche Barbarei hat ja auch bei unferen Altvordern beftanden. Möge es
den Lefer bei diefer getreuen Schilderung von Land und Leuten
im goldenen Often ja nicht grufeln, fondern das behagliche Gefühl überwiegen, dafs wir im Abendlande doch einen andern Com-
fort des Lebens geniefsen. Im Morgenlande könnten die Europa-
müden ihren Weltfchmerz allenfalls los werden. Man examinire
einmal die europäifchen Reifenden in Innerafrika, oder fonftwo,
was fie manchmal zu effen fich verftanden? Ein bisschen Roh-
fleifch läfst fich gewöhnen, ungleich mehr hat der Araber einen
Magenfaft und eine Verdauungskraft um das zu übertragen.

Was den Deutfchen zur Zeit des Tacitus vor allen adelte, war
die Achtung vor den Frauen, fie bildete den Grund ihrer Sittlichkeit. Der Orientale will von Gleichftellung mit dem Weibe (welche
freilich bei dem Yankee bereits dem Götzendienft gegen die Dame
weicht) nichts wiffen. »Herr,« ich danke dir, dafs ich kein Weib
geworden bin,« betete fchon in vorchriftlicher Zeit der Hebräer.
»Mit Refpect zu melden ein ‚Weib« lautet noch heute die
wegwerfliche arabifche Aeufserung. Wo das weibliche Gefchlecht
noch halbwegs als Waare gilt, wie kann da von Gleichftellung mit
dem Manne die Rede fein? Dafs der Moslem jede fichtliche Annäherung an die Frau wie eine Herabfetzung feines Charakters
zurückweift, erfuhr man beim Befuche des Grofsfultans in Paris,
wo die Kaiferin Eugenie neben dem Herrn des Serails, beide
in nicht geringer Verlegenheit, auf Diftanz einhergiengen. Hätte
er ihr den Arm gereicht, die ganze orientalifche Welt wäre darüber
in Aufruhr gerathen, und wer weifs ob ihm nicht das gleiche

Schickfal wie in der Familie Mehemet Ali's bevorgeftanden, wo Abbas Pafcha erwürgt, fein Nachfolger im Nil erfäuft wurde! Kindifch erfcheint den Orientalen, wie bei uns — feit der jungfräulichen Königin Elifabeth von England die Damen im Sattel fitzen: darin mögen fie Recht haben. Aber im fernen Often trifft man nur bei halbwilden Stämmen, wie den Kurden, Frauen zu Roffe. Wie treten diefe doch im Morgenlande zurück im gleichem Maafse, wie fie in der Weftwelt fich überheben! Als der Generalkonful uns bei fich empfangen und wir ihn dann unfrerfeits zu Tifche luden, wollte die Donna des Haufes Bulus Schammate faft in den Boden verfinken ob der unglaublichen Ehre, an feinem Arme zum Mahle geführt zu werden.

Betritt eine fränkifche Dame in Gefellfchaft das Haus eines Moflem, fo ftattet fie zuerft den Kadinen im Harem einen Befuch ab. Man denke dabei nur nicht gleich an Salomo und den hundertften Theil feiner Odaliken, fondern als Haremitin oder Eremitin ift eine einzelne ganz befcheidene Gattin mit ihrer Mutter und Töchtern oder jüngern Kindern zu finden. In Afien haben von taufend Mohammedanern höchftens noch fünfzig mehr als Eine, kaum zehn über zwei Frauen. Die Monogamie beftand lange vor Chriftus grundfätzlich bei den Römern, Griechen und Deutfchen. Die Perfer im Hochlande Iran fetzten fie feft, nur der Kinderlofe durfte eine zweite Frau nehmen. Die Vielweiberei ift als ein faft überwundener Standpunkt, man deutet bei den Moslimen, wie vereinzelt bei den Juden mit Fingern auf den Mann, welcher noch zwei oder mehr Frauen hat. Der befondere Haushalt für jede macht die Unfitte koftfpielig. Selbft die Pafcha's gehen mit dem guten Beifpiele voran, und das nenne ich einen Fortfchritt. Vielleicht wird in der nächften Generation auch das fchmutzige Baumwolltuch zum Opfer fallen, womit fich jetzt noch die Muslema zum Unterfchied von den Chriftinen das Geficht verhüllt.

Das Familienleben wird auf diefe Weife fich heben, aber auch die Volkswirthfchaft mufs fich beffern, wovon man noch wenig Begriff hat. Soll diefe Landfchaft immer verwahrloft bleiben? Man bot mir ein paar Landgüter käuflich an für Preife, die an Onkel Sam's Land in Nordamerika erinnern, d. h. halb gefchenkt. Zu diefer Entwerthung trägt allerdings die fchwere Zehntlaft bei,

indem diese Steuer im ganzen Türkenreich auf 12 1/2 Procent erhöht wurde, ja durch Pächter wohl selbst auf den fünften Theil
der Ernte gebracht wird. Niemand denkt· darum an Melioration,
und doch gedeihen hier bei der geringsten Pflege alle Früchte des
Feldes und der Bäume: Zuckerrohr, Bananen, Mandeln, Portugalen,
Melonen, Mischmisch, Granaten, Feigen, Oliven, Maulbeeren u. f. w.,
in so wunderbarem Reichthum, als ob die Natur die Menschen
einladen wollte hier ein Paradies von Fruchtbarkeit sich gefallen
zu lassen, wie unterhalb bei Joppe. Und so muss es auch kommen! Ehe dieses Jahrhundert zur Neige geht, wird von den Sa-
lomonischen Brunnen bis Tyrus ein stundenlanger und breiter
Fruchtgarten erblühen, wie ausser dem paradiesischen Damaskus,
wo Ströme fliefsen, sich keiner in ganz Syrien findet. Wie nun?
Sollen die Deutschen auch am Fufse des Libanon ihren Kohl
bauen? Wir stellen die Gegenfrage: Warum sollen wir überwie-
gend blofs in Nordamerika, und nicht viel näher an der Küste
des Mittelmeeres, hier am Fufse des gesegneten Libanon, uns nie-
derlassen?

Siedeln sich doch die Engländer ebenso an der Spitze von
Kleinasien an. Habe ich nicht zu meiner Verwunderung in Safed,
der »Stadt Gottes auf dem Berge,« württembergische Kartoffel,
von den Colonisten in Kaipha gepflanzt, in einem Strohdeckel, mit
einem Gewichtsstein der besser zur Pflasterung pafste, auswägen
gesehen? Sicherheit ist gegenwärtig genügend geboten, und die
Höhenpunkte Rama, el Burdsch, el Maschuk vor den Thoren von
Tyrus erinnern allein noch an die Zeit, wo man zur leichteren
Vertheidigung sich auf den Rand der Hügel zurückzog. Indefs
baut man ruhig in der Ebene die Hütten zur Zucht der Seiden-
würmer, deren Selbstbestattung in feinstem Seidengespinnst zuzusehen für mich höchst interessant war. Hier sind wir doch weit
weg von jenen Strichen, wo man Klosterfestungen ohne Eingangs-
thüren nur mittelst eines Aufzugs durch die Luft von oben herab
betreten kann, wie am Sinai, wo alle Ringmauern mit incrustirten
Gläsern besetzt, oder mit Steingeröll belegt sind, wie in Mar-Saba,
dem Wüsten-Monastir, und vordem am Jordankloster, Tell el Jehudi,
damit, wenn der Ueberfall erfolgte, der Wächter am Thurme
schon durch das fallende Gestein auf die drohende Gefahr aufmerksam gemacht wird. Bei der gegenwärtigen Strenge der tür-

kifchen Gefetze hat auch der Franke wenig zu beforgen. Man
denke, dafs ich in Tyrus immerhin noch 200 Napoleonsd'or im
leicht transportablen Koffer verfchloffen hielt, ohne nur die Zim-
merthür zu fperren, und auch nicht ein Para ift mir in der langen
Zeit abhanden gekommen. Die raffinirte Cultur läfst bei uns dem
Räuberwefen weit mehr Schwung, als im Orient der Mangel an
Erziehung und Schule.

Europäer müffen auch die Weincultur hier in die Hand
nehmen, denn der vom Libanon, Vino della Montagna genannt,
ift oft kaum zu trinken, und könnte doch dem ficilifchen und fpanifchen gleichftehen. Der Moslem, Drufe und Metuweli trinkt
keinen Wein, und der Maronite zittert für feine Exiftenz, oder enthält fich der befondern Pflege der Rebenpflanze aus Unwiffenheit
und Bedürfnifslofigkeit. So trinkt alles Volk in einem der fchönften Theile der Erde blofs Waffer, und geniefst zur Nahrung runde
Brodzelten in Form und Gefchmack unferer »Karfreitaghaut,«
wovon das Stück fünf bis zehn Para, d. i. einen Viertel- oder halben Silbergrofchen koftet. So war es ja im Alterthum auch, und
wenn der Mann vier bis fechs folche Brode zu feinem Tifch auf-
einanderlegt, wird man lebhaft an die zwölf Schaubrode im Je-
hovah-Tempel gemahnt.

Das Volk lernt allmälig lefen und wie ich erfuhr, hat der
Levant Herald, die englifche Zeitfchrift von Conftantinopel
und andere Blätter unter den Kaufleuten und Honorationen in
allen Küftenftädten, die auch etwas franzöfifch verftehen, einen
zunehmenden Leferkreis. Ueber 30 Exemplare der Dfchinna
(oder des Paradiefes), eines arabifchen Beiruter Blattes gehen nach
Sur, ebenfo von der Zeitfchrift Nafchach, d. h. Fortfchritt —
man ftaune! Hierzu kömmt Nachle, die Palme, und Bafchir,
»der Evangelift«, ein Jefuitenblatt. Neben folchen arabifchen erfcheint in Damaskus noch ein türkifches Journal Syrie.

Auch auf eine Schule rechnete man, wie fie in Joppe befteht,
da jetzt die Deutfchen voran find. Hatten doch die Jefuiten während ihrer drei bis vierjährigen Anfiedlung in Sur eine franzöfifch-
arabifche Schule gegründet, und ihre Nachfolger feit fieben Jahren,
die Franziskaner, fie darin abgelöft. Der brave Guardian hilft
zugleich als Arzt aus. Die jetzige arabifche Klofterfchule befteht
für Maroniten und Rumi, wobei ein Kind das andere lehrt. Für

Mädchen hat eine Anglikanerin eine Lehr- und Arbeitsschule
eröffnet. I go to school! ich bin Schulkind, sagte mir ein wun-
dernettes arabisches Mädchen: darin sprach sich das Selbstgefühl
aus, als trete sie in einen höheren Stand über.

In Tyrus hat sich wohl mancher Lybophönizier von den
hesperischen Landen, Sikeliote und Sarde, Ibere und Insasse der
Cassiteriden, auch Bewohner von der Bernsteinküste bewegt — wir
kamen aus Germanien. Warum sollte ein Deutscher nicht in
Tyrosidonien seine Ansiedelung treffen, dem Türkenstaate die Steuer
entrichten und unter der Hut seiner Consuln sich der Sicherheit
und des Rechtsschutzes erfreuen? Tyrus, die Mutter so vieler
Colonien, wie Leptis, Utica (d. h. die alte, antiqua), Carthago,
Gades — die sich ihrer Kinder in 200 Handelsplätzen allein an
Iberiens Küste rühmte, die ihm später Carthago entzog — Tyrus,
wovon Plinius H. N. V. 17, schreibt: olim partu clara, urbibus genitis
— Tyrus sehnt sich heute selber nach einer Colonie, und
zwar von Deutschland aus. Uns selbst hiefs man als sichere
Vorläufer einer deutschen Colonie willkommen; hier bleiben!
war der sehnliche Wunsch Jussuf Aga's. Ja meinen Sohn tauften sie
Said um, denn Bernhard konnten sie nicht aussprechen, und wollten
ihm sogleich eine Orientalin als Braut bescheeren, damit er nur nicht
wieder fortginge. Die Deutschen von Jaffa und Karmel unter ihrem
Haupte Hofmann scheinen zur Niederlassung bei dem Salomoni-
schen Brunnen, in den Gärten und Mühlgerinnen fest entschlossen,
und warten nur die jetzigen Kriegsläufe ab. Die Ersteigerung des
Bodens der Kathedrale, aus der ich bereits 33 Steinhütten hinaus-
schaffte, wäre ohne den Einfall, es sei eine venetianische Markuskirche, längst erfolgt.

Hoch genug ist das Ansehen der deutschen Nation gestiegen,
dafs nicht blofs hier am Saume des Mittelmeeres, sondern in
Afrika, Südamerika, ja im ganzen Umfange des stillen Oceans je-
dermann deutscher Consul werden will. Der Phönizier Habib,
unser Geldmakler, sah sich im Geiste schon zum deutschen
Viceconsul erklärt, und hielt in der frohen Hoffnung am Sonntag nach unserem Abgange mit einer Nichte des Erzbischofs Hochzeit. Ich tröstete ihn: Maschallah! Jnschallah. Das Anlegen
der Dampfboote in Tyrus steht jedenfalls in nächster Aussicht.

Jetzt galt es, sich zur Abreise aus dem Vorlande Phöniziens

zu rüsten. Ich war nun des Hofstabes, bestehend aus ein paar be-
waffneten Begleitern (Sabtye), dem Dragoman, Kawassen, eigenem
Koch und Diener, deren jeder sein Pferd oder Maulthier nebst
Zubehör bedurfte, sowie des Mittransports von Tisch und Bett,
Lehnstuhl, Kücheneinrichtung und Proviant, bald müde, und wollte
auch Pascha und Consuln nicht weiter zu meinem Schutz aufbieten,
weil es ihnen Verantwortung, mir aber die Verpflichtung zuzog,
den Bakschisch stets in gelben Pfennigen zu entrichten, die man
sonst Goldstücke heisst und deren man nicht genug mitnehmen kann.

Wenn es möglich war, das vorgesteckte Ziel zu erreichen,
so war ich gewiss, wie kein zweiter, dazu vorbereitet. Wilhelm
von Tyrus erklärt: »der Geschichtsschreiber solle mit dem Dichter
die Gabe der anschaulichen Darstellung gemein haben.« Aber die
Poesie wird durch die Prosa unerfüllter Hoffnungen bedeutend be-
einträchtigt. Das berühmte Sema, Alexanders des Grofsen
Grabmal zu Alexandria, auf welches Jahrhunderte lang die Augen
der halben Welt gerichtet waren, ist in den Hintergrund getreten,
unter allen noch übrigen Monumenten weist keine Spur auf ihn.
Und wo befindet sich Cäsars Grab in Rom? Werthvolles brachten wir heim. Ja in der That, wenn man weifs, was Capitän Wil-
son mit siebenmal mehr Geldmitteln in Zeit von fünf Monaten
von Damaskus an bis Samaria und Jerusalem ausgegraben, wie er
da und dort, auch auf dem Berge Garizim ein Loch aufgemacht
und nichts gefunden, können wir mit dem Ergebnifs unserer Expedition immerhin zufrieden sein. Tyrus wird fortan viele Reisende
anziehen und selbst in Erstaunen setzen! Hoffentlich wird das
Vaterland nicht den Stab über uns brechen, dafs wir nicht zurück-
bringen was wir in sichere Aussicht genommen, nämlich — die
Gebeine Barbarossa's! — nicht weil sie schon früher in der Stille
zurück gebracht wurden, sondern in der Zerstörung verkommen sind.

Die Kaiserin Livia hatte kurz vor Augustus Tod von Herodes Antipas Schwester Salome die Stadt und Umgegend von
Jabne nebst Phasaelis und Archelais im Jordanthale geerbt, wo
ein berühmter Palmenwald stand (Jos. Antiq. XVIII. 2, 2), ein
Palmzweig bildet daher das Emblem auf ihren Münzen. Der Ba-
silikos oder kaiserliche Domänenverwalter tritt sogar im
Evangelium auf (Joh. IV, 46). Diefs brachte mich auf den Gedanken, Deutschlands Kaiser, dem neuen Reichsgründer die bei-

ſpiellos leichte Erwerbung eines ſolchen Hausgutes am Fuſse des Libanon zu empfehlen, wo die Grabkirche Barbaroſſa's unſerer Nation ſtets heilig bleiben wird. Als deutſche Coloniſten aber empfehlen ſich die, wie die alten Benediktiner und noch die Trappiſten in Algier, allenthalben die deutſche Cultur fördernden Tempelchriſten von Karmel. Der Schutz Juſſuf Aga's, des Mamluken, und aller Behörden wäre ihnen ſicher — ſonſt dürfte leicht Britannien, nunmehr Beherrſcherin von Cypern, ſich unſere Verſäumniſs zu Nutze machen.

XL. Seefahrt zur Grotte der Arusa - Orithyia. Naturmythe.

inſt bewegte ſich die Weltgeſchichte um den Hafen von Tyrus, und im Geiſte gingen die Bilder an uns vorüber, wer hier aus- und eingeſtiegen. Jetzt bildete der Abgang von ein paar Deutſchen ein Ereigniſs. Die halbe Stadt war auf den Beinen, ſtundenlang ſtand die türkiſche Hermandad am Ufer, um den letzten Salut zu bieten, und mit zahlreichem Gefolge, wie ein Paſcha kam noch Juſſuf Aga, der Mamluk, angezogen, uns die Wiederkehr ans Herz zu legen; der Kaimakam bot mit orientaliſcher Hyperbel uns Lebewohl: »Ganz Tyrus trauert bei Eurem Abſchied.« Es war Freitag 5. Juni nach 8 Uhr Morgens, als der Hafenmeiſter erſchien, und die gedungenen Sachturi ihr leichtes Boot ins offene Meer hinausſteuerten: der Kiel lenkte nach Süden. Solch eine Dahabieh nebſt drei Mann bezahlt ſich des Tages mit einem Pfund. Das Fahrzeug iſt kleiner als ein Kajück oder eine Kocke. Feluke ſtammt vom arabiſchen Folk-Schiff, ſaluka rund, und erſetzt den Namen des phöniziſchen gol, wovon Golette (S. 3. 150), wenn wir die Benennung nicht vielmehr, wie Goliath, von der Gröſse (גֹּלַח magnus, crassus) zu erklären haben. Erythras verbot den Aegyptern das rothe Meer mit andern als runden Schiffen zu befahren (Philoſt. Apol. III, 35). Die Araber ſind im Grunde ſchlechte Seefahrer, und doch danken wir ihnen ſelbſt das Wort Amiral, Amiraldus, Admiral. Eine ans Land gezogene Kogge bildete zu Akka das erſte Lazaret, welches Pilger aus Lübeck und Bremen unter Leitung Siegebrands zum deutſchen Hoſpital einrichteten.

War das eine fröhliche Fahrt, freilich nicht auf hoher See, oder durch eine reizende Infelwelt, aber der phönizifchen Küfte entlang, welche in naher Zukunft wohl ein bewegteres Leben erfahren wird. Faft fenkrecht fteigt Ras el Abiad, das weifse Vorgebirge mit der tyrifchen Leiter in die Höhe, wo der Reitweg fich durch Felfen zwängt. Dfchebl Skanderun erhält das Andenken des grofsen Alexander. Chan Nakura wird mit feinem Thurme fichtbar und das Vorgebirge fchliefst mit diefem Namen ab. Am Fufse tiefen ein paar Höhlen fich aus, nur von der Seefeite zugängig: die füdliche gröfsere ift durch eine Art Lureley-Märchen verklärt. Auf der 300 Fufs hohen Steilwand zog einft eine junge fchöne Braut unter Gefang und Cymbelklang, als der Zelter fcheute und fie in die Tiefe fchleuderte. Ihr Geift weilt noch in Mogaret en Nuh, der Seufzergrotte: fie läfst da ihre Klagen tönen über die Wogen hin, fo oft Stürme im Anzuge find; man kann ihre Stimme und den herzbrechenden Jammer bis Sur und Akre vernehmen.

Gewinnen wir der Volksfage eine klaffifche Deutung ab. In folchen Höhlen haufte Pan (Pavana, von Sskr. pu, wehen $= \alpha \breve{\iota} \omega$) oder Aeolos mit feinen Windfchläuchen. In der Siebenhöhle des Boreas waren die Sonnenroffe eingeftellt. Ja wir lernen hier den Urfprung der Mythe von Boreas kennen, deffen Name in der Bora, Borasca fortlebt. Arufa ift eben Orithyia, die Bergtochter und Windsbraut, welche durch den Sturmgott von der Höhe hinabgeriffen wird. So nahm er auch die blumige Chloris unter Saufen und Braufen fort.

Phädrus frägt: Soll nicht Boreas hier die Oreithyia vom Iliffus weggeführt haben, und wird nicht diefs der Punkt fein, wie gefchaffen, für Mädchen am Ufer Spiele zu treiben?

Sokrates antwortet: Er liegt zwei bis drei Stadien weiter unterhalb; wo man zum Tempel der Agra überfetzt, findeft du einen Altar des Boreas.

Phädrus: Glaubft du, dafs diefe Mythe wahr ift?

Sokrates: Nun, ich könnte eine finnreiche Theorie auffftellen: ein Stofs des Nordwindes habe fie von den Felfen in diefer Gegend herabgetragen, während fie mit ihrer Freundin Pharmakeia fpielte, und nachdem fie fo geftorben, berichtete man, fie fei

23*

durch Boreas von dort fortgetragen, oder von der Areskuppe weggeholt, denn man erzählt fich auch dort diefe Gefchichte.

Die Griechen befafsten fich viel mit der Hochzeitsfahrt der Bergfchwärmerin Orithyia, welche der Hyperboräifche Sturmgott heimgeführt. Nach Herodot VI, 189 erging der Götterfpruch, die Athener follten gegen Xerxes ihren Schwager zu Hilfe rufen. Diefs war Boreas, indem er obige Erechtheustochter (alfo Pofeidons Kind) gewann; und fo opferten fie bei Chalcis den Beiden, dafs fie die Schiffe der Barbaren zerftörten. Geraubt hatte er Orithyia nach andern, da fie auf dem Berge Brileffos im Norden Athens hintanzte. Freilich meint Apollonius von Thyana (Philoftr. IV, 21): »nie wäre Boreas Orithyia's Liebhaber geworden, wenn er fie hätte tanzen fehen.« Aber es ift die Wolke, die über den Berg hinwandelt, plötzlich vom Nordwind erfafst wird und im Regen ins Meer niederftürzt, in Begleitung von furchtbarem Klagegeheul. Ein grofsartiges Naturbild, daher es an fo hervorragenden Sturmpäffen fich wiederholt.

Es gab auch folche Klippen, um Jungfrauen der See zu opfern. Eine Tempelfage auf Tenedos lautet, Thetys habe den Penthiliden, Urangefeffenen der Infel, befohlen, vom Fels Mefogaion den Nereiden eine auserwählte Jungfrau zum Opfer hinabzuftürzen. Das Loos fiel auf eine Tochter des Phineus, d. h. des Phöniziers; da hing Aenalos fich an fie und zog die Geliebte mit in die Tiefe — bis Delphine fie wieder ans Ufer brachten, wo ein Tempel des Gottes ftand.

Strabo XVI, 3 meldet von der Schlacht am Ufer zwifchen Tyrus und Ptolemais zwifchen den Aegyptiern und dem fyrifchen Feldherrn Sarpedon, dafs die Fliehenden von den hereinbrechenden Meereswogen, fei es durch eine Wafferhofe, verfchlungen wurden. Während fo kühler Auslegungen, die einem Sokrates das Leben kofteten, weil er damit die »Staatsreligion auflöfte«, jagte die Bora unfer Fahrzeug fturmfchnell dahin, dafs wir einen ruffifchen Dampfer überholten. Unfer einziger Begleiter, der Arzt Falcone, lag bei den Windftöfsen bitterlich feekrank am Boden, fo dafs wir bei feinen Klagen die Seufzer der Arufa überhörten. Wie glücklich, wer, wie auch mein Sohn mir es gleich that, dem mal di mare und Fieber zu Lande nicht unterliegt. Bei Palma, zwifchen Tyrus und Akkon, wohnte Berchthold von Andechs

24. Juni 1148 der Berathung der Könige Konrad, Ludwig und Balduin zum Feldzug gegen Damaskus bei. (Wilh. v. T. XVII, 1.) Ift hier etwa Alma öftlich von Nakura zu verftehen? Wir kamen weit von der Küfte ab, wo der Nahr Harduil mit einem vielgenannten Caftell Imbrici, Imberti oder Lamberti, auch Huberti uns Kreuzritternamen, wie Harduin, Emmerich ins Ohr klingen läfst, deren Burgen der Sturm der Zeit weggefegt hat. In Aczib haufen feindfelige Türken, fprach unfer Schiffer mit unheimlicher Geberde: ihre Colonie mag wohl in Saladins Zeit hinaufreichen. Was Plinius von der zufälligen Erfindung des Glafes an diefen Dünen meldet, dafs nämlich phönizifche Kaufleute ihren Kochgefchirren Stücke Salpeter unterlegten, der mit dem Sand fich zu Glas verfchmolz, leidet an dem Bedenken, dafs chemifch fich auf diefem Wege kein Glas bereiten läfst. Plinius meldet XXXVI, 66, dafs die Sidonier fogar Glas zu Spiegeln bereiteten. Nach fünfftündiger Fahrt liefen wir Angefichts des Karmel in die Hauptfeftung Syriens, Jean d'Akre, ein.

Von da aus beginnt der zweite Theil unferer Reife. Wir bethätigen damit nur durch Erfahrung Goethe's Ausfpruch im weftöftlichen Diwan:

> Wer fich felbft und andere kennt
> Wird auch nicht verkennen:
> Orient und Occident
> Sind nicht mehr zu trennen.

XLI. Der Name Gibeline.

Aus dem Arabifchen erklärt.

s gilt blofs, eine fprachliche Fehde zum Austrag zu bringen. Den braven Waiblingern in Schwaben will ich alle Ehre gönnen, nur nicht den übermäfsigen Anfpruch, dafs die weltberühmten Gibelinen nach dem kleinen württembergifchen Städtchen benamft find. Wie, von Waiblingen, Wibilinga, Weibelinga follen fich folche Männer, viri potentes a saeculo, herfchreiben? Das glaube wer mag! Zwar läfst fchon Otto von Freifingen, der Stiefbruder Kaifer Konrads III., welchem der grofse Barbaroffa im Reiche folgte, diefe Ableitung gelten, und der Gefchichtfchreiber der Hohenftaufen, Friedrich v. Raumer, hat nichts dagegen einzuwenden. Aber man mufs nicht Alles für wahr halten, was gefchrieben fteht; uns ftehen fchärfere Mittel der Kritik zu Gebote.

Wir behaupten, die Benennung Gibeline, oder wie die Wälfchen und Guelfen fchreiben, Gibelline ift nicht deutfch, noch italienifch, ja nicht einmal indogermanifch oder fibirifch, obwohl der edle Ritter v. Lang daraus Zibellini oder Zobelfänger macht, fondern er ift arabifch, und die Saracenen übertrugen ihn auf das deutfche Heldengefchlecht, um daffelbe mit den Riefen der Vorzeit auf gleiche Stufe zu ftellen. Was Wunder? Mit der Bezeichnung für Gewalthaber, Gebieter und Könige (z. B. Enakim, $\check{\alpha}\nu\alpha\xi$, Enz) ift ja derfelbe Fall gegeben.

Als Bonaparte feinen modernen Alexanderzug nach Aegypten und Syrien unternahm, behielten die Araber ihn unter dem Ehrentitel: Sultan el Kebir im guten Andenken. Alfo der Kabir, oder der grofse Sultan (wie Quadalquivir, Wady al Kebir, »der grofse Flufs«). Von den hebräifchen Radikalen Gbr bildet fich gabar, praevaluit, potens factus est; geber der Mann, gibor der Mächtige, gebir der Herr. Affyrifch ift Gabru der Held. Gabriel bedeutet Gott der Starke. Kabirim ift was Gabirim, die Mächtigen, dii potes, consentes. Für unfere Beweisführung bleibt es ganz gleichgiltig, ob diefes Gebir, Gabirol, Gabriol mit Kebir oder Kabir identifch ift; auch in Gabara und Kabara, Gethera und Katra, Gamel und Kamel wechfelt übrigens der Gaumenlaut. Mamre, Efchkol und Aner find die Gibborim von Hebron; Hieronymus erklärt den Namen Jofua X, 2 mit bellatores fortissimi. Vom Höhengiebel nennt fich die phönizifche Hochftadt Gebal (Gibail), und fchon vor Mofis' Tagen zählen zu den Bewohnern Kanaans die Gibeli oder Gibelinen (I. Kön. V, 18), wie heute noch die Bergbewohner des Sinai Gebalije find. Ebenfo heifsen Dfchebaliya die Berberftämme im Südoften von Tunis und Tripolis.

Im Sirbonfee an Aegyptens öftlicher Grenze läfst die Mythe den Typhon für den Mord des göttlichen Ofiris büfsen, wie in Sicilien der Monte Gibello oder Aetna über die Bruft des geftürzten Titanen gewälzt ift, dafs nur das Zucken feiner Glieder im Erdbeben und fein Feuerathem im Auswurf des Vulkans fich kundgibt. Aber fiehe da! neue Träger der Legende ftellten fich ein, wie dies im Fortbildungsgefetz der Mythologie liegt. Es brachen die gewaltigen Nephilim oder Nibelungen, die den ganzen Orient erfchütternden Kreuzritter herein; fchon König Balduin I., Bruder Gottfried's von Bouillon, drang bis Tanis, (San) der alten Hykfosftadt Avaris (nach dortigen Infchriften Hu-avar) an der pelufifchen Nilmündung vor, ftarb aber auf dem Rückweg in el Arifch, und — wer denkt noch daran! Der Sirbonfee hiefs bei den Morgenländern lange Sebekeh Barduil, lac de Bardouin, Balduins Meer, das Umland Sabbe ha Barduil, »die Wüfte Balduins.« — Kein Araber verfäumt bis zur Stunde zum Hedfchar el Barduil, oder Steinhaufen des alten Heldenkönigs, unter welchem feine Eingeweide beftattet find, im Vorbeiziehen auch feinen Stein zu werfen, damit der Hügel und das Gedächtnifs an den grofsen

.Mann nicht verfalle. Sein Andenken erhalten auch noch ein paar
Burgen, Kasr Berduil bei St. Giles (Sindſchil) und das Schloſs
Balduins auf der Oſtſeite des Sees Genneſaret. Nebenbei hatte der
Steinwurf auf das Denkmal der gefürchteten Ungläubigen den-
ſelben Sinn, wie in Damaskus das Grab Jezid's I. ein rieſiger
Steinhaufe bezeichnet, indem alle Schiiten es für Pflicht halten,
auf die Ruheſtätte des Ungläubigen einen Stein zu werfen, der
den Prophetenenkel Hoſein morden lieſs.

Warum ſollte nicht Gibeline dem Munde der Araber entſtam-
men? Der Aetna hat ſeinen Namensvetter im paläſtiniſchen Gebal
bei Jericho, bereits dem höchſten Berge des Landes, welchen Hieronymus für den bekannteren Ebal anſah, und in der That wechſelt
die Form Gibelin und Ibelin bei Wilhelm von Tyrus, dem
Geſchichtſchreiber der Kreuzzüge, deſſen Werke die Franzoſen in
dem Sinn umſchrieben und verbeſſerten, daſs die Gesta Dei per
Francos nicht länger den Franken überhaupt, ſondern den Franco-
galliern zur Ehre gereichten. Der Erzbiſchof von Tyrus nennt
den Namen Gibelin am häufigſten, er kommt edlen Ritterge-
ſchlechtern und Kreuzeskämpfern, zu, aber ohne Beziehung oder
Beſchränkung auf die Hohenſtaufen. Joſephus Flavius und noch
Euſebius faſſen Gabalene für das arabiſche Idumäa oder die
Gebirgslandſchaft bis Petra, wo die fremdſprachigen Amalekiten
oder Mletſchas, d. h. Barbaren wohnten, deren Hünenbetten man
in Kabr el Amalika bis Rama hin verfolgen kann. Der Name
haftet beſonders im bergigen Oberjudäa (Pſalm LXXXII, 8), und
hier bildete den Stammſitz oder Mittelpunkt Beth Gibrin oder
Gibelin. Der Stadtname Gabara, Gabala oder Gabla taucht auch
in Galiläa auf.

Dieſes Beth Gibelin liegt über dem Frankenthale (Wady
el Ferandſch) halbwegs Hebron und Aſkalon. Die Griechen übertrugen unſere Männerſtadt, die Rieſenheimath Beth Gabara oder
Betogabra mit Eleutheropolis, die Heldenſtadt. Ammianus Mar-
cellinus nennt dieſe Höhlenſtadt bereits von den Troglodyten gegründet, nach den Rieſen wurde ſie erſt von den Nachbarn genannt, urſprünglich aber hieſs ſie Gath. Von da ſtammte Goliath,
deſſen Name Dſchalud noch heute an gewaltigen Ruinen haftet,
ſo daſs die Nordweſtecke Jeruſalems, einſt der Thurm Tankreds,
jetzt Kasr Dſchalud heiſst. Aus Gath waren jene vier rieſigen

Philifter, die nach einander im Zweikampf gegen die Ifraëliten erlagen, wie jener reckenhafte Gallier gegen Manlius Torquatus.
Den Riefen Goliath legte Elchanan, der Sohn Jairs aus Bethlehem in den Staub, fo meldet das zweite Buch Samuel XXI, 19,
wo XV, 18. 22 neben den Krethi und Plethi, d. i. Kretern und Philiftern, zugleich die Gathim oder Riefen von Gath als angewor-
bene königliche Leibwächter angeführt find. Aber die Gefchichtfchreibung, höflich oder höfifch fchon damals, gab Gott, oder
vielmehr dem Könige die Ehre, und fo lernt man fchon in der
Kinderfchule, wie auch die Maler das Bild in Scene fetzten, dafs
der fromme Hirtenknabe David gegen Goliath ausgezogen und den
Riefen in eherner Waffenrüftung mit einem Schleuderftein zu Boden geftreckt habe. Ausdrücklich heifst I. Sam. XVII, 51 Goliath
der Gibbor der Philifter, zudem überfetzt Goliath mit Helidôs
das Hildebrandslieds. Genug! Die Recken von Gath waren Gibelinen. Von den Philiftern, den Brüdern der Karer auf Kreta und
der Leleger, die als wildfremde Krieger, wie jetzt die Arnauten
überall zu Leibwächtern der Könige gefucht waren, haben wir
leider keine eigenen Berichte.

Gibborim heifsen die drei Männer I. Sam. X, 3, die von der
Eiche Tabor mit Opfern gen Bethel gehen, vor Sauls Krönung,
wie II. Sam. XXIII, 8, die drei Helden vor David. Ja König Saul
felbft gilt für den Nachkommen eines Gibbor hajil, oder »Mannes
der Kraft,« I. Sam. IX, 1, ebenfo David, der Heldenhafte.
Nach Beth Gibrin verlegt die Legende aber noch die Heimath des
Riefen Chriftophorus, der als Mann des Ueberganges von der
Heidenwelt zum Chriftenthum feine Stelle in der Kirche behauptet.

Während der Dauer des lateinifchen Königreiches Jerufalem
lieh diefs Gibrin oder Gibelin als Lehensherrfchaft fränkifchen
Dynaften den Namen; felbft Richard Löwenherz zog bis vor feine
Mauern; die Ruinen find noch heute ftaunenerregend. So heifsen
die Gibellinen unwillkürlich die Himmelhohen, die Riefen-
haften, und blieben im Volksmund, als man längft den Namens-
urfprung vergeffen hatte. Das Ehrenwort pafste für die majeftätifchen Hohenftaufen, worunter fchon der erfte Barbaroffa zweimal
nach dem Morgenlande kam, und aus dem Arabifchen ift durch
Vermittlung der Italiener der Titel auch bei uns Deutfchen eingebürgert. Das will doch mehr als die Waiblinger bedeuten.

Laffen wir aber alle poetifche Auffaffung beifeite, fo frage
ich jeden Sprachkenner: konnten die Araber das Wort Hohenftaufen (fo heifst nebenbei auch ein Berg bei Salzburg) anders
übertragen als mit Gebel, und den davon abgeleiteten Gefchlechts-
namen mit dem welthiftorifchen Gibeline? Für alle Fälle ver-
ftumme der Parteiruf: Hie Welf! Hie Waiblinger!

OFFICIÖSE BEILAGEN.

Berlin den 27. März 1871.

Als ich Ihren freundlichen Brief vom 18. März erhielt, hegte ich noch die Hoffnung, Ihnen, geehrter Herr Profeffor, mündlich meinen Dank dafür zu fagen. Es ift mir eine Enttäufchung gewefen, gerade Sie unter den Abgeordneten zum erften Deutfchen Reichstage zu vermiffen; ich würde mit unbedingtem Vertrauen auf Ihren Deutfchen Sinn Ihre Mitwirkung an dem grofsen Werke erwartet haben, zu dem Sie fich in ihrem eigenen Namen und in dem des edlen Baierifchen Stammes fo männlich und offen bekannt haben.

Wenn ich in Bezug auf diefen Stamm jene Worte, die Sie anführen, unter dem Eindrucke des Augenblicks gebraucht habe, fo habe ich fie ficher nur aus dem Bedürfnifs herausgefprochen, vom Gegentheil überzeugt zu werden. Dafs dies gefchehen würde, daran habe ich innerlich nicht gezweifelt. Ihre Landsleute haben es auf den Schlachtfeldern wie daheim bewährt, dafs fie einen vollen und lebendigen Sinn für die deutfche Einheit haben; und wie ich Sie mit Freuden unter den parlamentarifchen Vorkämpfern derfelben in den kernigen Reden begrüfst habe, fo hoffe ich auch ferner auf die Mitwirkung Ihres beredten Wortes zu der Erreichung des uns beiden gemeinfamen Zieles: des Heiles der deutfchen Gefammtheit.

Empfangen Sie, Herr Profeffor, mit meinem aufrichtigen Dank die Verficherung meiner ausgezeichneten Hochachtung.

v. Bismarck.

An
Herrn Profeffor Dr. Sepp.
Hochwohlgeboren
in
München.

———

Berlin den 3. Mai 1872.

Euer Hochwohlgeboren danke ich verbindlichft für das gefällige Schreiben vom 22. v. Mts., deffen patriotifchem Motiv ich volle Gerechtigkeit widerfahren laffe und deffen Gegenftand mich lebhaft intereffirt, in beiden Punkten, die Sie darin berühren.

In Betreff der Gebeine Friedrich Barbaroffas ftimmen meine Empfindungen ganz mit den Ihrigen überein. Leider aber bieten die mir zu Gebote ftehenden Materialien, aufser der Thatfache der Beifetzung des Skeletts in Tyrus gar keine Anhaltspunkte zu Nachforfchungen; aber vielleicht würde Ihre eigne genaue Kenntnifs der Gefchichte und der betreffenden Gegenden im Stande fein, eine folche darzubieten; und werde ich für jede Mittheilung darüber aufrichtig dankbar fein.

Was das Zion-Stift mit dem Coenaculum Domini betrifft, fo würdige ich auch darin ihren Gedanken vollkommen. Euer Hochwohlgeboren wiffen aber auch aus eigener Anfchauung, wie fchwierig gerade in Jerufalem die Verhältniffe und Auseinanderfetzungen zwifchen den verfchiedenen Kirchen find, und welche politifche Rückfichten dabei in Betracht kommen. Ich werde nicht unterlaffen, mich über die Lage der Sache in diefem fpeciellen Punkte genau zu informiren und mufs mir vorbehalten, danach zu erwägen ob und was etwa in der Sache gefchehen kann.

Ich benutze zugleich diefe Gelegenheit, um Ihnen meinen verbindlichften Dank für Ihre neuefte Schrift, welche Sie mir durch den Königlichen Gefandten von Werthern überreichen zu laffen die Güte gehabt haben, auszufprechen.

Empfangen Euer Hochwohlgeboren die Verficherung meiner ausgezeichneten Hochachtung.

v. Bismarck.

An den Königlich Bayerifchen
Profeffor, Ritter etc.
Herrn Dr. Sepp.
Abgeordneter zur Bayerifchen Volkskammer.
Hochwohlgeboren
München.

——— ···

Conftantinopel 5. März 1874.

Euer Hochwohlgeboren beehre ich mich in der Anlage, den mir foeben zugegangenen Ferman, durch welchen die Behörden von Syrien angewiefen werden, die Ausgrabungen auf dem Terrain der Kathedrale von Tyrus zu geftatten, in Original und Ueberfetzung ergebenft zu überfenden. Einer gefälligen Mittheilung über den weitern Gang der Verhandlungen mit dem dortigen Behörden fehe ich feinerzeit mit Intereffe entgegen.

Der Kaiferliche Gefandte
Fr. Eichmann.

An den Kaiferl. General-Conful
Herrn Weber. Hochwohlgeb. Beirut.

Ferman
betr. die Ausgrabungen in Tyrus in Syrien.
(Monogramm des Sultans.)

Praem. Titel: an den Generalgouverneur von Syrien Halet Pafcha.

Wenn unfer erhabenes Zeichen zu Dir gelangt, fo mögeft Du Folgendes wiffen. Die kaiferlich deutfche Gefandtfchaft hat Uns benachrichtigt, dafs die in der Nähe von Tyrus in Syrien in alter Zeit erbaute, jetzt in Trümmer zerfallene Kirche ein für die Gefchichtsforfchung wichtiges Gebäude ift. Die genannte Gefandtfchaft hat Uns gebeten, dafs Unfere kaiferl. Genehmigung ertheilt wird, dafs die Hütten, welche vor längerer Zeit von einigen Perfonen auf jenen Trümmern erbaut worden waren, niedergeriffen und die Eigenthümer derfelben entfchädigt werden und dafs auf dem Terrain der erwähnten Kirche Nachgrabungen angeftellt werden dürfen. Die beftehenden Gefetze über die Ausgrabungen von Antiquitäten erfordern die Ertheilung eines Kaiferl. Spezial-Befehls, demgemäfs ift Unfer Kaiferl. Wille bekannt gemacht und von Unferm Divan diefer hohe Ferman ausgefertigt worden.

Die Ausgrabungsarbeiten follen auf dem Terrain der gedachten Kirche innerhalb des Zeitraums eines Jahres ausgeführt werden; die werthvollen Gegenftände, die während der Ausgrabungen gefunden werden, follen — nach den Beftimmungen der Gefetze durch Uebereinkunft beider Theile abgefchätzt und die Hälfte des Werthes an Unfere hohe Regierung abgeführt werden. An denjenigen Stellen, die der Regierung bedenklich erfcheinen, follen Nachgrabungen nicht ftattfinden dürfen; die Beftimmungen der Gefetze betreffend die Perfonen, welche Ausgrabungen machen, follen auch in diefem Falle aufrecht erhalten bleiben. Diefer erhabene Ferman foll vom Tage feiner Ausfertigung an Gültigkeit haben.

Unter diefen Vorausfetzungen fordern Wir Dich, General-Gouverneur von Syrien auf, dafür Sorge zu tragen, dafs dem Deutfchen Generalconfulate zu Beirut während eines Zeitraums eines Jahres die Ausführung von Ausgrabungsarbeiten auf dem gedachten Terrain geftattet wird und dafs dabei den Gefetzesvorfchriften zuwiderlaufende Handlungen nicht begangen werden. Achte darauf, dafs nach Ablauf der feftgefetzten Frift die Beftimmungen diefes Kaiferl. Befehls aufser Kraft gefetzt werden.

Gefchrieben am 11. Tage des heiligen Muharem-Monats im Jahre 1291 in Unferer Refidenzftadt Conftantinopel. —

Pera 4. März 1874.   Für die Ueberfetzung
                                          (gez.): Tefta.

Schreiben an Seine Durchlaucht den Fürften Reichskanzler.

Eure Durchlaucht

geftatten mir, über den Plan zur Aufdeckung der Gebeine Barbaroffa's mich näher auszufprechen.

Nachdem die Kreuzritter das Herz und die Fleifchtheile des Kaifers vor dem Hauptaltare der Peterskirche in Antiochia eingefenkt hatten, wo auch Tankred in der Vorhalle ruht, wollten fie das »nach deutfcher Sitte« ausgekochte Skelet nach Jerufalem bringen, wurden aber Raths, es in der Kathedrale zu Tyrus zu laffen, wo die feierliche Beifetzung unter den Augen des Herzogs Friedrich von Schwaben ftattfand und der Erzbifchof der Stadt den Panegyrikus fprach. Die gerühmte pomphafte Beftattung läfst auf einen Steinfarg (?) fchliefsen. Diefe Kathedrale, erbaut 313—323, älter als der Conftantinifche Grabtempel des Herrn in Jerufalem, war die prachtvollfte Kirche Phöniziens, 250 Fufs lang, 150 breit und bewahrte bis auf Wilhelm von Tyrus, den Gefchichtfchreiber der Kreuzzüge noch das Grabmal des Origenes. Dazu kam im Hochfommer 1190 das Grab des grofsen Kaifers. Der dreifchiffige Neubau zeigt den frühgothifchen Styl der zweiten Hälfte des XII. Jahrhunderts. Schon am 20. Mai 1202 wurde Tyrus (Sur) mit all' feinen Thürmen durch ein furchtbares Erdbeben zufammmengerüttelt, durch fpätere Erdftöfse fank auch der letzte Bogen der Kathedrale. Nach dem Falle von Ptolemais (Acre) flüchteten die Chriften von Tyrus, Mitte Mai 1291 noch in der Nacht zu Schiff, von Mitnahme der Gebeine ift keine Rede. Das alte Kirchenpflafter an der Südoftecke der Stadt ift mit Säulenftücken und Riefenquadern bedeckt, jetzt ein Ort des Unraths; an einem Mauerftück fteht mit alten Charakteren noch der Name Marescalcus. Der Chor verläuft in den heutigen Stadtwall und enthält drei Altarnifchen, vor der mittleren mufs der Sarg des Kaifers fich finden. Herr Generalconful von Weber in Beirut wird ohne Mühe das ganze Kirchenterrain erwerben, als gälte es einen Bauplatz für ein Confulatgebäude. Ich war zweimal in Sur, und würde noch zum drittenmal auf meine Koften hinreifen, alsdann die Aufdeckung zu leiten. Immerhin wird die Ruinenftätte ein Wallfahrtsort unferer Nation werden, näher gelegen als — St. Helena!

Vor Acre ftarb 1192 der Kaiferfohn Friedrich von Schwaben, zugleich Stifter des deutfchen Ritterordens, der den preufsifchen Staat gegründet. Die Wiege des Ordens, das deutfche Haus in der Davidftadt*), in der Gaffe Haret el Jehudi, dürfte der deutfche Conful Freih. v. Alten auf dem Privatwege anzukaufen beauftragt werden.

Das Stift Sion ift herrenlofes Gut, nur von einem Derwifch bewacht. Meine früheren Verhandlungen mit Cardinal Barnabò belehren mich, dafs mit Rückerftattung an die Franziskaner nichts gethan ift: diefe haben ihr grofses Klofter San Salvador und vertragen fich wenig mit deutfchen Vätern. Karl der Grofse fiedelte an der Maria latina neben dem Hofpital deutfche Benediktiner an, fie hatten früher die Hut des h. Grabes und der Stifter der Johanniter gehörte felber diefem älteften, gebildetften und zu keiner Zeit fanatifchen Orden der abendländifchen Chriftenheit an. Der erfte Geiftliche Bayerns, der Abt von St. Bonifaz, welcher felbft die Pilgerfahrt gemacht, erklärt fich bereit, »wenn beftimmt mit ihm gefprochen werde«, zwei des Arabifchen kundige Patres, welche er von der Miffion am Grabe des h. Ludwig IX. bei Tunis zurückgerufen, fofort zur Uebernahme der Kirche Sion zu fenden. Griechen, Ruffen, Armenier haben nicht den mindeften Anfpruch darauf, der Bau ift deutfch, Rom kann nur hochbefriedigt feyn, und — koftete das Befitzthum 1 Million Piafter (70000 Thlr.), wie viel Glanz ftrahlt in den Augen der Völker von da auf das neue deutfche Reich zurück. Soll Bayern auch noch etwas gelten, fo eignete die Villa Malta in Rom fich hiftorifch zu einer Akademie deutfcher Künftler, dagegen Palazzo Caffarelli zur Erweiterung des archäologifchen Inftituts, damit Rom deutfche Wiffenfchaft beffer fchätzen lerne. In Athen war ein befcheidenes Haus mit einem Garten von Plato's Tagen bis auf Juftinians Zeit, volle taufend Jahre, der Mittelpunkt der Akademie.

Mit der Bitte 'um Nachficht für meine weiter greifenden Gedanken geharrt der glücklichen Erfüllung

Euer Durchlaucht

München 7. Mai 1872.   ehrfurchtsvollft ergebener
Dr. Sepp.

Vertraulich.   Berlin den 23. April 1873.

Euer Hochwohlgeboren beehre ich mich für die gefällige nähere Auskunft über die Grabftätte Kaifer Friedrichs I. meinen verbindlichften Dank zu fagen, der durch einen zufälligen Umftand verfpätet worden ift.

Ich habe den General-Conful Weber in Beirut beauftragt, fich über die Thunlichkeit und die Koften der Erwerbung des betreffenden Terrains in Sur in der Stille zu informiren und habe die Abficht, nach Eingang feines Berichtes, wenn derfelbe günftig lautet, die weiteren Einleitungen zur Ueberführung der Gebeine zu treffen. Ich werde

---

*) Abbildlich in meinem Jerufalem und das hl. Land. 2. Aufl. I., 880. Das deutfche Ordenshaus in der rua Alamannorum am Sion.

nicht unterlaffen, Euer Hochwohlgeboren von dem Ausfall der Erkundigung in Kenntnifs zn fetzen und werde eventuell Ihre freundlich zugefagte Mitwirkung bei der Auf-
grabung dankbar annehmen, bitte jedoch die Sache bis auf Weiteres, im Intereffe des
Erfolges, mit grofser Discretion zu behandeln.

Empfangen Euer Hochwohlgeboren die Verficherung meiner vorzüglichen Hochachtung.

v. Bismarck.

An den Herrn Profeffor Dr. Sepp.
Hochwohlgeboren
in
München.

Bifchof Haneberg
an den Univerfitäts-Profeffor Dr. J. N. Sepp
in
München.

Speyer d. 13. März 1874.

Verehrtefter Freund!

Ich beeile mich, den gewünfchten Auffchlufs zu geben.

Im Dom zu Speyer find folgende Kaifer begraben:

Konrad II., Heinrich III., Heinrich IV., Heinrich V., Philipp von Schwaben,
Rudolph von Habsburg, Adolf von Naffau und Albrecht von Oefterreich, alfo im
Ganzen acht.

Weftlich von Heinrich IV. ift die Gemahlin Barbaroffa's, Beatrix († 1184. 7.
Sept.) bei Albrecht von Oefterr. begraben. Dafs die Gebeine des Kaifers felbft hierher gebracht wurden, finde ich nicht erwähnt. Bei der Zerftörung durch die Franzofen 1689 wurden zwei Gräber, das von Philipp von Schwaben und das von Albrecht
von Oefterreich enthüllt. Philipp von Schwaben blieb unberührt, dagegen durchwühlten
die Plünderer das Grab von Albrecht, der zu Beatrix gelegt worden war. Im J. 1739
befichtigte man diefe zwei Gräber nochmal, feitdem hat Niemand die Ruhe der alten
Kaifer geftört.

Wenn alfo Dein guter Sigmund*) hieher kommt, kann ich ihm wohl den mächtigen Kaiferchor, unter welchem die Gräber find, nicht aber diefe unmittelbar zeigen.

Dafür werde ich mich freuen, ihm irgendwie dienen zu können.

Dafs Dein Werk über Paläftina ftockt, bedeutet vielleicht, dafs man Ergebniffe
von dem Explorations-Fund abwarten mufs. Ich habe mir die überfichtliche Zufammenftellung: Our Work in Paleftine 1873 kommen laffen, fand aber wenig Neues.

Geftatte fchliefslich bei der aufrichtigen Ergebenheit und Theilnahme des alten
Freundes die dringende Doppelbitte: Söhne Dich mit der Mutter, die Du Deinen Kin-
dern gegeben haft, um jeden Preis aus, und noch eiliger mit der hl. Mutter, die uns
Gott der Herr gegeben hat, mit der kath. Kirche**). Dann und nur dann wird
Alles gut.

In aller Liebe und Verehrung Dein alter Freund

Haneberg.

---

*) Mein älterer Sohn Simon Clemens, z. Z. Prof. in Grünftadt, Rheinpfalz.
**) Diefs bezüglich der Schrift: Deutfchland und der Vatikan, in Sache der päpftlichen Infalli-
bilität 1872.

Vertraulich. Berlin den 12. April 1874.

Euer Hochwohlgeboren find durch das Schreiben des Herrn Reichskanzlers vom 23. April v. Js. davon unterrichtet, dafs über die Ausführbarkeit der von Ihnen angeregten Nachgrabungen in der Kathedrale von Tyrus Ermittelungen veranlafst worden find. Die auf Grund diefer Ermittelungen mit der Pforte gepflogenen Verhandlungen haben vor wenigen Wochen zu dem Ergebnifs geführt, dafs uns die Erlaubnifs zur Anftellung von Nachgrabungen und die Ermächtigung ertheilt ift, die bei denfelben gefundenen Gegenftände, eintretendenfalls gegen eine Entfchädigung nach Deutfchland zu bringen. Der Kaiferliche General-Konful Herr Dr. Weber in Beirut, welcher mit den weiteren Einleitungen an Ort und Stelle beauftragt worden ift, meldet, dafs er im Begriff fteht, mit der Wegräumung, der, in die Kathedrale eingebauten Hütten und der unter denfelben liegenden Schicht von Schutt und Steinen zu beginnen, weil im Sommer die Erde für Ausgrabungen zu hart wird.

Im Auftrage des Herrn Reichskanzlers beehre ich mich nunmehr an Ew. Hochwohlgeboren die Anfrage zu richten, ob Sie geneigt und im Stande fein würden, Ihre Mitwirkung bei der Unterfuchung des Innern der Kathedrale eintreten zu laffen. Wie Sie aus der Anlage gefälligft erfehen wollen, würden Sie am 23. oder 25. diefes Monats abzureifen haben.

Ich habe den Verfuch gemacht, auch den Herrn Profeffor Dr. Waitz in Göttingen und den hiefigen Privatdocenten Herrn Dr. Prutz, deffen Gefchichte Kaifer Friedrich I. Ihnen bekannt fein wird, für die Theilnahme zu gewinnen.

Indem ich Ew. Hochwohlgeboren um eine gefällige telegraphifche Antwort ganz ergebenft erfuche, bemerke ich, dafs es im Intereffe der Sache geboten ift, von dem eigentlichen Zweck der Nachgrabungen nichts verlauten zu laffen, fondern als Aufgabe lediglich Forfchungen für die Gefchichte der Kreuzzüge zu bezeichnen.

Genehmigen etc.

Delbrück.
Präfident des Reichs-Kanzleramts.

Antwortfchreiben des Dr. Sepp an den Präfidenten des Reichs-Kanzleramtes Herrn Staatsminifter von Delbrück.

München, 14. April 1874.

Eure Excellenz!

Dankbar für die mir geftellte Aufgabe trete ich mit hingebender Begeifterung die Reife nach Tyrus an. Mögen die Ausgrabungen das erhoffte Ergebnifs liefern. Von vornherein durfte ich die Bedenken S. Durchl. dem Fürften Reichskanzler nicht vorenthalten. Geftatten E. Exc. eine kurze Auseinanderfetzung, weil diefe vielleicht.den Widerruf des höchft ehrenvollen Auftrags motivirt, vielleicht auch nicht! Ich bin deffen gewärtig. Im letzten Moment der Vorbereitung ftofse ich auf eine Notiz im Chronicon montis Sereni, von der Hand eines unbekannten Mönches im Klofter Lauterberg bei Halle zum Jahre 1190: »Ossa Spiram transportata.« Hier mufs ein Mifsverftändnifs obwalten und ftatt Spiram vielmehr Tyrum zu lefen feyn, wie alle gleichzeitigen Urkunden angeben, fo Bened. Petroburg. p. 566.

Auf fofortige Anfrage fchreibt mir der Bifchof v. Speier: »Im Dom find begraben Kaifer Konrad II. u. f. w. Weftlich von Heinrich IV. ift die Gemahlin Barbaroffa, Beatrix, † 17. Sept. 1184, begraben. Dafs die Gebeine des Kaifers felbft hieher gebracht wurden, finde ich nicht erwähnt.« —

Auch Remling, der gelehrte Gefchichtsfchreiber des Speierer Domes hat keine Ahnung und nicht die leifefte Traditions-Spur von der Beifetzung des heifs zurückerfehnten Kaifers im Dom der Salier. Das more Teutonico ausgekochte Skelet wird darum noch im Chor der Kathedrale von Tyrus liegen, deffen Erzbifchof dem grofsen Kaifer bei der feierlichen Beftattung die Grabrede hielt.

Während die Zurückführung der Leiche Napoleons von St. Helena für Frankreich verhängnifsvoll wurde, bildete die Wiederkehr Barbaroffa's in den Augen der Nation ein erhebendes Ereignifs zur Sanktion der wiederbegründeten Herrlichkeit des Reichs. Im Falle des Mifslingens trage ich die Reifekoften gerne felbft.

Ich bitte auf meine Hingebung zu zählen und die aufrichtige Verficherung der unbegrenzten Verehrung entgegenzunehmen.

Euer Excellenz

ergebenfter Diener

Prof. Dr. Sepp.

Abgeordneter.

——— ——-

Schreiben an Seine Durchlaucht den Fürften Reichskanzler.

München 14. April 1874.

Durchlauchtigfter Fürft!

Freudig unterziehe ich mich der Weifung, die Ausgrabungen in Tyrus zu über-wachen.

Die Sehnfucht der Nation brachte die Rückkehr des alten Kaifers mit der Wie-derherftellung der Herrlichkeit des Reiches in ideale Verbindung.

Möge Barbaroffa, deffen entfleifchtes Skelet allein in obiger Kathedrale beftattet wurde, dem Grabe entfteigen. Es lohnt der Nachforfchung, aber der Verfuch kann auch mifslingen. Selbft das Grabmal Alexanders des Grofsen in der Stadt feiner Gründung kam nicht mehr in Vorfchein. Die Pharaonengrüfte waren alle früher auf-gewühlt, nur die Mumie Menkera's konnte aus einer Pyramide nach dem Brittifchen Mufeum gefchafft werden.

Jedenfalls möchte ich dann nach Jerufalem hinaufziehen. Seine kaiferliche Hoheit werden, zu Throne gelangt, im Verein mit Rufsland vorausfichtlich die heilige Grabkirche ausbauen. Der mafsgebliche Plan ift im beifolgenden Werke S. 488 f. entwickelt und hat feiner Zeit ohne mein näheres Zuthun in den Tuilerien Gnade gefunden. Dazu wird alle Welt begeiftert beifteuern, und die Ueberzeugung im Hin-blick darauf verföhnend wirken, dafs bei dem unvermeidlichen kirchl. Conflikte es ja nicht auf Bekämpfung des Chriftenthums abgefehen fei.

Möge die Vollendung des heiligen Grabtempels der Kreuzkönige ebenfo zum Sinn-bild für die Eintracht unter den Confeffionen werden, wie der Kölner Dom für das deutfche Reich vorbedeutfam war. Der Zukunft bleibt anheimgegeben, ob vielleicht die päpftliche Curie aus dem undankbaren Abendlande felber noch nach Jerufalem überfiedeln wird. Die weltberühmte Omar-Mofchee wäre für jeden Fall als chriftliches Bauwerk Juftinians, wie ich im Beiliegenden nachweife, anzufprechen.

Ich erfcheine nicht im Reichstage, weil die drei Wahlkreife, welchen ich feit dem Frankfurter Parlamente abwechfelnd das Mandat dankte, mir die Entfcheidung für Bayerns Eintritt in die Kriegsaktion und die Annahme der Verfailler Verträge, jedes-mal nur mit ein paar Stimmen Majorität in der Kammer, nicht verzeihen. Sonach

24*

kann ich nur fchriftlich meine aufrichtigfte Ergebenheit und patriotifche Dankbarkeit
bezeugen.

Euer Durchlaucht opferwilligfter Diener

Profeffor Dr. Sepp.
Abgeordneter.

Berlin den 17. April 1874.

Der Herr Reichskanzler ift, als er Ihrer Anregung Folge gebend, die Einleitungen
zu den Ausgrabungen in Tyrus traf, von der, nicht blofs von Ihnen ausgefprochenen,
fondern auch von andern Gelehrten feftgehaltenen Anficht ausgegangen, dafs der grofse
Hohenftaufifche Kaifer in der Kathedrale von Tyrus begraben fei. Die Richtigkeit
diefer Anficht würde dadurch nicht widerlegt werden, dafs die Nachgrabungen zur Auffindung der Grabftätte nicht führen möchten, denn, von Anderen abgefehen, find die
Schickfale des Innern der Kathedrale während der fieben Jahrhunderte, welche feit der
Beftattung des Kaifers beinahe verfloffen find, zu wenig bekannt, um eine ficher Rechnung auf die Erhaltung des Fufsbodens zu geftatten.

In der That kann darüber kaum ein Zweifel obwalten, dafs diefe Ausgrabungen,
auch wenn der eigentliche Zweck nicht erreicht werden follte, für die Gefchichte der
Kreuzzüge von Werth fein werden, denn es ift im höchften Grade wahrfcheinlich, dafs
wie die meiften Kathedralen aus der Kreuzfahrerzeit in Syrien und auf Cypern, fo auch
die Kathedrale von Tyrus mit Leichenfteinen gepflaftert war.

Ew. Hochwohlgeboren wollen aus Vorftehendem entnehmen, dafs und wefshalb
ich weder das an Sie gerichtete Erfuchen zurücknehmen, noch darauf eingehen kann,
den Auftrag, welchen zu übernehmen Sie die Güte gehabt haben, anders aufzufaffen.

Ich habe daher den Herrn General-Konful Dr. Weber in Beirut benachrichtigen
laffen, dafs Sie mit Ihrem Herrn Sohn am 4. Mai in Beirut eintreffen werden.

Empfangen Ew. Hochwohlg. etc.

Delbrück.

Berlin den 2. Sept. 1874.

Euer Hochwohlgeboren beehre ich mich zugleich im Namen des Herrn Reichskanzlers für die Bereitwilligkeit und Hingebung zu danken, mit der Ew. Hochwohlgeboren im nationalen Intereffe fich der Expedition nach Tyrus unterzogen und die Ihnen
dort geftellte Aufgabe durchgeführt haben.

Delbrück.

Speyer den 22. Juli 1874.

Verehrtefter Freund!

Wie leid thut es mir, dafs eine fo grofse Mühe, wie die einer abermaligen Reife
in den Orient, für den Zweck, zu welchem fie unternommen ward, fruchtlos blieb.
Hoffentlich hat die Reife für die neue Auflage des grofsen Werkes über Paläftina
Früchte getragen.

Was aber das Grab von Friedrich Barbaroffa betrifft, fo durfte nicht überfehen werden, was der Graf Wilbrand von Oldenburg, nachmaliger Bifchof von Utrecht bezeugt: Er reifte i. J. 1212 durch Syrien, alfo nur 22 Jahre nach dem Tode Barbaroffa's, den er aufrichtig beklagt. Indem er nun von der Kathedrale von Antiochia Bericht erftattet, fagte er: In hac ecclesia monstratur cathedra beati Petri . . . Illic etiam requiescit in marmoreo sarcophago caro pie memoriae Frederici Imperatoris.

Sollte man nicht die Gebeine ebendorthin zurückgebracht haben?

In Speyer find fie nicht. Da ruht die zweite Gemahlin Barbaroffa's Beatrix und ein Töchterchen Agnes. In das Grab der Kaiferin Beatrix wurde*) Kaifer Albrecht von Oefterreich, in das Grab der Prinzeffin Agnes Adolf von Naffau begraben. Das gefchah in Gegenwart des Kaifers Heinrich von Luxemburg um Mariä Himmelfahrt 1309 unter intereffanten Feierlichkeiten, die Joh. Geifel (der nachm. Cardinal) befchreibt in:

Die Schlacht am Hafenbühl. Speyer 1835, S. 61.

Der Bericht von Remling über die Kaifergräber fteht

1) in feiner »Gefchichte der Bifchöfe von Speyer Bd. I., S. 268. Bd. II., S. 659.

2) in deffen Schrift: Der Speyrer Dom. Mainz, Kirchheim 1861 S. 33 ff.

Es ift keine Hoffnung, die Gebeine Barbaroffa's in Speyer zu finden, wie wenigftens fcheint.

Dein

ergebenfter Freund
Haneberg.

Berlin den 30. November 1874.

Nach Inhalt eines von dem Kaiferlichen General-Konful Weber zu Beirut hierher erftatteten Berichtes hat derfelbe von der ihm zum Zwecke der Entfchädigung der Hüttenbefitzer in den Ruinen der Kathedrale zu Tyrus (Manarah) aus Reichsfonds überwiefenen Summe von 3000 Rth. Ew. Hochwohlgeboren zur Beftreitung der Koften der Ausgrabungen den Betrag von 16477 Piafter 10 Para übergeben, deren Verwendung dem Reichskanzler-Amt demnächft nachzuweifen von Ihnen übernommen worden ift.

Darf ich Ew. Hochwohlgeboren ergebenft erfuchen, mir eine bezügliche Abrechnung gefälligft zugehen laffen zu wollen.

Delbrück.

Eure Excellenz!

Indem ich in gehorfamfter Ehrerbietung auf Grund beifolgender Rechnungftellung um das Abfolutorium bitte, wage ich voll opferfreudiger Hingebung an die Intereffen des Reiches zugleich die Hoffnung feft zu halten, dafs die weithin Auffehen erregende Expedition nach Tyrus auch durch den Ankauf der Manarah für Deutfchland ehrenvoll erledigt werde. Welch ein fchmerzliches Gefühl, wenn nächftens die in den Seeftädten Phöniziens noch einflufsreichen Franzofen die Hand auf Barbaroffa's Grabftätte legten,

---

*) S. z. B. Lehmanni Chronica von Speier Frankf. 1698 p. 648.

wo die Afche des grofsen Hohenftaufifchen Kaifers ruhte oder noch ruht, nachdem wir durch Aufhifsen der deutfchen Flagge bereits moralifch davon Befitz ergriffen. Auch wiffenfchaftlich erfcheint die Erwerbung von Belang. Die Manarah erftreckt fich auch noch aufserhalb der Kathedrale, wohl über den ganzen Platz, den einft der Tempel des Herakles Melkart einnahm.

Noch mehr kommmen politifche Rückfichten in Betracht. Europa hat auf den Bau der Pacific Bahn, wodurch N. Amerika der orientalifchen Welt näher kommt, bisher keine Antwort ertheilt. Die Antwort wird im Bau der Euphratbahn liegen, die auslaufend von Seleuccia, dem Punkte, wo Barbaroffa fein Ende fand, kaum länger als von Calais bis Trieft, gewifs noch vor Ablauf diefes Jahrhunderts das Innere Afiens erfchliefst und die vorläufige Löfung der Orientfrage enthält. Alsdann wird für Tyrus der Tag der Auferftehung anbrechen, wie für Alexandria, das bei Bonaparte's Landung nur 6000 Bewohner zählte, gleich dem heutigen Sur, das 1760 noch völlig menfchen-leer war. Ich bitte Eure Excellenz den Gedanken an die hohe Wichtigkeit der alten Welthandelsftadt für die nächfte Zukunft anbei Sr. Durchlaucht dem Fürften Reichs-kanzler nahe legen zu wollen. Der ehrfurchtsvollft Unterzeichnete durfte 1846 unter Vermittlung Sr. M. des Königs Ludwig I. von Bayern dem Cabinet Metternich dringend die Erwerbung des weltberühmten Johanniter-Hofpitals in Jerufalem empfehlen, das 1869 nun doch in deutfche Hand kam. Das neue Kaiferreich gleicht nicht wie das röm. Reich deutfcher Nation einer fchwerfälligen Gewichteruhr, wo ein Rad das andere fperrt, es kann nicht im früheren Tempo: Nur langfam voran! vorwärts gehen. Ganze Männer ftehen am Ruder des Staatsfchiffes und werden die Angelegenheit von Tyrus nicht halb nehmen.

Das neue Deutfchland geniefst in den Ländern des Oftens die höchfte Achtung und will auch gefehen fein: darum keinen Rückzug! Deutfchlands Anfehen darf auch Angefichts der arabifchen Welt nicht Schaden leiden, zudem gilt es die Stellung von Männern zu befeftigen, welche, wie unfer Protector Juffuf Aga ibn Mamluk bedeuten-den Einflufs geniefsen und vertrauensvoll auf unferen Kaifer und Kanzler blicken.

Mit unbegrenzter Verehrung

Euer Excellenz

München 5. Dezb.   ergebenfter Diener
1874.   Prof. Dr. Sepp. Abg.

Seine Excellenz Herrn Staatsminifter von Delbrück. Präfident des Reichs-kanzleramts.

Euer Excellenz

beehrt fich der gehorfamft Unterzeichnete auch den II. Bd. feines gröfseren Palä-ftina-Werkes vorzulegen. Ueber die auf Reichskoften unternommene Expedition nach Tyrus wird mein Buch im Herbfte folgen, die wiffenfchaftlichen Ergebniffe find von Belang. Zuvörderft das unerwartet entdeckte Grabmal des Kadmus. Sodann die vollftän-dige Ausgrabung der Kathedrale des Paulinus, die Eufebius hist. eccl. X. 4. 15 in ihrer Pracht fchildert. Diefe gröfste Bafilika in ganz Phönizien, älter als die Kirche des Chriftusgrabes, durch die Kreuzfahrer eingewölbt, trafen wir, wie fie das Erdbeben 1202 umgeftürzt mit drei Doppelfäulen aus Porphyr vom älteften Portal, alle Colonnen von Sienit, die Kapitäle frühbyzantinifch und koloffal, wie es der einftigen Concils- und fpäteren Krönungskirche ziemte. Die Einwohner nennen fie noch phönizifch:

Manara, auch ein Werk der »Phönizier«, worunter fie aber nicht Venetianer meinen, wie Freund Prutz in feinem Buche mifsverfteht, der aus dem umfangreichen Bau eine Confulatskirche macht. (?!?)

Seine Kaiferliche Hoheit, der Kronprinz des deutfchen Reichs fprachen bei der letzthin mir gewährten Audienz im Bayer-Oberlande, wie mir fchien, Ihr Bedauern aus, dafs ich nicht die Kathedrale aufgefchloffen. Bisher haben alle Reifenden und das Volk von Tyrus die Ruinen für nichts anderes erkannt, und ich bürge dafür, der ich doch architektonifche Kenntnifs und Kunftverftändnifs voraus habe. Die fchwachen Photographien der Ornamente und des Bildwerks wird Dr. Prutz Euer Excellenz unterbreitet haben: wollen Sie daraus mit jedem Kenner, z. B. Prof. Piper erfehen, dafs diefelben nur aus den erften Jahrhunderten der Kirche rühren, einzelne Motive find fogar dem Parthenon entnommen. Die Statuen wurden wohl fchon 638 n. Chr. beim Hereinbruch der Muhammedaner an den Häuptern verftümmelt, zum Theil als Götzenbilder ins Meer geworfen: intakt würden fie allein die Koften der Expedition decken. Ich habe fie billig erworben, auch, fo viel ich weifs, nicht verrechnet, und bin gewifs, dafs mir das Abfolutorium wegen Rechnungsablage nicht zu verweigern ift. Ich denke an keine Nachforderung, follte aber der Werth diefer Fragmente in Berlin unterfchätzt werden, fo bitte ich diefelben München zuzuwenden, wo fie zur Bereicherung der kunfthiftorifchen Sammlungen beitragen werden. Das in mich gefetzte Vertrauen zu mifsbrauchen bin ich ja nicht im Stande.

Endlich bildet ein namhaftes Ergebnifs diefer Reife die Feftftellung des Juftinianifchen Baues der bisher für altarabifch gehaltenen Felfenkuppel am Salomonifchen Tempelplatze; ich habe die heilige Stadt auf der Rückreife berührt und diefen vor der Zeit des Islam fogar Hagia Sophia genannten Dom nach Innen und Aufsen unterfucht. In drei Conferenzen von 30 Architekten und Kunftverftändigen wurde nach meinen Vorlagen und Ausführungen diefs Refultat feftgeftellt: Der altchriftliche Charakter diefes wunderbaren Tempelbaues verleiht diefer Entdeckung ein Gewicht, das durch keinen Fund einer antiken Statue, fei es eines Gemäldes von Raphael oder Holbein aufgewogen würde!

Dankbar für das mir gewährte hohe Vertrauen und im freudigen Hinblick auf die Ermöglichung der dem wiffenfchaftlichen Werthe entfprechenden Ausftattung ergreife ich den Anlafs zur erneuten Verficherung der unbegrenzten Verehrung

Euer Excellenz

München 24. Januar 1876.   ergebenfter Diener

Prof. Dr. Sepp.

Berlin den 3. Febr. 1876.

Die in den Ruinen der fog. Kathedrale von Tyrus ausgegrabenen Skulptur- und Architektur-Fragmente find in 15 Kiften verpackt im Februar v. Js. von Beirut nach Berlin befördert und der Generalverwaltung der Königlichen Mufeen hierfelbft, welche diefelben als eine befonders dankenswerthe Erwerbung für die hiefige Sculpturen-Gallerie bezeichnete, gegen Erftattung der Transportkoften überwiefen worden.

Delbrück.

ORTS- UND NAMENS-REGISTER.

---

*) Bruder des Bel (Apollod. III, 1, 1) iſt der
Meergott. Ein Mann mit Ogenos, Ögir, wie
Dagon, Vater des Demarus, auch Tages, nord.
Dagr, Odin was Odr. Nach Pherekydes wird
Ophion von Chronos in den Ogenos geſtürzt.
Ogenidä ſind Oceanidä.

*) Der Grundftein der Marienburg ift vom
Haufe des Abendmahles in Jerufalem genommen
und darüber die für die deutfche Architektur
hochwichtige Burg des deutfchen Ordens erbaut.

---

*) Als Dionys von Syrakus den Rhegier Python
vor eine Kriegsmafchine binden liefs, damit die
Rhegier nicht darauf fchiefsen möchten, rief diefer
feinen Landsleuten zu, auf ihn zu zielen im Intereffe
hrer Freiheit (Philoftr. Apol. VII, 2).

**) Ohne die phönizifche Schrift würden wir
uns auch nur in der Bilderfchreibweife der Hieroglyphen bewegen, wie ohne arabifche Ziffern in
den unberechenbaren römifche Zahlzeichen.

***) Pater Jldefonfo di San Luigi oder der
verdiente Gefchichtsforfcher B. L. Frediani, der
den Carmeliterorden verfafste 1784 das Programm
der Akademia Crusca, einer Gründung des Grofs-
herzogs Leopold I. in Florenz.

---

*) Solch Gekritzel findet fich in den Höhlen
Auftraliens und bei den Bufchmännern am Kap.
Die Indianer Nordamerika's befchreiben fo Felfen
und Bäume, um Vorüberziehenden ihren Wunfch
nach Handelsfachen oder den Weg anzudeuten.

---

*) Die drei idäifchen Daktylen heifsen Jafios, Salaminos, Akmones.

---

*) Z. 14. Durch den Tamyras, Nahr ed
Damur, und drei Stunden weiter durch das Bett
des Boftrenus, nun Nahr Awly,

Druck von Hundertstund & Pries in Leipzig.